貴州師範大學 社會科學文庫

A Study on the Phonetics of
Dunhuang Buddhist
Scripture Manuscripts

敦煌佛經寫卷
語音研究

李華斌 ／ 著

社會科學文獻出版社
SOCIAL SCIENCES ACADEMIC PRESS (CHINA)

本書得到國家社會科學基金項目"敦煌寫卷佛經音注研究"（18BYY129）的支持

目録
CONTENTS

圖目錄

表目録

凡　例

一、敦煌寫卷和《中華大藏經》上的音注用字，一般照原樣迻録，如伇、佷等。少數無區別價值的異形字，如虎作"處"，博作"愽"，協作"恊"，卑作"㗱"，鬼作"鬼"，喬作"髙"，賓作"賔"，寥作"寮"，等作"苐"，員作"負"，虫作"虵"，垂作"㙪"，勑作"勅"，歷作"歴""歴"，冀作"兾"，格作"挌"，尔作"尒"，等等，採用規範的寫法。"已""巳""己"敦煌寫卷、高麗藏等已混，徑改不出注。

二、敦煌寫卷上的被注釋文字和注釋文字如採用字號區別，一般將注釋文字作下標附在被注釋的文字上。如果被注釋文字和注釋文字無字號區別，就照樣迻録。爲避免編輯的麻煩，在語音分析中，統一將注音作下標附在被注字下。敦煌寫卷上的佛經音義一般標注它在《敦煌經部文獻合集》出現的頁碼，如"伯2901《一切經音義摘抄》，4943"中的"4943"指《敦煌經部文獻合集》第4943頁。《敦煌經部文獻合集》的一頁内重複出現的注音，採用重複的頁碼標注，如"底丁履（4881、4881）"表明注音在第4881頁重複出現兩次。

三、各家所藏的敦煌文獻編號每有不同，使用學術界通行的簡稱。

北——中國國家圖書館藏敦煌文獻原編號

北敦——中國國家圖書館藏敦煌文獻統編號

斯——英國國家圖書館藏敦煌文獻斯坦因編號

伯——法國國家圖書館藏敦煌文獻伯希和編號

俄弗——俄羅斯科學院東方研究所聖彼得堡分所藏敦煌文獻弗魯格編號

俄敦——俄羅斯科學院東方研究所聖彼得堡分所藏敦煌文獻編號

上博——《上海博物館藏敦煌吐魯番文獻》編號

津藝——《天津市藝術博物館藏敦煌文獻》編號

中國書店——《中國書店敦煌文獻》編號

敦研——敦煌研究院藏敦煌文獻編號

甘博——甘肅省博物館藏敦煌文獻編號

四、缺字用"□"表示，缺幾字用幾個"□"，缺字、漏字用"（ ）"補出，能從殘泐的形狀推測出字形的，用"〔 〕"補出；爲避免注釋的重複，俗訛字用"（ ）"補出正字。不能確定有幾字用"▢"表示，其中上部殘缺用"⊓"，下部殘缺用"⊔"表示。

五、書名採用簡稱。

《合集》——張涌泉《敦煌經部文獻合集》，中華書局，2008。

《滙考》——張金泉、許建平《敦煌音義滙考》，杭州大學出版社，1996。

《英藏》——《英藏敦煌文獻》，四川人民出版社，1990～1995。

《法藏》——《法藏敦煌西域文獻》，上海古籍出版社，1995～2002。

《俄藏》——《俄藏敦煌文獻》，上海古籍出版社，1992～2001。

《大正藏》——〔日〕高楠順次郎《大正新修大藏經》，臺北：新文豐出版公司，1983。

《王三》——唐王仁昫《刊謬補缺切韻》，北京故宮博物院藏唐寫本，明宋濂跋，載周祖謨《唐五代韻書集存》，中華書局，1983，第434～527頁。

中華藏本玄應音義①——玄應《一切經音義》，《中華大藏經》第

---

① 玄應《一切經音義》（《中華大藏經》，第56、57冊）的版本是配補的，其中第一、二、三、四、五、六、七、九、一〇、一三、一四、二三、二四、二五卷是金藏本，第八、一一、一二、一五、一六、一七、一八、一九、二〇、二一、二二卷是麗藏本。

56、57 册。

麗藏本慧琳音義——慧琳《一切經音義》，《中華大藏經》第 57、58、59 册。

麗藏本可洪音義——可洪《藏經音義隨函録》，《中華大藏經》第 59、60 册。

金藏本慧苑音義——慧苑《新譯大方廣佛華嚴經音義》，《中華大藏經》第 59 册。

六、爲避免書名號的繁多，玄應音義、慧琳音義、可洪音義、慧苑音義、中華藏等不加書名號。

緒　論

　　清光緒二十六年（1900），在敦煌莫高窟藏經洞第 17 窟中首次發現敦煌遺書，1944 年在莫高窟土地祠塑像中、1965 年在 122 窟中又相繼出土大量的敦煌遺書。據方廣錩的統計，敦煌漢文遺書約有 58000 號①，其中中國國家圖書館藏約 16000 號，英國國家圖書館藏約 14000 號，法國國家圖書館藏約 4000 號，俄羅斯科學院東方學研究所聖彼得堡分所藏約 19000 號，日本及其他各國散藏約 5000 號。敦煌遺書多爲公元五至十一世紀的各種古版印和古抄文獻，其中古抄文獻占絶大多數。敦煌漢文遺書中，佛經文獻居數量之首，占 90%②。這些佛經的裝潢形制有卷子、經摺、册子③等，其中卷子是最主要的形制，佛經注音絶大多數在卷子中。敦煌寫卷中的佛經音來自以雙音節佛經詞條爲主的音義，以及佛經單音節詞的注音。據唐釋道宣《大唐内典録》，最早的佛經音著作是北齊釋道慧《一切經音》。隋唐時期增加形訓、義訓等，

---

① 方廣錩：《敦煌已入藏佛教文獻簡目》，《敦煌研究》2006 年第 3 期，第 86 ~ 99 頁。

② 季羨林主編《敦煌學大辭典》，上海辭書出版社，1998，第 15 頁左。

③ 〔日〕藤枝晃著，徐慶全等譯，榮新江校《敦煌寫本概述》（《敦煌研究》1996 年第 2 期，第 96 ~ 111 頁）認爲册子裝本在八世紀已傳入敦煌，從九世紀前期開始大量出現；它由一種淺灰色的既厚又粗糙的紙張製成，這種紙張是吐蕃占據時期開始生産的，尺寸規格是 30 × 45cm，裁成 3 張，在中間摺叠，可抄寫 4 頁，將紙張沿摺叠綫粘貼在一起，就製成了一個册子；它比卷子裝本、經摺裝本更宜携帶。

就形成了音義。唐五代佛經音義的編纂達到頂峰，宋以後逐步没落。①
敦煌佛經音寫卷保存了唐五代語音的原始形態，對漢語音韻、方言的研
究意義重大。

一　敦煌地區的人口、民族狀況

（一）人口

敦煌位於河西走廊的最西端，地處甘肅、青海、新疆三省的交匯
處。西漢"武帝後（元）元年（前88）分酒泉置"敦煌郡，隸涼州，
領敦煌、冥安、效穀、淵泉、廣至、龍勒六縣，户 11200，口 38335②；
東漢敦煌郡領上六城，户 748，口 29170③；晉統縣十二，户 6300④；隋
大業改鳴沙爲敦煌郡，領敦煌、常樂、玉門三縣，户 7779⑤；天寶十三
載（754），敦煌郡户 6395，口 32234⑥。

安史之亂爆發，吐蕃占領河、煌、甘、涼，直抵秦隴近畿。建中二
年（781），一説貞元元年（785）或二年（786），吐蕃陷沙州。吐蕃人
崇佛，沙州的寺院增多，僧尼人數上升，出現了大量的寺户。池田温斷
訂爲 818 年⑦的斯 542v12～23《戍年沙州諸寺丁仕車牛役部（簿）》載

---

① 黄仁瑄：《唐五代佛典音義研究》，中華書局，2011，第 1 頁。

② （漢）班固撰，（唐）顏師古注《漢書》，中華書局，1962，第 1614 頁。"武帝
後（元）元年分酒泉置"《武帝紀》（第 189 頁）作"（元鼎六年）秋……乃
分武威、酒泉地置張掖、敦煌郡"。

③ （宋）范曄撰，（唐）李賢等注《後漢書》，中華書局，1965，第 3521 頁。"户
七百四十八"應有誤，《後漢書》無校。

④ （唐）房玄齡等《晉書》，中華書局，1974，第 434 頁。十二縣除上列六縣外，
還有昌蒲、陽關、宜禾、伊吾、新鄉、乾齊六縣。

⑤ （唐）魏徵等《隋書》，中華書局，1973，第 815～816 頁。

⑥ （唐）杜佑撰，王文錦等點校《通典》，中華書局，1988，第 4556 頁。齊陳駿
《敦煌沿革與人口》認爲它是天寶十三年的户口數，轉引自鄭炳林《晚唐五代
敦煌地區人口變化研究》，《江西社會科學》2004 年第 12 期，第 20 頁。

⑦ 〔日〕池田温著，龔澤銑譯《中國古代籍帳研究》，中華書局，2007，第 535 頁。

敦煌 13 寺，寺户丁口 191 人；年代稍後的斯 542v6《沙州寺户放毛女娘名簿》載 12 寺，寺户女眷 220 口，二者總計 411 人。由於兩件名籍中都未包括男性非丁口者，故寺户的總人口當大大超過此數。據金瀅坤統計，此時期寺户人口在 1000 人至 2000 人之間，占敦煌總人口的 6% ~ 12%。①

848 ~ 1036 年間，以敦煌爲中心建立的歸義軍政權大體上可分三個階段。張氏家族掌權爲歸義軍前期，有張議潮、張淮深、張淮鼎、索勳、張承奉五任節度使，歷 67 年。從梁乾化四年（914）曹議金始，經曹元德、曹元深、曹元忠、曹延恭，爲歸義軍中期（914 ~ 1001），歷 87 年。曹宗壽到曹賢順（1002 ~ 1036）爲歸義軍的末期，歷 34 年。史志未載張氏歸義軍時期的人口狀況，但敦煌遺書有相關的資料。唐大中二年（848），張議潮收復沙州，斯 11345《宣宗關於歸義軍的詔敕》載"沙州郡敦煌平時三萬餘口"②。張承奉時期，戰爭頻仍，人口銳減，據斯 4276《管内三軍百姓奏請表》，沙、瓜二州六鎮及通頰退渾十部落的三軍蕃漢百姓纔 1 萬人。曹氏歸義軍時期的人口無資料記載，據俄敦 2149《欠柴人名目》③ 推算，敦煌地區總人口爲 3 ~ 4 萬④。其中僧尼人數，張氏時期增加到 1000 人左右；曹氏初期，發展到 1500 ~ 1600 人；曹元忠時期，出度僧尼的限制放鬆，僧尼人數增加到 2000 人。⑤

（二）民族

"敦煌"是突厥語"dawam"的音轉⑥，"莫高"是突厥—回鶻語

---

① 金瀅坤：《吐蕃統治敦煌的户籍制度初探》，《中國經濟史研究》2003 年第 1 期，第 123 ~ 124 頁。

② "宣宗關於歸義軍的詔敕"《英藏》（第 13 卷，第 232 頁）稱爲"達多等狀"。原卷的圖片模糊，文字辨識參照鄭炳林《晚唐五代敦煌地區人口變化研究》，第 22 頁。

③ "欠柴人名目"《俄藏》（第 9 册，第 49 頁）稱爲"欠物歷"。

④ 鄭炳林：《晚唐五代敦煌地區人口變化研究》，第 27 頁。

⑤ 鄭炳林：《晚唐五代敦煌地區人口變化研究》，第 30 頁。

⑥ 錢伯泉：《"敦煌"和"莫高窟"音義考析》，《敦煌研究》1994 年第 1 期，第 44 ~ 54 頁。

"bögü" 的音譯①。歷史上的敦煌是多民族雜居地：戰國以前，先後有火燒溝人（羌）、塞種、允戎等定居；戰國秦漢時期，又有大月氏、小月氏、烏孫和匈奴等入住；漢代以後，相繼有漢、鮮卑、退渾（吐渾、吐谷渾、阿柴）、粟特（昭武九姓）、吐蕃、嗢末、蘇毗（孫波）在此繁衍生息；840 年，漠北回鶻汗國滅亡，部衆西遷，引發了西北民族的大遷徙，回紇（回鶻）、龍家（龍部落、肅州家）、南山、仲雲（衆雲、衆熨、種榲）相繼駐此，留下文化的遺跡。今莫高窟現存的 500 餘窟中，除漢人政權時代開鑿的 300 餘窟之外，少數民族政權時代開鑿的有 170 餘窟，占總數的 1/3 強；敦煌遺書除漢文外，有吐蕃文寫卷 5000 件左右，尚有突厥文、龜茲文（乙種吐火羅文）、焉耆文（甲種吐火羅文）、摩尼文（摩尼教徒使用的"正式"文字）、回鶻文、于闐文、粟特文、西夏文、八思巴文寫卷，另有佉盧文、梵文、鉢羅婆文（中古波斯文）、叙利亞文寫卷。

吐蕃時期，胡姓人口比例上升，粟特是人口最多的胡族，居住中心是安城東園。斯 5824《經坊供菜關係牒》記載這一時期的行人部落有粟特人康進建、安國子，絲綿部落有粟特人翟榮明、安和子等。斯 2228《亥年修城夫丁使役簿》②記載這一時期的絲棉部落有 49 人，其中粟特 8 人，即安佛奴、康通信、唐友子、曹保德、唐再興、翟勝子、安善奴、米屯屯；擘三部落 8 人，其中粟特人有石秀秀、石專專。③

歸義軍時期，胡族的姓氏有粟特人的康、安、史、石、米等，回鶻人的翟、李等；以及鄯善人的鄯、焉耆人的龍等等；由胡族建立的村落有安、曹、羅、翟、康、石、龍家莊等。歸義軍時期，胡姓人口超三成，

---

① 楊富學：《少數民族對古代敦煌文化的貢獻》，《敦煌學輯刊》2005 年第 2 期，第 85~99 頁。

② 亥年是公元 843 年。"亥年修城夫丁使役簿"《敦煌寶藏》（第 17 册，第 380 頁）稱爲"修城分役表"。

③ 鄭炳林：《唐五代敦煌粟特人與歸義軍政權》，《敦煌研究》1996 年第 4 期，第 84 頁。

如伯 3396《沙州諸渠諸人粟田曆》① 載有粟田 67 人，其中胡姓安、石、米、龍、翟等 22 人，占 32.8%；伯 2932《甲子乙丑年翟法律出便與人名目》載有姓名者 38 人，其中胡姓 13 人（含蕃姓 2 人），占 34.2%②。胡姓人口增多，政府就設立通頰部落，來管理這些胡姓人口的聚落。

二 佛經音寫卷的基本狀況

敦煌漢文遺書中，佛經文獻的內容涉及經、律、贊、傳、論、難字音、音義等，其中難字音、音義等所占的數量不多，但地位重要，因爲它是研習佛經的重要工具。佛經的抄寫和"難字音、音義等的編纂、分布"等狀況是進一步研究的基礎，需具體介紹。

（一）抄寫

1. 抄寫制度及相關

最早記載佛經的抄寫是蕭齊時期，"梁武大崇佛法，於華林園中，總集釋氏經典，凡五千四百卷。沙門寶唱，撰經目錄"③。帝王親自參與抄經，如"齊高宗明帝寫一切經，陳高祖武帝寫一切經一十二藏，陳世祖文帝寫五十藏，陳高宗寅④帝寫十二藏，魏太祖道武皇帝寫一切經，齊肅宗孝明帝爲先皇寫一切經一十二藏，合三萬八千四十七卷"⑤。最早的佛經寫卷出現在北魏永平（508～512）、延昌（512～515）年間，由敦煌鎮經生抄寫⑥。斯 1427《成實論卷第十四》的卷末題記："經生曹法壽所寫，用帋廿五張。永平四年歲次辛卯七月廿五日，燉煌

---

① 鄭炳林：《晚唐五代河西地區的居民結構研究》（《蘭州大學學報》2006 年第 2 期，第 10 頁）在題目上標注作"十世紀"。
② 鄭炳林：《晚唐五代河西地區的居民結構研究》，第 11 頁。
③ （唐）魏徵等《隋書》，中華書局，1973，第 1098 頁。
④ "寅"，《大正藏》校作"宣"。
⑤ 《大正藏》第 51 冊，第 848 頁。
⑥ 池田温：《中國古代寫本識語集録》，東京大學東洋文化研究所，1990，第 101 頁。

鎮官經生曹法壽所寫論成訖。典經師令狐崇哲，校經道人惠顯。"斯 2067《華嚴經卷第十六》的卷末題記："延昌二年歲次水巳七月十九日，燉煌鎮經生令狐礼太寫此經訖，用纸廿四張，校經道人、典經師令狐崇哲。"由上可看出，早期的官方佛經抄寫，一般多在卷末注明誰抄寫、用紙多少張、校對是誰、典經師是誰，這從側面反映北魏官方的抄經已初步形成一定的制度。

隋朝官方抄經的規模更大，民間也參與其中。"開皇元年，高祖普詔天下，任聽出家，仍令計口出錢，營造經像。而京師及并州、相州、洛州等諸大都邑之處，並官寫一切經，置于寺内；而又別寫，藏于秘閣。天下之人，從風而靡，競相景慕，民間佛經，多於六經數十百倍。大業時，又令沙門智果，於東都内道場，撰諸經目，分別條貫，以佛所説經爲三部：一曰大乘，二曰小乘，三曰雜經。"① 與北魏相比，隋朝的校經人員增多。津藝 258《禪數雜事下》的卷末題記："開皇十三年十二月十八日經生鄭頍書，用帋十八張，校經東阿育王寺僧辯開、教事學士鄭磧、王府行參軍學士丘世秀。"② 一般有官員監寫。斯 4020《思益經卷第四》的秦王妃崔氏題記："大隋開皇八年歲次戊申四月八日，秦王妃崔爲法界衆生，敬造《雜阿含》等經五百卷，流通供養。員外散騎常侍吳國華監。襄州政定沙門慧曠校。"③

唐代的官方制定了抄經的工作流程和技術規範，形成較爲完整而嚴密的制度。斯 4551《妙法蓮華經卷第四》的卷末題記："咸亨三年八月廿九日門下省群書手劉大慈寫。用紙貳拾貳張，裝潢手解善集，初校書手劉大慈，再校勝光寺僧行礼，三校勝光寺僧惠沖，詳閱太原寺大德神符，詳閱太原寺大德嘉尚，詳閱太原寺主慧立，詳閱太原寺上座道成，

① 《隋書》，第 1099 頁。
② 《天津藝術博物館藏敦煌文獻》第 5 册，上海古籍出版社，1996，第 343 頁。
③ 《敦煌寶藏》第 33 册，第 226 頁。

判官少府監掌冶①署令向義感，使太中大夫守工部侍郎永興縣開國公虞
昶監。"② 抄寫主要由書寫技藝高超的群書手承擔；抄寫的紙張一般爲厚
麻紙，紙張的使用有較嚴格的限制；經卷端要寫題目、撰者或譯者，經
卷尾要寫題記，題記内容有抄寫年代、抄寫者姓名以及校字、詳閲者姓
名等；抄寫完畢的佛經要經過初校、二校、三校以及詳閲的環節，主持
詳閲的僧人多爲大德、寺主、上座，他們的權威高，在一定程度上保證
了經文的準確性；校閲完畢後，報告給監管者，再由監管者報告朝廷，
監管者多爲"寫經判官""寫經使"。朝廷制定配套的後勤供給措施，包
括紙張、筆墨的供應，抄手的選擇和培養，糧食及炭料供應等。

　　吐蕃入主敦煌的時期，佛經的抄寫以《無量壽宗要經》和《大般
若經》爲多，持續時間較長。據日本學者上山大峻的統計，藏文《無
量壽宗要經》和《大般若經》的抄寫者分別有 350 人與 750 人③。抄寫
生有敦煌本地人（包括漢族、粟特、吐谷渾等）和外來的吐蕃人等，
其中漢族比例較大，當時敦煌的漢族大姓如張、曹、索、陰、李等均參
與其中④。與前相比，吐蕃時期還制定了寫經機構收取回執的制度。收
取回執易出争執，如藏文文書 TLTD. 2 ~ 14 "馬年抄寫的兩部佛經，已
送給漢人守使薛成成，但未收到簽字的收據。之後，又説寫經的收據已
經付過了，但無論是誰都没有收過，哪怕是私人的一紙之收據。四年以
後，佛經抄寫於'德康'之處完成，因僧人强尚爲其他事到彼處，故
仍未能確實得到簽字的收據"。⑤

----

① "冶"是"治"的訛字。
② 《敦煌寶藏》第 36 册，第 545 頁。
③ 轉引自張延清《吐蕃時期的抄經紙張探析》，《中國藏學》2012 年第 3 期，第
99 ~ 103 頁。
④ 張延清、謝爾薩：《敦煌藏文寫經生結構分析》，見《絲綢之路民族古文字與
文化學術討論會文集》（上册），三秦出版社，2007，第 114 頁。
⑤ 〔英〕F. W. 托馬斯著，劉忠、楊銘譯《敦煌西域古藏文社會歷史文獻》，民族
出版社，2003，第 67 頁。

　　歸義軍時期延續了以前的抄經制度，與吐蕃時期相比，在抄寫對象、抄經目的、抄寫内容上出現新的變化。一是抄寫的佛經種類變多，已不限於《大般若經》和《無量壽宗要經》，如斯 1612《丙午年十月廿七日比丘願榮報四恩三有敬發心所轉得經抄數》載敦煌净土寺僧願榮轉讀的佛經抄有 28 種①。二是寫經的世俗化目的（如贊功德、續命）更加突出。伯 2094《持誦金剛經靈驗功德記》的卷末題記："于唐天復八載歲在戊辰四月九日，布衣翟奉達寫此經贊功德記，添之流布。後爲信士兼往亡靈及見在父母、合邑等，福同春草，罪若秋苗，必定當來，俱發仏會。"② 伯 3115《佛説續命經》的卷末題記："天復元年五月十六日，母氾辰、女弘相病患。資福喜（續）命，敬寫《續命經》一本。靈圖寺律師法晏寫記。"③ 三是描述家族沿革、個人事蹟、修窟功德的碑銘贊變多，其中以邈真贊的數量爲最。四是曹氏時期，碑銘贊變少，發願文、功德記等增多。

2. 抄經的紙張和卷子的形制

　　北朝寫經用的大多是故麻布紙，南朝爲生漉麻紙④；隋朝大多是楮紙；唐代宫廷寫經和官府文書用的是黄麻紙，普通寫經爲楮紙；吐蕃時期，敦煌與中原隔絶，從中原來的紙張供應中斷，寫經不得不用木簡、廢棄的官府文書、本地造的土紙等；歸義軍時期，紙張由軍資庫司負責管理和支用，一般佛寺和民衆的抄經用紙十分粗糙，爲節省紙張，就在正面寫了字的紙背面上抄經、文等⑤。

　　南朝的麻紙細膩，北朝的麻紙粗糙，初唐宫廷寫經的麻紙細密；初

---

① 《敦煌寶藏》第 12 册，第 207 頁。

② 《法藏》第 5 册，第 143 頁。

③ 《法藏》第 21 册，第 333 頁。

④ 〔日〕石塚晴通著，唐煒譯《從紙質看敦煌文獻的特徵》，《敦煌研究》2014 年第 3 期，第 118～122 頁。

⑤ 榮新江：《敦煌學十八講》，北京大學出版社，2001，第 302～303 頁。

唐、盛唐的楮紙中，上等紙細密，下等紙粗糙；吐蕃時期的土紙硬厚粗糙，質地低劣，色偏白或土黄；歸義軍時期的麻紙也比較粗糙①。抄經的紙張要放在黄檗液中浸泡，以防蟲蛀，今天所見的敦煌寫卷很多就呈黄色。

東漢以後，紙逐漸取代木簡，但紙張的規格與木簡有關。木簡與紙張均長1尺，紙張上的分隔竪綫的作用是將其分成一支支的“木簡”。抄佛經的紙長1尺，稱爲“小尺”，相當於26釐米，紙幅一般是1尺乘1.5尺或1尺乘2尺，相當於26釐米乘39釐米或26釐米乘52釐米。而抄官府文書的紙長1尺，這是正常尺度，相當於30釐米，紙幅一般是1尺乘1尺或1尺乘2尺，相當於30釐米乘30釐米或30釐米乘60釐米。每紙上下畫界欄，中間相距18~19釐米，然後分割成寬1.5~1.8釐米的竪行。一紙分作20~30行不等，南北朝一般爲25行，隋唐一般28行，每行抄12~34字，佛經一般抄17字。

抄寫的佛經一般由首題、正文、尾題構成。首題也稱内題，包括題目、撰者或譯者，如“諸星母陁羅尼經，沙門法成於甘州修多寺譯”（伯3548）；有時還題品名，如“太玄真一本際經付囑品第二”（伯2359）。經文抄寫在一張張紙上，需將它們粘貼起來，以一卷爲單位，形成一個“卷子”。卷尾有空，通常寫題記，包括年代、抄寫者、供養人的姓名、發願文等。有些卷子的首尾鈐蓋寺院藏經的印記，如“三界寺藏經”“净土寺藏經”。

卷尾加木製的軸，用來捲經；卷首裝一根木條，木條携一絲帶，用以捆扎經卷。以一卷爲單位捲起來，卷子的直徑一般在1寸左右。將十或十二卷用皮包裹起來，就成一帙。

卷子是敦煌遺書最常見的載體，也有經摺裝、蝴蝶裝、梵夾裝、册子裝等。佛經音主要在卷子中，經摺裝中也有零星分布，其他載體基本

---

① 〔日〕石塚晴通著，唐煒譯《從紙質看敦煌文獻的特徵》，第118~122頁。

未見。

3. 寫卷正、背面的關係

早期寫卷的卷背一般不抄録文字。吐蕃和歸義軍時期，敦煌與中原隔絶，紙張供應緊張，就出現在卷背上抄經、文的現象。唐朝的文書檔案貯藏在郡縣的籍庫中，一般保存九年，九年以後文書檔案廢棄。由於紙質較佳，中原地區一般在它的背面塗鴉、裱糊東西等；而敦煌地區則用它的背面來抄經、文。

吐蕃中後期及歸義軍時期，土紙的正、背面均用來抄經、文。正、背面都抄佛經，如北敦 1826 的正面爲《金光明最勝王經》，背面是《大佛頂經大寶積經難字音》（《合集》5461①）；正面抄其他文獻、背面抄佛經，如伯 3270 的正面爲《兒郎偉》，背面是《佛經難字音》（《合集》5655）；正面抄佛經、背面抄其他文獻，如伯 3438 正面爲《大般涅槃經音》，背面是《沙州官告國信判官將仕郎試大理評事王鼎狀》（《合集》5221）。

一般來説，寫卷正面的抄寫時間要早於背面。如果寫卷正面是官府文書，背面的佛經抄寫時間要更晚些；如果正面與背面的文獻内容不相關，則背面的抄寫時間相對要晚。正、背面的抄寫時間相同，可從内容、字體等推斷出來。如俄敦 1196 的正、背面都抄寫藏經音義，通過與可洪音義的刻本對照，發現正、背面的内容可以銜接；伯 3365 的正面爲《甲戌年五月十五日爲府主大王小患付經曆》，背面是《大般若波羅蜜多經難字音》，正、背面的字體相同，《合集》（5059）就推斷它們都是開寶七年（974）的抄本。

（二）編纂

就編纂來看，與傳世的刻本文獻相比，敦煌文獻有分卷不定、符號

---

① 指《合集》第 5461 頁。後仿此，不出注。

不定、内容不定、用字不定、文多疏誤等狀況①。除此外，佛經音寫卷的編纂有雜抄、重複、未完成等狀況，這與篇幅相對短小、注音的功能、抄經生的宗教信仰、佛經性質等有關。

1. 音、經、文等雜抄在寫卷的同一面

與大部頭的經、律、論相比，佛經音的篇幅相對較小，特別是其中的單經音義較零散，抄在一張紙上較浪費，適宜於和經、文等雜抄在一起，寫卷的正、背面均有這種現象。正面的雜抄，如伯 3025 先抄《大般若涅槃經音義》，抄至第二卷，未抄完，空一行接抄《佛説菩薩戒本》（《合集》5150）；斯 5554 一端抄《妙法蓮華經·陀羅尼品》，另一端倒書抄願文（文樣）、《觀音禮》、《妙法蓮華經譬喻品難字音》和《妙法蓮華經陀羅尼品》，《妙法蓮華經譬喻品難字音》的位置在《觀音禮》和《妙法蓮華經陀羅尼品》的中間（《合集》5305）。背面的雜抄，如北敦 5931 的背面先是願文 6 行，未抄完，願文前後零星倒寫難字音若干條，每條右上角多用"┒"區隔（《合集》5574）；斯 4622 的背面抄有佛經難字音、尼僧菩提心、百姓富盈信狀、鎮守瓜州人户王康七等十人狀（《合集》5722）；伯 3270 的背面先是《兒郎偉》5 行，隔一行有"陽生讀自是"5 字，接有"晌舊犖國酸□"諸字，下一行是"兒郎偉驅儺"5 字，行末有"毳脃"條，接"佛經難字音"15 行（《合集》5655）。

雜抄在一起的音、經、文，有些内容上有聯繫。伯 3961 依次抄有《佛説七俱胝佛母准泥大明陁羅尼念誦法門》、《大陁羅尼末法中一字心咒經》、《佛説七俱胝佛母心大准提陀羅尼經》、《不空羂索神咒心經》（後附字音）、《佛頂心觀世音菩薩大陁羅尼經》、《諸星母陁羅尼經》、《无垢浄光大陁羅尼經》、《大佛頂如來頂髻白蓋陁羅尼神咒經》、《觀自在菩薩如意輪念誦儀軌》、《觀自在如意輪菩薩瑜加法要》（《合集》

---

① 張涌泉：《敦煌文獻的寫本特徵》，《敦煌學輯刊》2010 年第 1 期，第 1~10 頁。

5365）。這些佛經係陀羅尼的彙集，所以就抄在一起。有些在内容上無聯繫，如斯 5540 之 4 先抄《百行章》《鷰子賦》《長安詞》《山花子詞》《佛經音義》，接着爲雜寫及契約殘片（《合集》5577）。

有些雜抄與宗教儀式有關。舉行佛教儀式，需提供吟唱經文的底本。"（敦煌）寫卷中不同體裁的作品雜亂地抄在一起，表明它們是在某些儀式中共同傳誦使用的底本。"① 北敦 13834 先抄《妙法蓮華經》第六卷的經文，接後是它的難字音。將音附在經文後，表明它爲吟唱經文掃清障礙，可推測北敦 13834 是吟唱《蓮華經》的底本。

2. 部分或全部重複

佛經音寫卷中，抄寫數量較多的有衆經音、摘録單部佛經字詞的注音和單部佛經卷末的摘字注音。衆經音抄自玄應《一切經音義》和可洪《藏經音義隨函録》，摘録佛經字詞的注音涉及的單部佛經有《妙法蓮華經》《大般若經》《金剛經》《涅槃經》等，佛經卷末的摘字注音涉及的單部佛經有《金光明經》《諸星母陀羅尼經》《賢護菩薩所問經》等。部分重複主要出現在前兩類寫卷上，全部重複主要出現後一類寫卷上。

（1）部分重複

許多不同卷號的《一切經音義》，其内容部分重複。如伯 3095 背、俄弗 230 均抄自《大般涅槃經音義》，前者迻録第八至十四卷音義，注音 109 條，後者迻録第十至四十卷音義，注音 249 條，其中第十至十四卷的注音絶大多數相同；俄弗 367 和俄敦 10149 等都抄自《妙法蓮華經音義》，前者迻録第一至八卷音義，注音 454 條，後者摘抄第二、三、五、八卷音義，注音 21 條，其中第二、三、五、八卷的注音絶大多數相同。

摘録單部佛經字詞的注音也存在部分重複抄録的現象。如《大般

---

① 伏俊璉：《文學與儀式的關係》，《中國文化研究》2010 年冬之卷，第 66~74 頁。

涅槃經音》有伯 2172、斯 2821、伯 3415、斯 5999 等卷號，其中伯
2172 迻録第一至四二卷的注音 741 條，斯 2821 選抄第一至四二卷的
注音 150 條，伯 3415 摘抄第一、五、八、十六、三二、四二卷的注
音 15 條，斯 5999 選抄第一至二九卷的注音 179 條，其中有部分注音
相同。

（2）全部重複

單部佛經卷末的注音存在大量完全重複的抄録現象，主要涉及
《金光明最勝王經》《諸星母陀羅尼經》《賢護菩薩所問經》等。

《金光明最勝王經》（四卷）有北涼曇無讖、南梁真諦、北周闍那
崛多等的譯本。隋長安大興善寺沙門釋寶貴以曇無讖譯本爲主，加上
真諦和闍那崛多譯本的部分内容成《合部
金光明經》（八卷）；義浄在武周長安三年
（703）譯的《金光明最勝王經》（十卷）
最爲完備。《金光明最勝王經》主要表現護
法護世、懺悔滅罪等思想，這與晚唐五代
西北地區廣泛流傳的浄土信仰和祈求毗沙
門天王護衛沙洲的願望一致，敦煌信衆對
它十分崇拜。敦煌遺書現存有 3000 件左右
的《金光明最勝王經》寫卷，其中 400 件
給咒文和位於卷末的難字注了音①。這些音
注相同，如北敦 483、中國書店 ZSD039② 和
敦煌研究院藏本《金光明最勝王經·卷第
九》都在卷末注了相同的 9 條（耄毛報；痰

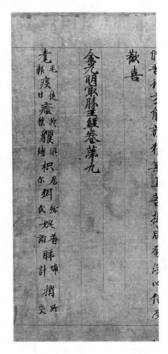

圖 0 - 1　北敦 483 局部

徒甘；瘀於禁；玃俱縛；枳居尓；弬弥氏；媲並

---

① 張涌泉、李玲玲：《敦煌本〈金光明最勝王經音〉研究》，《敦煌研究》2006
　　年第 6 期，第 149 ~ 154 頁。

② 中國書店編《唐人書〈金光明最勝王經〉三種》，中國書店，2009，第 36 頁。

禽或普詣；睗啼計；稍所交）音。

圖 0 – 2　中國書店 ZSD039 局部　　圖 0 – 3　敦煌研究院藏本局部

　　據施萍婷、邰惠莉《敦煌遺書總目索引新編》的統計，《諸星母陀羅尼經》（一卷）有斯 368、斯 1287、斯 2039、斯 2425、斯 2759、斯 2827、斯 4089、斯 4151、斯 4621、斯 5010、斯 5016、斯 5345、斯 6367b、斯 6746、北 7532、北 7555、北 7538、北 7542、北 7533、北 7543 二十個卷號在卷末注了音。這些音相同，如伯 3548 和斯 368《諸星母陀羅尼經》都注了相同 4 條（捹姊末反；紇胡吉反；哆得者反；楬許葛反）音。

　　據施萍婷、邰惠莉《敦煌遺書總目索引新編》的統計，《賢護菩薩所問經》第三卷有斯 508、斯 2020、北 0234 三個卷號在卷末注了 11 條音（鑪盧音；虆蒲界反；鍊練音；黨都郎反；貯竹呂反；髓息垂反；搆古候；岌魚及反；篋苦篋反；笥息字反；羞四由反）。

圖 0 - 4　伯 3548 局部　　　　圖 0 - 5　斯 368 局部

　　這些寫卷有的是同一人所抄，如伯 3916 和伯 3835 的《不空羂索神咒心經音》均用武周新字，内容完全相同，甚至一些俗訛字的寫法也大同小異（《合集》5365）；有的是不同時期的抄本，如伯 3095 背《一切經音義》抄自晚唐五代，俄弗 230 的《一切經音義》抄自唐睿宗登基（710）前後；有的底本相同，如伯 2271 和"伯 3765 背 + 伯 3084背"《佛經難字音》的内容基本相同，《合集》（5663）認爲"這兩個寫卷有共同的來源，而非底本與抄本的關係"。

　　另，《金光明最勝王經》《諸星母陀羅尼經》《賢護菩薩所問經》等的卷末注音完全重複，在製作數據庫和統計音注的過程中，參照《合集》的方法，僅選定一種卷號來迻録注音，其他卷號作參考，卷號不計入總數。

3. 部分佛經寫卷的摘字注音未完成

　　佛教徒認爲，轉讀佛經是有功德的行爲。爲方便信衆轉讀佛經，就出現了許多摘字注音的寫卷。敦煌地區當時流行的佛經，如《大般涅槃經》《妙法蓮華經》《金光明最勝王經》《賢護菩薩所問經》，均有摘字注音，但由於種種原因，這些摘字注音的寫卷中，有些未注完。

伯 3483《大般涅槃經音》卷端有經名，前 2 行所摘經字下多有注音，但其後就不再標音，《合集》（5221）疑"它是未完成之作"，因爲未注音的難字下大多留有一定的空間。伯 3451《大般涅槃經》摘抄難字 11 行，有注音的字 15 個，未注音的難字下多留有一定的空間。斯 3366 首題《大般涅槃經音》，卷中無注音，經字留有空格，"大概抄手原來準備把難字摘出來以後再注音，所以在每個難字下均留有一定的空格以備注音之用"（《合集》5256）。

伯 3406《妙法蓮華經難字音》的大多數難字下有注音，偶有釋義，無注音的難字下留有 1 個字左右的空格，"大約以備填補注文之用"（《合集》5275）。

伯 3506《佛本行集經難字音》正面 21 行，背面 3 行，每行 20 字不等，正面抄近 300 字，其中 14 字下有注音，無注音的字詞下多留有約 1 字左右的間隔，"蓋以備注音之用"（《合集》5540）。

伯 3109《諸雜難字》正面抄難字 55 行和習字 6 行，背面抄難字 54 行；正面的少數難字和背面末 5 行的多數難字下有注音，但未注音的難字下均留有 1 字左右的空格，"似係留空以備注音之用"（《合集》5583）。

斯 840《佛經難字音》正面存 15 行，背面存 2 行，共抄録 186 字，其中 100 字下有注文，注文多係標注直音，偶有釋義，未注音的難字下留有 1 字左右的空格，"大約以備填補注音之用"（《合集》5632）。

從這些未完成摘字注音的寫卷看，篇幅一般較短，注音大多採用直音，字體較拙劣，規範性較差，具有臨時性、隨意性的特點，可能抄手的責任心不強，文化素養不高，但與那些抄寫規範、首尾完整的佛經音寫卷相較，它們更能反映敦煌地區的方音特點。

4. 注音的數量與佛教信仰、佛經性質有關

根據佛經的傳播和注音的數量，佛經音寫卷可分爲三種類型。一是音較多，佛經的信衆多，有《大般涅槃經音》《大方廣佛華嚴經音》《妙法蓮華經難字音》《金光明最勝王經音》《大般若波羅蜜多經難字音》等；二是音較多，佛經的受衆較少，有《諸星母陀羅尼經音》《大佛頂經大寶積經難字音》等；三是寫卷數目較多，却很少有注音，有《阿彌陀經》《維摩詰經》等。究其原因，它與敦煌地區的佛教信仰、佛經性質有關。

首先，佛教信仰決定注音的多寡。唐五代時期，敦煌民衆的佛教信仰主要集中在傳播較廣的《金光明最勝王經》《妙法蓮花經》《大般涅槃經》等上。爲滿足信衆接受的需要，一些專業人員就對這些佛經中的疑難字詞訓音釋義，因此這些佛經的寫卷較多，注音也較多。

其次，注音的數量與佛經的性質有關。《諸星母陀羅經尼》是密教性質的佛經，主要講述宿曜陀羅尼及其功德，也涉及天文、星占等知識，内容深奧，不易接受，但信衆認爲準確念唱其咒語便可獲得功德，因而咒語的注音就多。《大集經》闡述的是性空思想，帶有濃厚的密教色彩，需較多音義的訓釋來滿足信衆通經的願望，因而注音也有一定的數量。《阿彌陀經》反映净土信仰，《維摩詰經》與净土信仰交融①。净土信仰的特點是重死後往生净土而輕現世覺悟，宣稱信衆祇要心中常念"阿彌陀佛"就可達成願望，死後被"阿彌陀佛"接往"西方極樂世界"。這種信仰方式簡單，易爲一般民衆接受，而信衆忽略對它經文的理解，所以這些佛經傳播廣，信衆多，訓釋的音義却極少。

---

① 《維摩詰經》反映整體、"無住本"、不二、净土、中觀等思想，中晚唐時期的維摩詰信仰與净土法門已有交融，見嚴盛英《近百年來維摩詰經研究綜述》(《哈爾濱工業大學學報》2016 年第 3 期，第 95 ~ 102 頁)。

（三）分布

參照徐時儀的分類①和《合集》的内容編排②，將寫卷上的佛經音分爲三類，即衆經音、單經音和其他經音。衆經音來自玄應音義和可洪音義；單經音出自某部佛經；其他經音來自佛經，但不能確定來自哪部或哪幾部佛經。以這三類音爲經，以卷號、佛經名稱、音注的數量和抄寫時間爲緯，來概述佛經寫卷注音的分布狀況。

1. 衆經音

（1）一切經音

一切經音出自"一切經音義"和"一切經音義摘抄"兩類寫卷，注音1317條，涉及35個寫卷。寫卷"一切經音義"與麗藏本玄應音義在卷次和詞條上相同，大體上完全複製。寫卷的"一切經音義摘抄"與今麗藏本玄應音義詞條的先後順序相同，但詞條的數量和文字上有删減，選擇性地抄録玄應音義。

①一切經音義

有34個寫卷，涉及20種佛經，注音977條，抄經時間在八世紀至十世紀。

---

① 徐時儀《敦煌佛經音義寫卷述要》（《敦煌研究》1997年第2期，第112~122頁）將音義寫卷分三類，即衆經音義寫卷、單經音義寫卷和音注單經寫卷。張穎《敦煌佛經音義研究》（蘭州大學博士學位論文，2013）承襲了這種分法。

② 《合集》未對佛經音義分類，但按照一切經音義、一切經音義摘抄、藏經音義隨函録、藏經音義隨函録節抄、大般若波羅蜜多經難字音、大寶積經略出字、大寶積經難字、大方等大集經難字、大方廣十輪經難字音、賢護菩薩所問經音、大方廣佛華嚴經音、大般涅槃經音、"大般涅槃經第一、二袠難字"、大般涅槃經第一袠難字、大般涅槃經等佛經難字、妙法蓮華經難字音、妙法蓮華經難字、妙法蓮華經譬喻品難字、妙法蓮華經第六卷難字音、金光明最勝王經音、月光童子經等佛經難字、不空羂索神咒心經音、大佛頂經音義、大佛頂經難字、大佛頂經大寶積經難字音、大莊嚴輪經難字、正法念處經難字、佛本行集經難字音、根本薩婆多部律攝第十三卷音、鼻奈耶難字、諸星母陀羅尼經音、佛經音義、難字音義、"撼摺"音義、音義殘片、諸雜難字、佛經難字音、佛經難字及韻字抄、難字音、難字摘抄的順序來編排内容。

表 0 - 1 一切經音義的注音情況

寫卷卷號	涉及的佛經和音注數量（條）	音注總數（條）	抄寫時間
俄敦 583 俄敦 256	大威德陀羅尼經 5 法炬陀羅尼經 8	13	八世紀末期至九世紀前半期[1]
俄敦 965 背	大般涅槃經 1	1	八世紀前半期至中期[2]
斯 3469 敦研 357	大般涅槃經 26	26	八世紀前半期至中期[3]
伯 3095 背	大般涅槃經 109	109	晚唐五代[4]
俄弗 230	大般涅槃經 249	249	第 19 卷前約在睿宗登基（710）前，第 20 卷以下在他登基後[5]
俄敦 5226 俄敦 586A 俄弗 368 俄敦 585	摩訶般若波羅蜜經 8 放光般若經 17	25	俄敦 586A、俄敦 585 係九世紀中期寫本[6]
俄敦 586C 俄敦 211 + 俄敦 252 + 俄敦 255 俄弗 411 俄敦 209 + 俄敦 210	放光般若經 12 光讚般若經 7	19	俄敦 209 係八世紀初期寫本[7]
俄弗 367	妙法蓮華經 454	454	五代或宋初[8]
俄敦 10149 俄敦 12380R 俄敦 12409R ~ B 俄敦 12409R ~ C 俄敦 12340R 俄敦 12409R ~ D 俄敦 10090 俄敦 12330R 俄敦 12381R 俄敦 12409R ~ A 俄敦 12287R	妙法蓮華經 21	21	五代前後[9]
斯 3538	等集衆德三昧經 4 集一切福德經 3 廣博嚴淨不退轉輪經 3 佛説阿惟越致遮經 6 勝思惟梵天所問經 4	20	八世紀前半期[10]

續表

寫卷卷號	涉及的佛經和音注數量（條）	音注總數（條）	抄寫時間
斯 4659 俄敦 14675	無量清净平等覺經 1 佛遺日摩尼寶經 1	2	不詳
俄敦 10831	十誦律 3	3	不詳
伯 3734	優婆塞五戒威儀經 5 舍利弗問經 13 戒消災經 4	22	八世紀後半期[11]
俄敦 11563	佛本行集經 5	5	不詳
俄敦 320、俄敦 386	瑜伽師地論 8	8	八世紀初期[12]

[1]〔日〕石塚晴通：《玄應〈一切經音義〉的西域寫本》，《敦煌研究》1992 年第 2 期，第 54～61 頁。

[2]《玄應〈一切經音義〉的西域寫本》，第 54～61 頁。

[3]《玄應〈一切經音義〉的西域寫本》，第 54～61 頁。

[4]《合集》（4793）從避諱猜測抄寫時間是晚唐五代。

[5]《合集》（4817）。

[6]《玄應〈一切經音義〉的西域寫本》，第 54～61 頁。

[7]《玄應〈一切經音義〉的西域寫本》，第 54～61 頁。

[8]《合集》（4861）。

[9]《合集》（4905～4906）。

[10]《玄應〈一切經音義〉的西域寫本》，第 54～61 頁。

[11]《玄應〈一切經音義〉的西域寫本》，第 54～61 頁。

[12]《玄應〈一切經音義〉的西域寫本》，第 54～61 頁。

②一切經音義摘抄

有 1 個寫卷，涉及 98 種帶注音的佛經①，注音 340 條，大約抄自八世紀中期。

表 0－2　一切經音義摘抄的注音情況

寫卷卷號	涉及的佛經和音注數量（條）	音注總數（條）	抄寫時間
伯 2901	大方廣佛華嚴經 11　大方等大集經 6　大集日藏分經 5 大集月藏分經 8　大威德陀羅尼經 6　法炬陀羅尼經 7 摩訶般若波羅蜜經 8　放光般若經 7　光讚般若經 4 道行般若經 3　明度無極經 1　勝天王般若經 3　大菩薩 藏經 11　大乘十輪經 4　菩薩見實三昧經 3　賢劫經 2	340	八世紀中期[1]

① 《合集》（4940）認爲它涉及佛經 106 種，其中帶音注的佛經 98 種。

續表

寫卷卷號	涉及的佛經和音注數量（條）	音注總數 （條）	抄寫時間
伯 2901	華手經 1　大灌頂經 12　菩薩瓔珞經 1　月燈三昧經 1　十住斷結經 5　觀佛三昧海經 6　大方便報恩經 4　菩薩處胎經 1　大方等陀羅尼經 2　海龍王經 2　觀察諸法行經 2　菩薩本行經 2　稱揚諸佛功德經 1　等目菩薩所問經 1　中陰經 1　濡首菩薩無上清净分衛經 3　迦葉經 1　發覺净心經 1　如來方便善巧呪經 1　勝鬘經 1　正法華經 2　弘道廣顯三昧經 1　等集衆德三昧經 1　般若燈論 1　大莊嚴經論 5　攝大乘論 3　十住毗婆沙論 1　地持論 2　緣生論 1　阿毗曇毗婆沙論 7　俱舍論 4　出曜論 15　阿毗達磨順正理論 16　成實論 1　鞞婆沙阿毗曇論 1　解說道論 1　雜阿毗曇心論 2　立世阿毗曇論 2　四諦論 1　分別功德論 2　辟支佛因緣經 2　佛本行集經 24　陀羅尼雜集經 2　六度集經 2　菩薩本緣經 2　正法念經 10　中阿含經 10　增一阿含經 10　長阿含經 7　別譯阿含經 5　雜寶藏經 2　普曜經 3　修行道地經 3　生經 5　義足經 5　那先比丘經 2　般泥洹經 1　五百弟子自說本起經 2　胞胎經 2　大迦葉本經 2　辯意長者子所問經 3　七女經 1　佛滅度後金棺葬送經 1　摩訶迦葉度貧女經 1　樹提迦經 1　盧至長者經 1　燈指因緣經 2　諫王經 1　邪祇經 1　時非時經 1　泥犁經 1　罪業報應教化地獄經 1　摩登伽經 1　樓炭經 2　大般涅槃經 1　佛般泥洹經 1　梵綱六十二見經 2　玉耶經 1　琉璃王經 1　賴吒和羅經 3　鸚鵡經 2　四分律 1	340	八世紀中期[1]

[1] 石塚晴通、池田証寿：「レニングラード本一切経音義——Ф二三〇を中心として」，『訓点語と訓点資料』第 86 輯，1991 年 3 月。

（2）藏經音

　　藏經音分藏經音義、藏經音義節抄和藏經音義摘抄三類，注音 498 條，涉及 7 個寫卷，抄寫時間在可洪音義成書（天福五年，940）後。寫卷上的藏經音義與麗藏本的可洪音義在卷次和詞條上相同，完全複製；寫卷上的藏經音義節抄與麗藏本可洪音義的詞條先後順序相同，但卷次不一致，詞條的數目和文字上基本無刪減；寫卷上的藏經音義摘抄與麗藏本可洪音義的詞條先後順序相同，但卷次不一致，詞條的數目和文字上有刪減。

①藏經音義

有 4 個寫卷，涉及 9 種帶注音的佛經，注音 287 條，抄寫時間除北敦 5639 第三紙可確定在十一世紀前後外，其他未定。

表 0－3　藏經音義的注音情況

寫卷卷號	涉及的佛經和音注數量（條）	音注總數（條）	抄寫時間
伯 3971	仁王護國般若波羅蜜經 29　大寶積經 25	54	不詳
斯 5508	菩薩地持經 39	39	不詳
北敦 5639	菩薩瓔珞本業經 25　佛藏經 40　大莊嚴論 62　佛説義足經 27　阿毗達磨顯宗論 32	186	大約十一世紀前後（第三紙）[1]
斯 6189	根本毗奈耶雜事 8	8	不詳

[1] 北敦 5639 由五紙卷合在一起，其中第三紙用一短竪代替重出字，《合集》（5017）認爲它大約是十一世紀前後纔時興起來。

②藏經音義節抄

有 1 個寫卷，涉及 5 種佛經，注音 141 條，應是十一世紀前後抄寫的。

表 0－4　藏經音義節抄的注音情況

寫卷卷號	涉及的佛經和音注數量（條）	音注總數（條）	抄寫時間
伯 2948	不空羂索神變真言經 1　蓮華面經 44　佛垂般涅槃略説教戒經 20　諸法无行經 31　妙法蓮華經 45	141	大約十一世紀前後（底卷）[1]

[1] 伯 2948 底卷的標目字在注文中重出時，用一短竪代替，《合集》（5033～5034）認爲它是十一世紀前後纔時興起來的。

③藏經音義摘抄

有 2 個寫卷，涉及 6 種佛經，注音 70 條，抄寫時間不能確定。

表 0－5　藏經音義摘抄的注音情況

寫卷卷號	涉及的佛經和音注數量（條）	音注總數（條）	抄寫時間
斯 3553	佛藏經 30	30	不詳

續表

寫卷卷號	涉及的佛經和音注數量（條）	音注總數（條）	抄寫時間
俄敦 11196 俄敦 11196 背	（待考佛經）3　大方便報恩經 30　蘇婆呼童子經 2　瑜伽師地論 1　僧護經 2　佛本行集經 2	40	不詳

（3）小結

衆經音共 1815 條，涉及 138 種佛經，抄寫時間在八世紀至十一世紀，一切經音的抄寫時間大體上早於藏經音。

2. 單經音

單經音指單部佛經上的注音，它有兩種形態，一摘録某部佛經的字詞，字詞下附有注音；二抄録某部佛經，注音有的用雙行小字附在經文下，有的附在卷末。

（1）摘録佛經字詞的注音

涉及 30 個寫卷，注音 2697 條，來自單經音義、單經難字音、單經難字、單經字音、單經詞句抄五類①。"單經音義"指從單部佛經的經文中摘抄詞條，詞條下有音義，如伯 3025《大般涅槃經音義》；"單經難字音"指從單部佛經的經文中摘抄難字，難字下有注音無釋義，如伯 3365 背《大般若波羅蜜多經難字音》；"單經難字"指從單部佛經的經文中摘抄難字，偶有注音無釋義，如斯 2141 背《大寶積經難字》；"單經字音"指從單部佛經的經文中摘字注音，不釋義，如伯 2172《大般涅槃經音》；"單經詞句抄"指從單部佛經的經文中摘抄詞句，偶有注音，不釋義，如北敦 8074 背《妙法蓮華經馬明菩薩品詞句抄》。

---

① 這是按照《合集》的佛經音寫卷名稱來作的分類。

表 0 – 6　摘録佛經字詞的注音情況

寫卷卷號	寫卷名稱	音注總數（條）	抄寫時間
北敦 8074	大般若波羅蜜多經難字音	36	丁卯年（907 或 967？）正月七日
伯 3365 背	大般若波羅蜜多經難字音	7	開寶七年（974）[1]
俄敦 330	大方等大集經難字	2	晚唐五代以後某個低級僧人初讀《大集經》時隨手摘録的[2]
俄敦 941	大方廣十輪經難字音	9	九至十世紀[3]
俄敦 19027 俄敦 19010 俄敦 18977 俄敦 18981（上片） 俄敦 19033 俄敦 18976（右片） 俄敦 19007 俄敦 18976（左中二片） 俄敦 18974 俄敦 19052 俄敦 18981（中片） 俄敦 18981（下片）	大方廣佛華嚴經音	31	可能爲遼代的黑水城寫本
伯 3025	大般涅槃經音義	82	不詳
伯 2172	大般涅槃經音	741	五代以後[4]
斯 2821	大般涅槃經音	150	不詳
伯 3438	大般涅槃經音	9	背面抄於辛巳年（921）三月，正面抄寫時間早於此年[5]
伯 3415	大般涅槃經音	15	不詳
斯 5999	大般涅槃經音	179	五代以後[6]
斯 1522 背	大般涅槃經第一、二袟難字	1	不詳
伯 3406	妙法蓮華經難字音	54	不詳
斯 5554	妙法蓮華經譬喻品難字音	7	己丑年（929）七月月生五日[7]
北敦 8074 背	妙法蓮華經馬明菩薩品詞句抄	3	正面題丁卯年正月七日，背面抄寫爲丁卯年或稍晚[8]
斯 6691	金光明最勝王經音	113	斯 6691 是彙集經文各卷卷末已有的經音而成的，它是五代以後的抄本[9]

續表

寫卷卷號	寫卷名稱	音注總數（條）	抄寫時間
俄敦 11019	月光童子經等佛經難字	1	不詳
斯 6691 伯 3429 + 伯 3651	大佛頂經音義	1201	五代以後[10]
俄敦 512	大佛頂經難字	1	不詳
北敦 1826 背	大佛頂經大寶積經難字音	31	卷背辛亥年（951）
俄敦 699	正法念處經難字	10	五代以後[11]
伯 3506	佛本行集經難字音	14	或在晚唐五代以後[12]

　　[1] 方廣錩《敦煌佛教經錄輯校》（江蘇古籍出版社，1997，第 692～693 頁）從伯 3365 正面的"甲戌年"推測它是宋太祖開寶七年的抄本。

　　[2] 見《合集》（5107）。

　　[3] 底卷的"忑（臣）"字是武周新字，所據經本應是武后時期的寫本。孟列夫《俄藏敦煌漢文寫卷敘錄》推定它是九至十世紀的寫本。

　　[4] 見《合集》（5156）。

　　[5] 見《合集》（5221）。

　　[6]《合集》（5235）從淵、婚等避諱字推測它是五代以後的寫本。

　　[7] 郝春文《敦煌社邑文書輯校》（江蘇古籍出版社，1997，第 249～251 頁）將伯 3037《庚寅年正月社司轉帖》中的"庚寅年"定作 930 年，《合集》（5305）據此將"己丑年"定作 929 年。

　　[8] 見《合集》（5316）。

　　[9] 見《合集》（5323～5325）。

　　[10]《合集》（5375～5376）從多數唐代諱字不避的情況推測它是五代以後的抄本。

　　[11]《合集》（5491）從世旁民旁不避諱的情況推測它是五代以後的寫本。

　　[12]《合集》（5540）從世旁民旁不避諱的情況推測它是晚唐五代以後的寫本。

（2）經文中和卷末的注音

　　涉及 22 個寫卷①，注音 275 條。經文中咒語的注音，較零散，數量不多，如斯 5586《用心咒》的咒語僅注了一個音。這些注音中，有的如北敦 175《金光明最勝王經》卷七的咒語中有"底丁耶""莎蘇活"二條音注（見圖 0－6），已被斯 6691《金光明最勝王經音》收錄。經文卷末附有這一卷的字詞注音。如果佛經僅一卷，卷末就是文末。如伯 3916《諸星母陀羅尼經》的卷末注音 4 條（見圖 0－7）。

---

　　① 這 22 個殘卷綴合爲 6 個寫卷。

　　　圖 0－6　北敦 175 局部　　　　　　圖 0－7　伯 3916 局部

表 0－7　經文中和卷末的注音情況

寫卷卷號	寫卷名稱	音注數量 （條）	抄寫時間
津藝 34 斯 2020 斯 508 北敦 2045 北敦 5566 斯 2258	賢護菩薩所問經音	48	不詳
北敦 13834 北敦 4277	妙法蓮華經第六卷難字音	12	七至八世紀[1]
斯 6691 斯 6518 斯 3106 斯 3933 伯 2224 斯 2522 北敦 4830 俄弗 129 斯 5170	金光明最勝王經音	113	不詳
伯 3916 伯 3835	不空羂索神咒心經音	89	可能在五代以前[2]

續表

寫卷卷號	寫卷名稱	音注數量（條）	抄寫時間
伯 2175	根本薩婆多部律攝第十三卷音	9	不詳
伯 3916	諸星母陁羅尼經音	4	不詳

　　[1]《中國國家圖書館藏敦煌遺書》（江蘇古籍出版社，2001）第 3 册卷首附底卷經文末頁彩色圖版，題作《唐（7~8世紀）〈妙法蓮華經〉卷六尾題及音釋》。

　　[2] 見《合集》（5366）。

（3）小結

　　兩類單經音共 2859[①] 條，涉及 52 個寫卷，其中咒語的注音較零散，有些已被衆經音、單經音收録，未統計在内。部分單經音的抄寫年代不詳；在年代可考的單經音中，唐代的音注數明顯少於五代及以後。

3. 其他經音

　　這類經音是佛經詞條、難字上的注音，但不能完全確定來自哪一或幾部佛經；少數寫卷可確定它來自哪部佛經，但被注音的字詞有溢出這部佛經的；個别寫卷可確定它來自哪幾部佛經，如“伯 2271、伯 3765 背 + 伯 3084 背（甲卷）《佛經難字音》”來自《正法華經》《光讚般若經》《長阿含經》《漸備一切智德經》《究竟大悲經》《四分律》《陀羅尼雜集》《鼻奈耶律》，但不少被注音的字詞溢出這些佛經。因此，這些經音與上舉能確定來源的衆經音和單經音不同，稱爲其他經音，分布在佛經音義、難字音義、佛經難字、難字音四類[②]寫卷上。“音義”注音釋義；“難字音”僅注音不釋義；“佛經難字”主要是摘抄難字，偶有注音。“佛經音義”的訓釋對象是以雙音節爲主的詞條，“難字音義”的訓釋對象是單音節的字、詞。因此，四類音的界限基本清晰。其他經音共 739 條，涉及 21 個寫卷，在年代可考的其他經音卷中，抄寫時間

---

①　《金光明最勝王經》經文各卷卷末共 113 條音，斯 6691《金光明最勝王經音》注 113 條音，彙集了各卷卷末已有的經音。單經音的總數未重複統計。

②　這是按照《合集》佛經音義寫卷的名稱來作的分類。

在五代及以後。

（1）佛經音義

涉及 5 個寫卷，共有 40 條音注。

表 0 – 8　佛經音義中的注音情況

寫卷卷號	寫卷名稱	音注數量（條）	抄寫時間
俄敦 6038	佛經音義[1]	11	不詳
俄敦 6232	佛經音義	22	不詳
俄敦 8687	佛經音義[2]	3	不詳
斯 3663 背	"撼擖"音義	2	不詳
俄敦 7758	音義殘片	2	不詳

　　[1] 俄敦 6038 的音注體例與可洪音義近似，其中"豚"條的音義與可洪音義第拾册《佛藏經》第四卷"豚子"條的音義幾乎相同。《合集》（5566）從注釋體例推測，它是某一佛經音義。
　　[2]《合集》（5572）認爲它的注釋體例與可洪音義相仿，"一杀""酒澱""臾煤""菱芰"條音義與玄應音義卷一五《十誦律》第一、十七、二十六卷上的同條音義近似，但具體出處難以確指。

（2）佛經難字音義

涉及 2 個寫卷，共有 16 條音注。

表 0 – 9　佛經難字音義中的注音情況

寫卷卷號	寫卷名稱	音注數量（條）	抄寫時間
北敦 5931 背	難字音義	11	不詳
斯 5540 之 4	難字音義	5	天成肆年（929）十月五日

（3）佛經難字

涉及 2 個寫卷，共有 81 條音注。

表 0 – 10　佛經難字中的注音情況

寫卷卷號	寫卷名稱	音注數量（條）	抄寫時間
伯 3109	諸雜難字	64	正面正文前 9 行的難字是太平興國八年（983）年摘抄的，正面正文第 10 行以後與卷背部分的難字是庚寅年（995）摘抄的[1]
伯 3823	佛經難字及韻字抄	17	不詳

　　[1] 見《合集》（5582）。

（4）佛經難字音

涉及 12 個寫卷，共有 602 條音注。

表 0 - 11　佛經難字音的注音情況

寫卷卷號	寫卷名稱	音注數量 （條）	抄寫人和抄寫時間
斯 5524	佛經難字音	8	不詳
斯 840	佛經難字音	96	敦煌當地僧人讀經的難字摘録，爲五代或宋初的抄本[1]
伯 3270 背	佛經難字音	118	抄手是敦煌當地人，時間在曹議金出兵攻打甘州回鶻的 925 至 928 年間[2]
伯 2271 伯 3765 背 + 伯 3084 背	佛經難字音	287	略早於甲寅年（954）[3]
伯 2874	佛經難字音	37	不詳
斯 4622 背	佛經難字音	19	不詳
斯 5712	佛經難字音	9	不詳
伯 4696	難字音[4]	17	不詳
俄敦 5912	難字音[5]	8	不詳
俄敦 5403	難字音[6]	3	不詳

[1] 見《合集》（5632）。

[2] 伯 3270 正面抄《兒郎偉》五首。榮新江據《兒郎偉》中的“太保”，認爲伯 3270 正面的抄寫時間在曹議金稱“太保”時出兵攻打甘州回鶻的 925～928 年間，《合集》（5655）認爲伯 3270 背亦在同一時期所抄。

[3] 伯 2271 的卷背抄有“甲寅年七月十五日就大乘寺納設曆”和倒寫的“庚戌年十二月”字樣，《合集》（5663～5667）認爲“其中的甲寅年《敦煌社會經濟文書真迹釋録》疑作公元 954 年，如果這一推斷可信，正面部分的抄寫時間當略早於這一年份”。

[4]《敦煌寶藏》題“佛經音義”，《敦煌遺書總目索引新編》題“佛經音三行”，《法藏》題“佛經音”，《合集》（5774）認爲它是否出於佛經，實不可必。通過考證它的音注來源（見下文），發現它的 17 條音注中，與《藏經音義隨函録》相同的有 3 條，被注字大多出自佛經，因此歸爲“佛經難字音”類。

[5]《合集》（5776）認爲它或出於佛經，故暫定今名，列入佛經音義之屬。通過考證它的音注來源（見下文），發現它的 8 條音注中，與《藏經音義隨函録》相同的有 2 條，被注字大多出自佛經，因此歸爲“佛經難字音”類。

[6] 俄敦 5043 摘抄難字，難字下注音 3 條，《合集》（5778）認爲“它所抄文字出處未詳，但從所抄文字雜亂無序來看，或出於佛經，故暫定今名，列入佛經音義之屬”。

4. 小結

衆經音、單經音和其他經音共 5413 條，涉及 115 個寫卷。衆經音有 1815 條，抄寫時間在八世紀至十一世紀，一切經音的抄寫時間大體上早於藏經音；單經音有 2859 條，在抄寫年代可考的單經音中，唐代的較少，五代及以後的占絕大多數；其他經音 739 條，在抄寫年代可考的其他經音中，所有的音注都出自五代及以後。

表 0 – 12　敦煌佛經寫卷語音概況

類別	衆經音		單經音		其他經音				
	一切經音	藏經音	摘録字詞的注音	經卷末的注音	佛經音義	佛經難字音義	佛經難字	佛經難字音	
音（條）	1317	498	2697	275	40	16	81	602	
總數（條）	1815		2859[1]		739				5413

[1]《金光明最勝王經》經文各卷卷末共 113 條音；斯 6691《金光明最勝王經音》注 113 條音，彙集了各卷卷末已有的經音。單經音的總數未重複統計。

三　佛經音寫卷的研究狀況

從近一百年佛經音寫卷的研究狀況看，文獻學的研究較爲充分，而語言學的研究相對薄弱。文獻學研究包括寫卷的彙集、定名、綴合和考證等，語言學研究包括音注的校釋、語音分析等。需將研究建立在前人成果的基礎上，避免重複勞動，因而文獻綜述十分必要。

（一）文獻學

1. 專題的彙集

敦煌遺書散布世界各地，彙集工作十分困難，專題的彙集尤爲不易。須各地的遺書收集完成後，纔能開始專題彙集。儘管單篇叙録、校釋等出現的時間較早，但佛經音寫卷的彙集二十世紀末纔開始，代表性的成果有張金泉等《滙考》、張金泉《敦煌寫卷佛經音義述要》和張涌泉《合集》（第十、十一册）。

《滙考》彙集了 50 多個佛經音寫卷，有玄應《一切經音義》（斯 3469、斯 3538、伯 3734、俄弗 23、伯 2901、伯 2271 和伯 3765）、《新

集藏經音義隨函録》（伯 3971、伯 2948、斯 5508、北敦 5639 和斯 335）、
《大般涅槃經音》（伯 2712、伯 3025、斯 2821、斯 3366、伯 3438、伯
5738 和伯 3415）、《大佛頂如來經音義》（北敦 226、斯 6985 和斯 3720）、
《佛本行集經難字》（伯 3506）、《妙法蓮華經音義》（伯 3406、斯 3082
和斯 114）、《金光明經音義》（斯 6691 背、斯 1117、斯 980、斯 17、北
敦 3093、斯 267、斯 649、斯 2097、斯 18、斯 712 和斯 814）、《佛經難
字》（斯 5712、斯 5999 和伯 3823）、《佛道經散音匯録》[《合部金光明
經》（北敦 1339）、《勝天王般若波羅蜜多經》卷五（斯 1220）、《阿彌
陀經》（北敦 1897 和斯 1023）、《思益梵天所問經》（斯 4020）等] 和
《諸難雜字》（伯 3109、北敦 1826 背、斯 4622 之 2、斯 840、伯 3365 背
和伯 3270）。滙考雖不全面，然篳路藍縷，開啓山林，爲佛經音文獻的
全面普查拉開了序幕。

　　張金泉將佛經音寫卷分衆經音義、單經音義和音注單經三類，共 56
小類，普查了敦煌寫卷中的佛經音文獻①，爲全面的彙集打下了基礎。

　　《合集》彙集了 115 個佛經音寫卷，涉及幾千個卷子，以《金光明
最勝王經》爲例來説明。《金光明最勝王經》有 3000 件左右寫卷，張
涌泉等花費了差不多近一年的時間，通過對《敦煌寶藏》《俄藏》《法
藏》《英藏》《上海圖書館藏敦煌吐魯番文獻》等的系統核查，將目前
能見到的 400 多個寫本中的音注材料彙集在一起，比勘異同②。

　　總之，《滙考》拉開了全面佛經音寫卷普查的序幕，《述要》完成
了普查的任務，《合集》完成了專題的彙集工作。

2. 殘卷的綴合

　　殘卷近 7 萬號，不乏本爲同一寫卷而撕裂爲數號的。這給寫卷的定
名、斷代乃至進一步的整理、研究帶來極大的困難，所以殘卷的綴合是

---

① 張金泉：《敦煌寫卷佛經音義述要》，《敦煌研究》1997 年第 2 期。
② 張涌泉、李玲玲：《敦煌本〈金光明最勝王經音〉研究》，《敦煌研究》2006
　年第 6 期，第 149～154 頁。

基礎工作之一。要從内容相連、碴口相合、字體相同、書風近似、抄手同一、持誦者同一、藏家同一、行款近同、校注相涉、污損類同、版本相同、形制相同等考察殘卷的綴合①。總集是殘卷綴合的先行者，如《俄藏》綴合了"俄弗586A和俄敦585""俄敦320和俄敦386"等音義殘片。但總集對殘卷綴合較零散，遺漏多，大規模的、專題的、全方位的佛經音殘卷綴合由《合集》完成。

　　"俄敦583和俄敦256"的抄寫格式、字體均同，應是同一寫卷的殘片（《合集》4783）；"斯3496和敦研357"的字體、行款完全相同，蓋出於同一人之手，當係同一寫本的殘片（《合集》4789）；"俄敦5226、俄弗586A、俄弗368和俄敦585"字體相同，抄寫格式一致，當爲同一寫本的殘頁（《合集》4845~4846）；"俄敦10149、俄敦12380R、俄敦12409R-B、俄敦12409R-C、俄敦12340R、俄敦12409R-D、俄敦10090、俄敦12330R、俄敦12381R、俄敦12409R-A和俄敦12287R"字體相同，抄寫格式一致，當爲同一寫本的殘頁（《合集》4905）；"俄敦4659和俄敦14675"字體相同，抄寫格式一致，當爲同一寫本的殘頁（《合集》4923）；"俄敦19027、俄敦19010、俄敦18977、俄敦18981（上片）、俄敦19033、俄敦18976（右片）、俄敦19007、俄敦18976（左中二片）、俄敦18974、俄敦19052、俄敦18981（中片）和俄敦18981（下片）"字體大體相同，款式大同小異，應爲同一寫卷的碎片（《合集》5136~5138）；"伯3429和伯3651"都有界欄，字體、行款相同，是一卷的分裂，可以綴合（《合集》5375）；"伯3765背和3084背"内容相連，被分裂爲二（《合集》5663）。

　　零散的殘片價值不大，一般捨去，而綴合後的卷子首尾基本完整，可納入研究的對象中，因而佛經音寫卷的綴合擴大了研究的範圍。

---

①　張涌泉：《敦煌佛經殘卷綴合研究》，《浙江大學學報》2016年第3期，第5~20頁。

3. 定名

寫卷的殘片很多，無題名者很多，如《俄藏》第十一册的俄敦3600 號至第十七册俄敦 19092 號均未題名，因而給殘片定名的任務艱巨。先有總集、目録學著作的定名，後纔有論文、專著的校正和補充。

（1）總集、目録學著作的最初定名

總集、目録學著作是寫卷定名的開創者，大輅椎輪，導夫先路。他們對佛經音寫卷的定名大多十分準確，至今還在沿用。

《俄藏》：俄敦 256《一切經音義卷第四十二法炬陀羅尼經》、俄敦586C《一切經音義放光般若經》等。

《敦煌寶藏》：伯 3025《大般涅槃經音義》、伯 3415《大般涅槃經音》、北敦 5931（重 31）背《佛經音義》等。

《法藏》：伯 3095 背《一切經音義》、伯 3406《妙法蓮華經字音及品名録》等。

《敦煌遺書總目索引》：斯 3538《經音義上、中、下卷》、伯 3734《一切經音義》、斯 2821《大般涅槃經音》、伯 3506《佛本行集經難字》等。

總集對佛經音殘片不定名，如《俄藏》；定名不太準確，如斯 6189誤定名《字寶碎金》等。儘管有一些瑕疵，却是後來研究的基礎。

（2）論文、專著等的校正和補充

早期的定名存在誤擬、泛擬、分擬、混擬等問題①，後世學者作了校正，主要有許端容、高田時雄、張金泉、許建平、張涌泉等。

伯 3971：《敦煌寶藏》《敦煌遺書總目索引》均題《仁王護國般若波羅蜜經音》；《敦煌遺書總目索引新編》題《仁王護國般若波羅蜜經音兩卷》，按語云"實爲佛經難字注音"。許端容《可洪〈新集藏經音

---

① 張涌泉、丁小明：《敦煌文獻定名研究》，《中華文史論叢》2011 年第 2 期，第327～355、407 頁。

義隨函録〉敦煌寫卷考》考訂它的正、背面均爲《藏經音義隨函録》第二册的殘片①。

斯 6189：《敦煌遺書總目索引》《敦煌寶藏》和金榮華主編《倫敦藏敦煌漢文卷子目録提要》均題《字寶碎金》，而張金泉②和朱鳳玉③均認爲它不是《字寶》殘片。通過和可洪音義比對，高田時雄指出它是《藏經音義隨函録》的殘片④。

斯 3553：《敦煌遺書總目索引》《敦煌遺書總目索引新編》均題《經音義》，《敦煌寶藏》題《字詞切音》。通過比對可洪音義，《滙考》指出它是《藏經音義隨函録摘抄》第拾册《佛藏經》第一、二卷的音義摘抄。

俄敦 941：孟列夫《俄藏敦煌漢文寫卷叙録》題《學習中文的教材》；《俄藏》正面題《字譜》，背面題《字譜補記》。《合集》（5126）查考底卷所有難字都出自《大方廣佛十輪經》第一、二、四卷，且難字先後順序與經本相合，就定名《大方廣佛十輪經難字音》。

斯 840：《敦煌遺書總目索引》《敦煌遺書總目索引新編》《敦煌寶藏》和金榮華主編《倫敦藏敦煌漢文卷子目録提要》均題爲《字書》，周祖謨《敦煌唐本字書叙録》稱《雜字》⑤，《英藏》改題《字音》，《滙考》列在《諸難雜字》下。《合集》（5362）考證難字出自《大般涅槃經》《妙法蓮華經》等四部佛經，難字的注音多有與《切韻》不合，就改題作《佛經難字音》。

① 見《第二屆敦煌學國際研討會論文集》，臺灣漢學研究中心，1991，第 235 ~ 250 頁。
② 張金泉：《論敦煌本〈字寶〉》，《敦煌研究》1993 年第 2 期，第 92 ~ 100 頁。
③ 朱鳳玉：《敦煌寫本碎金研究》，臺北：文津出版社，1997，第 44 頁。
④ 〔日〕高田時雄：《可洪〈隨函録〉與行瑫〈隨函音疏〉》，載高田時雄著、鍾翀等譯《敦煌·民族·語言》，中華書局，2005，第 386 ~ 458 頁。
⑤ 見中國敦煌吐魯番學會語言文學分會編纂《敦煌語言文學研究》，北京大學出版社，1988，第 40 ~ 55 頁。

爲未命名的佛經音殘片定名，代表性成果是《合集》，如俄敦 5226 殘片《俄藏》未命名，《合集》題《一切經音義》；俄敦 6038 殘片，《俄藏》未題名，《合集》題《佛經音義》。

後出轉精，《合集》是集大成者。與前人相較，它區分了"音義"和"音"的界限，不再以籠統的"音義"定名。它存在一些瑕疵，如定名的"某經音"與"某經難字音"均是摘字注音，難字或否，今人不易確定，不如統一稱"某經字音"或"某經難字音"；有注音的"難字"和"難字音"的界限不易區分，二者均摘字注音，僅音的多寡不同，不如統稱"難字音"或"字音"。另，爲示對前人成果的尊重，不再重新命名，所有的佛經音寫卷都採用《合集》的名稱。

4. 考證

前輩學者已對佛經音寫卷抄寫的時間、地點，以及抄寫人員、寫卷真僞等作了充分的考證，成果很多。這些成果是進一步研究的基礎，需細緻歸納和總結。

（1）抄寫的時間

少數佛經音寫卷上有時間標誌，如北敦 1826 的卷背抄《大佛頂經大寶積經難字音》，倒書"辛亥年"（951）。但絕大部分未標注時間，需從文字、符號等來推測。對抄寫時間的考訂，主要集中在石塚晴通、池田証壽、《中國國家圖書館藏敦煌遺書》和《合集》等上。石塚晴通推測了俄敦 965 背《一切經音義》等 8 個寫卷的抄寫時間①；石塚晴通、池田証壽考證出伯 2091《一切經音義摘抄》的抄寫時間②；《中國國家圖書館藏敦煌遺書》標注了"北敦 13834"《妙法蓮華經第六卷難字音》的抄寫時間；《合集》從避諱字、武周新字、俗字、重文

① 〔日〕石塚晴通：《玄應〈一切經音義〉的西域寫本》，《敦煌研究》1992 年第 2 期，第 54~61 頁。
② 石塚晴通、池田証壽：「レニングラード本一切經音義——Φ 二三〇を中心として」，『訓点語と訓点資料』第 86 輯，1991 年 3 月。

符（用一短豎代替重出字）等，推測出伯 3095 背《一切經音義》等 16
個寫卷（包括綴合後的）的抄寫時間。

由於一些寫卷缺乏標記性的特徵，以致抄寫時間無法確定。但從研
究成果看，佛經音寫卷出現在七世紀末期至十一世紀初期，持續 300 多
年，以晚唐五代的爲最多。

（2）抄寫的地點

莫高窟藏經洞中的寫卷，絕大多數抄寫地點在敦煌地區，毋容置
疑。但古代的敦煌是中西交通的要塞，不少東西往來的官使、僧侶、商
賈、信衆等駐足於此，禮拜佛教聖跡，參與相關的佛事活動，因而敦煌
以外地區的寫卷偶爾雜陳其間。對抄寫地點的考證，先是從個案研究開
始的，後來纔出現全面的研究。

個案研究有朱雷分析斯 524《勝鬘經疏》和斯 2838《維摩詰經》
從高昌流入敦煌的原因①，錢伯泉具體指出斯 2838《維摩詰經》是高
昌公主和丈夫至敦煌探親、拜佛時施入敦煌某寺的寫卷②等。全面研究
以魏郭輝《敦煌寫本佛經題記研究》爲代表，他從寫經題記中發現抄
經的地域廣泛，除敦煌外，還有如下地區。

關中地區：雍州（伯 2090《妙法蓮花經》）、長安（北 6856《四分
律戒本》）。

中原地區：洛州（伯 2184《金剛般若經注》）、晉州（甘博 029
《大般涅槃經》）、幽州（伯 2163《諸經要集》）、開封（臺灣"國家圖
書館"《禪源諸詮集都序卷下》）、魏州（今河北大名，天津博 46《大
般涅槃經》）、虢州（今河南靈寶，斯 3475《淨名經關中疏卷上》）。

西北地區：甘州（今張掖，北 6787《善信菩薩廿四戒經》）、涼州

---

① 朱雷：《敦煌藏經洞所出兩種麴氏高昌人寫經題記跋》，《魏晉南北朝隋唐史資
料》1988 年第 9、10 期，第 19～22 頁。

② 錢伯泉：《敦煌遺書 S. 2838〈維摩詰經〉的題記研究》，《敦煌研究》2007 年
第 1 期，第 61～67 頁。

（今武威，斯 509《千手千眼大悲心陀羅尼經》）、肅州（今酒泉，北
7095《四分律抄》）、伊州（今新疆哈密，北 1013《天請問經》）、瓜州
（伯 2374《佛説延壽命經》）、成州（今甘肅成縣，上海圖 026《金剛般
若經》）、蘭州（北 002《金剛般若經》）、靈州（今寧夏寧武，甘博 018
《金剛般若波羅蜜多經》）、吐魯番（上海圖 051《妙法蓮華經卷六》）。

　　南方地區：荆州（斯 81《大般涅槃經》）、益州（伯 2292b《維摩
詰經講經文》）。①

　　從寫經題記看，敦煌地區是佛經抄寫的最爲集中的地區，敦煌外以
西北地區爲多，四川、新疆、荆州等點綴其間。由於注音是爲方便信衆
念佛，外地經生不知敦煌信衆何時念唱哪一或幾部佛經，從這一目的推
測，單部佛經音寫卷或含字詞注音的佛經寫卷應主要是敦煌地區的經生
抄寫的。

　　（3）抄寫的人員

　　考證寫經人員的成果較多。日本學者藤枝晃的《敦煌出土の長安
宮廷寫經》② 和《敦煌寫本の研究》③ 對唐代宮廷寫經中的抄寫者及抄
寫機構進行了探討；王元軍細緻分析寫經生的身份等④；釋大參從寫經
題記中考察了敦煌 “異鄉人” 的身世、家人離散的原因、内心的苦悶
及願求等⑤；魏郭輝指出抄手有官員、僧尼、民衆、中央書手、地方經
生等⑥；趙青山指出寫經生有本地人和吐蕃人兩個來源，敦煌本地人包

①　魏郭輝：《敦煌寫本佛經題記研究》，蘭州大學博士學位論文，2009，第 159～
165 頁。
②　藤枝晃：《敦煌出土の長安宮廷寫經》，載《佛教史學論集：塚本博士頌壽記
念》，京都：平樂寺書店，1961，第 647～667 頁。
③　藤枝晃：《敦煌寫本の研究》，《人文》，1966，第 1～32 頁；《人文》，1970，第
17～39 頁。
④　王元軍：《唐代寫經生及其書法》，《中國書畫》2005 年第 8 期，第 5～7 頁。
⑤　釋大參：《敦煌異鄉人寫經題記中的 “鄉愁與宗教救度”》，南華大學敦煌研究中
心編《敦煌學》第二十七輯，臺北：樂學書局有限公司，2008，第 521～538 頁。
⑥　魏郭輝：《敦煌寫本佛經題記研究》，第 89～156 頁。

括漢族、粟特、吐谷渾和其他少數民族的人①。

佛經音寫卷除斯 3583《一切經音義》標注了"王"② 姓抄經生外，其餘不透露抄寫者的信息。由於信息少，無法確證經生的身份，但從書法特徵、反映的方言特徵等看，抄寫者應以地方經生爲多。

（4）寫卷的真僞

佛經音寫卷被編入敦煌文獻中，絕大多數不存在爭議，但個別真僞難辨。由"俄敦 19027、俄敦 19010、俄敦 18977、俄敦 18981（上片）、俄敦 19033、俄敦 18976（右片）、俄敦 19007、俄敦 18976（左中二片）、俄敦 18974、俄敦 19052、俄敦 18981（中片）俄敦 18981（下片）"綴合而成的《大方廣佛華嚴經音》，張涌泉（《合集》5138~5139）從反切術語用"切"不用"反"、"戀"用簡化俗字"恋"、"明"缺末二筆避諱等推測它非敦煌藏經洞文獻，是黑水城文獻混入，爲遼代之作的可能性極大。

（二）語言學

1. 音注的校勘

校勘是文獻學的内容，由於主要涉及音韻的比較、字形的辨析等，就將其列入語言學研究中。對佛經音寫卷的校勘有單一校勘和綜合校勘。單一校勘有周祖謨《校讀玄應一切經音義後記》（斯 3538、伯 3734）③、徐時儀《俄藏敦煌寫卷〈放光般若經〉音義考斠》（俄弗 368、俄敦 00585、俄敦 00586A 等）④ 和《敦煌寫本玄應音義考補》（斯 3469、斯

---

① 趙青山：《吐蕃統治敦煌時期的寫經制度》，《西藏研究》2009 年第 3 期，第 45~52 頁。

② 斯 3583《一切經音義》在第七卷下標"了""王"二字，第一、四、六、九、十、十一、十七等卷下也標了"王"字，《合集》（4919）認爲"了"是抄寫完畢的意思，"王"應是抄寫者的姓氏。

③ 周祖謨：《問學集》，中華書局，1966，第 192~212 頁。

④ 徐時儀：《俄藏敦煌寫卷〈放光般若經〉音義考斠》，《古籍整理研究學刊》2008 年第 3 期，第 3~7 頁。

3538、伯 2271、伯 2901 等)① 等，這些成果大多被後來的綜合校勘所借鑒。

綜合校勘主要集中在張金泉、許建平《滙考》和張涌泉《合集》上，《滙考》和《合集》的校勘、考釋全面系統，爲後來的語音本體研究基本掃清了障礙。

2. 語音的分析

語音分析是佛經音寫卷的核心，涉及語音的系統、特點、性質等，中外學者已作了較爲深入的研究。

慶谷壽信對 "斯 6691、伯 3429 + 伯 3651（甲卷）"《大佛頂經音義》的聲母系統作了歸納②；張穎認爲敦煌佛經音義代表的是長安音系等③。

《滙考》（1198）④ 指出斯 6691 背、斯 1117 等《金光明最勝王經音》有歌麻互注、齊混入止等；（1111）指出斯 6691 背、伯 3429 等《大佛頂經音義》有佳麻互注等現象；（1032）指出伯 2712 等《大般涅槃經音》有止攝遇攝互注、梗攝字與齊韻互注等現象。《合集》（5235）指出斯 5999《大般涅槃經音》有遇攝字與止攝字互注、梗攝字與蟹攝字互注等現象，顯示唐五代西北方音的特點；（5275）指出伯 3406《妙法蓮華經難字音》有見系與影系、精系與照系互注，梗攝與蟹攝、遇攝與止攝互注的現象，呈現唐五代西北方音的特色；（5461）指出北敦 1826《大佛頂大寶積經難字音》有止攝字與遇攝字互注，佳韻字與麻韻字互注等現象，呈現唐五代西北方音的特色；（5631）指出斯 840

---

① 徐時儀：《敦煌寫本玄應音義考補》，《敦煌研究》2005 年第 1 期，第 95 ~ 102 頁。
② 慶谷壽信：《敦煌出土の音韻資料（下）——〈首楞嚴經音〉的反切三類考》，東京都立大學中國文學科《人文學報》98 號，1974 年 3 月。
③ 張穎：《敦煌佛經音義研究》，蘭州大學博士學位論文，2013，第 48 ~ 75 頁。
④ 指張金泉、許建平《滙考》第 1198 頁。後仿此，不出注。

《佛經難字音》有止攝字與遇攝字互注，流攝唇音字讀同遇攝等現象，透露唐五代西北方音的特色；（5655）指出伯 3270 背《佛經難字音》有止攝字與遇攝字互注，止、蟹攝與梗攝字互注等現象，帶有唐五代西北方音的特色等。李福言指出伯 2172 聲母輕重唇不分、舌頭舌上已分、泥娘對立、從邪分立、云匣分用等，韻母同攝同等的韻相混、止蟹二攝相混、止遇二攝混用等，聲調上去混用等。①

　　李華斌《伯 2271、伯 3765 背和伯 3084 背音注的來源與性質》在考辨音注來源和釐析語音層次的基礎上，認爲它具綜合音系的性質，有承襲讀書音的地方，也有反映從玄應音（661～663 年）到“難字音”（954 年）的時音變化，及五代時期敦煌地區特有的方音現象等。②

---

① 李福言：《敦煌〈大般涅槃經音〉伯 2172 音注考》，《漢字文化》2015 年第 4 期，第 27～32 頁。

② 李華斌：《伯 2271、伯 3765 背和伯 3084 背音注的來源與性質》，見《中國音韻學》，廣西民族出版社，2017，第 89～100 頁。

第一章

注音的方法、條例、形式與功能

　　中國傳統的注釋一般採用字號加以區別。被注釋的文字用大號字體，注釋的文字用雙行的小字附於其後。音是注釋的重要内容，一般在注釋文字的前面，如《經典釋文》《原本玉篇殘卷》《一切經音義》。佛經寫卷承襲了這種訓釋體式，一般來説，音訓在前，義訓在後，音義相關。注音包括少數正形、辨義的語用注音和偏旁類推等的文化注音。由於體式特殊，有必要歸納寫卷的注音方法和條例，描寫音注形式，分析音注功能，爲進一步的語音研究作鋪墊。

第一節　注音方法

　　漢語的注音方法有讀若、讀如、譬況、如字、直音、反切、四聲、紐四聲、注音字母、拼音等，其中使用時間最長、影響較大的是直音和反切，從東漢開始，一直持續到清末，基本貫穿了整個封建時代。相較而言，讀若、讀如、譬況等描寫注音方法存在缺點，普及程度不高，南北朝的學者已提出了批評。如顏之推云："鄭玄注六經，高誘解《吕覽》《淮南》，許慎造《説文》，劉熙制《釋名》，始有譬況假借以證字音耳，而古語與今殊別，其間輕重清濁猶未可曉，加以外言、内言、急言、徐言、讀若之類，益使人疑。"① 隋唐時期，描寫的注音方法基本

---

① 　王利器：《顏氏家訓集解》，中華書局，1993，第 529 頁。

被淘汰，稍晚的佛經音寫卷也未採用。除描寫注音法和晚清以後出現的注音字母、拼音外，其他注音方法佛經音寫卷均採用了。

一　直音

一般來説，直音有標記和默認的兩種形式。標記用"音""名"的音注術語，如試音史（伯 3506《佛本行集經難字音》，5542①）、耄名帽（斯 5540 之 4《難字音義》，5577）；無術語標記的，一般用細體小字緊附在被注字的後面，靠注釋的體例來默認，如翳影（俄敦 941《大方廣佛十輪經難字音》，5126）。

二　反切

直音有局限，如無同音字或同音字是生僻字，就會出現無法注音或注音價值不大的問題。反切能克服這些缺點，基本可以以常用字注出準確的讀音。一般認爲，受梵漢對音的影響，反切起源於東漢末年。魏晉南北朝時期，反切大規模推行。隋唐時期，反切成爲主要的注音方法，超過直音，占主導地位，如陸德明《經典釋文》②、曹憲《博雅音》、陸法言《切韻》、空海《篆隸萬象名義》。相對草創時期，此期寫卷的反切標注比較成熟，形式多樣，有標記和默認兩種形式。前者用"反""切"來提示讀音，如呻舒神反（伯 3415《大般涅槃經音》，5232）、庚星愈切（俄敦 19027 等《大方廣佛華嚴經音》，5140）；後者無音注術語標記，兩個小字附在被注字的後面，靠注釋的體例來認定，如甍乎崩（伯 2271 等《佛經難字音》，5667）。

---

① 指《合集》第 5542 頁。後仿此，不出注。

② 《經典釋文》中的反切 48238 條，占 68.1%，遠超過直音、如字等，見萬獻初《〈經典釋文〉音切類目研究》，商務印書館，2004，第 338 頁。

三 標注聲調

用"聲"來標記聲調，有四聲、紐四聲兩種類型。佛經音寫卷中，四聲是主要的注音方法之一；紐四聲使用較少，普遍性程度不高。

1. 四聲

弘範上胡肱反，下無反無韻，上聲呼之（斯 6691 等《大佛頂經音義》，5378）、從我從，去聲呼（斯 6691 等《大佛頂經音義》，5378）。

更相並平聲（斯 6691 等《大佛頂經音義》，5382）。

2. 紐四聲

拯及上取蒸之上聲（伯 3025《大般涅槃經音義》，5151）。

純准平（斯 2821《大般涅槃經音》，5205）。

紐四聲和四聲的區別：前者被注字和注音字的聲母、韻母相同，以"Ⅹ"聲來標記調的不同；後者僅標記聲調，因爲調是最顯著的區別性特徵之一。但它們都是周顒或沈約發現"四聲"以後出現的，不會早於齊梁時代。據現有文獻，紐四聲最早出現在唐玄度《九經字樣》中，《九經字樣》成書在開成二年（837），可知採用紐四聲注音的斯 6691 等《大佛頂經音義》的抄寫時間在此後。

四 標注聲母的發音部位

對接受者來説，給被注字注出聲、韻、調是基本的語音要求。在接受者熟知被注字的某些音素下，注音有減省的現象，僅標注音素的區別性特徵，如輔音阻塞部位的不同。

遮車闍膳若已（以）上齒音（伯 2172《大般涅槃經音》，5159）：遮，章母，正齒音；車，昌母，正齒音；闍，禪母，正齒音；膳，禪母，正齒音；若，日母，半齒音。總之，它們均是齒音。

五 如字

一字有兩個及以上的讀音，依本音或常用字音來讀的叫如字。本音是基本義的讀音；常用字音是常用義的讀音，一般具有時代性。如字注音主要集中在斯6691等的《大佛頂經音義》上，共49條，今列舉3例。

（1）皆爲_{如字}（斯6691等《大佛頂經音義》，5385）。

（2）遞①相_{上音弟，下如字}（斯6691等《大佛頂經音義》，5382）。

（3）爲兒_{並如字}（斯6691等《大佛頂經音義》，5386）。

六　設立語境

一字有兩個及以上的讀音，分別表達不同的意義，通過設立語境來揭示它的讀音和意義的不同，稱設立語境的注音法。它使用較少，在佛經音寫卷中僅2例，今列舉1例來説明。

排擯_{上推排之排；下音鬢，擯弃也}（斯6691等《大佛頂經音義》，5381）：排的"擠""推""安置"義《廣韻》注步皆切，表"强突"義《集韻》注步拜切；設立語境"推排之排"，表明它讀步皆切。

第二節　注音條例

一般來説，被注字是訓釋的對象，形音義是它訓釋的内容，這是音義的基本條例。有時訓釋的對象擴大到與被注字的相關字詞，音義是相關字詞的訓釋内容，這是音義的補充條例。佛經寫卷的注音遵守基本條例，大量運用補充條例，一些被訓釋的字隱含在"音"中，需籀取出來分析。

一　基本條例

訓釋的對象是固定的，不能引申、擴大到其他對象；否則，就是轉

---

① 遞是"遞"的俗字。

移了訓釋的對象。今揭櫫一例，來説明。

（1）駃_{所史}，從史。（斯 6691 等《藏經音義隨函録》，5326）

（2）不逮及，音袋。（斯 6691 等《大佛頂經音義》，5383）

從史表明駃是"駛"字，"所史反"給"駛"字訓音。"及"給"逮"字訓義，"袋"給"逮"字訓音。

二　補充條例

"二義不嫌同條"由王念孫提出，它在《爾雅》中多次出現。《釋詁》"台、朕、賚、畀、卜、陽，予也"，其實"台、朕、陽"訓"予"，"第一人稱代詞"義；而"賚、畀、萄"訓"予"，"給予"義。佛經寫卷的訓釋也有類似的現象，其訓釋對象有時不固定，擴大到形近的、意義相關的字詞，過度的引申擴展，以致出現了二字不嫌同條的"新"注音條例。

（1）淬汙_{上而陝反，又七内反，非}。（斯 5508《藏經音義隨函録》，5013）

《菩薩地持經》卷一有"不爲四種煩惱之所染污"（《大正藏》第 30 册 NO.1581 第 889 頁中欄）句，這是"淬汙"的出處。而陝反是給"染"注音，七内反是給"淬"注音。可洪認爲淬是"染"的省形字，就注而陝反；如果認爲淬是"淬"的俗字，就注七内反，可洪認爲它非。染、淬二字同條。

（2）喇齝_{上音逝，正作噬，又郭氏音制；下五結反}。（北敦 5639《藏經音義隨函録》，5018）

《大莊嚴論經》卷一二有"身體遍破，如狗喇齝"（《大正藏》第 4 册 NO.201 第 324 頁上欄）句，這是"喇齝"的出處。可洪認爲喇爲"噬"，就注音逝；郭迻認爲喇爲"喇"，就注音制。噬、喇二字同條。

（3）婬女_{上羊林反；又苦耕、五耕、户經三反，非}。（北敦 5639《藏經音義隨函録》，5018）

《大莊嚴論經》卷一三有"時彼國中有長者子與婬女通"（《大正

藏》第 4 册 NO.201 第 326 頁下欄）句，這是"婬女"的出處。羊林反是給"婬"字注音，但苦耕、五耕、户經反是給"娙"字注音。婬、娙二字同條。

（4）蜂螫下郝，亦釋，亦蜇。（伯 2172《大般涅槃經音》，5158）

螫、釋《廣韻》施隻切，"螫音釋"是通語音。"螫音郝"源自劉昌宗、張晏等。《周禮·山師》"螫噬之蟲獸"，劉音呼各反①；《史記》"有如兩宫螫將軍"，張晏讀郝，火各切②。郝《廣韻》呵各切，與呼各、火各反音同。"音蜇"是給"蛆"字注的訓讀音。蜇、蛆《集韻》（203 下右）陟劣切。螫、蛆義近，就同條爲訓。

因此，對于"二字不嫌同條"的補充條例，不要輕易否定，需找出相關的字詞來"對音"，來擴大語音本體的研究範圍。

第三節　注音形式

佛經音寫卷中，注音形式有用音注術語標記與否的兩種。其中有標記的少，無標記的多。前者是有條件的，需用音注術語來提示字音；後者是默認的，需用字號來提示字音。

一　無音注術語的標記

反切用二字，直音用一字來注音。如果標記清楚，兩個字的反切與一個字的直音不相雜厠，就可省略音注術語"音""名""反""切"等。它後來形成了一種標準的音注範式，占據主要地位。

---

① （唐）陸德明撰，黄焯斷句《經典釋文》，中華書局，1983，第 130 頁下欄左。

② （漢）司馬遷撰，（宋）裴駰集解，（唐）司馬貞索隱，（唐）張守節正義《史記》，中華書局，1959，第 2841 頁注 4。

（一）直音

對於單音節的被注字來説，用一個細體小字附在其後，如翳影（俄敦 941《大方廣佛十輪經難字音》，5126），細體小字與被注字同音。雙音節的詞條加"上"或"下"來提示注音對象的位置，如天竺下竹（伯 2172《大般涅槃經音》，5160）；點惠上轄（伯 2172《大般涅槃經音》，5158）。

（二）反切

用兩個細體小字附在被注字後，如鹹古麥（伯 2271 等《佛經難字音》，5668），被注字爲"鹹"，"古"是切上字，"麥"是切下字。

二　有音注術語的標記

基本的音注術語有"音""名""反""切"。其中"音"是最普通的標記，反切和直音通用，音的擴展術語有"本音""借音""相承音""古音""梵音"，用來標記字音的類別；"名"相對罕見，衹標注直音；"反""切"標記反切，"反"是主要標記術語，"切"較罕見，爲後起的標記術語。二級擴展術語"又音""二反""又二反"等提示字音的數量。

（一）提示注音及擴展的術語

1. 音

（1）直音

"音"的位置有在被注字和注音字的中間和在注音字的後面兩種，在中間是通例，在後面是變例。

音在被注字和注音字的中間：髻頭髻，音計（斯 6691《大佛頂經音義》，5386）、□□（茵蓐）上音因，下音辱（俄敦 19027 等《大方廣佛華嚴經音》，5140）、差□（殊）上楚宜反，又音叉（斯 6691《大佛頂經音義》，5380）、无坭音狗，正作垢，又音祢，非也（北敦 5639《藏經音義隨函録》，5017）。

音在被注字和注音字的後面：膩蟻音（伯 3835《不空羂索神咒心

經》，5368）、只羅上支、紙二音，梵言度只羅，秦言无瞋恨（北敦 5639《藏經音義隨函錄》，5017）、禁剚之世反，正作制；又端、剬二音，非也（北敦 5639《藏經音義隨函錄》，5018）。

"三音"及以上的術語罕見，即使被注字有三個注音，也採用"又二音"的術語，例子見上。

（2）反切

採用"音 AB 反"的形式，如斾音之甈反（斯 6691 等《大佛頂經音義》，5379）。

2. 名

"名"在被注字和注音字的中間，形式單一，數量較少。如：耄名帽（斯 5540 之 4《難字音義》，5577）。

3. 反

直至北宋前期，反切的標記術語是"反"。"X，AB 反"是最基本的反切注音形式。擴展術語有"上反""下反""二反""又反""又二反""又三反"等。

反：呻舒神反（伯 3415《大般涅槃經音》，5232）。

上反：推為上尺隹反（斯 6691 等《大佛頂經音義》，5386）。

下反：魁膾上恢，下古兑反（伯 3025《大般涅槃經音義》，5151）。

二反：詠之上之忍、直忍二反，候脉也（北敦 5639《藏經音隨函錄》，5018）。

又反：枳姜里反，又諸氏反（斯 6691 等《藏經音隨函錄》，5326）。

又二反：□□（瓶坑）□□□□（前後並作）瓨，同，行江反，又苦含、徒古二反，非也（斯 6189《藏經音隨函錄》，5018）。

又三反：姪女上羊林反，又苦耕、五耕、户經三反，非（北敦 5639《藏經音隨函錄》，5018）。

從音注術語看，同一個字最少注了一個音；最多注了四個音，如"又三反"。

4. 切

反切最初稱反語、反音、反言、翻、紐等。"切"指切上字。"所謂切韻者，上字爲切，下字爲韻。"① 北宋以前，反切的常用體式是某某反或翻，如五代本《切韻》、小徐本《説文解字》。甚至北宋後的一段時間，某某翻如郭忠恕②《佩觿》、某某反如《龍龕手鏡》③ 仍在使用。《合集》（5139）認爲俄敦 19027 等綴合而成的《大方廣佛華嚴經音》是黑水城文獻混入，理據是它的反切製作形式是 "X，AB 切"。但唐以前，"切"的使用有《顏氏家訓·音辭》的 "《左傳音》切椽爲徒緣" 和 "河北切攻字爲古琮" 兩條例證；歸義軍末期，相當北宋初期，切取代反，已成爲常用的注音體式，如大徐本《説文解字》，因此證僞它的理由不充分，就列入敦煌文獻來考察，它有 "切" "上切" "下切" 三種標記術語。

切：□（阿）庚星愈切（俄敦 19027 等《大方廣佛華嚴經音》，5140）。

上切：□□上烏到切，□—（俄敦 19027 等《大方廣佛華嚴經音》，5141）。

下切：玉宸下於豈切（俄敦 19027 等《大方廣佛華嚴經音》，5140）。

（二）提示字音類別的術語

1. 本音

一般來説，本音是基本義的讀音。寫卷的本音 2 條，均抄自玄應音義。

（1）頗有。借音普我反，諸書語辝。本音普多反。（俄弗 367《一切經音義》，4875 ~ 4876）

（2）□本音□（普）多反，不平。（俄敦 10149 等《一切經音義》，

---

① 張富祥譯注《夢溪筆談》，中華書局，2009，第 165 頁。
② 郭忠恕在宋太宗時任國子監主簿。
③ 《龍龕手鏡》作於遼聖宗統和十五年（997）。

4907）

"頗"，《玉篇》注"不平也，偏也"，這是基本義，《廣韻》《集韻》《韻會》等注平聲的滂禾切，它與普多反音同；表"略微"的"語辭"義是引申義，《廣韻》《集韻》《韻會》等注上聲的普火切，它與普我反音同。

2. 借音

顧名思義，與本字的音相對，借音是借字的音。寫卷的借音 10 條，均抄自玄應音義。

（1）螺王。古文蠃，同。力□□□□□□□□□（戈反。螺，蚌也。經文作蚤①），力西、力底二反，借音耳。（伯 3095 背《一切經音義》，4805）

（2）螺王古文蠃，同。□□（力戈）反。螺，蚌也。經文作蚤。蚤，力底反，借音耳。（俄弗 230《一切經音義》，4819）

（3）綱縸。借音莫盤反，謂肉（網）縸其指間也。（俄弗 230《一切經音義》，4824）

（4）頷瘦。《説文》口没反，《三蒼》云：頭禿無毛也。《通俗文》：白禿曰頷。《廣②》：禿也。今讀口轄反，此非正音，但假借耳。（俄弗 367《一切經音義》，4869～4870）

（5）梨黮。案《方言》面色似凍梨也。經文作黧，力兮反。《字林》：黑黃也。《通俗文》：班黑曰黧。黮《説文》杜感反。一音勒感反。桑甚（葚）之黑也。今用於斬反者，借音耳。甚音食甚反。（俄弗 367《一切經音義》，4870）

（6）唯然。弋誰反。《説文》：唯，諾也。《廣疋》：唯、然，膺也。《礼記》：父召无諾，唯而起。鄭玄曰：唯者，應之敬辭也，唯恭於諾

---

① 蚤是俗訛字，正字是蚤。
② "廣"字後漏"雅"字。

也。又借音弋水反，亦語辝也。（俄弗 230《一切經音義》，4874）

（7）頗有。借音普我反，諸書語辝。本音普多反。（俄弗 367《一切經音義》，4875～4876）

（8）屏處。俾領反，《礼記》：左右屏而待。鄭玄曰：屏，隱也。《詩》云：万邦之屏。《傳》曰：屏，蔽也。今借音爲蒲定反，依初反讀，亦不乖字義。（俄弗 367《一切經音義》，4876）

（9）陂灂上筆皮反，下匹莫反。大池也。山東名平灂，幽州名淀，音殿。經文從水①泊，借音，非體也。（伯 2901《一切經音義摘抄》，4942）

（10）飤此囚恣反。《説文》：飤，糧也。謂以食供設人曰飤。經文作飴，借音耳。（伯 2901《一切經音義摘抄》，4951）

上述絶大部分是真的借音。螺本讀力戈反，借“蠡（力西、力底反）”的音；緷（緷）本讀莫半切，借“綄（《廣韻》母官切，母官切與莫盤反音同）”的音；黕本讀杜感反，借“黤（於斬反）”的音；屏本讀俾領反，借“偋（蒲定反，義‘隱僻’，與屏義近）”的音，屬義同借音；灂本讀匹莫反，借“泊”的音；飤本讀囚恣反，借“飴”的音；頗本讀口没反，借“口轄反”的音。但玄應的借音存在泛化的現象，將“又音”當作借音。唯《王三》以佳（以脂合三平）、以水（以脂合三上）二反，以佳反與弋誰反音同，玄應認爲表“膺”義讀平聲，表“僅”（語辝）義讀上聲（借音），其實上聲是又音。玄應認爲表“不平、偏”義是本音（普多反），表“略微”（語辝）義是借音（普我反），其實上聲的借音是又音。

3. 相承音

“相承音”是口耳相承的習慣讀音，用相承音來標記的注音有 4 條，均抄自玄應音義和可洪音義。

（1）嘲調。正字作啁，同，竹包反。下徒弔反。《蒼頡篇》云：啁，

調也。謂相調戲也。經文作讛，相承音藝，未詳何出。或作礙，五戒反，《字林》"欺調也"。亦大調曰礙也。（俄弗230《一切經音義》，4826）

（2）齭齧。相承在計反，謂没齒也。經文或作齸，竹皆反，《通俗文》"齒挽曰齸也"。（俄弗367《一切經音義》，4868）

（3）並饜人名也，相承音飽，未詳所出。案古文餯、餍二形，今作飽，飽猶滿也。此應饜字誤作也。饜音於焰反。（伯2901《一切經音義摘抄》，4950）

（4）圮坼上皮美反，岸毀也。相丞（承）作披美反，非也。下丑格反。（伯2948《藏經音義隨函録節抄》，5036）

上述4條相承音中，讛讀聲符"藝"的音，齭讀聲符"齊（在計反）"的音；饜是"饜（餍，於焰反）"的誤字，讀"形近字餯、餍（飽的古文）"的音；圮《廣韻》符鄙切，並脂開上，披美反是滂脂開上，疑相承音披美反是俗訛音，因爲可洪認爲它"非"。

4. 古音

"古音"是古代的讀音，用古音標記的注音1條，抄自玄應音義。

（1）車乘。齒邪反。《説文》：輿輪之總名也，夏后氏奚仲所作。古音居。《釋名》云：古者車如居，言行所以居人也；今曰車，車，舍也，言行者所處如舍也。乘，食證反。《廣雅》：乘，駕也。謂可乘者也。《周礼》：四馬爲乘。乘，載也。（俄弗367《一切經音義》，4862）

《釋車》："古者曰車，聲如居，言行所以居人也。"[1]引文有脱。車，王仁昫《刊謬補缺切韻》九見魚（與"居"同音）、尺昌遮二反。車上古是魚部，構擬爲 $*kja$[2]。玄應舉《釋名》來論證九魚反是古音。

---

① 任繼昉匯校《釋名匯校》，齊魯書社，2006，第401頁。
② "尺遮反"採用鄭張尚芳《上古系系》（上海教育出版社，2003，第286頁）的構擬。郭錫良《漢字古音手册》（商務印書館，2010，第30頁）據尺遮反構擬的古音作 $*\underline{t}hia$。"車"由見變爲昌，大概與腭化有關。"車"是否與知有關係，不得而知，因此不採用《漢字古音手册》的章組字歸知組的古音構擬。

鄭妞認爲"在東漢以前，有些字當讀牙喉音，到後來纔讀爲章組"①，因此尺遮反是後起的腭化音變的讀音，即 tɕ < kj。

5. 梵音

"梵音"是梵語的對音，寫卷標注的梵音有 2 條，抄自玄應音義。

（1）呾呾羅。都達反，此是雉聲也。或言鶌鶋。依梵音帝栗反。（俄弗 230《一切經音義》，4823）

切上字"帝"是端母，切下字"栗"爲三等的質韻，端母不切三等，大概帝栗反是爲梵漢對音生造的讀音。丁福寶《佛學大辭典》："怛怛羅，雜語，譯曰鷄聲。"玄應的對音字换"口"成呾。黄仁瑄認爲呾呾羅的詞源不清②，聶鴻音認爲它是巴利文 Tatra 的對音③。"怛羅夜耶"梵語的羅馬轉寫爲 Trayāya。tra 對呾羅。唐代經師菩提流志譯《護命法門神咒經》的質韻如嚟字對 r④，因而 tr 的梵音爲帝栗反。菩提流志譯《不空羂索咒心經》的對譯字"怛"注多訖欣三入切⑤，它與帝栗反音近。

（2）巴吒。百麻反。案《阿含經》，此長者曰（因）國爲名也。經文作杷，比雅反，亦是梵音訛轉耳。（俄弗 230《一切經音義》，4827）

"巴吒"爲"巴吒羅"patala 的縮寫，經文有"巴吒羅長者"（《大正藏》第 12 册 NO. 374 第 573 頁上欄）"巴吒羅國"（《大正藏》第 54 册 NO. 2137 第 1245 頁上欄）。百麻反與比雅反的聲韻相同，但有平、上之別。杷《合集》（4843）校爲"把"。pa 中的 p 爲不送氣輔音，舊譯用漢語的上聲字（切下字雅是上聲）來表示不送氣聲母，其他如地婆

---

① 鄭妞：《上古牙喉音特殊諧聲關係研究》，北京大學出版社，2021，第 158 頁。

② 黄仁瑄校注《大唐衆經音義校注》，中華書局，2018，第 84 頁。

③ 聶鴻音《慧琳譯音研究》（《中央民族大學學報》1985 年第 1 期，第 64 ~ 71 頁）認爲"究究羅"是巴利文 kukuḷa 的對音。"呾呾羅"與"究究羅"都表鷄聲，二者聲轉。

④ 李建强：《敦煌對音初探》，中國社會科學出版社，2017，第 44 頁。

⑤ 李建强：《敦煌對音初探》，第 17 頁。

訶羅①，玄應不接受這種舊譯的方法，就認爲梵音訛轉。

第四節　注音功能

佛經寫卷的注音大多是在一定語境下的語用注音，它有注音、正形、辨義三種功能，分別涉及漢字的音、形、義三方面，與單一的形式注音不同，需具體介紹。

一　注音

經文、咒語中的生僻字、疑難字、多音字是信衆念佛的障礙。佛教徒認爲，轉讀佛經是有功德的行爲，準確念唱咒語可加持法力。提示這些字的讀音，可爲通經掃清障礙，這是它的首要功能，例子從略。

二　正形

隋唐五代處在"古無定字"的階段，用字較混亂。相對儒典、道藏來説，佛經寫卷的用字較不規範。注音的目的是識字，正形就是它的功能之一。具體而言，以音正形，有辨正字形和校正文字兩種功能。

（一）辨正字形

佛經寫卷的正俗字、異體字、古今字、形增字、古文字、避諱字、武周新字等繁多，訓釋者用字樣之間的互注來辨正字形。

1. 正俗字

奝底_{上廉，下兖}（伯 2172《大般涅槃經音》，5162）：兖是"底"的俗字，俗字爲正字注音。

---

① 尉遲治平：《對音還原法發凡》，《南陽師範學院學報》2002 年第 1 期，第 10 ~ 15 頁。

藕藕（斯 5999《大般涅槃經音》，5238）：藕是"藕"的俗字，正字爲俗字注音。

2. 異體字

齅嗅（伯 2172《大般涅槃經音》，5160）：齅、"嗅"異體。

灾災（伯 2172《大般涅槃經音》，5162）：灾、"災"異體。

鞾音靴（伯 3506《佛本行集經難字音》，5542）：鞾、"靴"異體。

3. 古今字

婚昏姻因（伯 3415《大般涅槃經音》，5239）：昏是古字，婚（婚的避唐諱字）是今字，古字爲今字注音。

臽函胡緘反，經作臽，音陷，坑也，非此義（伯 2901《一切經音義摘抄》，4949）：臽是古字，陷是今字，今字爲古字注音。

4. 形增字

驃驃（伯 2172《大般涅槃經音》，5160）：驃是"驃"的形增字。

漂漂（俄敦 699《正法念處經難字》，5493）：漂是"漂"的形增字。

5. 古文字

尸眷下首，古文（伯 2172《大般涅槃經音》，5160）：眷是"首"的小篆隸定字，《說文》"眷，古文百（首）也"。

秊年（伯 2172《大般涅槃經音》，5163）：秊是"年"的小篆隸定字。

6. 避諱字

弃棄音（津藝 34 等《賢護菩薩所問經音》，5131）：棄字的中部構件俗書作"世"，避唐太宗李世民的諱，作弃。

7. 武周新字

囝月（北敦 8074《大般若波羅蜜多經難字音》，5048）：囝是"月"的武周新字。

穓受（北敦 8074《大般若波羅蜜多經難字音》，5048）：穓是"授"

的武周新字，授、受古今字。

（二）校正文字

以音改字是音注的主要功能之一，如"八皆音六"①。對於形訛字、俗訛字、避諱字等，可由注音來校正文字。

1. 形體近似的別字

佛經寫卷的一些形訛字，由形體近似造成，可由注音來校正字形。

电踵上音身，正作申（北敦 5639《藏經音義隨函錄》，5019）：电是"電"的簡化字，唐五代未見用例，可洪認爲它是"申"的訛字，就注"音身"。《佛説義足經》經文"婬人曳踵行，恚者斂指步"（《大正藏》第 4 册 No.198 第 180 頁上欄）是"电踵"的來源，电是"曳"的形訛，可洪的正字誤。

陕狭（斯 5999《大般涅槃經音》，5237）：斯 2086《大般涅槃經》第十卷經文"尔時樹林其地狭小"（《敦煌寶藏》第 16 册，第 73 頁下欄）是"狭"的來源，陕是"狭"的形訛。

拖音施（北敦 5639《藏經音義隨函錄》，5018）、拖音施（斯 3553《藏經音義隨函錄摘抄》，5041）：麗藏本可洪音義（《中華大藏經》59 – 902 上）與此同；《佛藏經》經文"受取布施樹木華果"（《大正藏》第 15 册 No.653 第 788 頁下欄）的"施"被訛成"拖"，以音改字。

財賗音賄；又音覩，非（俄敦 11196《藏經音義隨函錄節抄》，5044）：麗藏本可洪音義（《中華大藏經》59 – 852 上）與此同；可洪用"音賄"表明賗作"賄"；"又音覩，非"來補充説明它非"賭"字。"財賄"是，如《周禮·天官·大宰》"以九賦斂財賄"。

2. 音同的別字

佛經寫卷的一些別字，由音同、音近造成，由注音來校正字形。

神甸音殿（北敦 5639《藏經音義隨函錄》，5019）：麗藏本《藏經

---

① （唐）陸德明撰，黃焯斷句《經典釋文》，第 130 頁上欄右。

音義隨函録》（《中華大藏經》60－146 上）與此同；神殿的殿訛成
"旬"，就注"音殿"改字。

佛塓_{音塔}（伯 2948《藏經音義隨函録節抄》，5034）：佛塔的塔被訛
成"塓"，用"音塔"改字。

餘命无已^①_幾（伯 2172《大般涅槃經音》，5163）：《大般涅槃經後
分卷上》經文"我年老邁，餘命无幾"（《大正藏》第 12 册 NO. 377 第
900 頁上欄）是出處，幾被訛成"已（已、幾音近，俗書己、已不
分）"，就用音來正字。

懲_{陟陵反，詰也}（斯 6691 等《大佛頂經音義》，5379）：《大佛頂經》
第一卷經文"現今懲心所在"（《大正藏》第 19 册 No. 945 第 108 頁下欄）
是出處，懲被形增爲"懲"，陟陵反是給"懲"注音，懲、懲音近而訛。

3. 俗訛字

佛經寫卷的一些俗訛字，由筆畫的缺省、增衍、訛變等造成，由注
音來校正字形。

淬汙_{上而陝反，又七内反，非}（斯 5508《藏經音義隨函録》，5013）：淬
是"染"的俗訛字，而陝反是給"染"注音，七内反是給"淬"注音。

斯陁亼_含（北敦 5639《藏經音義隨函録》，5013）：麗藏本可洪音
義（《中華大藏經》59－901 下）與此同；《菩薩瓔珞本業經》的經文
作"斯陀含"（《大正藏》第 24 册 No. 1485 第 1011 頁中欄），亼是
"含"的俗訛字。

即閇_{音閇；又音汗，非}（北敦 5639《藏經音義隨函録》，5019）：麗藏
本可洪音義（《中華大藏經》59－963 中）與此同；閇、汗《廣韻》侯
旰切，可洪認爲它不是"閇"，而是"閇"，就注音閇。閇是閇的俗
訛字。

兒完（伯 2172《大般涅槃經音》，5161）：經文有"諸根完具"（《大

---

① 《合集》（5199 注 388）認爲"已"當作"己"，"己"是"幾"的音誤字。

正藏》第 12 冊 NO.374 第 563 頁上欄）句，"完"被訛成"兒"。

顧昐普幻反，又音麪（伯 2948《藏經音義隨函録節抄》，5035）：麗藏本可洪音義（《中華大藏經》59－747 下）與此同；"普幻反"表明昐爲"盼"，"音麪"表明昐作"昒"。

浄昏音鬙（伯 2948《藏經音義隨函録節抄》，5035）：麗藏本可洪音義（《中華大藏經》59－747 下）與此同；慧琳音義卷四三《三劫三千佛名》中卷"德鬙"條注"經作昏，不成字也"①，可洪用直音來正字。

赦舍（斯 2821《大般涅槃經音》，5206）：《大般涅槃經》卷十二經文"童子聞已赦然有愧"（《大正藏》第 12 冊 NO.374 第 434 頁下欄）是出處，赦被訛成"赦"。抄經人認爲它是"赦"，就注"舍"音來正字。赦、舍《廣韻》始夜切，二字音同。

4. 避諱字

佛經寫卷的一些避諱字，由筆畫的缺省、訛變和同義的替代等造成，由注音來指出本字。

隨眠莫賢反，正作眠（北敦 5639 等《藏經音義隨函録》，5020）：眠是"視"的異體字，《廣韻》常利切，與莫賢反音不同；眠是避諱字，由避唐太宗的諱造成，本字"眠"，部件民訛變成"氏"。

治國上里（伯 2172《大般涅槃經音》，5158）：里是給"理"字注音；治避唐高宗李治的諱，治、理義同，治避諱作"理"。

三　辨義

最初，一個漢字指派一個讀音，表達一個基本義。後來，字的能指和所指的對象增多，一個讀音就賦予數個意義。音領屬的義增多，區分度就變小，需增加他音來分擔部分的語義，這就是多音多義字產生的原因。因此，可通過"音"來確定它領屬的是基本義、引申義、假借義，

---

① 徐時儀校注《一切經音義》，上海古籍出版社，2008，第 1256 頁下左。

這就叫因音辨義。辨義就是注音的功能之一。

（一） 基本義

基本義是字最初的、原始的意義，大多是常用義，一般可憑藉字形探求出。佛經寫卷通過注 "本音" 等來標記字的基本義，例子見上舉的 "頗"。

（二） 引申義

引申義由基本義通過隱喻、轉喻等途徑派生出。中古時期，漢語區分引申義的手段有變聲、變韻、變調，其中變調最多，如《經典釋文》《群經音辨》等。用四聲來別義，是辨 "引申義" 的基本手段。

法雨雨_{下于遇反，雨猶□（下）□（也）}（伯 3025《大般涅槃經音》，5151）："風雨" 的雨讀上聲，"下雨" 的引申義讀去聲（于遇反）。

欲教王者交（伯 2172《大般涅槃經音》，5158）：教的 "教育、教化" 的常用義讀去聲；"傳授知識" 的引申義讀平聲（音交）。

飲以_{上於禁反}（伯 2172《大般涅槃經音》，5158）：飲的本義 "喝" 讀上聲（於錦反），"給牲口水喝" 的引申義讀去聲（於禁反）。

□□□□（衣麁麻衣）_{上意，下依}（伯 2172《大般涅槃經音》，5160）："衣服" 的本義讀平聲（音依），"穿衣" 的引申義讀去聲（音意）。

（三） 假借義

借用已有的音同或音近字來表示的意義，叫假借義。它產生的途徑與引申義不同，由同或近的音來借義。

恐懅。又作遽，同，渠庶反。遽，畏□（懼）□□。（俄敦 5226《一切經音義》，4846）

遽《玉篇》渠庶切，基本義是 "急、疾"，如《呂氏春秋·察今》"遽契其舟"。懅《正字通》居御切，基本義是 "懼、慙"①，如《後漢

---

① （明）張自烈撰，（清）廖文英續《正字通》，見《中華漢語工具書書庫》（第 3 冊），安徽教育出版社，2002，第 411 頁下右。

書·王霸傳》"霸慚憏而退"。遽與憏音近，遽借"憏"的義。

本章小結

　　佛經音寫卷以直音和反切爲主，承襲了六朝的如字，採用了新出現的四聲、紐四聲等，注音方法比字書、韻書豐富。佛經寫卷的注音遵守基本條例，大量運用補充條例，一些被訓釋的字隱含在"音"中，需要找出形近、義近的字來對音。佛經音寫卷的注音術語有"音""名""反""切"，擴展術語有"又音""二反""又二反"等。其中，"音"是最普通的標記，反切和直音通用，音的擴展術語有"本音""借音""相承音""古音""梵音"；"名"相對罕見，衹標注直音；"反""切"標記反切，"反"是主要標記術語，"切"較罕見。佛經寫卷音注的功能有注音、正形、辨義等，對於正形、辨義的訓詁音，需加以辨識，不宜直接作語音分析。

第二章

音注的續校勘

　　對佛經寫卷的注音已有單一專題和全面綜合的多次校勘，取得了很大的成績，其中《合集》是最"終"的審定者和集大成者。音注校勘是一個綜合的問題，涉及文字、音韻、訓詁、版本等知識，盲點較多，並未終結，仍有一些音注需要清理，需要繼續校勘。續校勘以佛經音寫卷爲底本，以《合集》（第十、十一册）爲參校本，標注寫卷的卷號和參校本的頁碼，逐條勘正和例釋。爲避免頭重脚輕等編排問題，在校勘的過程中，先歸納訛誤的類型，再作校釋。

第一節　字形造成的訛誤

　　形誤主要由字形近似、減筆、增筆造成，其中形近是主要的訛誤類型，反映了形體近似的字不易區分；形省、形增的訛誤較少，但仍可看出寫卷的用字不規範。

一　形近致誤

　　漢字的發展史中，曾有一些形近的字，讀音近似、意義相關，在"古無定字"的階段，易造成借用或替代。漢字構形系統中，有許多形近的部件，當形近部件與該字的某一義項或讀音建立了聯繫，再加上書寫者的誤解，就易造成錯用。如果抄寫者和訓釋者的小學水準相對不高，抄本中就會出現誤認形近字的現象。

（1）刀長。都堯反，人姓也。或可曰事立名耳。（俄弗 230《一切經音義》，4828）

都堯反是給"刁"注音。刁金藏本玄應音義（56 - 846 中①）作"刁"。刁是刀的後期分化字，作姓的刁來自刀，但中古時期兩字已有分別，王仁昫《刊謬補缺切韻》的刀字注都勞反（458②），刁字注都聊反（455）。刀、刁形近可訛。

（2）闚看。又作窺，同，丘規反，《字林》"小視也"，《方言》"凡相竊視南楚謂之窺也"。（俄弗 367《一切經音義》，4869）

闚是"闚"的俗訛。《康熙字典》："闚，《篇海》口圭切，小視也。按即闚字之譌。"③ 闚、窺異體。闚、闚形近可訛。

（3）阿路迦婆去聲婆波羅弗補泥反帝廿二。（俄弗 367《一切經音義》，4880）

弗的切下字泥是"没"的訛字。麗藏本玄應音義卷六弗的切下字作"没"④。弗《廣韻》分勿切，與補没反是物、没混，音近。泥、没形近可訛。

（4）椎鍾。直追反。《説文》：椎，擊也。字從木。經文作搥，直淚反。開（《合集》録作"關"）東謂之搥，開（《合集》録作"關"）西謂之桙。又作搥，都回反。搥，擿也。二形並非字義。桙音竹革反。（俄弗 367《一切經音義》，4875）

玄應音義卷六的金藏⑤（56 - 914 下）、磧砂藏作"持"，海山仙館

---

① 指《中華大藏經》（中華書局，1993）第 56 册第 846 頁中欄。後仿此，不出注。

② 指《唐五代韻書集存》（中華書局，1983）第 458 頁。後仿此，不出注。

③ （清）張玉書等編《康熙字典》，中州古籍出版社，2006，第 1342 頁。

④ 徐時儀校注《一切經音義》，上海古籍出版社，2008，第 141 頁上左。徐校本的底本是麗藏本，見《一切經音義三種校本合刊·凡例》。

⑤ 中華藏本玄應《一切經音義》卷六的底本是金藏本。

叢書本作“峙”①，麗藏本爲“㭍”②。《説文解字》：“峙，槌也，从木，特省聲。”段玉裁認爲“峙”非“特”省聲，“各本作特省聲。淺人所改也。特又何聲耶？峙即《方言》之植”，“古言在一部”③。《方言》卷五：“齊部謂之峙。”“《廣雅·釋器》：峙，槌也。王念孫《疏證》：㭍與峙同。”④ 㭍《廣韻》陟革切，與竹革反音同。按照段玉裁“同聲必同部”的原則，峙的諧聲寺上古在之部，特上古在職部，峙也應在之或職部⑤。根據《王力上古三十韻常用字規部表》⑥，之部字後世派入之、哈、尤、灰、脂韻，職部字後世派入職、德、志、屋韻，它們不派入麥韻。因此，從竹革反的注音看，峙爲“㭍”的訛字。

（5）擣篩。古文籭、蔪（籭）二形。《聲類》作蔪（篩），同。所佳、所飢二反。《説文》竹器也，可以除麁取細也。（俄弗367《一切經音義》，4877）

切下字佳金藏本玄應音義（56－915下）作“佳”。篩《廣韻》山佳切，與所佳反音同。佳、佳形近可訛。

（6）栽梓古文櫱、梓二形，今作蘖，同，五割反。梓，餘也，言木栽生。（伯2901《一切經音義摘抄》，4943）

梓是“㭨”的俗訛。麗藏本玄應音義（57－68中）作“㭨”⑦，磧砂藏爲“㭨”⑧。《龍龕手鏡·木部》（384）：“㭨㭨二正栚今五割反，伐木餘

---

① 轉引自徐時儀校注《一切經音義》，第142頁注43。
② 黃仁瑄校注《大唐衆經音義校注》（中華書局，2018，第138頁）：“關東謂之槌，關西謂之㭍。”黃校本的底本是麗藏本。
③ 段玉裁：《説文解字注》，中州古籍出版社，2006，第261頁下左。
④ 華學誠匯證《揚雄方言校釋匯證》，中華書局，2006，第391~393頁。
⑤ 段玉裁第一部是之（職）部。
⑥ 林濤、耿振生編《音韻學概要》，商務印書館，2004，第224~232頁。
⑦ 徐時儀校注《一切經音義》，第435頁下左。
⑧ 轉引自黃仁瑄校注《大唐衆經音義校注》，第823頁。

也。"桙、榇形近可訛。

（7）彫頖_{自遂反}。（伯 3971《藏經音義隨函録》，5009）

頖是"頔"的俗訛。麗藏本可洪音義（59－604 中）也作"頔"。"彫頖"亦作"彫瘁""彫悴"，義"傷損病困、凋摧憔悴"。《三國志·蜀書·譙周傳》："於時軍旅數出，百姓彫瘁。"① 頔、瘁、悴《廣韻》秦醉切，與自遂反音同。頖、頔形近可訛。

（8）眺望_{上他叫反}。（伯 3971《藏經音義隨函録》，5009）吟嘯_{先叫反}。（伯 3971《藏經音義隨函録》，5009）

麗藏本可洪音義（59－604 中）也作"叫"。叫是"叫"的俗訛字。眺《廣韻》他弔切，與他叫反音同。嘯《廣韻》蘇弔切，與先叫反音同。《説文解字》："叫，嘑也，从口丩聲。"從字形看，它是丩聲，非刂聲。叫、叫形近可訛。

（9）慊恨_{上音嫌；又苦點反，非}。（斯 5508《藏經音義隨函録》，5013）

《合集》釋𤒫字爲"點"，疑誤。麗藏本可洪音義（59－897 上）作"點"。"慊"《廣韻》"苦簟切"，與"苦點反"音同。點是"點"的訛字，點、點形近而訛。另，表"疑"義的慊《集韻》注賢兼切，與"嫌"音同；表"恨"義的慊《廣韻》注苦簟切，可洪認爲"非"，實則爲"是"。

（10）棠皐_{上宅耕反，下昌玉反}。（北敦 5639《藏經音義隨函録》，5018）

《説文解字》："堂，距也。"堂《集韻》（68 上右）抽庚切。抽庚切與宅耕反是徹澄混，庚二耕二混，音近。《説文解字》："牡曰棠，牝曰杜。"棠《廣韻》徒郎切。徒郎切與宅耕反是定澄混，唐耕混，韻遠。棠是"堂"的訛字。麗藏本可洪音義（59－963 上左）也作"棠"，誤。堂皐是"根觸"的異體。《大莊嚴論經》卷一二："是身極鄙陋，癰瘡之所聚，若少根觸時，生於大苦惱。"（《大正藏》第 4 册 No. 201 第 324

---

① （晉）陳壽撰，（宋）裴松之注《三國志》，中華書局，1959，第 1029 頁。

頁中欄）堂、棠形近可訛。

（11）今疢_{丑忍、丑刃二音}。（北敦 5639《藏經音義隨函録》，5018）

疢是"疢"的俗訛字。《大廣益會玉篇》（56 下左）："疢正疢俗。"大徐本《説文解字》："疢，熱病，从疒从火，丑刃切。"

《學林》卷十："而俗書多字亦作尒，如書珍爲珎，書軫爲軹，書診爲_{言尒}，書參爲_糸，皆因草書多字爲尒形。"① 疢是"疹"的俗字（《合集》，5024 注 42）。《集韻》（154 下左）：疢，丑刃切，熱病，或作疹疢。《龍龕手鏡》（475）"疹疢_{二，或作}"。

但注丑忍、丑刃切的疢，不是"疹"的俗字。《説文解字》："胗，脣瘍也，从肉多聲。疹，籀文胗从疒。"疹是"胗"的籀文，脣瘍義"嘴脣潰瘍"。疢《廣韻》丑_徹刃_{真開去}切，疹《集韻》止_章忍_{真開上}反。疢、疹二字音不同，義也不同。

總之，疢的俗字是"疢"，疹是"胗"的異體。北宋及以後，疹作爲"疢"的或體被《集韻》《龍龕手鏡》收録，二字混同。

因此，表"熱病"義的疢是"疢"的俗字，表"脣瘍"義的疢是"疹"的俗字。

（12）右眆_{普覓反，顧～也，視也，美目，正作盼也。又詣、孚二音，非也}。（北敦 5639《藏經音義隨函録》，5019）

孚是"系"的俗寫，眆是"盻"的俗寫，盻、系《廣韻》都注胡計切，音同。麗藏本可洪音義（59－963 中）作"孚"，也是"系"的俗訛字。

（13）□（阿）庚_{星愈切}。（俄敦 19027 等《大方廣佛華嚴經音》，5140）

麗藏本可洪音義（59－665 下）："阿庚余主反。"庚，《合集》録作"庚"，是"庚"的俗寫。庚《廣韻》以主切，與余主反音同，它與星

<hr/>

① （宋）王觀國撰，田瑞娟點校《學林》，中華書局，1988，第 341 頁。

愈切是心以混。切下字星有誤，疑爲"易"。星、易形近可訛。

（14）佉陟迦反。（伯 2172《大般涅槃經音》，5157）

佉《廣韻》丘伽切，與陟加反是溪知混。陜《廣韻》去魚切，溪母。疑陟是"陜"的訛字。陟、陜形近可訛。

（15）道檢下斂。（伯 2172《大般涅槃經音》，5160）

磧砂藏本玄應音義也作"檢"①。檢《廣韻》居奄切，斂《廣韻》良冉切，見來混。檢是"撿"的訛字，如《出曜經》"世有多人未在道撿"（《大正藏》第 4 册 No. 212 第 728 頁下欄）。"道檢"金藏本玄應音義（56 – 841 下）作"道撿"。撿、斂《廣韻》都注良冉切。從木從才常混。

（16）三睍（覹）下攖。（伯 2172《大般涅槃經音》，5162）

睍，《合集》校爲"覹"，是。覹《廣韻》烏莖切，攖《廣韻》於盈切。二字耕、清混，音不同。攖是"櫻"的訛字。櫻《廣韻》也注烏莖切。從才從木抄本常混。

（17）栽才。（斯 2821《大般涅槃經音》，5205）栽才。（斯 5999《大般涅槃經音》，5238）

《大般涅槃經》第四卷的經文有"種植根栽，蠱道咒幻"（《大正藏》第 12 册 No. 374 第 386 頁中欄）句，這是"栽"的來源。栽《廣韻》祖才切，才《廣韻》昨哉切，二字精從混，不同音。注者誤認栽爲"裁"所致。旁證：裁才（伯 3109《諸雜難字》，5590）。栽、裁形近可訛。

（18）蒨而歲反。（斯 2821《大般涅槃經音》，5206）

蒨《廣韻》祥歲切，與而歲反是邪、日混。疑而爲"囚"的訛字，旁證：蒨囚歲反（斯 6691《大佛頂經音義》，5380）。而、囚形近可訛。

（19）昳試。（斯 840《佛經難字音》，5634）

昳各種字書、韻書未收録，《滙考》（1302）認爲昳是"昳"之殘。

---

① 轉引自黃仁瑄校注《大唐衆經音義校注》，第 77 頁注 4。

昳《廣韻》徒結切，試《廣韻》式吏切，二字音不同。《合集》（5636注 5）認爲它是"昳、胅、眣"一類的訛字。昳、胅、眣與試均不同音。疑昳是"詄"的訛字。《廣韻》（336）①：詄，詄志，矢利切。《龍龕手鏡》（49）："詄，矢利反，～忘也。"矢利反與"試"是脂之混，音近。《正字通》："詄與誓通。"②

（20）秃頭。（斯 840《佛經難字音》，5634）

《滙考》（1304）注：秃同秃。《合集》（5644 注 76）認爲秃應是"秃"的增筆繁化俗字。秃《廣韻》他谷切，頭《廣韻》度侯切，二字音不同。《集韻》（183 上左）："秃髠他谷切。"秃的異體字爲髠，非爲秃。裵頭（斯 6232《佛經音義》，5570）。《字彙補》：裵，古文頭字③。《龍龕手鏡》卷三（362）：裵，古文，音頭。張涌泉認爲裵是"頭"的異體字，裵即裵字傳刻之變④。秃、裵、裵、裵是一組異體字。

（21）椯瑞息。（斯 840《佛經難字音》，5634）

椯《廣韻》市緣切，與瑞息反音不同，注音有誤。椯的切下字息疑爲"貟（員）"的訛字。息、貟形近可訛。

二 形省致誤

簡化是語言發展的主要規律之一，筆畫的簡省是漢字發展的方向和趨勢。但隨意的缺筆會造成大量的不規範字，致使漢字系統的紊亂。相對刻本而言，抄本隨意缺筆的現象尤甚。

（1）守宮。此在壁者也。江南名蠑螈（蚖），山東謂之蝀蜴，陝以

---

① 指《宋本廣韻》，中國書店，1982，第 336 頁。後仿此，不出注。
② （明）張自烈撰，（清）廖文英續《正字通》，《續修四庫全書》第 235 册，上海古籍出版社，1999，第 485 頁。
③ （清）吳任臣輯《字彙補》，《中華漢語工具書庫》第 6 册，安徽教育出版社 2002，第 465 頁。
④ 張涌泉：《漢語俗字叢考》，中華書局，2000，第 723 頁。

西名爲壁宫，在草者曰蜥蜴，東方朔言"非守宫即蜥蜴"，是。蝘，音烏殄反；蜓（蜓），音殄；蜥，此亦反。（俄弗 367《一切經音義》，4868）

蜥《廣韻》（500）先擊切，與"此亦反"是清、心混，昔、錫混。《廣雅》："蜥蜴，蠑也。"①　蜥，《集韻》（213 下右）訛爲"蜥"，注七跡切。"七跡切"與"此亦反"音同。蜥與蜥音不同，因此注"此亦反"的蜥是"蜥"的省形俗字。

（2）鼻喀丁結反唰卅七。（俄弗 367《一切經音義》，4880）

鼻，《合集》録作"曼"。喀，金藏本玄應音義（56 – 917 中）也作"喀"。喀是"喀"的訛字，磧砂藏作"喀"②。喀《廣韻》丁結切。《康熙字典》（198）："按喀字義與咥同，音與喀同，疑即二字之譌。"喀是"喀"的省形俗訛字。

（3）靳脂列反履□（帝）。（俄敦 10149 等《一切經音義》，4907）

磧砂藏也作"靳"③。靳《廣韻》居焮切，與脂列反不同音。靳是"鞘"的省形俗訛字。鞘麗藏本④、金藏本（56 – 917 上）作"靳"。靳《廣韻》旨熱，與旨列音同。

（4）橐蒲界反。（津藝 34 等《賢護菩薩所問經音》，5131）

金藏本玄應音義、麗藏本可洪音義也作"橐"。金藏本玄應音義（56 – 883 下）："爐橐：又作鞲、排二形，同。蒲戒反。謂鍛家用火令熾者也。"⑤　麗藏本可洪音義（59 – 644 中右）："爐橐步拜反。"橐《廣韻》等未收録。橐是"橐"的省形俗訛字。橐《廣韻》蒲拜切，與蒲界反音同。橐因省形而作"橐"，被後世的字書如《集韻》《康熙字典》

① （魏）張揖撰，（隋）曹憲音釋《廣雅》，《中華漢語工具書庫》第 45 册，第 469 頁下欄右。
② 轉引自黄仁瑄校注《大唐衆經音義校注》，第 271 頁注 2。
③ 轉引自徐時儀校注《一切經音義》，第 143 頁中欄右注 52。
④ 黄仁瑄校注《大唐衆經音義校注》，第 270 頁。
⑤ 《中華大藏經》的玄應音義卷四的底本是金藏本。

等收録。

（5）金揰下方奚反。（伯 2172《大般涅槃經音》，5159）

揰《廣韻》北買反，與方奚反音不同。《合集》（5177 注 152）用慧琳《一切經音義》的異文校爲"篦"，但未説明字形變化的來歷。揰實則是"椑"的形訛字，從扌與從木抄本常混，而椑是"椑"的省形訛字。椑、篦《廣韻》邊兮切，與方奚反音同。

（6）交逪下古侯反，交逪猶交接也。（斯 6691 等《大佛頂經音義》，5382）

逪是"逅"的俗寫，切下字侯麗藏本可洪音義（59 - 1036 中）作"候"。逅《廣韻》古候切，去聲字，各種字書、韻書等無平聲讀。旁證：逅古候反，遇也。（斯 6691《大佛頂經音義》，5378）

（7）憒具。（斯 5712《佛經難字音》，5733）

憒《廣韻》古對切，具《廣韻》其遇切。二字見群混，虞灰混，平去混。疑"貴"形省爲具。貴《廣韻》居見胃微合去，與古見對灰去音近。

三　形增致誤

繁化是指漢字的形體結構由簡趨繁的一種特殊字體演變現象，分純粹外形上的繁化和文字結構上的變化所造成的繁化兩類①。佛經寫卷中，結構上的繁化是增加部件，如驃（驃）、灂（漂）等字基本都已被校釋，而隨意增筆等的外形上的繁化還有些未被清理。

（1）聲欬。口泠及②。《説文》：聲亦欬也。（俄弗 367《一切經音義》，4878）

泠《廣韻》郎來丁青開平，聲《廣韻》去溪挺青開上。聲無平聲讀。

---

① 裘錫圭編《文字學概要》，商務印書館，1988，第 29 ~ 30 頁。
② 及是"反"的訛字。

泠金藏本（56－916 中）玄應音義作"冷"。去挺反與口冷反音同。冷形增爲"泠"。

（2）蛆螫上知列反，下尸亦反。（北敦 5639《藏經音義隨函録》，5018）蛆猪列反。（伯 3916 等《不空羂索神咒心經音》，5368）蛆知列反。（伯 2271 等《佛經難字音》，5667）

麗藏本可洪音義（59－937 中）："尤蛆，知列反。"蛆《集韻》子余、七余、七慮切，與知列、猪列反音不同。《集韻》（203 下右）的蛆與"蛆"異體，都注陟列切。陟列切與知列、猪列反音同。蛆是"蛆"的形增字。類似的例子有"鞦"，《正字通・革部》："鞦，靴字之譌。"① 寫卷的蛆字也有注音不譌的情況，如注子餘反（《合集》4820 第 1 行、4868 第 1 行）。

（3）貯畜上猪暑反，下丑六反，聚也。（伯 2948《藏經音義隨函録節抄》，5034）

這是出自《蓮華面經》的音義。麗藏本可洪音義（59－861 上）："貯畜上猪暑反，下丑六反，聚也。"寫卷與麗藏本同。《重刊詳校篇海》："貯，音財，義同。《集成》財字注云'或作貯'。"②《重訂直音篇》："財音才，賄也，寶貨也。貯、賍、賊並同上。"③《正字通》："貯，俗財字。"④《康熙字典》："貯，《篇海》同財。"⑤《龍龕手鏡》（350）："貯俗貯正，知呂反，貯，蓄也，居也，積也。二"知呂反與猪暑反音同。《説文解字》："貯，

---

① （明）張自烈撰，（清）廖文英續《正字通》，《續修四庫全書》第 235 册，上海古籍出版社，1999，第 700 頁。

② （明）李登：《重刊詳校篇海》，《續修四庫全書》第 232 册，上海古籍出版社，1999，第 134 頁。

③ （明）章黼撰，（明）吳道長重訂《重訂直音篇》，《續修四庫全書》第 231 册，上海古籍出版社，1999，第 277 頁。

④ （明）張自烈撰，（清）廖文英續《正字通》，第 531 頁。

⑤ 同事張青松教授認爲《詳校篇海》中的"音財"是"音貯"的譌誤，《正字通》《康熙字典》承襲了《詳校篇海》的譌誤。

積也，從貝宁聲。"《廣韻》（496）：積，聚也。貯《廣韻》丁吕切。丁吕切與猪暑反是端知類隔，音近。貯是"貯"的形增俗訛字。原來，表"貨"義的貯是"財"的俗字，被《正字通》收錄；表"聚"義的貯是"貯"的形增俗字，被《龍龕手鏡》收錄。

（4）殑其兢反。又殑殑。殑，山矜反。（斯6691等《大佛頂經音義》，5383）

殑《王三》（469）山生矜蒸平切。矜《王三》（469）《廣韻》（180）《集韻》（73下右）作"矜"，注居陵反或切。《中華字海》："矜，同矜，字見漢《校官碑》。"① 從"居陵反"的注音看，矜是正體；但從《王三》等看，矜是"矜"的形增字。

第二節　其他各種原因造成的訛誤

佛經寫卷的注音訛誤，除字形外，還有各種原因造成的訛誤，原因有聲符類推、形符誤作聲符、同義換讀、音譯詞的誤用、注音方法不當、又音與首音相同、經字抄錯、倒乙、漏、類化，涉及語義、文化等。今羅列出來，逐一分析。

一　聲符類推

中古時期，形聲字與它聲符的讀音並非完全相同，有些僅音近，有些甚至差別很大；聲符相同的系列形聲字，也如此。在認字認半邊的類推思維的影響下，寫卷中就會出現相當數量的類化注音。

（1）椒叔。（斯2821《大般涅槃經音》，5208）

椒《廣韻》即消切，叔《廣韻》式竹切，不同音。訛誤的原因是椒讀聲符"叔"的音。

---

① 冷玉龍等編《中華字海》，中華書局、中國友誼出版公司，1994，第1163頁。

（2）盳亡。（北敦 1826《大佛頂經大寶積經音義》，5462）

盳《廣韻》莫耕切，亡《廣韻》武方切，不同音。訛誤的原因是盳讀聲符"亡"的音。

（3）儲諸。（伯 3109《諸難雜字》，5587）

儲《廣韻》直魚切，諸《廣韻》章魚切，音不同。訛誤的原因是儲讀聲符"諸"的音。

（4）峙寺。（伯 3270 背《佛經難字音》，5657）

峙《廣韻》直里切，寺《廣韻》祥吏切，不同音。訛誤的原因峙讀聲符"寺"的音。

（5）諫悚。（伯 3279 背《佛經難字音》，5657）。

諫《集韻》蘇谷切，悚《廣韻》息拱切，不同音。訛誤的原因諫、悚的聲符均是"束"。

（6）籀溜。（伯 2271 等《佛經難字音》，5668）

籀《廣韻》直祐切，溜《廣韻》力救切，不同音。原因是籀、溜的二級聲符均是"留"。

二　形符誤作聲符

一些形聲字的形符、聲符不易區分，易將形符當作聲符，以至出現注音的訛誤。

（1）羆雄。（斯 2821《大般涅槃經音》，5206）

《説文解字》："羆，如熊，黃白文。從熊，罷省聲。"羆、雄不同音，注音有誤。雄、熊同音，《廣韻》都注羽弓切。將羆的形符"熊"當作聲符。

（2）毳毛。（俄敦 5403《難字音》，5778）

俄敦 5403 難字下的小字均爲注音，不是釋義，《合集》因此署《難字音》。毳《廣韻》此芮切，毛《廣韻》莫袍切，音不同。毳的形符是"毛"，非爲聲符。

三　同義換讀

一個語言成分常與另一語言成分連用，從而獲得連用的那個語言成分的意義，這種現象叫"詞義沾染"。與詞義沾染類似，語音也可沾染。一語言成分與另一語言成分的義相同，易發生心理錯位，獲得另一語言成分的讀音，叫"語音沾染"，即義相同的單音節詞，它們的讀音可互換，也稱"義同換讀"。義同換讀由沈兼士①提出，楊樹達致信表示贊同②，李榮叫"同義替代"③，裘錫圭稱"同義換讀"④。義同換讀是一種古今都存在的特殊語音現象，傳世文獻中有，出土文獻與敦煌文獻中也有。

（1）馲駝。又作駝⑤，字書作驝，又作橐。《字林》力各〔反〕。《山海經》音託。郭璞云，日行三百里，負重千斤，知水泉所出也。性別水脉，足掊地則泉出也。經文作駱，馬色也。白馬黑髦曰駱。駱非今義。掊音蒲交反。（俄弗 367《一切經音義》，4870）

dada 音譯爲"駝、橐駝、橐佗、橐它、馲駝"⑥。橐駝在先秦文獻中的詞頻 7 次，駱駝 0 次；兩漢文獻中，駱駝的詞頻 17 次，馲駝 4 次，橐它 5 次⑦。《字林》力各反給"駱"字注音，非給"馲"注音。馲應取"《山海經》音託"。馲、託《廣韻》他各切。駱、馲駝是馬類動物，經常連用，馲就沾染了"駱"的音。

---

① 沈兼士《吳著經籍舊音辨證發墨》（1940 年）、《漢字義讀法之一例》（1941年）、《漢魏注音中的義同換讀例發凡》（1947 年），見《沈兼士學術論文集》，中華書局，1986。

② 楊樹達：《復沈兼士書》（1941 年 8 月 2 日），見《積微居小學述林》，中華書局，1983，第 307 頁。

③ 李榮：《漢字演變的幾個趨勢》，《中國語文》1980 年第 1 期，第 5 ~ 20 頁。

④ 裘錫圭編《文字學概要》，商務印書館，2004，第 219 頁。

⑤ 駝，金藏本（56 – 911 上）作"駞"。

⑥ 韓淑紅：《兩漢外來詞研究》，中國社會科學出版社，2023，第 89 頁。

⑦ 韓淑紅：《兩漢外來詞研究》，第 139 頁。

（2）蜎飛或作翩，同，呼全反。（伯2901《一切經音義摘抄》，4941）

蜎《廣韻》於緣切，蠉、翩《廣韻》許緣切，二字曉、影混。許緣切與呼全反音同。《爾雅·釋魚》："蜎，蠉。"蜎、蠉義同，蜎就有了"蠉（翩）"的音。金藏本玄應音義（56-821下）作"蜎飛於全反。《字林》：虫兒也，動也。或作翩，呼全反，飛兒也"，疑寫卷斷章取義所致。

（3）癘力帶。（伯2271等《佛經難字音》，5667）

癘《廣韻》力制切，與力帶反音不同。金藏本玄應音義（56-922下）："癘瘡，又作癩，同。"癩《廣韻》落蓋切，與力帶反音同。癘、癩均有"瘡疾"義，音換讀。

（4）蜇折。（斯4622背《佛經難字音》，5723）

蜇、蠚異體。《合集》（5728注34）："北6353號《大般涅槃經》第一二卷有'毒蛇凡行蝎蠚（蜇）……'句，應即此字所出。"蠚《廣韻》施隻切，折《廣韻》旨熱切，二字音不同。蜇《廣韻》陟知列仙開入切，折《廣韻》旨章熱仙開入切，二字音近。蠚、蜇均有毒蟲叮咬義，蠚就有"蜇"的讀音。

四　音譯詞的誤用

佛經音義中，外來詞、音譯詞較多，其注音訛誤涉及的問題較複雜，需結合對音、古音、"今"音等來考查。

（1）蘆菔。《字林》：力何反。下蒲北反。似菘紫花者謂之蘆菔。（俄弗230《一切經音義》，4827）

蘆菔即蘿蔔，拉丁文Raphanus。力何反是給"蘆"注音。蘿蔔的原生地在歐亞大陸的海岸，4500年前它已是埃及的重要食品[1]，我國很早已栽種，漢代崔寔《政論》："當用人生，反得蘆菔根。"從拉丁文

---

① 蔣光明主編《中國農業百科全書·蔬菜卷·各種蔬菜》，農業出版社，1989，第2頁。

看，蘆菔是外來詞。蘆＊ra 上古魚部，中古轉入模韻；蘿＊rai 上古歌部，中古在歌韻。從王力《上古三十韻部常用字歸部表》看，魚部字不能轉入中古的歌韻，《字林》用歌韻字給蘆注音，疑方音所致。

（2）三跋致。又作拔，同，蒲沫反，晉言發趣是。（俄敦 586C 等《一切經音義》，4858）

三跋致的梵文是 sampatti，跋對譯 pat，－t 應對譯山攝入聲。中古時期，沫有未、泰二讀，都不帶舌尖塞尾。沫金藏本玄應音義（56－859 上）作"沫"，是。

（3）遏媄除皆反。（俄弗 367《一切經音義》，4880）遏彈去聲媄徒皆反，輕。（俄弗 367《一切經音義》，4881）

《説文解字》："媄，色好也，从女从美，美亦聲。"《龍龕手鏡》（282）："嬍，或作媄。媄，正音美，顏色姝好也。"媄《廣韻》無鄙切，與除皆、徒皆反音不同。遏媄的梵文羅馬轉寫 atte，也譯作"遏彈媄"。媄的對譯音節 te。皆韻平聲字在菩提流志譯的《護命法門神咒經》中可對譯 e，如鯠卓皆反茶茶皆反泥泥皆反[1]，但明母字不能對譯 t。

《集韻》（30 下左）：婍，美也。婍、婔在佛經音義中互爲異體，間接證據是"犀"的異體爲"犀"，如麗藏本可洪音義"犀牛，上先兮反"（《中華大藏經》60－351 上右）。《集韻》（30 下左）：婔，直皆切，娃婔，媚兒。直皆切與除皆反音同，直皆切與徒皆反是定澄類隔。媄、婍（婔）義同，媄借"婍（婔）"的音。

（4）涅奴紇反栗地瑟齼竹皆反阿蹁蒲眠反怛邏涅栗地瑟齼廿四。（俄弗 367《一切經音義》，4880）摩齼，竹皆反。（斯 3538《一切經音義》，4921）

齼《廣韻》在詣切，與竹皆切是知從混，齊皆混，平去混。摩齼的梵文羅馬轉寫 mante。齼的對譯音節是 te，皆韻平聲字可對譯 e，但 t

---

[1]　李建强：《敦煌對音初探》，中國社會科學出版社，2017，第 41 頁。

不對譯從母（齰《廣韻》在從；詣齊開去切）。

　　齰《廣韻》卓皆切，與竹皆反音同。知母字在敦煌寫卷《佛頂尊勝陀羅尼》的對音中可對譯 t，如吒[①]。

　　隋唐時期，齰爲“齘”的或體。玄應音義卷六：“齰齧。相承在計反。謂没齒齘也。經文或作齘[②]，竹皆反。《通俗文》：齒挽曰齰也。”[③]這兩字是或體關係，所以齰就有“齘”的注音。由於《集韻》《龍龕手鏡》未收錄“齘爲齰的或體”，宋及以後就令人費解。

五　注音方法不當

　　如字是用來提示本音或常讀，暗含被注字至少有兩個及以上的讀音。如果它僅一個讀音，注“如字”就是訛誤。四聲標注法要求注者能分辨清楚聲調，如果注者的語言發生了聲調混淆，採用這種注音方法就易出現訛誤。

　　（1）不及如字。（伯 2172《大般涅槃經音》，5158）；先師並如字。（斯 6691 等《大佛頂經音義》，5389）

　　及《廣韻》其立《集韻》極入切，其立、極入切音同。師《廣韻》疏夷，《集韻》《韻會》霜夷，疏夷、霜夷切音同。注如字表明至少有兩個讀音，但它僅一個讀音。

　　（2）見騰去聲。（斯 6691 等《大佛頂經音義》，5389）

　　騰《廣韻》《集韻》《韻會》《洪武正韻》徒登切，平聲。訛誤的原因是抄經生的聲調系統中，可能平去發生混淆。

六　又音與首音相同

　　顧名思義，又音是另一音，它應與首音的音值不同。這是注音凡

---

① 李建强：《敦煌對音初探》，第 122 頁。

② 原爲齰，黄仁瑄據上下文校“齰”爲“齘”。

③ 黄仁瑄校注《大唐衆經音義校注》，第 251 頁。

例，應遵守的法則；但佛經音寫卷中，注音未謹守這一法則。

（1）霾 莫皆反，音埋，風而雨土。（斯 6691 等《大佛頂經音義》，5382）

（2）刳 割破。苦胡反，音枯。（斯 6691 等《大佛頂經音義》，5386）

（3）蠕 而允反，又而蠢反。（斯 6691 等《大佛頂經音義》，5387）

（4）嶹 海中山。都皓反，音擣。（斯 6691 等《大佛頂經音義》，5388）

（5）酬 匹。市流反，音讎。（斯 6691 等《大佛頂經音義》，5388）

（6）寱 魚祭反，音藝，睡中語。（斯 6691 等《大佛頂經音義》，5389）

（7）綫 先不上音綫，息箭反。（斯 6691 等《大佛頂經音義》，5389）

霾、埋《廣韻》莫皆切。莫皆反是首音，"音埋"是又音。枯《廣韻》苦胡切。苦胡反是首音，"音枯"是又音。而蠢反與而允反的音值相同。嶹（島）、擣《廣韻》都皓切。都皓反是首音，"音擣"是又音。酬、讎《廣韻》市流切。市流反是首音，"音讎"是又音。寱、藝《廣韻》魚祭切。魚祭反是首音，"音藝"是又音。綫《廣韻》私箭切，私箭切與息箭反音同。首音與又音的音值相同，違反注音凡例。

七　經字抄錯

佛經的經文被抄錯，抄經生不加分辨，直接給抄錯的文字注音。這對佛經來説，是無效注音。

（1）玫 文瑰 懷盔。（斯 2821《大般涅槃經音》，5205）

北 6286《大般涅槃經》卷第一壽命品第一的經文有"玫瑰爲地，金沙布上"句[1]，這是出處。北 6287 的"玫"被訛成"玟"[2]。注釋者未加分辨，就注"文"音。玫、文《集韻》都注無分切。

---

① 見《敦煌寶藏》第 97 册，第 560 頁上左。
② 見《敦煌寶藏》第 97 册，第 571 頁下中。

（2）蜣匡蝮富蟻礼。（斯 2821《大般涅槃經音》，5205）

北 6286《大般涅槃經》卷第一壽命品第一的經文有"乃至毒虵視能煞人蜣螂蝮蝎及十六種行惡業者"句①，這是出處。"蝎"被訛成"蟻"，訓釋者未加改正，就注"礼"音。蟻《廣韻》力制，禮《廣韻》盧啓，薺祭混，上去混，二字音近。

八　倒乙

抄本中，倒乙是常見的現象，佛經音寫卷也有這種現象，《合集》已清掃過，但還有遺漏。

（1）挀及上蒸。（伯 2172《大般涅槃經音》，5157）

《合集》（5168 注 50）認爲挀是"拯"的俗訛字，是。箋注本《切韻》："拯，救溺，無反語，取蒸之上聲，俗作拯。"②　"上蒸"二字倒乙。

（2）涵勘靡辯屬力制。（伯 2271 等《佛經難字音》，5667）

勘《廣韻》莫話切，與靡辯反不同音。涵《廣韻》彌兖切，與靡辯反同音。將上字的音注給了下字，倒乙。

（3）黶他感黮丁感。（伯 2271 等《佛經難字音》，5667）

黶的切上字他《合集》（5680 注 122）校爲"烏"，未説明訛誤的原因。黮《廣韻》他感切。黶黮叠韻，他感反是給"黮"字注音，將下字的注音給了上字。

九　漏

抄本中，漏字是常見的現象，佛經音寫卷的漏字很多，《合集》已清掃過，但還遺漏下 1 例。

---

① 見《敦煌寶藏》第 97 册，第 561 頁上中。
② 周祖謨編《唐五代韻書集存》，中華書局，1983，第 199 頁。

臊下遭反。（斯 6691 等《大佛頂經音義》，5378）

臊《廣韻》蘇遭切，與下遭反是心匣混。慧琳音義卷四三《大佛頂經》第一卷："腥臊上昔丁反，下掃刀反。"①詞條是"腥臊"，抄本漏掉了"腥"字；"臊"字的反切漏掉"蘇"或"掃"等切上字。

十　類化

漢字抄寫中，易受到鄰近字的形體影響，添加或修改某一部件，以與鄰近字趨同的現象，稱爲"類化"。一般來説，"受前字的影響，後字趨同"的現象較多。

涅栗著稚雅反伐底短聲。（俄弗 367《一切經音義》，4880）

著《廣韻》直澄魚切，與稚澄雅麻開二切音不同。疑雅是"邪麻開三平"的訛字，魚與麻開三音近。雅磧砂藏本玄應音義作"邪"②。訛誤的原因是受稚的偏旁"佳"的類化影響，邪的"阝"訛成"佳"。

第三節　原因不明的訛誤

敦煌寫卷不如傳世文獻規範，問題相對較多。其中的音誤，有些原因不清，今羅列如下，大膽猜測，謹慎校釋。

（1）犀剗。（俄敦 941《大方廣十輪經難字音》，5126）

《合集》（5128 注 6）引《龍龕手鏡·尸部》認爲犀是"犀"的俗字，但未校正"剗"字。犀《廣韻》先稽切，剗《廣韻》初限切，二字音不同，訛誤原因不明。疑剗是"剞"的訛字，犀、剞《廣韻》都注先稽切。

---

① 徐時儀校注《一切經音義》，上海古籍出版社，2008，第 1236 頁下欄。
② 磧砂藏的切下字作"邪"，轉引自黃仁瑄校注《大唐衆經音義校注》，第 271 頁注 9。

（2）摩醞下烏奚反。（伯3025《大般涅槃經音義》，5151）醞烏奚反。（伯2172《大般涅槃經音》，5157）

醞是“醯”的俗寫。醯《廣韻》呼雞切，與烏奚反是影、曉混。二字音不同，原因不明。另，醞呼雞反（斯6691等《大佛頂經音義》，5390），注音不誤。

（3）掟嵐上方邊反，下監①。（伯2172《大般涅槃經音》，5159）

掟是“旋”的俗寫。旋《廣韻》似宣切，與方邊反是幫邪混，先仙混。疑切上字方作“席”。

（4）丞於陵反。（伯2172《大般涅槃經音》，5161）

《合集》（5186注254）：“丞，北6404號《大般涅槃經》經本有‘創（瘡）烝毒熱’句，丞當讀作烝，烝同蒸。”烝《廣韻》煑仍切，與於陵反是章、影混。疑切上字於是“旃”的訛字。

（5）啞怨。（斯5999《大般涅槃經音》，5237）

怨《合集》（5237第12行）校作“怨”。《字彙》：“啞，居慶反，音敬，見《釋典》。”② 怨《廣韻》於願切。二字見影混，元庚混。訛誤注音，原因不明。

（6）墘坑苦兄反。（斯2821《大般涅槃經音》，5205）

坑《廣韻》客庚切，與苦兄切反是庚二、庚三混，開合混。注音有誤，原因不明。坑寫卷注音四次，另三次分別爲墘坑上鉤，或作罇；（下）口莖反，或作澍（伯3025《大般涅槃經音義》，5151）、墘坑上鉤，下口筌反（伯2172《大般涅槃經音》，5157）、坑客庚反（斯6691等《大佛頂經音義》，5385），其中口莖、口筌、客庚反或切音同。

（7）窪䍃。（伯3406《妙法蓮華經難字音》，5277）

窪《廣韻》烏瓜切，䍃《廣韻》以周切，二字不同音，疑䍃爲“洼”。

① 監，《合集》（5159第19行）校爲“藍”。

② （明）梅膺祚：《字彙》，《續修四庫全書》第232冊，上海古籍出版社，1999，第480頁。

本章小結

在《合集》的基礎上，對佛經音寫卷續校勘，勘正 71 條，其中字形造成的訛誤 32 條，其他各種原因造成的訛誤 32 條，不明原因造成的訛誤 7 條，見表 2 - 1。

表 2 - 1　佛經音寫卷音續校勘的概況

原因	字形			其他										不明
	形近	形省	形增	聲符類推	形符誤作聲符	同義換讀	音譯詞的誤用	注音方法不當	又音與首音相同	經字抄錯	倒乙	漏	類化	
（條）	21	7	4	6	2	4	4	2	7	2	3	1	1	7
總數	32			32										7

另，《合集》也存在誤校的情況，如下：

彗勃上囟歲反，掃帚（帚）也，字或從竹，亦彗（《合集》錄作"惡"）星之名，俗云掃星；下蒲没反，亦妖星也。（斯 6691 等《大佛頂經音義》，5380）

《合集》（5400 注 85）將彗的切上字囟校改爲"曰"。彗《廣韻》又音祥歲切，與囟歲反音同。切上字"囟"不誤。

第三章 ▸▸▸
音注的來源

　　述而不作是中國古代著作的傳統，如《經典釋文》抄録了劉昌宗、徐邈等大量的六朝舊音，慧琳音義承襲了玄應音義。但古代著作並非機械墨守、呆滯不前，而是一直在改造與創新，如陸法言在李登《聲類》、夏侯詠《四聲韻略》等基礎上，創立了"新型"韻書《切韻》；王仁昫在陸法言《切韻》的基礎上，作了刊謬補缺。佛經音寫卷也是如此，有承襲、改造、創新，因而其注音有一定的層次。釐析音注層次，對以它作唐五代語音本體研究來説十分重要，因而考證音注來源是一項基礎性的工作。

　　從音注的來源看，佛經音寫卷可分爲"迻録"和"徵引、自作"兩類，分别對應"衆經音"和"單經音、其他經音"寫卷。"衆經音"寫卷有抄録的藍本，音注通過迻録而來；"單經音、其他經音"寫卷未有抄録的藍本，音注通過徵引、自作而來。

第一節　迻録

　　唐代的佛典文獻已具規模，截至開元時期，入藏的佛經1076部5048卷①。音義是理解佛典的工具，伴隨佛典而生，有北齊道慧

---

① 方廣錩：《中國寫本大藏經研究》，上海古籍出版社，2006，第44頁。

《一切經音》、隋智騫《衆經音》、隋曇捷《法華經字釋》，唐郭迻《新定一切經類音》、唐玄應《大唐衆經音義》、唐善遇《一切經音》、唐窺基《妙法蓮華經音義》、唐慧苑《新譯大方廣華嚴經音義》、唐雲公《大般涅槃經音義》、唐慧琳《一切經音義》、後晉可洪《新集藏經音義隨函錄》、後周行瑫《大藏經音疏》等。佛經寫卷上的音義與它們是同一類的著述，存在迻錄的可能性。前賢通過比對，發現玄應、可洪音義是整體迻錄的對象。這些迻錄的音義與傳世佛典音義基本相同，這對分析音注的性質、版本研究等十分重要。

一　玄應音義

道宣《大唐内典録》卷五"《大唐衆經音義》一部，十五卷"下："右一部，京師大慈恩寺沙門玄應所造。"① 玄應音義②在大慈恩寺撰成，成書時間説法較多，徐時儀推測在龍朔年間，是一部未完成的書稿③。晚唐五代時期，玄應音義流傳甚廣，已達西北的敦煌地區，抄經生抄錄了它的很多卷號，這些卷號的音注用字是否與傳世刻本完全相同？以下用中華藏本玄應音義比較來説明。

（一）　俄敦 583 和俄敦 256《一切經音義》（4784～4785④）

俄敦 583《俄藏》題《一切經音義大威德陀羅尼經》，存 7 行，反

---

① 《大正藏·目録部》第 55 册，第 283 頁中欄。
② 《大唐内典録》卷五稱"經音""大唐衆經音義"，卷十稱"衆經音"；（唐）釋道世《法苑珠林》卷一百稱"大唐衆經音義"；《貞元新定釋教目録》卷十一稱"經律音義"；《開元釋教録》卷八稱"經音義"，卷十七、卷二十稱"一切經音義"。
③ 徐時儀：《玄應和慧琳〈一切經音義〉研究》，上海人民出版社，2009，第 33～35 頁。
④ 指《合集》第 4784～4785 頁。後仿此，不出注。

切6條；俄敦256《俄藏》署《一切經音義卷第四十二①法炬陀羅尼
經》，存12行，反切7條。《合集》（4783）："該二卷抄寫格式、字體
均同，應是同一寫卷的殘片。"計13條反切。

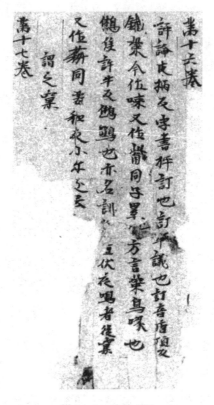

圖3-1　俄敦583

　　評，皮柄反（56-825上②）；訂音唐頂反（56-825上）；紫，子
累（56-825上）；鷦，許牛反（56-825上）；窠，苦和反（56-825
上）；笟，古遐（56-825中）；拏，女加反（56-825中）；馭，魚據

----

① 從"卷第四十二"看，《俄藏》認爲它是慧琳音義，因爲玄應音義僅二十五
　　卷。由於慧琳音義抄録了玄應音義，它實則爲玄應音義卷一《法炬陀羅尼經》
　　第一卷的音義。
② 寫卷、中華大藏經的"評"都注"皮柄反"。"56-825上"指《中華大藏經》
　　（中華書局，1993）第56册第825頁上欄。後仿此，不出注。

（56 - 825 中）；翺，五高反（56 - 825 中）；墫，之允、之□（閏）（56 - 825 下）；垛，徒果反（56 - 825 下）；隷①，力計反（56 - 825 下）。

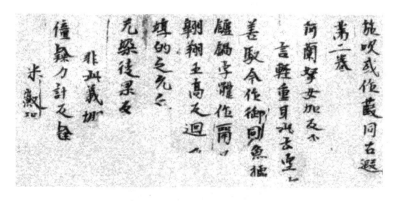

圖 3 - 2　俄敦 256

上述音注用字中，寫卷的切下字殘泐 1 條，即□（閏）；其餘的被注字、切上字、切下字與中華藏相同。

表 3 - 1　俄敦 583 等與中華藏本玄應音義的音注用字比較

	被注字（13 條）[1]			切上字（13 條）			切下字（13 條）			直音字（0 條）		
	殘泐	異文	相同	殘泐	異文	相同	殘泐	異文	相同	殘泐	異文	相同
音注（條）	0	0	13	0	0	13	1	0	12	0	0	0
百分比（％）	0	0	100	0	0	100	7.7	0	92.3	0	0	0

　　[1] 被注字注音 1 次，被注字的統計算 1 條；被注字注音 2 次，被注字的統計算 2 條。以此類推。如"墫"字注音 2 次，被注字統計算 2 條。後仿此，不出注。

（二）俄敦 965 背《一切經音義》（4787）

俄敦 965 的正面抄經 7 行；背面抄經 3 行，第 4 行始抄玄應音義，有反切 1 條，即壽，視柳②反（56 - 830 中）。它的音注用字與中華藏相同。

————————

　　①　隷是"隸"的俗寫。
　　②　柳是"柳"的俗寫。

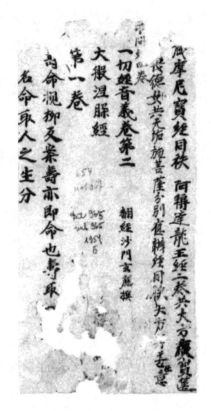

圖 3-3　俄敦 965 背

（三）斯 3469、敦研 357《一切經音義》（4790～4791）

斯 3469《英藏》題《一切經音義》，注音 22 條；敦研 357《甘肅藏敦煌文獻》題《字書殘段》，注音 4 條。《合集》（4789）："二卷字體行款完全相同，蓋出於同一人之手。"計 26 條。

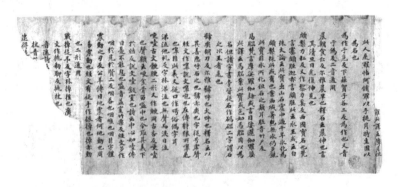

圖 3-4　斯 3469

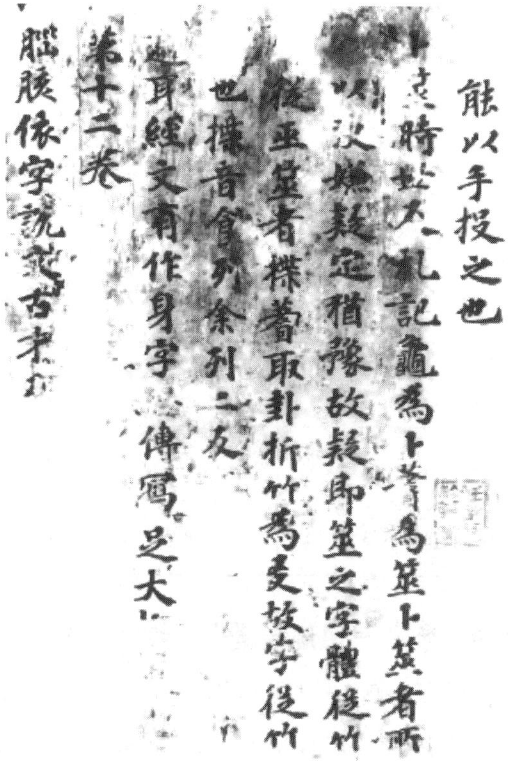

圖 3－5　敦研 357

爲，于危反，又音于僞反（56－830 下）；作，兹賀、子各二反（56－830 下）；晨，食仁反（56－830 下）；梨，力私反（56－830 下）；黎，力奚反（56－830 下）；胝[①]音竹尸反（56－830 下）；號，胡刀反（56－830 下）；涕，他礼反（56－831 上）；哽，古杏反（56－831 上）；噎，於結反（56－831 上）；嗌音益（56－831 上）；窒，竹栗反（56－831 上）；咽，於見、於賢二反（56－831 上）；震，之刃反（56－831 上）；掉，徒吊反（56－831 上）；挑，勅聊反（56－831 上）；□（恌）音遥（56－831 上）；抉音□（於）□（穴）（56－831 上）；逮，□（徒）□（戴）（56－831 上）；筮，時世反（56－840

① 胝是“胝”的俗寫。

上）；揲音食列、余列二反（56 - 840 中）；胲，依字《説文》古才反
（56 - 840 中）。

這些音注用字中，寫卷的被注字殘泐 1 條，即□（恍）；切上字殘
泐 2 條，即□（於）、□（徒）；切下字殘泐 2 條，即□（穴）、
□（戴）；其餘與中華藏相同。

表 3 - 2　斯 3469 與中華藏本玄應音義的音注用字比較

	被注字（26 條）			切上字（24 條）			切下字（24 條）			直音字（2 條）		
	殘泐	異文	相同	殘泐	異文	相同	殘泐	異文	相同	殘泐	異文	相同
音注（條）	1	0	25	2	0	22	2	0	22	0	0	2
百分比（％）	3.8	0	96.2	8.3	0	91.7	8.3	0	91.7	0	0	100

（四）伯 3095 背《一切經音義》（4799 ~ 4806）

伯 3095 背《法藏》題《一切經音義》。正面的黑色文字嵌入背面，
背面紅色文字相對不清晰，但放大後文字可辨識。背面迻録《大般涅
槃經》第 8 ~ 40 卷的音義，注音 109 條。

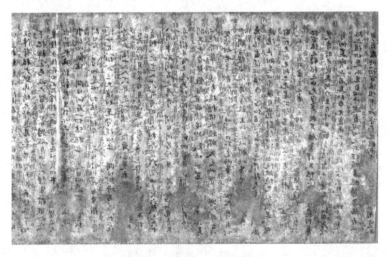

圖 3 - 6　伯 3095 背（局部）

蝕①，神轗反（56 – 838 上）；篲，蘇②醉反，《字林》囚芮③反（56 – 838 上）；攬音叉衛反（56 – 838 中）；槍，叉行反（56 – 838 中）；廝，思移反（56 – 838 中）；遽，渠庶反（56 – 838 中）；咄，《字林》丁兀反（56 – 838 中）；緻，馳□（致）（56 – 838 中）；欎，於物反（56 – 838 中）；烝，之腠④反（56 – 838 中）；哺，蒲⑤路反（56 – 838 中）；舖，補胡反（56 – 838 中）；創，楚良反，又音□（楚）□（悢）（56 – 838 中）；皰，輔孝反（56 – 838 中）；癙，竹世反，開⑥中多音滯（56 – 838 下）；蜇，知列反（56 – 838 下）；著，中庶反（56 – 838 下）；礼⑦，徐理反（56 – 838 下）；躁，子到反（56 – 838 下）；饌，士眷反（56 – 838 下）；怏，於亮反（56 – 839 上）；唐損⑧，徒郎、以專反（56 – 839 上）；怡，戈⑨之反（56 – 839 上）；姝，充朱反（56 – 839 上）；瓌，古回反（56 – 839 上）；溉，哥賚反（56 – 839 上）；診，《說文》丈⑩刃⑪反（56 – 839 上）；恕，尸預反（56 – 839 上）；綜，子宋反（56 – 839 上）；瘠，才亦反（56 – 839 上）；噦，於越反（56 – 839 中）；痲，力金反（56 – 839 中）；懟，丈淚反（56 – 839 中）；欯，丘恕反（56 – 839 中）；御，魚據反（56 – 839 中）；蟠，蒲寒反（56 – 839 中）；劈，疋⑫狄反（56 – 839 中）；麒麟，渠之、理真反（56 – 839

---

① 蝕，中華藏本作"蝕"。
② 蘇，中華藏本作"蓀"。
③ 芮，中華藏本作"芮"。
④ 腠，中華藏本作"勝"。
⑤ 蒲，中華藏本作"薄"。
⑥ 開是"關"的訛字。
⑦ 礼，中華藏本作"祀"。
⑧ 損，中華藏本作"捐"。
⑨ 戈，中華藏本作"弋"。
⑩ 丈，中華藏本作"之"。
⑪ 刃，中華藏本作"忍"。
⑫ 疋是"匹"的俗寫。

中）；驎，力□（振）反（56－839 中）；坊，甫房反（56－839 中）；脫，吐活、他外反（56－839 中）；肆，相利反（56－839 下）；氍毹，渠俱反，下山于反（56－839 下）；□（甀），□（力）□（于）反（56－839 下）；毿，他盍反（56－839 下）；鞊，《三蒼》而用反（56－839 下）；氄，而容反（56－839 下）；耺，人志反（56－839 下）；茸，而容反（56－839 下）；趚，姊葉反，又音才妾反（56－839 下）；遰①音都計反（56－839 下）；毱，《字林》巨六反（56－840 上）；筮，時世反（56－840 上）；揲音食列、□（余）□（列）□（二）□（反）（56－840 中）；胲，依字《説文》古才反（56－840 中）；□（解），□（胡）□（賣）反（56－840 中）；腨，時兖反（56－840 中）；髀，蒲米反，又必尔反（56－840 中）；髋，口丸反（56－840 中）；頷，胡感反（56－840 中）；態，他代反（56－840 中）；□（瞚），尸閏反（56－840 下）；的，都狄反（56－840 下）；中，知仲反（56－840 下）；榪②，竹瓜反（56－840 下）；□（撻），他達反（56－840 下）；欼，枯戴反（56－840 下）；咳，胡來反（56－840 下）；艾，□（五）□（盖）（56－840 下）；奰，奴盍反（56－840 下）；僂，力矩反（56－840 下）；瘻音陋（56－840 下）；挑，他堯反（56－841 上）；螺，□（力）□（戈）（56－841 上）；□（蠡），力西、力底二反，借音耳（56－841 上）；撤，除列反（56－841 上）；敷，疋③于反（56－841 上）；剖，普厚反（56－841 上）；髚，莫高反（56－841 上）；歳，夷歳反（56－841 上）；奻音在安反（56－841 上）；撓，許高反（56－841 上）；討，□（恥）□（老）（56－841 上）；耽，都含反（56－841 上）；涵，亡善反（56－841 上）；癔，思力反（56－841 中）；胆，《字林》千餘反（56－841 中）；痍，羊之反（56－841 中）；特音徒得反

---

① 遰是“疐”的俗寫。
② 榪，中華藏本作“搞”。
③ 疋是“匹”的俗寫。

（56 – 841 中）；矬，才戈反（56 – 841 中）；涎，□（詳）□（延）（56 – 841 中）；燧，辝醉反（56 – 841 中）；鑽，子丸反，又音子亂①反（56 – 841 中）；捊，扶鳩反（56 – 841 下）；撿，居儼反（56 – 841 下）；眄②，亡見反（56 – 841 下）；舫，甫妄③反（56 – 841 下）。

這些音注用字中，寫卷的被注字殘泐 6 條，即□（甗）、□（解）、□（瞋）、□（撻）、□（蠡）、□（蠡）；切上字殘泐 8 條，即□（楚）、□（力）、□（余）、□（胡）、□（五）、□（力）、□（恥）、□（詳）；切下字殘泐 10 條，即□（致）、□（悢）、□（振）、□（于）、□（列）、□（賣）、□（蓋）、□（戈）、□（老）、□（延）；寫卷、中華藏的被注字互爲版本異文 5 條，即餀～蝕、礼～祀、損～捐、樋～摳、眄～眄；切上字互爲版本異文 4 條，即蘇～蘓、蒲～薄、戈～弋、丈～之；切下字互爲版本異文 5 條，即芮～芮、刃～忍、縢～勝、妄～妄、亂～乱；其餘的音注用字相同。

表 3 – 3　伯 3095 背與中華藏本玄應音義的音注用字比較

	被注字（109 條）			切上字（107 條）			切下字（107 條）			直音字（2 條）		
	殘泐	異文	相同	殘泐	異文	相同	殘泐	異文	相同	殘泐	異文	相同
音注（條）	6	5	98	8	4	95	10	5	92	0	0	2
百分比（%）	5.5	4.6	89.9	7.5	3.7	88.8	9.3	4.7	86.0	0	0	100

（五）俄弗 230《一切經音義》（4818～4829）

俄弗 230 迻錄《大般涅槃經》第 10～40 卷的音義，音義比傳世刻本簡略。《合集》（4871）："前一部分（第十九卷前）約抄於唐睿宗登基之前，後一部分（第廿卷以下）則可能是以後所抄。"注音 249 條。

---

① 亂，中華藏本作"乱"。
② 眄，中華藏本作"眄"。
③ 妄，中華藏本作"妄"。

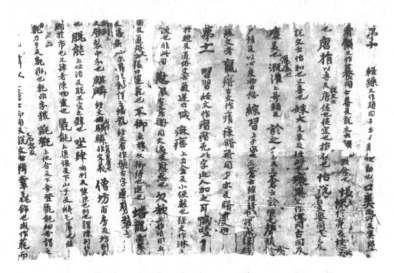

圖 3 – 7　俄弗 230（局部）

躁子□（到）（56 – 838 下）；爽所兩反（56 – 838 下）；饌士眷反（56 –
838 下）；快於亮反（56 – 839 上）；捐以專反（56 – 839 上）；怡弋之反（56 –
839 上）；姝充朱反（56 – 839 上）；瓌古回反（56 – 839 上）；溉哥賴①反
（56 – 839 上）；診之刃②反（56 – 839 上）；□（恕）尸預反（56 – 839
上）；綜子宋反（56 – 839 上）；瘠才亦反（56 – 839 上）；喊於越反（56 –
839 中）；痳力金反（56 – 839 中）；懟丈淚反（56 – 839 中）；故丘庶反
（56 – 839 中）；御魚據反（56 – 839 中）；蟠蒲寒反（56 – 839 中）；劈
□（匹）□（狄）反（56 – 839 中）；坊甫房反（56 – 839 中）；脫吐活反
（56 – 839 中）；肆相利反（56 – 839 下）；黻氄上渠俱反，下山于反（56 – 839
下）；甄力于反（56 – 839 下）；髭氈③上他合④反，下音登（56 – 839 下）；
韗《三蒼》而用反，又而容反（56 – 839 下）；耗而容反（56 – 839 下）；耗人志

---

①　賴，中華藏本作“賓”。
②　刃，中華藏本作“忍”。
③　氈，中華藏本未注音。
④　合，中華藏本作“盍”。

反（56－839 下）；茸而容反（56－839 下）；逮①姊業②反（56－839 下）；

趜巨六反（56－840 上）；筮時卋③反（56－840 上）；胲依字古才反（56－

840 中）、解胡賣反（56－840 中）；腨時兖反（56－840 中）；觲蒲米反

（56－840 中）；拄④知主反（56－840 中）；髖口丸反（56－840 中）；頷胡感

反（56－840 中）；態他代反（56－840 中）；瞁尸閏反（56－840 下）；的都狄

反（56－840 下）；中知仲反（56－840 下）；撾竹瓜反（56－840 下）；歘枯

□（戴）反（56－840 下）；艾五盖反（56－840 下）；捼奴盍反（56－840

下）；僂力矩反（56－840 下）；瘻音陋（56－840 下）；挑他堯反（56－841

上）；抉⑤烏玦反（56－841 上）；螺口（力）□（戈）反（56－841 上）；釐

力底反，借音耳（56－841 上）；撤除列反（56－841 上）；敷匹于反（56－

841 上）；氁莫高反（56－841 上）；駿子公反（56－841 上）；叡夷歲反

（56－841 上）；撓許高反（56－841 上）；討恥老反（56－841 上）；耽都含

反（56－841 上）；洒亡善反（56－841 上）；癔思力反（56－841 中）；胆

千餘⑥反（56－841 中）；蛆子餘⑦反（56－841 中）；痍羊之反（56－841

中）；特音徒得反（56－841 中）；矬才戈反（56－841 中）；涎詳延反（56－

841 中）；燧辝醉反（56－841 中）；鑽子丸反，又子亂⑧反（56－841 中）；

桴扶鳩反（56－841 下）；撿居儼反（56－841 下）；盺⑨亡見反（56－841

下）；舫甫妄反（56－841 下）；炎于廉反（56－841 下）；祜胡古反（56－

841 下）；儾尒羊反（56－841 下）；渧丁計反（56－841 下）；趨⑩且榆反

---

①　逮是"逮"的俗寫。

②　業，中華藏本作"葉"。

③　卋，中華藏本作"世"。

④　拄，中華藏本作"柱"，未注音。

⑤　抉，中華藏本未注音。

⑥　餘，中華藏本作"余"。

⑦　餘，中華藏本作"余"。

⑧　亂，中華藏本作"乱"。

⑨　盺，中華藏本作"昕"。

⑩　趨，中華藏本作"趍"。趨、趍、趨異體。

（56－841 下）；戾力計反（56－841 下）；敦都昆①反（56－841 下）；豌一丸反（56－842 上）；豋一月反（56－842 上）；鏃子木反（56－842 上）；覺居効反（56－842 上）；吒竹嫁反（56－842 上）；臛呼各反（56－842 中）；觜子累反（56－842 中）；熊羆上胡弓反，下彼宜反（56－842 中）；猳音加（56－842 中）；仰語向反（56－842 中）；編卑綿反（56－842 下）；氉力于反（56－842 下）；茹攘舉反（56－842 下）；省思井反（56－842 下）；詎渠據反（56－842 下）；祐胡救反（56－842 下）；撓乃飽反，又□（乃）教②反（56－842 下）；惻楚力反（56－842 下）；胝③竹尸反（56－842 下）；髡口昆反（56－842 下）；王④于放反（56－843 上）；穽慈性反（56－843 上）；攢⑤子筭反（56－843 上）；漬在賜反（56－843 上）；讎視周反（56－843 上）；弶渠向反（56－843 上）；弑尸至反（56－843 上）；婬慝上以針反，下他則反（56－843 上）；邠坧上鄙旻反，下直飢反（56－843 上）；判普旦反（56－843 中）；鄙悼上補美反，下□（徒）到反（56－843 中）；間間上居莧反，下古閑反（56－843 中）；奎，口携反（56－843 中）；圊，《字林》七情反（56－843 中）；戾，力計反（56－843 中）；津，子鄰反（56－843 下）；坐，慈卧反（56－843 下）；讖⑥，楚蔭反（56－843 下）；登，都恒反（56－843 下）；怙，胡古反（56－843 下）；僟，且吝、叉覲二反（56－843 下）；坌，蒲頓反（56－843 下）；筏，扶月反（56－843 下）；桴音匹于反（56－844 上）；篺音父往⑦反（56－844 上）；綴，張衛反（56－844 上）；冀，居致反（56－844 上）；飢，囚恣反（56－844 上）；珁，下江反（56－844 上）；抱，步交反（56－844 上）；掊，蒲交反（56－

① 昆，中華藏本作“肫”。
② 教，中華藏本作“挍”。
③ 胝是“胝”的俗寫。
④ 王，中華藏本未注音。
⑤ 攢，中華藏本未注音。
⑥ 讖是“讖”的俗寫。
⑦ 往，中華藏本作“佳”。

844 上）；駛，山吏反（56－844 上）；駃，古穴反（56－844 上）；夬音古快反（56－844 上）；迦，腳佉反（56－844 上）；究，居求反（56－844 上）；呾，都達反，依梵音帝栗反（56－844 上～中）；燎，力燒①反（56－844 中）；塊，苦對反（56－844 中）；樆，勑支反（56－844 中）；温，烏昆反（56－844 中）；愠，於問反（56－844 中）；適，□（尸）赤反（56－844 中）；芒，無方反（56－844 中）；哮，呼交、呼挍二反（56－844 中）；唬音呼家反（56－844 中）；毳，尺銳反（56－844 中）；拒，其呂反（56－844 下）；酵，案《韻集》音古孝反（56－844 下）；醪音勞（56－844 下）；表，碑矯反（56－844 下）；冶，餘者反（56－844 下）；縵借音莫盤反（56－844 下）；備，勑龍反（56－844 下）；粗，在古反（56－844 下）；賦，甫務反（56－844 下）；匳②，力占反（56－845 上）；憼，却屬反（56－845 上）；苟，公厚反（56－845 上）；壻③音細（56－845 上）；駿，子閏反（56－845 上）；斂④，力豔反（56－845 上）；孚音匹付反，《字林》匹于反（56－845 上）；乳，而注反（56－845 上）；液，夷石反（56－845 中）；衷，得沖⑤反（56－845 中）；燼，似進反（56－845 中）；菅，古顔反（56－845 中）；鍋，古和反（56－845 中）；攪，古夘⑥反（56－845 中）；嘲調，竹包反，下徒吊反（56－845 中）；讟相承音藝（56－845 中）；凝，五戒⑦反（56－845 中）；賈，公户反，又音古雅⑧反（56－845 中～下）；刖，五刮、魚厥二反（56－845 下）；髖音扶忍反（56－845 下）；

---

① 燒，中華藏本作"炤"。
② 匳，中華藏本作"奩"。
③ 壻是"壻"的俗寫。
④ 斂是"斂"的俗寫。
⑤ 沖，中華藏本作"冲"。
⑥ 夘是"卯"的俗寫。
⑦ 戒，中華藏本作"戒"。
⑧ 雅，中華藏本作"疋"。

瞽，公户反（56－845下）；駝，徒多反（56－845下）；耺，仁志反（56－845下）；紝①，女林、如深二反（56－845下）；楝音力見反（56－845下）；疵，《字林》才雌反（56－845下）；礠，徂兹反（56－845下）；罜，胡封②反（56－845下）；蘆菔，《字林》力何反，下蒲北反（56－846上）；床③，亡皮反（56－846上）；塼，脂緣反，又音舩（56－846上）；剜，烏官反（56－846上）；䏘音一玄反（56－846上）；毃，口角反，吳會間音口木④反（56－846上）；佚，与⑤一反（56－846上）；惕音蕩（56－846上）；巴，百麻反（56－846上）；杷⑥，比雅反（56－846上）；坻⑦弥，《三蒼》音伍⑧，下音迷（56－846上）；鮓，且各反（56－846中）；鐇音府煩反，珝音虛矩反（56－846中）；愄，烏喚反（56－846中）；刀⑨，都堯反（56－846中）；行，乎庚反（56－846中）；霶，致廉反（56－846中）；魍魎，亡强、力掌反（56－846中）；煒爗，于匪、爲獵反（56－846中）；兆，徐里反（56－846中）；塼，徒官反（56－846下）；揣，丁果、初委二反（56－846下）；厲，力制反（56－846下）；獷，古猛反（56－846下）；虫⑩，充之反（56－846下）；笑⑪，私妙反（56－846下）；鉋，蒲交反（56－846下）；齚，士白反（56－846下）；祢，女履反（56－846下）；榛，

---

① 紝，中華藏本作"絍"。
② 封，中華藏本作"卦"。
③ 床是"麻"的省形字。
④ 木，中華藏本作"角"，誤。
⑤ 与，中華藏本作"與"。
⑥ 杷，中華藏本作"把"。
⑦ 坻是"坻"的俗寫。
⑧ 伍是"低"的俗寫。
⑨ 刀，中華藏本作"刁"。
⑩ 虫是"蟲"的俗寫。
⑪ 笑是"笑"的俗寫。

仕巾反（56 - 846 下）；興，与①諸反（56 - 846 下）；鉺②，如志反（56 - 847 上）；欶，所角反（56 - 847 上）；關③，余酌反（56 - 847 上）；笘，赤占反（56 - 847 上）；嵐，力含反（56 - 847 上）；締，徒計反（56 - 847 上）。

上述音注用字中，中華藏未注音 5 條，即甂音登、挓知主反、抉烏玦反、王于放反、攢子筭反；寫卷的被注字殘泐 1 條，即□（恕）；切上字殘泐 5 條，即□（匹）、□（力）、□（乃）、□（徒）、□（尸）；切下字殘泐 4 條，即□（到）、□（狄）、□（戴）、□（戈）；寫卷、中華藏的被注字互爲版本異文 8 條，即旳~昒、趑~趒、匬~奩、紝~紝、杷~把、刀~刁、鉺~餌、關~闌；切上字互爲版本異文 2 條，即与~與、与~與；切下字互爲版本異文 17 條，即賴~賚、刃~忍、合~盍、業~葉、丗~世、餘~余、餘~余、亂~乱、昆~胐、教~挍、往~佳、燒~焰、沖~冲、戎~戒、雅~疋、封~卦、木~角；其餘的音注用字相同。

表 3 - 4　俄弗 230 與中華藏本玄應音義的音注用字比較

	被注字（244 條）			切上字（234 條）			切下字（234 條）			直音字（10 條）		
	殘泐	異文	相同	殘泐	異文	相同	殘泐	異文	相同	殘泐	異文	相同
音注（條）	1	8	235	5	2	227	4	17	213	0	0	10
百分比（%）	0.4	3.3	96.3	2.1	0.9	97.0	1.7	7.3	91.0	0	0	100

（六）俄敦 5226 等《一切經音義》（4846 ~ 4848）

俄敦 5226、俄弗 368《俄藏》未定名；俄敦 585 與俄敦 586A《俄藏》綴合爲一，題《一切經音義放光般若經》。《合集》（4846）：“考上揭四卷字體相同，抄寫行款格式一致，當爲同一寫本的殘頁，應予綴

---

① 与，中華藏本作“與”。
② 鉺，中華藏本作“餌”。
③ 關，中華藏本作“闌”。

合。"注音 25 條。

圖 3 - 8 (1)　　俄敦 5226

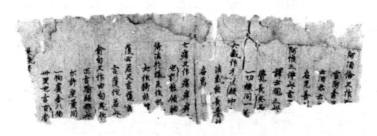

圖 3 - 8 (2)　　俄敦 585 與俄敦 586A 綴合圖

圖 3 - 8 (3)　　俄敦 586A 與俄弗 368 綴合圖

唐，徒郎反（56 - 852 中）；凌①傷，力繒反，下以豉反（56 - 852 中～下）；虜掠，力古反，下力□（尚）（56 - 852 下）；勁，居盛反（56 - 852 下）；懅，渠庶反（56 - 852 下）；級，羈立反（56 - 852 下）；栽，作才反（56 - 854 下）；倚，於蟻反（56 - 854 下）；璣，居衣反（56 - 854 下）；向，許亮反（56 - 855 上）；愱，烏唤反（56 - 855 上）；羈，居猗反（56 - 855 上）；薜荔，蒲計反，下力□（計）（56 - 855 上）；俾音卑寐反（56 - 855 上）；柵②，側賣、子尔二反（56 - 855 中）；闄，以拙反（56 - 855 中）；適莫，都狄反，下謨□（各）（56 - 855 中）；態，他代反（56 - 855 中）；稷，子力反（56 - 855 中）；澆，古堯反（56 - 855 下）。

這些音注用字中，寫卷的切下字殘泐 3 條，即□（尚）、□（計）、□（各）；被注字互爲版本異文 2 條，即凌～凌、柵～批；其餘與中華藏相同。

表 3 - 5　俄敦 5226 等與中華藏本玄應音義的音注用字比較

	被注字（25 條）			切上字（25 條）			切下字（25 條）			直音字（0 條）		
	殘泐	異文	相同	殘泐	異文	相同	殘泐	異文	相同	殘泐	異文	相同
音注（條）	0	2	23	0	0	25	3	0	22	0	0	0
百分比（%）	0	8	92	0	0	100	12	0	88	0	0	0

（七）俄敦 586C 等《一切經音義》（4856 - 4858）

俄敦 586C《俄藏》題《一切經音義放光般若經》；俄敦 211、俄敦 252、俄敦 255《俄藏》綴合爲一，題《一切經音義第九放光般若經》；俄敦 411、俄敦 209、俄敦 210《俄藏》綴合爲一，署

---

① 凌，中華藏本作“凌”。
② 柵，中華藏本作“批”。

《一切經音義第九光讚般若經》。《合集》(4854)："上揭各卷字體相同，抄寫行款格式一致，當爲同一寫本的殘頁，故此合併校録。"注音 19 條。

圖 3－9　俄敦 586C、俄敦 211、俄敦 252、俄敦 255、俄敦 411、俄敦 209 與俄敦 210 的綴合圖

狡，古夘[1]反（56－857 上）；易，以豉反（56－857 中）；洞，徒貢反（56－857 下）；烔，徒東反（56－857 下）；訹，私律反（56－857 下）；謏音先九反（56－857 下）；恤，思律反（56－857 下）；俾倪，普米反，下五礼反（56－857 下）；釗，指遥反（56－858 上）；鵁鶄音交精（56－858 上）；□（惶），□（胡）□（光）反（56－858 下）；閫，苦本反（56－858 下）；瞚，尸閏反（56－858 下）；恶[2]，於

① 夘是"卯"的俗寫。
② 恶是"惡"的俗寫。

各反（56－858 下）；梨，力私反（56－858 下）；恢，苦迴反（56－859 上）；跋，蒲沫反（56－859 上）。

這些音注用字中，寫卷的被注字殘泐 1 條，即□（惶）；切上字殘泐 1 條，即□（胡）；切下字殘泐 1 條，即□（光）；其餘與中華藏相同。

表 3－6　俄敦 586C 等與中華藏本玄應音義的音注用字比較

	被注字（19 條）			切上字（17 條）			切下字（17 條）			直音字（2 條）		
	殘泐	異文	相同	殘泐	異文	相同	殘泐	異文	相同	殘泐	異文	相同
音注（條）	1	0	18	1	0	16	1	0	14	0	0	2
百分比（%）	5.3	0	94.7	5.9	0	94.1	5.9	0	94.1	0	0	100

（八）俄弗 367《一切經音義》（4861～4881）

俄弗 367《俄藏》附在第 17 册之末，未定名，迻錄《妙法蓮華經》第 1～6 卷的音義，注音 454 條。

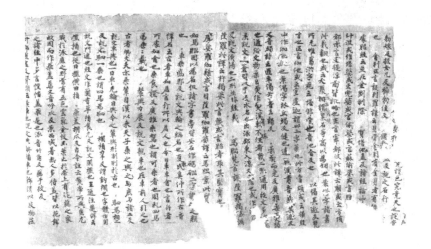

圖 3－10　俄弗 367（局部）

詫音勅嫁反（56－905 中）；扭，女几反（56－905 中）；摤，勅佳反（56－905中）；行，□（下）□（孟）反（56－905中）；塔，他盍反，音他合反（56－905中）；偈，其逝反，案《字林》丘竭反，違照①《漢書音義》其逝反，又音竭，音去謁反（56－905中～下）；奀，而充②反（56－905下）；□（灙），案《説文》《三蒼》皆人于反（56－905下）；□（澳），乃□（本）反（56－905下）；車，齒邪③反，古音□（居）（56－905下）；乘，食證反（56－905下）；輦，力展反（56－905下）；輿，与④庶、与⑤諸二反（56－906上）；駟，相二反（56－906上）；欄，力干反（56－906上）；楯，食允反（56－906上）；華，胡瓜反，又音呼瓜反（56－906上）；涿⑥音竹角反（56－906上）；藹，于彼反（56－906上）；軒，虛言反（56－906上）；轓，甫煩反（56－906上）；宴，一見反（56－906中）；嘗，視羊反（56－906中）；捶打，之蘂⑦反，下音頂（56－906中）；肴膳，胡交反，下上扇反（56－906中）；教詔，居效、諸曜反（56－906中）；從⑧，足容反（56－906中）；幔⑨，莫半反（56－906下）；和，胡戈反（56－906下）；應，於興反（56－906下）；梨，力私反（56－906下）；適，之赤反（56－907上）；礙，五代反（56－907上）；閡，《説文》午代反（56－907上）；导音得（56－907上）；刹，初鎋反（56－907上）；刴，《説文》楚乙反（56－907上）；柒音七（56－907上）；猶豫，弋周反，下弋庶反（56－907上）；軰，補妹反（56－907上）；黇音補槃

---

① 違照，中華藏本作“韋昭”。
② 充，中華藏本作“兖”。
③ 邪，中華藏本作“耶”。
④ 与，中華藏本作“與”。
⑤ 与，中華藏本作“與”。
⑥ 涿是“涿”的俗寫。
⑦ 蘂，中華藏本作“蘂”。
⑧ 從，中華藏本作“縱”。
⑨ 幔，中華藏本作“幔”。

反（56－907 上）；佳，古崖反（56－907 上）；嫉妬，茨栗反，下丹故反（56－907 上）；但，徒亶反（56－907 中）；疵，才雌反（56－907 中）；矜①，居陵反（56－907 中）；諂，丑冉反（56－907 中）；玫瑰，《説文》莫回、胡魁反（56－907 中）；密②，《字林》亡一反（56－907 中）；鈆③，伇川反（56－907 中）；樂，五角反（56－907 中）；鐃，女交反（56－907 下）；唄，蒲芥反（56－907 下）；婆音蒲賀反（56－907 下）；髦，亡交反（56－907 下）；豫，余據反（56－907 下）；每，莫載反，《字林》莫改反（56－907 下）；咎，渠九反（56－907 下）；暢，勅亮反（56－908 上）；倫，力均反（56－908 上）；奥，於報反（56－908 上）；叵，普我反（56－908 上）；邁，莫芥反（56－908 上）；僮僕，徒東反，下蒲木反（56－908 上）；棟，都弄反（56－908 上）；宋音亡（56－908 上）；廇，力救反（56－908 上）；欻，呼④勿反（56－908 上）；焚，扶雲反（56－908 上）；嬉，虚之反（56－908 中）；虚⑤音許宜反（56－908 中）；祴，孤得反（56－908 中）；玩，五喚反（56－908 中）；適，尸亦反（56－908 中）；鋭，羊税反（56－908 中）；推，出唯、土回二反（56－908 中）；軵音而勇反（56－908 中）；衢，巨俱反（56－908 中）；綩綖，《字⑥》一遠反，下以旃反（56－908 下）；姝，充朱反（56－908 下）；匱，渠愧反（56－908 下）；保，補道反（56－908 下）；頽，徒雷反（56－908 下）；圮⑦坼，《字林》父美、恥格反（56－908 下）；褫，直紙、勅尔二反（56－908 下）；陁，除蟻反（56－909 上）；敚音奪，虒音斯（56－909 上）；苫，

---

① 矜，中華藏本作“矝”。
② 密，中華藏本作“蜜”。
③ 鈆、鉛異體。
④ 呼，中華藏本作“吁”，誤。
⑤ 虚，中華藏本作“盧”。
⑥ 寫卷字下漏“林”字。
⑦ 圮是“圮”的俗訛字。

《字林》舒鹽反（56－909 上）；柤，力語反（56－909 上）；椑音毗（56－909 上）；障，之尚反（56－909 上）；籓音甫煩反（133 上）；鴟①，充尸反（56－909 上）；鳾②音亡項反（56－909 上）；鵰，丁堯反（56－909 上）；鷲音就（56－909 上）；蚖，《字林》五官反（56－909 中）；虺，吁鬼反（56－909 中）；蝮，匹六反（56－909 中）；蠜音補麥反（56－909 中）；蜈蚣音吳公（56－909 中）；蝍音即（56－909 中）；蛆，子餘反（56－909 中）；蚰蜒，弋周、以旃反（56－909 中）；蝘音烏殄反，蜓③音殄④（56－909 中）；蝀，此亦反（56－909 中）；狖⑤，《字林》余繡反，又音余秀反（56－909 下）；鼷，胡雞反（56－909 下）；射音夜（56－909 下）；咀嚼，才與⑥反，下音才弱反（56－909 下）；齰，仕白反（56－909 下）；齏相承在計反，竹皆反（56－909 下～910 上）；搏撮，補各反，下《字林》七活反（56－910 上）；摣揥，《字林》側加反，下充世反（56－910 上）；喎喍，五佳、仕佳反（56－910 上）；嗥，胡高反（56－910 上）；魑魅，勅知反，下莫冀反（56－910 上）；魍魎，亡強、力掌反（56－910 上）；孚乳，音匹付反，《字林》匹于反，下而注反（56－910 上～中）；踞，《字林》記怒⑦反（56－910 中）；埵，《字林》丁果反（56－910 中）；撲，符⑧剝反（56－910 中）；闚⑨，丘規反（56－910 中）；爆，方孝反，又普剝反（56－910 中）；蓬勃，蒲公、蒲没反（56－910 中）；先，蘇見反（56－

① 鴟，中華藏本作"鵄"。
② 鳾，中華藏本作"鵃"。
③ 蜓，中華藏本作"蜒"。
④ 殄是"殄"的俗寫。
⑤ 狖，中華藏本作"狖"。
⑥ 與，中華藏本作"與"。
⑦ 怒，中華藏本作"恕"。
⑧ 符，中華藏本作"符"。
⑨ 闚是"闚"的俗寫。

910 中）；喻，榆句反（56－910 中）；灾，則才反（56－910 中）；蕁
莚，李洪範音亡怨、餘戰反（56－910 中）；難處，乃安、充与①反
（56－910 下）；軓泔，都含反，下亡善反（56－910 下）；繒纊，在陵
反，下音曠（56－910 下）；茵，於人反（56－910 下）；鞞，陛兮反
（56－910 下）；頜，《説文》口没反，今讀口轄反（56－910 下）；梨，
力兮反（56－910 下）；黮，《説文》杜感反，一音勑感反，今用於斬反
者，借音耳（56－911 上）；葚音食甚反②（56－911 上）；嫋，《説文》
乃了反（56－911 上）；嫽音遼（56－911 上）；誂，徒了反（56－911
上）；惡③，於路反（56－911 上）；豹，《字林》力各，《山海經》音託
（56－911 上）；掊音蒲交反（56－911 上）；蟒④，莫黨反（56－911
上）；駃，五駁反（56－911 上）；唉，子盇反（56－911 上）；矬，徂
戈反（56－911 上）；伛，《字林》一父反（56－911 中）；膢，《字林》
一侯反（56－911 中）；怙，胡古反（56－911 中）；醫，於其反（56－
911 中）；殹音於奚反（56－911 中）；療，力照反（56－911 中）；瘖
痓，一金、乙下反（56－911 中）；暗，一禁反（56－911 中）；啞，
《字林》乙白反（56－911 中）；暗音子夜反（56－911 中）；强，渠良
反（56－911 中）；好樂，呼到、五孝反（56－911 下）；幸，胡耿反
（56－911 下）；逝，是世反（56－911 下）；馳騁，直知反，下丑領反
（56－911 下）；魄，匹白反（56－911 下）；商估，始羊反，下公户反，
《説文》柯雅反（56－911 下）；坦，他誕反（56－912 上）；傭任⑤，
与⑥恭、女鳩反（56－912 上）；灑，所買反（56－912 上）；出，昌遂

---

① 与，中華藏本作“與”。
② “葚音食甚反”，中華藏本作“葚音甚”。
③ 惡是“惡”的俗寫。
④ 蟒是“蟒”的俗寫。
⑤ 任，中華藏本作“賃”。
⑥ 与，中華藏本作“與”。

反（56－912 上）；肆，相利反（56－912 上）；豪，胡刀反（56－912 上）；俞，弋朱反（56－912 上）；躃，脾伇反（56－912 上）；僻，匹尺反（56－912 上）；醒，思挺反（56－912 上）；恠①，古壞反（56－912 上）；左②音口兀③反（56－912 上）；坌，蒲頓反（56－912 中）；汙，《字林》④故反，又音紓莝⑤反（56－912 中）；咄，丁兀反（56－912 中）；鄙，補美反（56－912 中）；某，莫有反（56－912 中）；伶俜，歷丁、正⑥丁反（56－912 中）；跉跰，《字林》力生反，下補静反（56－912 中）；蠲，古玄反（56－912 中）；呰，子爾反（56－912 中）；夙，思六反（56－912 中）；註，竹句、之喻二反（56－912 中）；眇，亡了反（56－912 下）；庵，一含反（56－912 下）；何，胡歌反，諸書故⑦可反（56－912 下）；誠，市盈反（56－912 下）；谿谷，苦奚、古木反（56－912 下）；卉，《字林》虛謂反（56－912 下）；莖，胡耕反（56－912 下）；注⑧，之喻、上句二反（56－912 下）；洽⑨，胡夾反（56－912 下）；務，亡付反（56－912 下）；瑷矮，於代反，下《埤蒼》音代（56－912 下）；邃，私醉反（56－913 上）；穀，古木反（56－913 上）；蔗，之夜反（56－913 上）；槀，《字林》苦道反（56－913 上）；滴音丁歷反，渧音丁計反（56－913 上）；礫，力的反（56－913 上）；堆，都雷反（56－913 上）；庫音父尒反（56－913 上）；數，山縷反（56－913 中）；涕，他礼反（56－

---

① 恠，中華藏本作“恠”，爲“怪”的俗寫。
② 左是“圣”的俗寫。
③ 兀，中華藏本作“瓦”，誤。
④ 寫卷“故”字前漏“於”字。
⑤ 莝是“莝”的俗寫。
⑥ 正，中華藏本作“匹”。
⑦ 故，中華藏本作“胡”。
⑧ 注，中華藏本作“澍”。
⑨ 洽，中華藏本作“㓥”。

913 中）；澹，徒濫反（56－913 中）；惔，徒甘反（56－913 中）；怕，《説文》亡[1]白反（56－913 中）；勉，靡辯反（56－913 中）；萌，麥耕反（56－913 中）；諷，不鳳反（56－913 中）；姟，《字林》古才反（56－913 下）；嵤，役瓊反（56－913 下）；舷音古本反（56－913 下）；壑，呼各反（56－913 下）；臺，徒來反（56－913 下）；莎，先戈反（56－913 下）；唯，弋誰反，又借音弋水反（56－913 下）；友，于久（56－914 上）；艱，古閑反（56－914 上）；貿，莫候反（56－914 上）；卯[2]音酉（56－914 上）；蹈，徒到反（56－914 上）；饌，仕眷反（56－914 上）；豆，徒鬭反（56－914 上）；詎，竹候反（56－914 上）；燥，先老反（56－914 上）；罣，胡卦反（56－914 上）；見，古現反（56－914 中）；藪，桒苟反（56－914 中）；賷，子奚反（56－914 中）；闇，余酌反（56－914 中）；笘，赤占反（56－914 中）；央，於良反（56－914 中）；鞅，於兩反（56－914 中）；靼[3]音之列反（56－914 中）；往，羽冈反（56－914 中）；捐，以專反（56－914 中）；椎，直追反（56－914 中）；搥，直淚反，都回反（56－914 下）；栲音竹革反[4]（56－914 下）；仁，而親反（56－914 下）；闡，昌善反（56－914 下）；頗借音普我反，本音普多反（56－914 下）；芥，加邁反（56－914 下）；宗，子彤反（56－914 下）；誹，《字林》方味反（56－914 下）；詈，力智反（56－914 下）；扠，勑佳反（56－915 上）；漁，言居反（56－915 上）；屠，達明[5]反（56－915 上）；魁膾，苦回、古外反（56－915 上）；衒，胡麵反（56－915 上）；屏，俾領反，今借爲蒲定反（56－915 上）；澡，祖老反（56－915 中）；蔑，莫結反（56－

① 亡，中華藏本作“匹”。

② 卯，中華藏本未注音，卯是“丣”的俗寫。

③ 靼是“靼”的俗寫。

④ “栲音竹革反”，中華藏本作“持音篪”，麗藏本作“梼音竹革反”。

⑤ 明，中華藏本作“胡”。

915 中）；討，恥老反（56 – 915 中）；巨，其呂反（56 – 915 中）；被，皮寄反（56 – 915 中）；奮迅，方問、雖閏反（56 – 915 中）；奞音雖（56 – 915 中）；汏①音大（56 – 915 中）；憒丙②，公對、女孝反（56 – 915 下）；紀，居擬反（56 – 915 下）；跪，《字林》丘委反，又音渠委反（56 – 915 下）；簁，所佳③、所飢二反（56 – 915 下）；愈，臾④乳反（56 – 915 下）；載，則代反（56 – 915 下）；繽紛，匹仁、孚云反（56 – 915 下）；坊，甫亡反（56 – 916 上）；胗，居忍、章忍二反（56 – 916 上）；咼，口蛙反（56 – 916 上）；冎⑤音古瓦反（56 – 916 上）；區匜，《韻集》方殄、他奚反（56 – 916 上）；㪒，補迷反（56 – 916 上）；戾，《字林》力計反（56 – 916 上）；宨，《字林音隱》一爪⑥反（56 – 916 上）；撰，助纂反（56 – 916 中）；謦，口泠⑦（56 – 916 中）；磬，口定（56 – 916 中）；欬，苦戴反（56 – 916 中）；欬⑧，胡來反（56 – 916 中）；癩⑨音蘓⑩奏反（56 – 916 中）；屬累，之欲反，下力偽反（56 – 916 中）；適，尸亦反（56 – 916 中）；敵，徒的反（56 – 916 中）；搖，《説文》餘照反（56 – 916 下）；嗂音余周反（56 – 916 下）；甄，《字林》巳⑪仙反（56 – 916 下）；宰，祖殆反（56 – 916 下）；舫，甫妄反（56 – 916 下）；漂，疋⑫消、芳妙二反（56 – 916

---

① 汏，中華藏本作"汏"，汏、汏、汰異體。
② 丙，中華藏本作"夷"。
③ 佳，中華藏本作"佳"。
④ 臾，中華藏本作"吏"，誤。
⑤ 咼是"冎"的增筆。
⑥ 爪，中華藏本作"瓜"。
⑦ 泠，中華藏本作"冷"。
⑧ 欬，中華藏本作"咳"。
⑨ 癩，中華藏本作"瘷"。
⑩ 蘓，中華藏本作"蘇"。
⑪ 巳是"己"的俗寫。
⑫ 疋，中華藏本作"匹"。

下）；撿①，居儼反（56-916下）；祝，之授反（56-916下）；詛，側據反（56-916下）；咀，才与②反（56-916下）；掣，昌掣③反（56-916下）；碾④碑音息念、大念反（56-917上）；雹，蒲角反（56-917上）；戒⑤，古薤反（56-917上）；遮，止奢反（56-917上）；伺，涓慈、胥吏二反（56-917上）；尔而制反（56-917上）；泥去聲（56-917上）；鞊脂列反（56-917上）；閃式染反（56-917上）；謎莫閟反（56-917上）；弭密⑥尔反（56-917上）；扇重長（56-917上）；磨短（56-917上）；素清（56-917上）；剎重（56-917上）；捼⑦奴戒⑧反（56-917上）；剌力割反（56-917上）；婆去聲（56-917上）；弗補泥⑨反（56-917上）；著知也反（56-917中）；涅奴結反（56-917中）；齏竹⑩皆反（56-917中）；蹁蒲眠反（56-917中）；秫尸律反（56-917中）；殞烏没反（56-917中）；輸戒⑪庾反（56-917中）；差初理反（56-917中）；伽去（56-917中）；邪⑫重聲（56-917中）；邪⑬短聲（56-917中）；喹⑭丁結反（56-917中）；憍舉敖反（56-917中）；若而夜反（56-917中）；齏去聲（56-917中）；吒重（56-917中）；底

① 撿是“檢”的俗寫。
② 与，中華藏本作“與”。
③ 掣，中華藏本作“制”。
④ 碾是“碑”的俗寫。
⑤ 戒，中華藏本作“戒”。
⑥ 密，中華藏本作“蜜”。
⑦ 捼，中華藏本作“㨝”。
⑧ 戒，中華藏本作“戒”。
⑨ 泥是“没”的訛字。
⑩ 竹，中華藏本作“以”，誤。
⑪ 戒，中華藏本作“式”。
⑫ 邪，中華藏本作“耶”。
⑬ 邪，中華藏本作“耶”。
⑭ 喹是“喹”的訛字。

長（56－917 中）；㧱女几反（56－917 中）；著稚雅①反（56－917 中）；底短聲（56－917 中）；媄除皆反（56－917 中）；厨雉俱反（56－917 中～下）；馱長（56－917 下）；醓②去聲（56－917 下）；薩蘇紇反（56－917 下）；湏都可反（56－917 下）；𡐦，《説文》於甲反（56－917 下）；押音甲（56－917 下）；㧘音子曷反（56－917 下）；紺，古暗反（56－917 下）；珂，苦何反（56－917 下）；軻，口佐反（56－917 下）；㙫音口紺反（56－917 下）；彈去聲（56－917 下）；媄徒皆反（56－917 下）；茶重長（56－917 下）；底丁履反（56－917 下）；馱長（56－918 上）；底丁履反（56－918 上）；阤重（56－918 上）；泥去聲（56－918 上）；婆去（56－918 上）；莎所也反（56－918 上）；尼輕（56－918 上）；尼依字（56－918 上）；差初履（56－918 上）；衹巨奚反（56－918 上）；略上聲（56－918 上）；弗補没（56－918 上）；爛清長（56－918 上）；差初里③（56－918 上）；憍重（56－918 上）；略力迦（56－918 上）；僧所繒反（56－918 上）；毗重（56－918 上）；惰，徒卧反（56－918 上）；惰相承□（於）□（六）（56－918 上）；繚，力鳥（56－918 上）；睞，力代反（56－918 上）。

　　上述音注用字中，中華藏未注音 1 條，即卯音西；寫卷注反切而中華藏注直音 2 條，即葚音食甚反～葚音甚、𣏓音竹革反～持音篋；寫卷的被注字殘泐 2 條，即□（濡）、□（澳）；直音字殘泐 1 條，即□（居）；切上字漏 1 條，即□於，殘泐 2 條，即□（下）、□（於）；切下字殘泐 3 條，即□（孟）、□（本）、□（六）；寫卷、中華藏的被注字互爲版本異文 21 條，即從～縱、幬～幔、矜～矜、密～蜜、虛～虖、鴉～鵶、鳩～鵂、蜓～蜓、犯～狁、任～賃、恦～恦、注～澍、洽～畬、沈～汰、丙～更、欬～咳、癩～瘵、戎～戒、捙～墀、邪～耶、邪～

---

①　雅，金藏本作“耶”。

②　醓是“醯”的訛字。

③　里，中華藏本作“理”。

耶；切上字互爲版本異文 13 條，即与~與、与~與、呼~吁、荷~符、
正~匹、故~胡、亡~匹、叓~史、蕪~蘇、疋~匹、密~蜜、戒~
式、竹~以；切下字互爲版本異文 15 條，即充~充、邪~耶、藝~藝、
与~與、怒~恕、兀~瓦、明~胡、佳~佳、爪~瓜、泠~冷、与~
與、掣~制、戒~戒、雅~耶、里~理；其餘的音注用字相同。

表 3–7　俄弗 367 與中華藏本玄應音義的音注用字比較

	被注字 （451 條）			切上字 （403 條）			切下字 （403 條）			直音字（22 條）、 四聲（8 條）			對音[1] （18 條）
	殘泐	異文	相同	殘漏	異文	相同	殘泐	異文	相同	殘泐	異文	相同	
音注 （條）	2	21	428	3	13	387	3	15	385	1	0	29	18
百分比 （％）	0.4	4.7	94.9	0.7	3.2	96.0	0.7	3.7	95.5	3.3	0	96.7	100

[1] 指給音譯詞標注對譯音節的語音特點，如“重”“短聲”“長”“清”等。

（九）俄敦 10149 等《一切經音義》（4906~4908）

俄敦 10149、俄敦 12380R、俄敦 12409R、俄敦 12340R、俄敦
12330R、俄敦 12287R、俄敦 12381R 迻録《妙法蓮華經》第 1~8 卷的
音義，《俄藏》均未定名。《合集》（4905）：“各卷字體，抄寫行款格
式一致，當爲同一寫本的殘頁。”注音 21 條。

鋭羊税反（56–908 中）；軔音而勇反（56–908 中）；姝充朱反（56–
908 下）；保補道反（56–908 下）；襹直紙、勒尓二反（56–908 下）；
□（蜈）□（蚣）音□（吴）公（56–909 中）；□（狹）《字林》余繡反
（56–909 下）；□（梨）□（力）兮反（56–910 下）；暗，一禁反（56–
911 中）；喑，子夜反（56–911 中）；□（蹳）脾伐反（56–912 上）；
澍之喻、上句二反（56–912 下）；□（頗）本音□（普）多反（56–914 下）；
□（伺）□（渭）□（慈）、胥吏二反（56–917 上）；靳①脂列反（56–917

---

① 靳，中華藏本作“靳”。

上）；□（蹁）蒲眠反（56－917 中）；□（殟）□（烏）没反（56－917 中）。

這些音注用字中，寫卷的被注字殘泐 10 條，即□（蜈）、□（蚣）、□（犾）、□（梨）、□（躃）、□（頗）、□（伺）、□（伺）、□（蹁）、□（殟）；切上字殘泐 4 條，即□（力）、□（普）、□（渭）、□（烏）；切下字殘泐 1 條，即□（慈）；直音字殘泐 1 條，即□（吳）；寫卷、中華藏的被注字互爲版本異文 1 條，即靳～鞿；其餘的音注用字相同。

表 3－8　俄敦 10149 等與中華藏本玄應音義的音注用字比較

	被注字（21 條）			切上字（19 條）			切下字（19 條）			直音字（2 條）		
	殘泐	異文	相同	殘泐	異文	相同	殘泐	異文	相同	殘泐	異文	相同
音注 （條）	10	1	10	4	0	15	1	0	18	1	0	1
百分比 （％）	47.6	4.8	47.6	21.1	0	78.9	5.3	0	94.7	50	0	50

（十）　斯 3538《一切經音義》（4920～4921）

斯 3538《英藏》題《佛經音義》，迻録《等集衆德三昧經》《集一切福德經》《廣博嚴浄不退轉輪經》《佛説阿惟越致遮經》《勝思惟梵天所問經》的音義，注音 20 條。

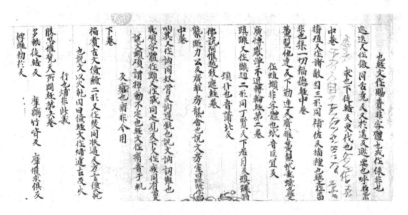

圖 3－11　斯 3538

邀迭，舌①堯反，又於遙反，下徒結反（56-930下）；播，補佐反（56-931上）；薘薱，他達反，下勒達反（56-931上）；蚔音巨宜反（56-931上）；蹎蹶，丁賢反，下居月反（56-931上）；仆音蒲北反（56-931上）；橐，力公反（56-931上）；呐，奴骨反（56-931上）；戰頮，之見反，下有富反（56-931上）；痏音于軌反（56-931上）；福②，扶逼反（56-931上）；軼③，徒結反（56-931中）；齜，竹皆反（56-931中）；懼④，求俱反（56-931中）；樗，勒於反（56-931中）。

這些音注用字中，寫卷、中華藏的被注字互爲版本異文 3 條，即福~漏、軼~帙、懼~瞿；切上字互爲版本異文 1 條，即舌~古；其餘的音注用字相同。

表 3-9　斯 3538 與中華藏本玄應音義的音注用字比較

	被注字（20 條）			切上字（20 條）			切下字（20 條）			直音字（0 條）		
	殘泐	異文	相同	殘泐	異文	相同	殘泐	異文	相同	殘泐	異文	相同
音注（條）	0	3	17	0	1	19	0	0	20	0	0	0
百分比（％）	0	15	85.5	0	5	95	0	0	100	0	0	0

（十一）俄敦 4659 和俄敦 14675《一切經音義》（4924）

俄敦 4659、俄敦 14675《俄藏》未定名。《合集》（4923）認爲兩卷"字體相同，抄寫行款格式一致"，"當爲同一寫本的殘片"。兩卷迻錄《無量清淨平等覺經》《佛遺日摩尼寶經》的音義，注音 2 條，即

---

① 舌，中華藏本作"古"。
② 福，中華藏本作"漏"。
③ 軼，中華藏本作"帙"，疑是"怢"的誤字。
④ 懼，中華藏本作"瞿"。

□（稾），勑六反（56－943下）；□（傲），古堯反（56－946中）。
除被注字殘泐2條外，其餘與中華藏相同。

（十二）　俄敦10831《一切經音義》（4926）

俄敦10831《俄藏》未定名，迻錄玄應音義卷十五《十頌律》第
26～27卷音義。3條注音：□（甯），奴定反（56－1042中）；甄，力
俱反（56－1042中）；□（橐），□（公）道反（56－1042中）。上述
音注用字中，寫卷的被注字殘泐2條，切上字殘泐1條，其餘與中華藏
相同。

（十三）　伯3734《一切經音義》（4928～4929）

伯3734《法藏》題《一切經音義卷第六十四》，認爲它是慧琳
音義①，由於慧琳音義抄錄了玄應音義，它實則爲玄應音義卷十六
《優婆塞五戒威儀經》《舍利弗問經》《戒消災經》的音義，反切
22條。

圖 3－12　伯 3734

篡，子管反（57－10下）；鑽，子乱反（57－10下）；鐏音在困反
（57－10下）；括，古奪反（57－10下）；揺，以招反（57－10下）；督②，

---

① 從"卷第六十四"來看，《法藏》認爲《一切經音義》是慧琳音義，因爲玄應
　　音義僅二十五卷。
② 督是"督"的訛字。

都木反（57 - 11 上）；飈，比遥反（57 - 11 上）；啞，墟記反（57 - 11 上）；數音所角反（57 - 11 上）；䂓鑠，式冉反，下舒若反（57 - 11 上）；係，古帝反（57 - 11 上）；慊，苦葦①反（57 - 11 上）；勯音苦没反（57 - 11 上）；懇②惻，口很反，下楚力反（57 - 11 上）；鐽，叉莧反（57 - 11 上）；圊，七情反（57 - 11 上）；釃，所宜、所解二反（57 - 11 上）；丞③，之承反（57 - 11 中）；捭，力展反（57 - 11 中）。

這些音注中，寫卷、中華藏的被注字互爲版本異文 2 條，即懇 ~ 懇、丞 ~ 丞，其餘相同。

表 3 - 10　伯 3734 與中華藏本玄應音義的音注用字比較

	被注字（22 條）			切上字（22 條）			切下字（22 條）			直音字（0 條）		
	殘泐	版本異文	相同	殘泐	版本異文	相同	殘泐	版本異文	相同	殘泐	版本異文	相同
音注（條）	0	2	20	0	0	22	0	0	22	0	0	0
百分比（%）	0	9.1	90.9	0	0	100	0	0	100	0	0	0

（十四）俄敦 11563《一切經音義》（4932 ~ 4933）

俄敦 11563《俄藏》未定名，迻録玄應音義卷十九《佛本行集經》第 9 卷音義，注音 5 條。

□（齲），□（五）□（鈎）、牛俱二反（57 - 41 中）；䏶，□（人）□（志）反（57 - 41 中）；躑，丈亦反（57 - 41 中）；覿，亭歷反（57 - 41 中）。

---

① 葦,《合集》（4929 第 7 行）校爲 "簟"。

② 懇, 麗藏本作 "懇",《合集》（4929 第 8 行）校爲 "懇"。

③ 《合集》（4930 注 12）認爲丞是 "丞" 的俗字。丞, 麗藏本作 "丞"。

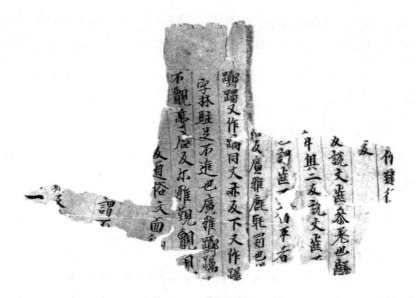

圖 3 – 13　俄敦 11563

　　這些音注用字中，寫卷的被注字殘泐 2 條，即□（齫）、□（齫）；切上字殘泐 2 條，即□（五）、□（人）；切下字殘泐 2 條，即□（鈎）、□（志）；其餘與中華藏相同。

表 3 – 11　俄敦 11563 與中華藏本玄應音義的音注用字比較

	被注字（5 條）			切上字（5 條）			切下字（5 條）			直音字（0 條）		
	殘泐	異文	相同	殘泐	異文	相同	殘泐	異文	相同	殘泐	異文	相同
音注（條）	2	0	3	2	0	3	2	0	3	0	0	0
百分比（％）	40	0	60	40	0	60	40	0	60	0	0	0

（十五）俄敦 320 和 386《一切經音義》（4935～4936）

　　俄敦 320 和 386《俄藏》綴合爲一，題《一切經音義卷第四十八①瑜伽師地論》，認爲它是慧琳音義，由於慧琳音義抄録了玄應音

――――――――――

　　①　從"卷四十八"看，《俄藏》認爲它是慧琳音義。

義，它實則是玄應音義卷二二《瑜伽師地論》第 43～44 卷的音義，注音 8 條。

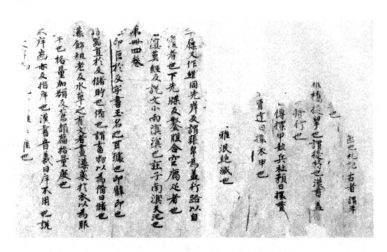

圖 3-14　俄敦 320 和俄敦 386 的綴合圖

□（傘）靁，先岸反，下先牒反（57-87 下）；溟，莫經反（57-87 下）；□（璩），巨於反（57-87 下）；儲，直於反（57-87 下上）；藻，祖老反（57-87 下）；格，加領①反（57-87 下）；庍②，齒亦反（57-87 下）。

這些音注用字中，寫卷的被注字殘泐 2 條，即□（傘）、□（璩）；其餘與中華藏相同。

表 3-12　俄敦 320 與中華藏本玄應音義的音注用字比較

	被注字（8 條）			切上字（8 條）			切下字（8 條）			直音字（0 條）		
	殘泐	異文	相同	殘泐	異文	相同	殘泐	異文	相同	殘泐	異文	相同
音注（條）	2	0	6	0	0	8	0	0	8	0	0	0
百分比（%）	25	0	75	0	0	100	0	0	100	0	0	0

①　領、額異體。
②　庍是"庎"的俗寫。

（十六）伯 2901《一切經音義摘抄》（4941～4953）

伯 2901《法藏》題《佛經音義》，不妥；《滙考》（857）確定它爲玄應音義。《合集》（4940）："所釋詞條均摘抄於玄應《音義》，涉及一百零六種佛經，依次見於玄應《音義》卷一、卷三、卷二一、卷四、卷五、卷七、卷一〇、卷一七、卷二五、卷二四、卷一八、卷一九、卷二〇、卷一一、卷一二、卷一三、卷一四。"注音 340 條。

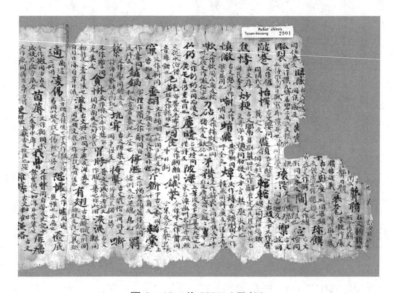

圖 3－15　伯 2901（局部）

□（翳）□（於）計反（56－815 上）；□（乬）□（雖）閏反（56－815 上）；衰所龜反（56－815 中）；□（僅）渠鎮反（56－815 下）；饌仕卷①反（56－816 中）；眩侯遍反（56－817 中）；□（斸）□（齪）□（牛）斤反，下五各反（56－817 中）；颲九縛、居碧二反（56－818 下）；軛於革反（56－818 下）；璅古迴反（56－819 下）；跛補我反（56－820 上）；怡翼之反（56－820 上）；監公衫反（56－820 上）；輨古緩反（56－820 上）；悸其季反（56－820 中）；炒初狡反（56－821 下）；蜎呼全反（56－821 下）；燂詳廉反（56－822 上）；嗽山角反（56－822 上）；砧豬金反

---

① 卷，中華藏本作"眷"。

（56 - 822 上）；矛獿莫侯反，下千乱反（56 - 822 上）；仍而陵反（56 - 822
中）；瞳於計反（56 - 822 中）；陂灖上筆皮反，下匹莫反（56 - 823 上）；淀
音殿（56 - 823 上）；𪐯布莽①反（56 - 824 中）；紫子累反（56 - 825 上）；
𥱸苦和反（56 - 825 上）；胡户孤反（56 - 825 上）；𣏻竹角反（56 - 825
上）；輮皮拜反（56 - 825 中）；鍋古和反（56 - 825 中）；悷墟例反（56 -
825 下）；縶腊②立反（56 - 826 上）；穽才性反（56 - 826 上）；襲辟立
（56 - 826 中）；嘶先奚反（56 - 826 中）；啉力南反（56 - 826 中）；脬普交
反（56 - 851 下）；㵣勒計反（56 - 851 下）；滋子夷反（56 - 852 中）；翅
施豉反（56 - 852 中）；凌③傷上力繒反，下以豉反（56 - 851 中~下）；匬④
力占反（56 - 853 上）；茵於人反（56 - 853 下）；曹⑤自勞反（56 - 854
中）；痹瘇蒲罪反，下力罪反（56 - 856 下）；梗⑥澁上歌杏反，下所立反（56 -
856 下）；糅女救反（56 - 857 上）；恪苦各反（56 - 858 上）；垓古才反
（56 - 858 上）；襪无發反（56 - 858 中）；恢苦迴反（56 - 859 上）；疐音帝
（56 - 859 下）；舞音讀作武，非（56 - 859 下）；瘟烏合反（56 - 859
下）；詭居毀反（56 - 860 上）；昆孤魂反（56 - 861 上）；坻⑦直飢反（56 -
862 上）；悇⑧去連反（56 - 862 上）；猜麄來反（56 - 864 上）；強渠向反
（57 - 65 下）；敔宅庚反（57 - 68 上）；梓⑨五割反（57 - 68 中）；蜫古魂反
（57 - 68 中）；繪胡憒反（57 - 68 中）；噤渠飲反（57 - 68 中）；羞私由反
（57 - 69 下）；仇渠牛反（57 - 69 下）；訥奴骨反（57 - 70 上）；饕餮他高

---

① 莽是"莽"的俗寫。
② 腊，中華藏本作"猪"。
③ 凌，中華藏本作"淩"。
④ 匬，中華藏本作"龠"。
⑤ 曹，中華藏本作"曺"。
⑥ 梗，中華藏本作"挭"。
⑦ 坻是"坻"的俗寫。
⑧ 悇是"悇"的俗寫。
⑨ 梓，中華藏本作"摔"。

反，下他結反（57－70 上）；睜鬢仕行反，下女庚反（57－71 下）；耨乃候反（57－71 下）；狑其蔭反（57－71 下）；磺孤猛反（56－870 中）；脣於凝反（56－870 中）；旒力周反（56－870 下）；躓猪吏反（56－871 下）；較古學反（56－871 下）；詫丑嫁反（56－872 上）；噴普悶反（56－872 中）；濆音扶云反（56－872 中）；荐在見反（56－873 上）；檐以占反（56－873 中）；齰仕白反（56－873 下）；咋，莊白反（56－873 下）；窆蘇走反（56－873 下）；詵使陳反（56－873 下）；憹奴道反（56－874 上）；崩慣上莫崩、下公內反（56－874 上）；营役瓊反（56－874 上）；鏗口耕反（56－875 上）；俟事几反（56－875 下）；棚蒲萌反（56－876 上）；閛，普耕反（56－876 上）；嬈固乃了反，下古護反（56－876 中）；哂式忍反（56－876 下）；踴之勇反（56－877 上）；柧古胡反（56－877 上）；傳竹流反（56－877 上）；肺腴上敷穢①反，下庚俱反（56－877 上～中）；蚄胡魁反（56－877 中）；蹎蹶丁賢反，下居月反（56－880 上）；虹古文虹②，同音（56－880 中）；酷都③蔦反（56－880 下）；儳或作窺，同音（56－882 下）；動徒董反（56－884 上）；僑渠消反（56－884 上）；狀態与④一反，下他代反（56－888 中）；檕公礙、公內二反（56－889 中）；災式⑤才反（56－890 中）；岐巨宜反（56－890 下）；洞徒貢反（56－890 下）；晃碧皿反（56－891 上）；綫私賤反（56－892 下）；刎亡粉反（56－892 下）；隓才句反（56－893 中）；慷慨古⑥葬反，下苦代反（56－893 下）；賤側限反（56－894 上）；罩陟校反（56－894 下）；齲丘禹反（56－897 下）；炎以贍反（56－897 下）；闥于彼反（56－923 下）；韶視招反（56－924 上）；贔皮冀反（56－929 下）；播

---

① 穢，中華藏本作"臟"，誤。
② 虹，中華藏本作"扛"，誤。
③ 都，中華藏本作"口"。
④ 与，中華藏本作"與"。
⑤ 式，中華藏本作"則"。
⑥ 古，中華藏本作"口"。

補佐反（56－931 上）；笧工旱反（56－964 上）；攘而羊反（56－964 中）；搯枯狹反，又口洽反（56－965 上）；褺思列反（56－965 下）；嚏丁計反（56－966 中）；練摩力見反，下莫羅反（56－967 中）；捙先結反（56－967 下）；埤避移反（56－968 中）；惻楚力反（56－969 下）；振諸胤反（56－970 上）；誕似延反（56－972 中）；評皮命反（57－13 上）；訂音徒頂反（57－13 中）；操錯勞反（57－14 中）；駁補角反（57－14 中）；□（屟）所綺、所解二反（57－14 下）；鞮，都奚反（57－14 下－15 上）；筴楚革反（57－19 中）；嬰楚力反（57－20 上）；串古患反（57－21 下）；氂力之（57－22 上）；寶補道反（57－22 上）；呬嗽子盍反，下山角反（57－22 上）；瘡痍楚良反，下羊之反（57－22 下～23 上）；宄居美反（57－23 上）；俟事几反（57－23 上）；紉直忍反（57－23 中）；燔扶袁反（57－23 中）；罝子邪反（57－23 中）；劍初眼反（57－23 下）；革古核反（57－24 上）；企袪豉反（57－24 中）；燅勒刀反（57－24 中）；笮側格反（57－24 下）；漉力木反（57－128 下）；劇嚢上音皮，下子礼反（57－129 上）；瀹臾①灼反（57－129 中）；煠音助甲反（57－129 中）；捦巨金反（57－129 下）；撻他達反（57－129 下）；話胡快反（57－131 中）；衒胡麵、公縣二反（57－131 下）；狎胡甲反（57－132 上）；篅市緣反（57－115 上）；隄都奚反（57－117 下）；痼古護反（57－117 下）；療力照反（57－118 上）；典丁繭反（57－118 中）；礭苦學反（57－121 中）；抱蒲冒反（57－27 中）；眴尸閏反（57－28 中）；鞵胡寡②反（57－29 中）；軟而兖反（57－29 中）；嫉自栗反（57－30 上）；敧丘知反（57－33 下）；篱③除離反（57－36 上）；泅似由反（57－37 中）；柞子各反（57－38 上）；糲④音賴（57－38 上）；瞤而倫反（57－39 上）；勦助交反（57－42 中）；勸音姜權反（57－42 中）；剔丁盍反

---

① 臾，中華藏本作“吏”，誤。
② 寡，中華藏本作“瓦”。
③ 《合集》（4979 注 199）認爲“篱爲簏字的俗省”。
④ 《合集》（4980 注 201）認爲“糲櫔古今字”。

(57－42中)；騷鹹上士洽、下魚洽反（57－42下）；唊噏，上古協、下許及反（57－42下）；腝乃困反（57－42下）；齏子奚反（57－43上）；筋陡居殷反，下都口反（57－43中）；迕吾故反（57－45下）；毻他卧反（57－45下）；嫪盧報反（57－46中）；糂桒感反（57－47中）；爇[1]而悦反(57－47下)；氎[2]徒頰反（57－48上）；肜[3]徒宗反（57－48上）；泝[4]桒故反（57－48中）；蒨千見反（57－49下）；瘠才亦反（57－50上）；邳[5]丁礼反（57－50上）；滑稽古没、胡刮二反，下古奚反（57－50上）；癹疋[6]葛反（57－50中）；喆知列（57－52上）；抆亡粉反（57－53上）；仇憾渠牛反，下胡闇反（57－55中）；軌居美反（57－59下）；賄呼罪反（57－59下）；穳矛麁亂反，下莫侯反（56－975上）；鵶烏諫反（56－975上）；堙於仁反（56－975中）；咽，烏賢反（56－975中）；諹食尔反（56－976中）；概居置反（56－978上）；虓呼交反（56－978中）；侹勅頂反（56－978下）；頻毗人反（56－979上）；剬之兖反（56－979中）；餟猪芮反（56－979下）；酹音力外反（56－979下）；拳搋渠員反，下勅佳反（56－979下）；磉桒朗反（56－980下）；輚子孔反（56－981上）；剳力各反（56－981下）；瓻力頮反（56－982中）；荼徒加反（56－982中）；刻苦得[7]反（56－984中）；函胡緘反（56－984中）；臽音陷（56－984中）；顫頮之繕反，下尤富反（56－984中）；欑[8]徂丸反（56－984下）；扉音非（56－985中）；搆古候反（56－985中）；謟，丑佅反（56－986上）；纂子夘[9]反

① 爇，麗藏本作“爇”，爇、爇異體。
② 氎，中華藏本作“疊”。
③ 肜，中華藏本作“彤”，誤。
④ 泝，建州本作“洓”。
⑤ 邳是“邸”的俗寫。
⑥ 疋是“匹”的俗寫。
⑦ 得，中華藏本作“則”。
⑧ 欑，中華藏本作“攢”。
⑨ 夘是“卯”的俗寫。

（56 - 986 下）；饕相承音飽（56 - 989 中）；饜音於焰反（56 - 989 中）；

嘆咤他旦反，下竹嫁反（56 - 989 中）；轟呼萌反（56 - 989 中）；隊徒對反

（56 - 989 下）；泉绝緣（56 - 991 上）；歉①口咸反（56 - 991 中）；榾胡昆

反（56 - 991 中）；淯思②入、史及二反（56 - 991 中）；紐③女九反（56 -

991 下）；畐普逼反（56 - 995 中）；魁苦迴反（56 - 995 中）；椸余支（56 -

996 下）；睫④丁計反（56 - 997 上）；訛五戈反（56 - 997 上）；櫪槤力的反，

下桒奚反（56 - 998 下）；孿力轉反（56 - 998 下）；鋃鐺力當、都唐反（56 -

998 下）；嘁子六、子合二反（56 - 999 上）；諄之閏反（56 - 999 上）；徇辝

遵反（56 - 1001 上）；蠡思錢反（56 - 1001 上）；唵⑤於感反（56 - 1001

中）；橐撻各反（56 - 1001 下）；媒莫奴反（56 - 1001 下）；擷呼結反（56 -

1002 上）；屈⑥衢物（56 - 1002 中）；腆他典反（56 - 1004 上）；傅方務反

（56 - 1004 中）；餼虛氣反（56 - 1004 中）；靪鞁五更反，下胡浪反（56 -

1005 上）；披普彼反（56 - 1005 上）；擺，補買反（56 - 1005 上）；擘補

格反（56 - 1005 下）；飲囚恣反，經文作飴，借音耳（56 - 1005 下）；轒扶分反

（56 - 1005 中）；陵力莖反（56 - 1006 下）；潘敷袁反（56 - 1007 上）；俺

於驗反（56 - 1007 中）；賜悉漬反（56 - 1007 下）；磬可定反（56 - 1007

下）；捃居運反（56 - 1008 上）；闐徒堅反（56 - 1008 中）；擊苦田反（56 -

1009 上）；墳⑦音徒見（56 - 1009 上）；豸直尔反（56 - 1010 上）；鞠渠

六反（56 - 1010 中）；鬻之六反（56 - 1012 中）；噭古吊反（56 - 1012

---

① 《合集》（4989 注 267）："歉字注文中作歖，爲一字異寫，刻本誤作歉；慧琳
  《音義》引作鴿，注文同，爲古異體字。"
② 思，《合集》（4989 注 269）引慧琳音義校爲"子"。
③ 紐，中華藏本作"細"，誤。
④ 睫，《合集》（4990 注 276）校爲"嚏"。
⑤ 唵，中華藏本作"唵"，誤。
⑥ 《合集》（4992 注 294）："屈爲屈字隸省。"
⑦ 墳，中華藏本作"瓊"。《合集》（4995 注 314）："此字（瓊）疑當據底卷作墳
  爲是。""墳爲于闐之闐的後起形聲俗字。"

中）；磔[①]音竹格反（56－1012 下）；拓他各反（56－1013 上）；胞罠[②]補交反，下武貧反（56－1013 中）；鞬撅建言反，下巨月反（56－1013 下）；弭亡尔反（56－1014 下）；鞻[③]火見反（56－1015 下）；鞋他口反（56－1016 下）；剾，烏溝反（56－1016 下）；訣古穴反（56－1016 下）；吟哦牛金反，下吾歌反（56－1016 下）；秸公□（八）（56－1024 上）。

上述音注用字中，寫卷的被注字殘泐 6 條，即□（翳）、□（卂）、□（僅）、□（齗）、□（齰）、□（屣）；切上字殘泐 3 條，即□（於）、□（雖）、□（牛）；切下字殘泐 1 條，即□（八）；寫卷、中華藏的被注字互爲版本異文 15 條，即淩～凌、匳～奩、曹～曺、梗～挭、棒～榨、穢～臓、氈～疊、彤～肜、泝～涥、欑～攢、紐～細、晻～暀、壙～璝、磔～殜、鞻～韅；切上字互爲版本異文 6 條，即賭～猪、都～口、与～與、式～則、古～口、臾～史；切下字互爲版本異文 4 條，即卷～眷、灼～忄勺、寡～瓦、得～則；直音字互爲版本異文 1 條，即玒～扛；其餘的音注用字相同。

表 3－13 伯 2901 與中華藏本玄應音義的音注用字比較

	被注字（340 條）			切上字（330 條）			切下字（330 條）			直音字（10 條）		
	殘泐	異文	相同	殘泐	異文	相同	殘泐	異文	相同	殘泐	異文	相同
音注（條）	6	15	319	3	6	321	1	4	325	0	1	9
百分比（%）	1.8	4.4	93.8	0.9	1.8	97.3	0.3	1.2	98.5	0	10	90

二　可洪音義

可洪音義在五代時期流傳甚廣，已達西北的敦煌地區，經生迻録了

① 磔，中華藏本作“殜”。

② 罠是“罠”的避諱字。

③ 鞻，中華藏本作“韅”。

很多卷號。這些卷號的音注用字是否與傳世刻本完全相同？以下用麗藏本可洪音義比較來説明。

（一）伯 3971《藏經音義隨函録》（5009）

伯 3971 存兩片，其一《法藏》題《仁王護國般若波羅蜜經音義》，注音 29 條；其二《法藏》題《佛經音義》，實爲《大寶積經》第 120 卷的音義，注音 25 條。54 條注音中，反切 46 條，直音 8 條，音注用字與麗藏本相同，比對見下。

歛七廉反（59－587 下①）；勾俱遇反（59－587 下）；渧音的（59－587 下）；塹七焰反（59－587 下）；鉾楯②上音牟，下音順（59－587 下）；杻械上勑西反，下胡戒反（59－588 上）；巛苦昆反（59－588 上）；灰呼迴反（59－588 上）；彫喪上丁聊反，下枭浪反（59－588 上）；殞于愍反（59－588 上）；疣于求反（59－588 上）；蠢春尹反（59－588 上）；憺怕上徒敢反，下普百反（59－588 上）；蝕時力反（59－588 上）；彗祥歲反，又音遂（59－588 上）；灂疋③遥反（59－588 上）；礔礰上普擊反，下郎擊反（59－588 上）；冘④苦浪反（59－588 上）；箱⑤息羊反（59－588 上）；睒失染反（59－588 上）；劓⑥居例反（59－588 上）；挐奴加反（59－588 上）；涕他礼反（59－588 上）；妊而甚反（59－604 中）；炫音縣（59－604 中）；鵶吻上尺夷反，下文粉反（59－604 中）；藻子老反（59－604 中）；眺他叫⑦反（59－604 中）；檻⑧胡黯反（59－604 中）；殁音没（59－604 中）；領⑨自

---

① "歛"，寫卷、麗藏本都注"七廉反"。"59－587 下"指《中華大藏經》第 59 册第 587 頁下欄。後仿此，不出注。
② 楯是"楯"的俗寫。
③ 疋是"匹"的俗寫。
④ 冘是"尢"的俗寫。
⑤ 箱是"箱"的俗訛字。
⑥ 劓是劓的俗寫，劓、劓異體。
⑦ 叫是"叫"的俗寫。
⑧ 檻是"檻"的俗訛字。
⑨ 領是"領"的俗寫。

遂反（59－604 中）；躁子告反（59－604 中）；贏力垂①反（59－604 中）；

汗音翰（59－604 中）；齔斯分反（59－604 中）；瀝音歷（59－604 中）；

膍步米反（59－604 中）；雌此斯（59－604 中）；龕苦含反（59－604 中）；

秔稻上古盲反，下徒老反（59－604 中）；竂②力條反（59－604 中）；嘯③先

叫④反（59－604 中）；譴一甸反（59－604 中）；嬉許之反（59－604 中）；

中夭上知仲反，下於小反（59－604 中）。

（二）斯 5508《藏經音義隨函録》（5013）

斯 5508 存 9 行，《英藏》題《大乘律二十六部五十四卷五帙大乘律音義第二》，迻録《菩薩地持經》第 1～2 卷的音義，注音 39 條。

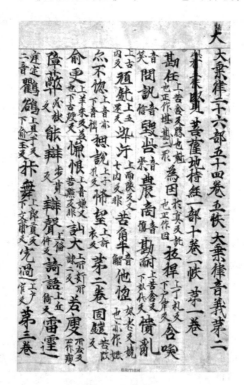

圖 3－16　斯 5508

---

① 垂是"垂"的俗寫。
② 竂是"寥"的俗寫。
③ 嘯是"嘯"的俗寫。
④ 叫是"叫"的俗寫。

堪苦含反（59－897 上）；囙①於真反（59－897 上）；抵②捍上丁礼反，下户岸反（59－897 上）；咲音笑（59－897 上）；訊③音信（59－897 上）；呰音紫（59－897 上）；商④音傷（59－897 上）；堪耐上苦含反，下奴代反（59－897 上）；憒古内反（59－897 上）；頑五還反（59－897 上）；泮而陝反，又七内反，非（59－897 上）；鼥音觸（59－897 上）；惚⑤奴老反（59－897 上）；忞惚上音亦，下音惚（59－897 上）；摁⑥子孔反（59－897 上）；悕⑦許衣反（59－897 上）；鎧苦改反（59－897 上）；俞更上羊朱反，下古硬反（59－897 上）；慊音嫌，又苦點反，非（59－897 上）；訕所奸、所諫二反（59－897 上～中）；廋⑧所右反（59－897 中）；薜⑨必袂反（59－897 中）；辯步莧反（59－897 中）；辯俗件反（59－897 中）；踦丘倚反（59－897 中）；霆庭、定二音（59－897 中）；鸜鵒上具于反，下逾玉反（59－897 中）；抌⑩舞上郎貢反，下文甫反（59－897 中）；完户官反（59－897 中）。

上述音注用字中，被注字互爲版本異文 2 條，即廋～瘦、薜～蘗；其餘相同。

表 3－14　斯 5508 與麗藏本可洪音義的音注用字比較

	被注字（39 條）			切上字（29 條）			切下字（29 條）			直音字（10 條）		
	殘泐	異文	相同	殘泐	異文	相同	殘泐	異文	相同	殘泐	異文	相同
音注（條）	0	2	37	0	0	29	0	0	29	0	0	10

---

① 囙是 "因" 的俗寫。

② 抵是 "抵" 的俗寫。

③ 訊是 "訊" 的俗寫。

④ 商是 "商" 的俗寫。

⑤ 《合集》（5014 注 9）："惚字《麗藏》本同，乃惱的俗字。"

⑥ 《合集》（5014 注 11）："摁字《麗藏》本同，乃揔的俗字。"

⑦ 悕是 "悕" 的俗寫。

⑧ 廋，麗藏本作 "瘦"。

⑨ 薜，麗藏本作 "蘗"。

⑩ 從《龍龕手鏡》（213）可知 "抌、抔異體"。

	被注字（39 條）			切上字（29 條）			切下字（29 條）			直音字（10 條）		
	殘泐	異文	相同	殘泐	異文	相同	殘泐	異文	相同	殘泐	異文	相同
百分比（%）	0	5.1	94.9	0	0	100	0	0	100	0	0	100

（三）北敦 5639《藏經音義隨函録》（5017～5020）

北敦 5639 由五紙卷合在一起，第一紙《敦煌寶藏》題《殘佛經論釋》，後四紙《敦煌寶藏》題《大莊嚴三論音義菩薩瓔珞本業經音義》①，注音 186 條。

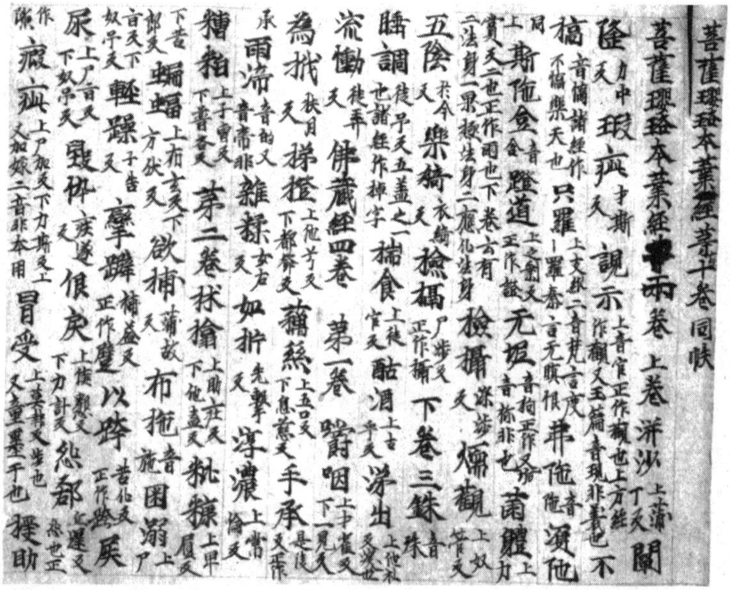

圖 3-17　北敦 5639（局部）

洴蒲丁反（59-901 中）；隆②力中反（59-901 中）；疵才斯反（59-901 中）；睍音官，又《玉篇》音現，非義也（59-901 中～下）；搞③音憍

---

①　黄永武《敦煌寶藏》第 111 册，臺北：新文豐出版公司，1986，第 300 頁。
②　隆是"隆"的俗寫。
③　搞是"搞"的俗寫。

（59－901 下）；只支、紙二音（59－901 下）；陁①音陁（59－901 下）；㝈
音含（59－901 下）；蹬之剩反（59－901 下）；坭音狗；又音祢，非也（59－
901 下）；繭力賞反（59－901 下）；攝深涉反（59－901 下）；煗②奴管反
（59－901 下）；陰於今反（59－901 下）；猗衣綺反（59－901 下）；搔尸涉
反（59－901 下）；銖音殊（59－901 下）；調徒吊反（59－901 下）；揣徒
官反（59－901 下）；酤古乎反（59－901 下）；涕他礼反（59－901 下）；
慟徒弄反（59－901 下）；嚼咽上才雀反，下一見反（59－901 下）；扰③扶月反
（59－901 下）；梯橙④上他兮反，下都鄧反（59－901 下）；藕⑤絲上五口反，
下息慈反（59－901 下）；承⑥是陵反（59－901 下）；渧音的，又音帝，非
（59－901 下）；糅女右反（59－901 下）；扸⑦先擊反（59－901 下）；淳常
倫反（59－901 下）；糟⑧粕上子曹反，下普各反（59－901 下）；狀搨⑨上助
莊⑩反，下他盍反（59－901 下）；粃糠上卑履反，下苦郎反（59－901 下）；
蝙蝠上布玄反，下方伏反（59－901 下）；捕蒲故反（59－901 下）；拖音施
（59－902 上）；困⑪溺上尸旨反，下奴吊反（59－902 上）；譟子告反（59－
902 上）；躄補益反（59－902 上）；跨⑫苦化反（59－902 上）；屎尿上尸旨
反，下奴吊反（59－902 上）；伜⑬疾遂反（59－902 上）；佷戾上侯懇反，下力計

---

① 陁，麗藏本作"阤"。
② 煗、煖異體。
③ 扰是"枕"的俗寫。
④ 梯橙是"梯橙"的俗寫。
⑤ 藕是"藕"的俗寫。
⑥ 承是"承"的俗寫。
⑦ 扸是"析"的俗寫。
⑧ 糟是"糟"的俗寫。
⑨ 狀搨是"牀榻"的俗寫。
⑩ 莊是"庄"的俗寫。
⑪ 困、屎異體。
⑫ 跨、跨異體。
⑬ 《合集》（5022 注 26）認爲"伜爲倅的俗字"。

反（59－902 上）；郄①丘逆反（59－902 上）；瘊疵上尸②加反，下力③斯反，上又加、嫁二音，非本用（59－902 上）；冐④莫報反，又童⑤墨（59－902 上）；崩⑥背上博登反，下蒲昧反（59－963 上）；彭音净（59－963 上）；摑陟花反（59－963 上）；喘齛上音逝，又郭氏音制，下五結反（59－963 上）；蟒⑦莫朗反（59－963 上）；駮補角反（59－963 上）；鞭卑連反（59－963 上）；撲普木反（59－963 上）；儜女耕反（59－963 上）；焚扶文反（59－963 上）；棠犖上宅耕反，下昌玉反（59－963 上）；制之世反（59－963 上）；轪兵媚反，又毗必反（59－963 上）；劊之世反，又端、制二音（59－963 上）；蛆⑧螯上知列反，下尸亦反（59－963 上）；刖音月，又五骨、五刮二反（59－963 上）；抗⑨衡上口浪反，下音行（59－963 上）；枷音加（59－963 上）；曼莫顔反（59－963 上）；操⑩子告反（59－963 上）；姪⑪羊林反，又苦耕、五耕、户經三反，非（59－963 上）；訒⑫之忍、直忍二反（59－963 上）；鄙藝⑬上悲美反，下私列反（59－963 上）；疢丑忍、丑刃二音（59－963 上）；跌田結反（59－963 上）；籠力董反（59－963 上～中）；逑⑭求掬反（59－963 中）；咲私妙反（59－963 中）；逑⑮求掬

---

① 《合集》（5022 注 27）："郄隙古字通用。"
② 尸，麗藏本作"户"。
③ 力是"才"的訛字。
④ 冐，麗藏本作"冒"，誤。冐、冐異體。
⑤ 寫卷、麗藏本作"童"，爲"音"的訛字。
⑥ 崩是"崩"的俗寫。
⑦ 蟒是"蟒"的俗寫。
⑧ 蛆是"蛆"的訛字。
⑨ 抗是"抗"的俗寫。
⑩ 《合集》（5024 注 38）："就字形而言，操應爲操的俗字，操用作躁應爲音近借用。"
⑪ 姪是"姪"的俗寫。
⑫ 訒是"診"的俗寫。
⑬ 藝是"褻"的俗寫。
⑭ 逑是"毱"的俗寫。
⑮ 同上。

反（59－963 中）；托羹上呼高反，下音□（庚）（59－963 中）；懆①七感反，
又章②章（59－963 中）；浡③惡④胡反（59－963 中）；盼普莧反，又詣、孚⑤
二音（59－963 中）；獷古猛反（59－963 中）；泄音薛（59－963 中）；閈
音閉，又音汗，悮⑥（59－963 中）；歭⑦處之反（59－963 中）；羸瘠上力垂⑧
反，下秦昔反（59－963 中）；澯所蔭反（59－963 中）；□（瘍）音羊（59－
1060 中）；慮⑨女力反（59－1060 中）；屣所綺反（59－1060 中）；袧音俱，
正作袧，郭氏音狗，非（59－1060 中）；蠢音仙（59－1060 中）；矯⑩居小反
（59－1060 中）；洿烏故反（59－1060 中）；勞倈上郎告反，下郎代反（59－
1060 中）；廏音救（59－1060 中）；帚之手反（59－1060 中）；肅卑吉反，又
音佛，又《玉篇》音捐，王勿反（59－1060 中）；勇余腫反（59－1060 中）；勞
郎告反（59－1060 中）；懾之攝反（59－1060 中）；暗昨上於今反，下助连反
（59－1060 中）；暗喑上於禁反，下子夜反（59－1060 中）；肅必、佛二音
（59－1060 中）；电⑪音身（59－1060 中）；毅⑫力奄反（59－1060 中）；
蹹⑬他合反（59－1060 中）；悊⑭知列反（60－146 上）；釐力之反（60－
146 上）；挹一入反（60－146 上）；庸鄙上余封反，下悲美反（60－146 上）；
慨口代反（60－146 上）；探賾上他含反，下助責反（60－146 上）；驟助右反

---

① 《合集》（5024 注 47）認爲“此字（懆）既可爲慘的俗字，又可爲懆的俗字”。
② 寫卷、麗藏本的章是“音”的訛字。
③ 浡、洿異體。
④ 惡是“惡”的俗寫。
⑤ 孚，麗藏本作“孚”，皆爲“系”的俗寫。
⑥ 悮、誤異體。
⑦ 歭是“歭”的俗寫。
⑧ 垂是“垂”的俗寫。
⑨ 慮是“慮”的俗寫。
⑩ 矯是“矯”的俗寫。
⑪ 电是“申”的俗寫。
⑫ 毅是“斂”的俗寫。
⑬ 《合集》（5027 注 67）認爲“蹹”爲“蹋”的訛俗字。
⑭ 悊，麗藏本作“悊”。

（60－146 上）；泫玄犬反（60－146 上）；卉許鬼、許胃二反（60－146 上）；
躅直玉反（60－146 上）；綵①子宋反（60－146 上）；宏戸盲反（60－146
上）；扃②古營③反（60－146 上）；鐍④音鐘（60－146 上）；黔梨上巨廉反，
下力兮反（60－146 上）；衽而禁反（60－146 上）；甸音殿（60－146 上）；
韶亂上徒聊反，下初勤⑤反（60－146 上）；足將句反（60－146 上～中）；派
疋⑥賣反（60－146 中）；痼古悟反（60－146 中）；眠⑦莫賢反（60－146
中）；嗢烏没反（60－146 中）；釐力之反（60－146 中）；鋭以芮反（60－
146 中）；橋⑧居小反（60－146 中）。

　　上述音注用字中，寫卷的被注字殘泐 1 條，即□（瘍）；直音字殘
泐 1 條，即□（庚）；寫卷、麗藏本的被注字互爲版本異文 6 條，即
陁～阤、冐～冒、惢～惢、綵～綜、扃～扃、鐍～鐘；切上字互爲版本
異文 1 條，即尸～戸；切下字互爲版本異文 2 條，即營～螢，勤～觀；
直音字互爲版本異文 1 條，即孚～孚；其餘的音注用字相同。

表 3－15　北敦 5639 與麗藏本可洪音義的音注用字比較

	被注字（186 條）			切上字（143 條）			切下字（143 條）			直音字（43 條）		
	殘泐	異文	相同	殘泐	異文	相同	殘泐	異文	相同	殘泐	異文	相同
音注（條）	1	6	179	0	1	142	0	2	142	1	1	41
百分比（％）	0.5	3.2	96.2	0	0.7	99.3	0	1.4	98.6	2.3	2.3	95.3

---

① 綵，麗藏本作"綜"。
② 扃，麗藏本作"扃"。
③ 營，麗藏本作"螢"。
④ 鐍，麗藏本作"鐘"。
⑤ 勤，麗藏本作"觀"。
⑥ 疋是"匹"的俗寫。
⑦ 眠是"眠"的避諱字。
⑧ 橋是"橋"的俗寫。

（四）　斯6189《藏經音義隨函録》（5032）

斯6189迻録可洪音義卷十六《根本毗奈耶雜事》第7和10卷的音義，注音8條。

□（簹）直志反（60－8中）；用①蒲弘反（60－8中）；禁音金（60－8下）；□（巩）行江反，又苦含、徒古二反，非也（60－9中）；根宅庚反（60－9中）；牖音西（60－9中）。

上述音注中，寫卷的被注字殘泐4條，即□（簹）、□（巩）、□（巩）、□（巩）；其餘與麗藏本相同。

表3－16　斯6189與麗藏本可洪音義的音注用字比較

	被注字（8條）			切上字（6條）			切下字（6條）			直音字（2條）		
	殘泐	異文	相同	殘泐	異文	相同	殘泐	異文	相同	殘泐	異文	相同
音注（條）	4	0	3	0	0	6	0	0	6	0	0	2
百分比（%）	50	0	50	0	0	100	0	0	100	0	0	100

（五）　伯2948背《藏經音義隨函録節抄》（5034～5036）

伯2948雙面抄，《法藏》題《佛經音義》。正面注音1條，出自《不空羂索神變真言經》的音義；背面注音140條，出自可洪音義卷五、六、七、九《蓮華面經》《佛垂般涅槃略説教戒經》《妙法蓮華經》的音義。計注音141條。

槊所卓反（59－781下）；縼音線（59－861上）；蔽②必袂反（59－861上）；捫門本反（59－861上）；嗟③音逝（59－861上）；躃蒲益反（59－861上）；瞑莫瓶反（59－861上）；哽咽上更杏反，下一結反（59－861上）；貯畜

---

① 用是"朋"的俗寫。

② 蔽，麗藏本作"萩"，俗訛字。

③ 嗟是"噬"的俗寫。

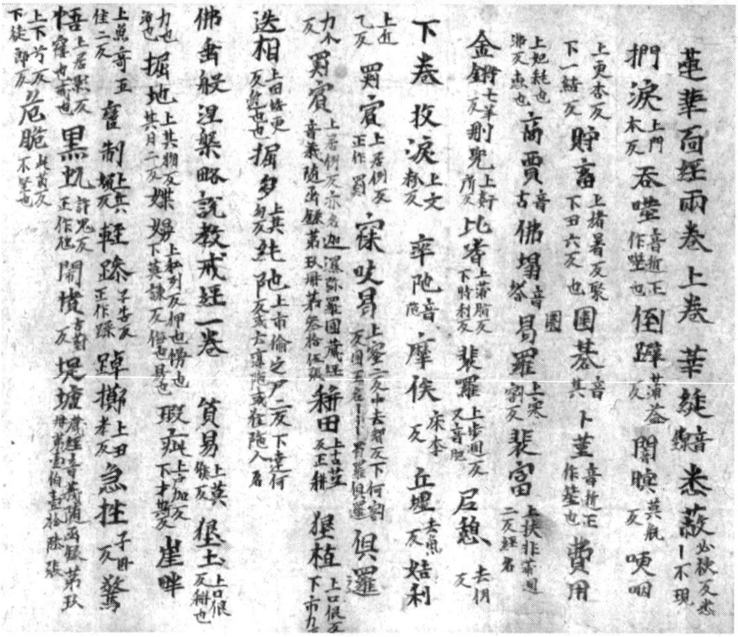

圖 3-18　伯 2948 背（局部）

上猪暑反，下丑六反（59-861 上）；碁音其（59-861 上）；荃①音逝（59-861 上）；費妃沸反（59-861 上）；賈音古（59-861 中）；塌音塔（59-861 中）；曷寒割反（59-861 中）；裴扶非、蒲迴二反（59-861 中）；鏘七羊反（59-861 中）；删所奸反（59-861 中）；比嗜上蒲脂反，下時利反（59-861 中）；裴步迴反，又音肥（59-861 中）；憩去例反（59-861 中）；扠②文粉反（59-861 中）；陁音隨（59-861 中）；俟床李反（59-861 中）；墟去魚反（59-861 中）；姞近乙反（59-861 中）；劓③居例反（59-861 中）；寐④吱曷上蜜二反，中去智反，下何割反（59-861 中）；邏力个反（59-861 中）；劓⑤

---

① 荃是"筮"的俗寫。
② 扠是"扙"的俗寫。
③ 劓是"劓"的俗寫。
④ 寐是"寐"的俗寫。
⑤ 劓是"劓"的俗寫。

居例反（59－861 中）；耕①古莖反（59－861 中）；墾②植上口很反，下市力反（59－861 中）；迭田結反（59－861 中）；掘其勿反（59－861 中）；純阤上市倫、之尹二反，下達何反（59－861 中）；貥③莫候反（59－888 中）；墾④口很反（59－888 中）；掘其物、其月二反（59－888 中）；緤縸⑤上私列反，下莫諫反（59－888 中）；瑕疵上戶加反，下才斯反（59－888 中）；崖魚奇、五佳二反（59－888 中）；彎兵媚反（59－888 中）；躁⑥子告反（59－888 中）；踔丑孝反（59－888 中）；挫子卧反（59－888 中）；驚居影反（59－888 中）；虯許鬼反（59－888 中）；憒古對反（59－888 中）；堤塘上下⑦兮反，下徒郎反（59－888 中）；脆此芮反（59－888 中）；蘗必袂反（59－747 下）；昏音鼏（59－747 下）；㘞音軟（59－747 下）；憒肉⑧上古内反，下女兒反（59－747 下）；互乎故反（59－747 下）；阤音陁（59－747 下）；婬⑨余林反（59－747 下）；捷推⑩上巨焉反，下直追反（59－747 下）；靖疾井反（59－747 下）；勉明辯反（59－747 下）；藻子老反（59－747 下）；棘⑪居力反（59－747 下）；捷其偃反（59－747 下）；築⑫知六反（59－747 下）；捲音拳（59－747 下）；觕尺玉反（59－747 下）；閡音礙（59－747 下）；呰將此反（59－747 下）；偏音遍（59－747 下）；逯徒愛反（59－747 下）；婬⑬余林

---

① 耕是"耕"的俗寫。

② 墾、墾異體。

③ 貥是"貿"的俗寫。

④ 墾、墾異體。

⑤ 縸是"嫚"的俗寫。

⑥ 躁是"躁"的俗寫。

⑦ 下，麗藏本作"丁"。

⑧ 《合集》（5037 注 23）："肉字《麗藏》本同，乃閣字異體吏的訛變形。"

⑨ 《合集》（5038 注 25）："婬字《麗藏》本同，乃婬字俗訛。"

⑩ 推是"椎"的訛字。

⑪ 棘是"棘"的俗寫。

⑫ 築是"築"的俗寫。

⑬ 《合集》（5038 注 32）："婬字《麗藏》本同，乃婬字俗訛。"

反（59 - 747 下）；蔑①莫結反（59 - 747 下）；牽去堅反（59 - 747 下）；

陀音陁（59 - 747 下）；弘②羊忍反（59 - 747 下）；盻普幻反，又音麵（59 -

747 下）；徧③祖上疋④連反，下徒旱反（59 - 747 下）；蹉七何反（59 - 702

中）；忖村本反（59 - 702 中）；瑕疵上户加反，下自斯反（59 - 702 中）；羚

居陵反（59 - 702 中）；玫⑤瑰上莫迴反，下古迴、户灰二反（59 - 702 中）；猫

莫交反（59 - 702 中）；蔽⑥必祭反（59 - 702 中）；瞑音冥（59 - 702 中）；

式音識（59 - 702 中）；阤音陁，又尸尔反（59 - 702 中）；疋⑦普必反（59 -

702 中）；隤徒迴反（59 - 702 中）；欸許偓⑧反（59 - 702 中）；嬉許其反

（59 - 702 中）；祴古得反（59 - 702 中）；憰許偓反（59 - 702 中）；姝尸朱

反（59 - 702 中）；匱巨位反（59 - 702 中）；斜序嗟反（59 - 702 中）；基

陛上居之反，下步米反（59 - 702 中）；頽⑨徒迴反（59 - 702 中）；圮坼上皮美

反，相丞⑩作披美反，下丑格反（59 - 702 中～下）；褫⑪直尔反（59 - 702 下）；

椽椙上直緣反，下力与反（59 - 702 下）；犹⑫由秀反（59 - 702 下）；鼷鼠上

户雞反，下尸与反（59 - 702 下）；蜣蜋上丘羊反，下力羊反（59 - 702 下）；

咀嚼上自与反，下自雀反（59 - 702 下）；踏徒盍反（59 - 702 下）；齜齧上

竹皆反，又在計反，下五結反（59 - 702 下）；搏撖⑭上布各反，下子活反（59 -

---

① 蔑是"蔑"的俗寫。

② 《合集》（5038 注 35）："弘字《麗藏》本同，乃引字異體。"

③ 徧，麗藏本作"偏"。

④ 疋是"匹"的俗寫。

⑤ 玫，《合集》（5035 第 14 行）校爲"玫"。

⑥ 蔽是"蔽"的俗寫。

⑦ 疋是"匹"的俗寫。

⑧ 偓，麗藏本作"物"。

⑨ 頽、頹異體。

⑩ 丞是"承"的俗訛字。

⑪ 可洪音義："崩也。正作陊、陀、褫三形。"褫是"褫"的俗寫。

⑫ 犹是"狄"的俗寫。

⑬ 蜣是"蜣"的形增俗字。

⑭ 撖是"撮"的俗寫。

702 下）。

上述音注用字中，被注字互爲版本異文 2 條，即蔽～菽、徧～偏；切上字互爲版本異文 1 條，即下～丁；切下字互爲版本異文 1 條，即偓～物；其餘的音注用字相同。

表 3－17　伯 2948 與麗藏本可洪音義的音注用字比較

	被注字（141 條）			切上字（122 條）			切下字（122 條）			直音字（19 條）		
	殘泐	異文	相同	殘泐	異文	相同	殘泐	異文	相同	殘泐	異文	相同
音注（條）	0	2	139	0	1	121	0	1	121	0	0	19
百分比（%）	0	1.4	98.6	0	0.8	99.2	0	0.8	99.2	0	0	100

（六）斯 3553《藏經音義隨函録摘抄》（5041）

斯 3553 雙行注釋的文字從左到右書寫，與其他寫卷不同；迻録可洪音義卷十《佛藏經》第 1～2 卷的音義。注音 30 條，其中反切 28 條，直音 2 條，音注用字與麗藏本相同，比對見下。

嚼才雀反（59－901 下）；梯橙上他兮反，下都鄧反（59－901 下）；扷①扶月反（59－901 下）；耦②絲上五口反，下息慈反（59－901 下）；承③是陵反（59－901 下）；糟④粕上子曺⑤反，下普各反（59－901 下）；抪擔⑥上助莊⑦反，下他盇反（59－901 下）；粃糠上卑履反，下苦郎反（59－901 下）；蝙蝠上布玄反，下方伏反（59－901 下）；捕蒲故反（59－901 下）；拖音施（59－902 上）；困溺上尸旨反，下奴吊反（59－902 上）；躁子告反（59－902 上）；

---

① 扷是"栊"的俗寫。
② 耦是"藕"的俗寫。
③ 承是"承"的俗寫。
④ 糟是"糟"的俗寫。
⑤ 曺是"曹"的俗寫。
⑥ 抪擔是"牀榻"的俗寫。
⑦ 莊是"庄"的俗寫。

躃補益反（59 – 902 上）；跨①苦化反（59 – 902 上）；悴②疾遂反（59 – 902 上）；佷戾上侯懇反，下力計反（59 – 902 上）；郄丘逆反（59 – 902 上）；瘕疵上户加反，下力③斯（59 – 902 上）；昌④莫報反（59 – 902 上）；援音院（59 – 902 上）。

（七）俄敦 11196《藏經音義隨函録摘抄》（5044 ~ 5045）

俄敦 11196《俄藏》未定名。《合集》（5044）："按本卷除前三條出處待查外，其餘條目均可在可洪的《藏經音義隨函録》中查到，尤其是'果蓏'條以下至'脯滿'二十三條順序抄自《藏經音義隨函録》第玖册《大方便報恩經》音義，音切釋義基本相同，其出於一書應無疑問。"注音 38 條。對於少數不能確定出處的注音，選麗藏本可洪音義相同被注字的注音來比較。

著竹去反（59 – 851 上）；奭⑤所兩反（59 – 908 下）；挺徒⑥頂反（59 – 1012 上）；蓏囗（郎）囗（果）（59 – 850 上）；程直貞反（59 – 850 中）；蒨七見反（59 – 850 中）；桉濯上烏岸反，下宅角反（59 – 850 下）；枉於往反（59 – 850 下）；冗⑦苦浪反（59 – 850 下）；臄⑧吉了反（59 – 851 上）；炳囗（兵）囗（永）（59 – 851 上）；摽⑨必遥反（59 – 851 上）；驃毗妙反（59 – 851 上）；踉蹡上洛堂反，下步郎反（59 – 851 中）；蹴囗（七）囗（六）（59 – 851 中）；悗於元反，又烏亂反（59 – 851 中）；櫓盧古反（59 – 851 下）；喘川兖反（59 – 851 下）；暾吉了反（59 – 851 上）；賭音睹，又音覩，非（59 –

---

① 跨是"跨"的俗寫。
② 悴是"悴"的俗寫。
③ 力是"才"的訛字。
④ 昌是"冒"的訛字。
⑤ 奭是"爽"的俗寫。
⑥ 徒，麗藏本作"庭"。
⑦ 冗是"亢"的俗寫。
⑧ 臄、暾異體。
⑨ 摽是"摽"的形增俗字

852 上）；裾音居（59 - 852 上）；探他含反（59 - 852 上）；酷苦沃反（59 - 852 上）；跳枰上徒聊反,下平、病二音（59 - 852 上）；剟居例反（59 - 852 上）；牖丑容反（59 - 852 上）；腤音腤①（59 - 843 中）；备②虱上早③,下□（所）瑟④反（58 - 873 下）；嬾⑤落⑥旱反（59 - 936 中）；斱⑦竹角反（59 - 1102 中）；撅其⑧月反（59 - 1102 下）；穤膠⑨上丑知反,下音交（59 - 1079 上）。

上述音注用字中，寫卷注直音而麗藏本注反切 2 條，即腤音腤~腤竹魚反、备早~备子老反；寫卷的切上字殘泐 4 條，即□（郎）、□（兵）、□（七）、□（所）；切下字殘泐 3 條，即□（果）、□（永）、□（六）；寫卷、麗藏本的切上字互爲版本異文 3 條，即徒~庭、落~郎、其~巨；切下字互爲版本異文 1 條，即瑟~櫛；其餘的音注用字相同。

表 3 - 18 俄敦 11196 與麗藏本可洪音義的音注用字比較

	被注字（38 條）			切上字（30 條）			切下字（30 條）			直音字（8 條）		
	殘泐	異文	相同	殘泐	異文	相同	殘泐	異文	相同	殘泐	異文	相同
音注（條）	0	0	38	4	3	23	3	1	26	0	0	6
百分比（%）	0	0	100	13.3	10	76.7	10	3.3	86.7	0	0	75

---

① 同字注音，有誤。麗藏本作“腤，竹魚反”。腤的異體“豬”《王三》陟魚反，與竹魚反音同。
② 备是“蚤”的俗寫。
③ 寫卷“早”前漏“音”字，“备”麗藏本注“子老反”。
④ 瑟，麗藏本作“櫛”。
⑤ 嬾是“嬾”的俗寫。
⑥ 落，麗藏本作“郎”。
⑦ 《合集》（5046 注 21）認爲“斱爲斱的俗字”。
⑧ 其，麗藏本作“巨”。
⑨ 膠是“膠”的俗寫。

本節小結

上述寫卷以佛經音義爲藍本，迻録了 1815 條注音。通過與傳世文獻作音注用字的逐條比較，可得出如下結論。

（1）在以佛經音義爲藍本迻録的 1815 條注音中，抄自玄應音義 1317 條，抄自可洪音義 498 條。通過與中華藏本玄應音義和麗藏本可洪音義比對，發現寫卷的 6 條注音中華藏無，2 條寫卷注反切而中華藏注直音，2 條寫卷注直音而麗藏本注反切，剩下 1805 條基本相同，但存在殘漏和版本異文。在 1805 條音注中，被注字相同 94.2%，切上字相同 96%，切下字相同 95.4%，直音字相同 96.5%，如此高的相同率表明寫卷與傳世刻本具有高度的一致性，可推測玄應、可洪音義流傳甚廣，晚唐五代已到達了西北各民族交匯的敦煌地區。

表 3-19　敦煌寫卷與金、麗藏本佛典音義的音注用字比較

	被注字 (1805)			切上字 (1637)			切下字 (1637)			直音字 (142)			四聲、對音 (26)
	相同	異文	漏殘	相同	異文	漏殘	相同	異文	漏殘	相同	異文	漏殘	相同
音注 (條)	1700	65	40	1573	31	33	1562	44	31	137	2	3	26
百分比 (%)	94.2	3.8	2.2	96.0	1.9	2.0	95.4	2.7	1.9	96.5	1.4	2.1	100

（2）通過比較寫卷和中華藏本玄應音義的 1317 條注音，發現中華藏未注音 6 條，即甂音登、拄知主反、抉烏玦反、王于放反、攢子筭反、卯（夘）音酉；寫卷注反切而中華藏注直音 2 條，即葚音食甚反～葚音甚、柠音竹革反～柠音簴；剩下的 1309 條基本相同，但存在殘漏和版本異文。在 1309 條注音中，被注字互爲版本異文 55 條，占 4.2%；切上字互爲版本異文 26 條，占 2.1%；切下字互爲版本異文 40 條，占 3.2%；直音字互爲版本異文 1 條，占 2.0%。

通過比較敦煌寫卷和麗藏本可洪音義的 498 條注音，發現寫卷注直

音而麗藏本注反切 2 條，即腤音腤 ~ 腤竹魚反、畚早 ~ 畚子老反，剩下 496 條基本相同，但存在殘漏和版本異文。在 496 條音注中，被注字互爲版本異文 10 條，占 2%；切上字互爲版本異文 5 條，占 1.2%；切下字互爲版本異文 4 條，占 1%；直音字互爲版本異文 1 條，占 1.1%。

敦煌寫卷可洪音義的底本比敦煌寫卷玄應音義的底本更接近原本，因爲寫卷與麗藏本的音注用字相同率高於寫卷與中華藏，即 97% > 93.1%、97.8% > 95.5%、98.3% > 94.5%、95.7% > 94%，據此可推測出佛經音義寫卷抄録的時間更接近可洪音義出現的時間，因爲玄應音義距離的時代遠，版本就多，文字歧異就多。

表 3 – 20　敦煌寫卷與中華藏本玄應音義的音注用字比較

	被注字 （1309）			切上字 （1233）			切下字 （1233）			直音字 （50）			四聲、對音（26）
	相同	異文	漏殘	相同	異文	漏殘	相同	異文	漏殘	相同	異文	漏殘	相同
音注 （條）	1219	55	35	1178	26	29	1165	40	28	47	1	2	26
百分比 （%）	93.1	4.2	2.7	95.5	2.1	2.4	94.5	3.2	2.3	94.0	2.0	4.0	100

表 3 – 21　敦煌寫卷與麗藏本可洪音義的音注用字比較

	被注字（496）			切上字（404）			切下字（404）			直音字（92）		
	相同	異文	漏殘	相同	異文	漏殘	相同	異文	漏殘	相同	異文	漏殘
音注 （條）	481	10	5	395	5	4	397	4	3	88	1	1
百分比 （%）	97	2.0	1	97.8	1.2	1.0	98.3	1.0	0.7	95.7	1.1	1.1

（3）敦煌寫卷與中華藏本玄應音義的音注用字版本異文 104 個（不計算重複），敦煌寫卷與麗藏本可洪音義的版本異文 20 個。在音注用字的選擇上，寫卷不如中華藏規範，喜用簡體字，如与、凌，異體字相對較多，如腤、鳹，俗訛字相對較多，如餢、狾、戒，誤字相對較

多，如"舫甫妾（妾）反"的妾、"簿音父往（佳）反"的往、"㕙，而充（充）反"的充、"鞬（鞬）火見反"的鞬；中華藏也有簡體字，如冲、乱，俗訛字如史、曹，誤字如"莚，所佳（佳）、所飢二反"的佳、"籭以（竹）皆反"的以、"肜（肜）徒宗反"的肜。可能中華藏在刻印的過程中被校勘過，因而簡體字、俗字、訛字相對較少，顯得規範一些。

表 3–22　敦煌寫卷與中華藏本玄應音義音注用字的異文比較（104 字）

寫卷	餝	礼	損	檽	昐	趍	匼	紝	杷	刀	鉺	闗	凌
刻本	蝕	祀	捐	擩	眆	趒	盇	紝	把	刁	餌	闟	凌
寫卷	枇	從	幉	羚	密	虗	鳭	鳩	蜓	犹	任	恈	注
刻本	批	縱	幰	矜	蜜	虜	鳭	鵤	蜓	狄	賃	恬	澍
寫卷	洽	沈	丙	欸	癲	戒	埤	邪	靳	福	軼	懼	曹
刻本	雸	沈	吏	咳	癲	戒	塴	耶	靳	熰	帙	瞿	曹
寫卷	梗	梓	穢	甈	肜	泝	欑	紐	腌	壜	磔	鞬	蘇
刻本	捭	梓	臟	疊	肜	汻	攢	細	腌	璿	殊	韉	蘸
寫卷	蒲	戈	丈	与	呼	苻	正	故	亡	臾	疋	戒	竹
刻本	薄	弋	之	與	吁	符	匹	胡	匹	吏	匹	式	以
寫卷	舌	睹	都	式	古	芮	刃	腠	妾	亂	賴	合	業
刻本	古	猪	口	則	口	芮	忍	膡	妄	乱	賚	盇	葉
寫卷	世	餘	昆	教	往	燒	冲	雅	封	木	充	蘽	怒
刻本	世	余	肶	挍	佳	焰	冲	疋	卦	角	兖	虆	恕
寫卷	兀	明	佳	爪	泠	掔	雅	里	卷	灼	寡	得	尫
刻本	瓦	胡	佳	瓜	冷	制	耶	理	眷	灼	瓦	則	扭

　　在音注用字的選擇上，敦煌寫卷可洪音義相對不規範，俗訛字有廋、鐕、綵等，誤字有"瘊尸（户）加反"的尸、"堤下（丁）兮反"的下等；麗藏本也有俗訛字，如萩，誤字如"昌（冒）莫報反"的昌。可能麗藏本在刻印的過程中被校勘過，因而簡體字、俗字、訛字相對較少，顯得規範一些。

表 3 – 23　寫卷與麗藏本可洪音義音注用字的異文比較（20 字）

寫卷	廋	蕯	陁	冐	悆	綵	屚	鐥	尸	勤
麗藏	瘦	蘂	陁	昌	悆	綜	屚	鐘	户	覲

寫卷	營	孕	蔽	徧	下	偒	徒	落	其	瑟
麗藏	螢	孚	萩	偏	丁	物	庭	郎	巨	櫛

第二節　徵引和自作

　　“單經音”和“其他經音”寫卷未有迻録的藍本，其注音通過“徵引、自作”而來。從音注用字和音值看，寫卷上的注音有三種情況。一是音注用字與傳世文獻相同。注音韻書、字書、音義書就有，不必己作，徵引即可。二是音注用字與傳世文獻不同而音值相同。如“羞”字寫卷（《合集》5131）四由反，《經典釋文》（218 上左）注“音修”，玄應音義（《中華大藏經》57 – 69 下）私由反，慧琳音義（《中華大藏經》57 – 654 下）相由反，斯 2071 箋注本《切韻》（《唐五代韻書集存》125）、王仁昫《刊謬補缺切韻》（466）、《廣韻》（185）、司馬光《類篇》（547 上左①）息流反或切，《篆隸萬象名義》（294 上②）胥劉反，《集韻》（76 上左）、《古今韻會舉要》（189 下左③）思留切，這些反切、直音的音值相同，徵引、自作不易確定，原因是唐五代的語音材料亡佚很多，韻書如元庭堅《韻英》、張戩《考聲切韻》等，字書如《字林》《字統》《古今正字》《文字典説》

---

① 指（宋）司馬光等編《類篇》，中華書局，1984，第 547 頁上欄左邊。後仿此，不出注。

② 指〔日〕釋空海編《篆隸萬象名義》，中華書局，1995，第 294 頁上欄。後仿此，不出注。

③ 指（元）黃公紹、（元）熊忠編《古今韻會舉要》，中華書局，2000，第 189 頁下欄左邊。後仿此，不出注。

《開元文字音義》① 等。三是與傳世文獻音值不同，如樞吹（5462），反映支微入魚的方言現象，一般是己作。

從音注用字、音值與傳世文獻的是否相同，將寫卷上的音注分爲六類：第一類寫卷上的音注用字與傳世文獻相同率達 100%；第二類音注用字的相同率 ≥50%；第三類音注用字的相同率 <50%，音值的不同率 <50%；第四類音值的不同率 ≥50%；第五類音值的不同率達 100%；第六類音值的相同率、不同率各爲 50% 或 0。這六類音注不重疊、交叉，劃分有利於從整體上説明寫卷的性質。

徵引、自作由比較來決定。佛經音寫卷與 “玄應、慧琳和可洪音義” 是同質材料，爲比較的首選。同時代的字書如《篆隸萬象名義》，韻書如《刊謬補缺切韻》，經書音義如《經典釋文》，史書音義如顏師古注《漢書》，集部音義如李善注《文選》，爲比較的優選；稍後的《龍龕手鏡》《廣韻》《大廣益會玉篇》《集韻》等是備選。韻書、字書是工具書，隨手翻檢，寫卷中如《切韻》的卷號很多；明經是科舉的内容之一，寫卷中如《毛詩音》《禮記音》《論語集解音》的卷號較多；子書、集部中除《莊子集音》《楚辭音》《文選音》等卷號外，其他未見。從寫卷數量看，影響等級是 “韻書、字書、經書音義 > 史書、子書、集部書音義”。影響大的韻書、字書、經書音義優先比較。

一　音注用字相同

完全徵引的音注 3 條，分布在二個寫卷中。或以摘抄難字爲主，偶爾注音；或一二條音義殘片。寫卷上的字跡潦草，有塗改的跡象。

---

① 上述的字書、韻書見景審的慧琳《一切經音義·序》。慧琳作佛經音義，字音取自元庭堅《韻英》、張戩《考聲切韻》；字義取自七家字書《玉篇》《説文》等。“七家不該”，纔 “百氏咸討”。今二家韻書已亡佚；七家字書，除《玉篇》《説文》外，其餘五家已亡佚。

（一） 斯 1522 背《大般涅槃經第一、二袟難字》（5265）

斯 1522 背摘抄《大般涅槃經》的難字，難字下注音 1 條，即烶庭①
（《中華大藏經》60 - 220 上），與麗藏本可洪音義相同。

（二） 斯 3663 背《撼揩音義》（5579）

斯 3363 背《英藏》題《撼揩音義》，《合集》（5579）歸佛經音義
之屬。注音 2 條，即撼 胡感反（《王三》483）②、揩 子感反（《王三》
483）。音注用字與《王三》相同。

圖 3 - 19 斯 3663 背

二 音注用字的相同率過半

以徵引爲主的音注分布在十一個寫卷中，音注數較多。這些佛經寫
卷主要有摘字注音、難字注音和音義三種形式，注音大部分是徵引
來的。

---

① 麗藏本："烶燎，上特丁反，正作庭也。"寫卷給烶注"庭"的音，麗藏本認
爲烶的正字是庭。寫卷因音辨字、麗藏本辨正字形，實質相同。

② "撼"寫卷和《王三》都注"胡感反"。《王三》見周祖謨編《唐五代韻書集
存》，第 434～527 頁。"483"指《唐五代韻書集存》的頁碼。後仿此，不出注。

（一）伯3365背《大般若波羅蜜多經難字音》（5060）

伯3365背摘抄《大般若波羅蜜多經》的難字，難字下注音7條，音注用字殘泐1條，即脤□良反，有效6條。

（1）與傳世文獻相同3條

麗藏本慧琳音義1條：宨烏瓜反（57－463下）。

《王三》1條：蝸古華反（459）。

裴務齊《刊謬補缺切韻》1條：胮疋①江反（541②）。

（2）與傳世文獻音注用字不同而音值相同3條

麗藏本慧琳音義1條：胚婢尸反（婢夷反，57－485上③）。

《王三》2條：册先安反（蘇干反，452）、麋亡悲反（武悲反，441）。

表3－24　伯3365背《大般若波羅蜜多經難字音》6條音注
與相關傳世文獻的比較

	與傳世文獻相同	與傳世文獻僅音值相同[1]	與傳世文獻音值不同
音注（條）	3	3	0
百分比（％）	50	50	0

[1] 指"與傳世文獻音注用字不同而音值相同"。後仿此，不出注。

（二）津藝34等《賢護菩薩所問經音》（5131）

津藝34前爲《賢護菩薩所問經》第一卷經文，後是經音；斯2020前爲第三卷經文，後爲經音；北敦5566（珍66）前爲第四卷經文，後爲經音；斯2258前爲第五卷經文，後爲經音。注音48條，均爲有效。

---

① "疋"，裴務齊《刊謬補缺切韻》作"匹"，疋是匹的俗字。

② 原稱"裴務齊正字本《刊謬補缺切韻》"，見周祖謨編《唐五代韻書集存》，第533～625頁。541指《唐五代韻書集存》的頁碼。後仿此，不出注。

③ "胚"，寫卷注"婢尸反"，麗藏本注"婢夷反"，"婢尸反"與"婢夷反"的音值相同。"57－485上"指《中華大藏經》（中華書局，1993）第57冊第485頁上欄。後仿此，不出注。

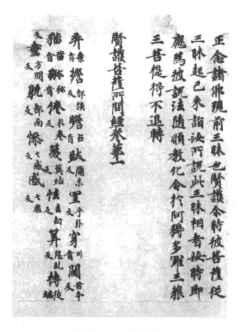

圖 3 - 20　津藝 34

（1）與傳世文獻相同 27 條

中華藏本玄應音義 1 條：炭魚及反（56 - 884 上）。

麗藏本可洪音義 20 條：弃棄①（59 - 643 下）、跋蒲末反（59 - 621 上）、穿川（60 - 65 下）、闞苦本反（60 - 477 中）、猕弥（59 - 610 中）、箆莫結反（59 - 559 下）、蕫②方問反（59 - 553 中）、㲲都南反（60 - 92 中）、憯③七感反（59 - 963 中）、㦻④七歷反（59 - 821 中）、鍊練（59 - 592 中）、黨都朗反（59 - 644 中）、搆⑤古候（59 - 773 中）、甄烏耕反（59 - 1018 下）、仇⑥求（59 - 595 下）、鬄他帝反（59 - 601 中）、駿俊（59 - 686 上）、剃

---

① 麗藏本作"棄音弃"。棄、弃繁簡字，寫卷、麗藏本的被注字與直音字顛倒。
② 蕫，麗藏本作"蕫"，蕫、蕫、糞異體。
③ 憯是"慘"的俗寫。
④ 㦻，麗藏本作"㦻"，㦻是"感"的俗寫。
⑤ 搆，麗藏本作"搆"，搆是"搆"的俗字。
⑥ 仇是"仇"的俗寫。

他計反（60－60 下）、嬾①郎旱反（59－559 下）、偉于鬼反（60－406 上）。

《經典釋文》3 條：猫②苗音（436 上左③）、犀西（436 上右）、墮徒卧反（28 下右）。

《王三》3 條：怯去劫反（526）、槀④蒲界反（497）、鏘七將反（462）。

（2）與傳世文獻音注用字不同而音值相同 19 條

麗藏本可洪音義 6 條：貯⑤竹呂反（猪吕反，59－1088 上）、鬘莫班反（莫顔反，59－640 下）、煒于鬼反（云鬼反，59－587 上）、燁于涉反（云輒反，59－988 上）、筭息乱反（蘇乱反，590～662 上）笇息乱反（蘇乱反，60－41 中）。

《經典釋文》1 條：鏗苦更反（苦庚反⑥，197 下右）

《王三》11 條：擔都談反（都甘反，460）、瞻占（職廉反⑦，468）、倦求卷反（渠卷反，502）、摶徒端反（度官反，452）、鑪盧（落胡反，445）、笥息字反（相吏反，492）、羞四由反（息流反，466）、犲⑧虫皆反（士諧反，447）、豹卜孝反（博教反，503）、赫虎百反（呼格反，520）、帔匹皮反（敷羈反，439）。

《集韻》1 條：罣乎卦（胡卦反，149 下右⑨）。

---

① 嬾、㜐異體。㜐，麗藏本作"懶"。《集韻》（107 下左）：㜐、懶異體。懶、嬾異體。

② 猫，《經典釋文》作"貓"。貓、猫異體。

③ 指（唐）陸德明《經典釋文》（中華書局，1983 年）第 436 頁上欄左邊。後仿此，不出注。

④ 《合集》（5132～5133 注 9）："槀即稭字異體。"

⑤ 貯，麗藏本作"貯"，貯是"貯"的形增俗字。

⑥ 《經典釋文》："聲鏗：苦耕反，徐苦庚反。"從《經典釋文·序録》看，"苦庚反"爲徐爱的反切。

⑦ 瞻、占，《王三》注職廉反。爲避免重複，瞻、占省略。後仿此，不出注。

⑧ 犲是"犲"的形增俗字，犲《王三》作"犲"。犲、犲異體。

⑨ 胡卦反是《集韻》的反切，乎卦反是寫卷的反切。胡卦反與乎卦反的音值相同。指丁度等編《宋刻集韻》（中華書局，1989 年）第 149 頁下欄右邊。後仿此，不出注。

（3）與傳世文獻音值不同 2 條

髓息垂反（平上混）、篋苦篋反（葉帖混）。

表 3-25　津藝 34 等《賢護菩薩所問經音》48 條音注與相關傳世文獻的比較

	與傳世文獻相同	與傳世文獻僅音值相同	與傳世文獻音值不同
音注（條）	27	19	2
百分比（%）	56.3	39.6	4.2

（三）俄敦 19027 等《大方廣佛華嚴經音》（5140~5141）

俄敦 19027、19010、18977、18981、19033、18976、19007、18974、19052 均爲殘片，《俄藏》未定名，《合集》（5136~5137）將這些殘片綴合爲一，定名《大方廣佛華嚴經音》。注音 31 條，其中音注用字殘泐 7 條，即闡昌□、脈貞□、托呼□、□音叶、□昌恋切、□於介切、□烏到切，有效 24 條。寫卷殘泐較多，可根據殘字的筆畫和經文的内容補出殘缺字，補出的殘缺字用“（）”附在“□”後，以補出的殘泐字來和傳世文獻比對。

（1）與傳世文獻相同 19 條

金藏本慧苑音義 2 條：□（均）居春切（59-502 下）、□（贍）市焰[①]反（59-502 下）。

麗藏本可洪音義 6 條：宸於豈切（60-74 中）、□（纖）息廉切（60-236 上）、翔似□（羊）（59-878 上）、□（窓）楚江切（60-81 上）、□（闥）他達切（59-665 上）、□（茵）因（59-669 中）。

《經典釋文》4 條：□（纗）才（422 下左）、□（蕁）音辱（424 上左）、攘如羊切（313 上右）、蹄音啼（435 下右）。

《王三》7 條：□（逾）羊朱切（444）、推他回（448）、漉盧谷（509）、旅□（力）舉切（474）、□（沽）古胡（445）、□（洗）蘇典（479）、□（繒）疾陵反（469）。

---

① 焰，慧苑音義作“燄”，焰、燄異體。

（2）與傳世文獻音注用字不同而音值相同 2 條

《王三》1 條：□（搏）補□（莫）（補各反，525）。

《廣韻》1 條：芥音介（古拜切，364～365①）。

（3）與傳世文獻音值不同 3 條

瘦所候（尤侯混）、庚②星愈切（心以混）、□（衔）户藍切（談衔混）。

表 3–26　俄敦 19027 等《大方廣佛華嚴經音》24 條音注與相關傳世文獻的比較

	與傳世文獻相同	與傳世文獻僅音值相同	與傳世文獻音值不同
音注（條）	19	2	3
百分比（%）	79.2	8.3	12.5

（四）斯 6691 和伯 3429、3651（甲卷）《大佛頂經音義》（5378～5391）

　　斯 6691 和伯 3429、3651（甲卷）均抄録《大佛頂經音義》。《合集》（5375）："底卷和甲卷所見部分多數條目相同，甚至連錯誤也相同。比較而言，底卷條目略少於甲卷，注文有時亦較甲卷簡略，大概底卷抄録時曾有删略；偶爾也有底卷有而甲卷無的情況。"注音 1201 條，其中標注聲調 38 條：甂無反無韻，上聲呼之、從去聲呼、試詩之去聲、矒平聲呼之、憜平聲呼、珥去聲呼之、旋去聲、應平聲、更平聲、相平聲、魚去聲、觀去聲、甂無反，上聲呼之、誨去聲、粉上聲、重上聲、爲去聲、横横之去聲、從上聲、怨或平聲、累去聲、數去聲、量去聲、觀去聲、處去聲、重去聲、王去聲、過去聲、雨或去聲、觀去聲、應去聲、横去聲、累去聲、少上聲、選上聲、騰去聲、思去聲；如字注音 48 條：中如字、相如字、爲如字、離如字、稱如字、屬如字、觀如字、魚或如字、當如字、齊如字、兒如字、遠如字、行如字、分如字、别如字、過如字、先如字、師如字、使如字等；設立語境注音 2 條：排推排之排、末本末之末；同字注音 10 條：已音已、渤音渤、精音

精、縋^①音縋、元音元、無音無、忏音忏、馮音馮、薄音薄等；音注用字殘泐
2 條：反音□、好呼□；有效 1100 條。

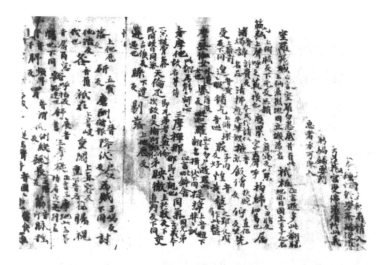

圖 3 - 21　斯 6691 背（局部）

圖 3 - 22　伯 3429（局部）

（1）與傳世文獻相同 766 條

中華藏本玄應音義 7 條：貿^②莫候反（56 - 914 上）、洟他礼反（56 -

---

① 縋是縋的俗寫。
② 貿，中華藏本作"貿"，貿、貿異體。

831 上）、先蘇見反（56 - 910 中）、麋音床①（56 - 846 上）、塊苦對反
（56 - 848 中）、摳竹瓜反（56 - 840 下）、麋音床②（56 - 846 上）。

麗藏本慧琳音義 1 條：殫丹（58 - 247 上）。

麗藏本可洪音義 347 條：絺③丑脂反（59 - 880 中）、循音巡（59 -
843 上）、映於敬反（60 - 494 上）、徹直列反（60 - 201 中）、遘④古候反
（59 - 1036 中）、閣音各（60 - 73 下）、□（牖）□（音）⑤ 酉（60 - 318
下）、舒音書（59 - 791 下）、胃音謂（59 - 847 上）、筋⑥音斤（59 - 550
上）、脉音麦（59 - 550 上）、摇音遥（59 - 716 中）、兜當侯反⑦（59 - 816
下）、椀烏管反（59 - 723 中）、竅苦吊反（60 - 497 上）、問博計反（59 -
720 上）、兔他故反（59 - 741 上）、溺奴歷反（59 - 642 中）、隳許規反
（59 - 591 上）、嘉音加（60 - 148 上）、元音原（60 - 513 下）、認音刃
（60 - 64 下）、怖普故反（59 - 583 中）、縷力主反（59 - 919 上）、恌音繭⑧
（60 - 507 上）、誤音悟（60 - 509 上）、艵許力反（60 - 336 中）、握烏角反
（60 - 543 中）、挍音教（60 - 367 上）、解胡買反（60 - 82 中）、旅音吕
（60 - 567 上）、俶昌六反（59 - 866 上）、裝音莊（60 - 62 下）、攸音由
（60 - 453 上）、影於景反（60 - 55 上）、乳而主反（59 - 690 上）、朽許久反
（60 - 542 上）、孺⑨而注反（59 - 746 上）、膚音大丈夫之夫（59 - 556 中）、
迫音百（60 - 51 中）、耄莫報反（60 - 193 上）、枯苦胡反（59 - 1002 上）、

---

① 中華藏本："床，字體作麻、麋二形。"寫卷給床注麋音，因音辨字。
② 同上。
③ 絺，麗藏本作"絺"。《可洪音義研究》（386）：絺、絺異體。
④ 麗藏本也作"遘"，遘、遘異體。
⑤ 《合集》（5393～5394 注 21）據文義補"牖、音"二字。
⑥ 筋，麗藏本作"筯"，筋、筯異體。
⑦ 兜，麗藏本作"覺"。《可洪音義研究》（424）認爲覺、兜異體。
⑧ 麗藏本作"繭音恌"。
⑨ 孺，麗藏本作"孺"，孺、孺異體。《合集》（5396 注 48）認爲"孺乃孺
　之俗字"。

沉^①_{直林反}（59－576 上）、携_{户圭反}（60－13 中）、元_{音原}（60－513 下）、竪_{殊主反}（59－737 上）、倍_{薄亥反}（59－1004 中）、瞬_{音舜}（59－614 上）、弃_{詰利反}（59－1063 下）、目_{音穆}^②（60－335 上）、元_{音原}（60－513 下）、允_{音尹}（59－568 下）、徒_{音塗}^③（59－625 下）、拔_{蒲八反}（60－138 上）、元_{音原}（60－513 下）、擁_{於隴反}（60－315 上）、菴_{烏含反}（59－754 中）、漂_疋^④_{遙反}（60－145 上）、差_{音叉}（59－621 下）、縮_{所六反}（60－288 中）、挽_{音晚}（60－422 中）、築^⑤_{音竹}（59－1078 下）、穿_{音川}（60－65 下）、竇_{音豆}（60－9 上）、元_{音原}（60－513 下）、辯_{音分辨}^⑥（60－158 上）、纖_{息廉反}（59－831 上）、拤_{音錫}（59－980 上）、元_{音原}（60－513 下）、茫_{莫郎反}（59－633 上）、悚_{息勇反}（60－186 上）、魂^⑦_{户昆反}（59－751 下）、疇_{直由反}（59－636 上）、尠_{息淺反}（60－118 上）、元_原（60－513 下）、淩_{音淩，正作陵}^⑧（59－1037 下）、疲_{音皮}（60－263 上）、疊_{音楪}（60－111 上）、已_{音以}（59－695 下）、元_{音原}（60－513 下）、陸_{音六}（59－845 上）、括_{古活反}（60－307 上）、勃_{蒲没反}（60－273 下）、虹_{音紅}（59－1066 中）、元_{音原}（60－513 下）、目_{音穆}^⑨（60－335 上）、元_{音原}（60－513 下）、適_{音釋}（59－585 中）、選_{思兖反}（59－646 下）、酢_{倉故反}（59－602 中）、溺_{奴歴反}（59－642 中）、餉_{式亮反}（59－850 上）、畜_{丑六反，又丑救反}（59－903 下）、齅_{許救反}（59－737 上）、元_原（60－513 下）、銷_{音消}（60－349 上）、醐_{音胡}（59－594 中）、鹹_{音咸}

---

① 沉，麗藏本作"沈"，沉、沈異體。

② 麗藏本作"穆音目"。

③ 麗藏本："淦路，上音徒，正作塗也，又古暗反，悋也。"

④ 麗藏本也作"疋"，疋是"匹"的俗寫。

⑤ 築，麗藏本作"筑"。築、筑繁簡字。

⑥ 疑寫卷的分字衍。麗藏本："辨丈，辯、才二音。"

⑦ 魂，麗藏本作"寃"，魂、寃異體。

⑧ 麗藏本：淩音陵。寫卷同字注音，但從"正作陵"看，寫卷實際作"陵音淩"。

⑨ 麗藏本："明穆，音目。"

（59－570 上）、蔗之夜反（59－552 中）、相息亮反（59－994 下）、元音原（60－513 下）、循音巡（59－843 上）、霖七乱反（60－86 中）、燧音遂（60－405 上）、艾①五盖反（59－719 下）、鎔音容（60－403 下）、盤與槃同②（59－810 下）、摇音遥（59－716 中）、鼓音古（60－158 下）、元音原（60－513 下）、頑五還反（60－80 上）、瑩烏定反（59－586 中）、循音巡（59－843 上）、摽必遥反（60－466 中）、麁倉胡反（59－670 中）、蕩徒朗反（60－465 中）、棄音弃（59－643 下）、裹音果（59－550 上）、巨音拒（60－235 中）、混音渾③（60－530 上）、蚊音文（59－559 下）、凌音陵（59－1037 下）、熾尺志反（59－1077 上）、渾音魂④（60－530 上）、遞音弟（59－568 上）、逅⑤古候⑥反（59－1036 中）、遏烏割反（59－635 下）、乎音護（59－553 下）、相息亮反（59－994 下）、減胡斬反（59－573 上）、瑿於計反（59－649 上）、相息亮反（59－994 下）、屯徒魂反（59－620 下）、霾莫皆反（60－120 上）、宵音消（60－342 中）、刹初鎋反（59－642 上）、刺郎割（60－113 下）、蔽必袂反（59－861 上）、捐音緣（60－540 上）、肯苦等反（60－400 上）、煖奴管反（60－66 上）、饒而招反（59－941 下）、循音巡（59－843 上）、元原（60－513 下）、元音原（60－513 下）、隳許規反（59－591 上）、裂⑦音列（59－1040 中）、相息亮反（59－994 下）、統他宋反（60－339 下）、循音巡（59－843 上）、粘女廉反（59－598 中）、目音穆⑧（60－335 上）、映於竟反（60－400 上）、元音原（60－513 下）、循音巡（59－843 上）、拔蒲八反（60－138 上）、乎音護（59－

---

① 麗藏本也作"艾"，艾是"艾"的俗寫。
② "盤與槃同"麗藏本作"槃音盤"。術語"同"是音同通用。
③ 麗藏本："偅作，上覓、混二音，清濁不分也，正作渾也，又五昆反，非。"
④ 魂，麗藏本作"覓"。
⑤ 麗藏本也作"逬"，逬、遘異體。
⑥ 原作"侯"，是"候"的訛字。
⑦ 裂，麗藏本作"挈"。《可洪音義研究》（560）：挈、裂異體。
⑧ 麗藏本作"穆音目"。

553 下）、螢①烏定反（59 - 586 中）、已音以（59 - 695 下）、元音原（60 -
513 下）、選思兗反（59 - 646 下）、舂書容反（59 - 1004 上）、杵昌与反
（59 - 937 上）、元音原（60 - 513 下）、相息亮反（59 - 994 下）、相息亮反
（59 - 994 下）、蘆音盧（60 - 172 中）、甀徒協反（60 - 82 上）、曺音槽②
（59 - 1024 上）、循音巡（59 - 843 上）、顧音故（59 - 645 中）、鋒音峯
（59 - 949 上）、烏音鳴③（59 - 618 上）、飄匹遥反（60 - 145 上）、循音巡
（59 - 843 上）、元音原（60 - 513 下）、罜音畫（59 - 570 中）、闤音還
（60 - 506 中）、詣五計反（60 - 6 中~下）、推他迴反（60 - 362 上）、窺去
隨反（60 - 582 中~下）、窓楚江反（59 - 1008 中）、瓦五寡反（59 - 637
上）、激音擊（60 - 297 中）、眄音麵（59 - 600 中）、捷疾葉反（59 - 594
下）、繼音汁④（60 - 521 上）、應⑤於證反（60 - 364 中）、好呼老反（59 -
583 上）、侵七林反（59 - 1113 中）、暴薄報反（59 - 550 中）、枷音加⑥
（60 - 302 上）、鏁蘇果反（59 - 773 下）、糅女救反（60 - 154 上）、元音原
（60 - 513 下）、徹直列反（60 - 201 中）、循音巡（59 - 843 上）、畜許六反
（60 - 58 中）、畜丑六反（59 - 861 上）、悮音悟（60 - 509 上）、抽音瘳⑦
（59 - 615 下）、毳尺稅反（60 - 85 上）、匿女力反（60 - 547 中）、奸古顏反
（59 - 630 下）、循音巡（59 - 843 上）、已音以（59 - 695 下）、裨音卑
（60 - 359 下）、解胡買反（60 - 82 中）、悞音悟（60 - 509 上）、殞于愍
（59 - 588 上）、噬音逝（59 - 861 上）、絃音賢（59 - 846 上）、澡早（60 -
186 中）、寐蜜二反（59 - 746 下）、軌居水反（60 - 219 下~220 上）、膩女

---

① 《合集》（5413 注 222）認爲 "螢應即瑩的借字"，以 "瑩" 來比較。
② 麗藏本作 "槽音曺"。
③ 麗藏本作 "鳴音烏"。
④ 《合集》（5420 注 298）："注文汁字音不合，《滙考》以爲計字之譌，可從。"
   以 "計" 來比較。
⑤ 應，麗藏本作 "膺"，應、膺異體。
⑥ 枷，麗藏本作 "秥"，秥、枷異體。
⑦ 麗藏本作 "瘳音抽"。

利反（59－593 下）、膠音交（59－1079 上）、糖音唐（60－393 下）、䚄音計（59－620 上）、怙音户（59－1136 中）、疫音伇（59－561 下）、碎蘇對（60－186 中）、焂而兖反（60－368 中）、飜音幡①（59－766 下）、蔽必袂反（59－861 上）、蜕音税（60－430 下）、枯苦胡反（59－1002 上）、冔音護（59－553 下）、元音原（60－513 下）、刳苦胡反（60－31 下）、刳音枯（60－45 中）、已音以（59－695 下）、缺苦穴反（59－921 上）、潔②音結（60－414 上）、目音穆③（60－335 上）、已音以（59－695 下）、襌音丹（59－1136 中）、元音原（60－513 下）、眄音麪（59－600 中）、綏④音雖（59－673 下）、褯⑤池尒反（59－813 中）、目音穆⑥（60－335 上）、縮所六反（60－288 中）、鼓音古（60－158 下）、刲七卧反（59－848 上）、刺⑦七亦反（59－744 上）、塠都迴反（59－719 中）、塠⑧直追反（59－556 中）、誣音無（59－821 中）、尿奴吊反（59－902 上）、嫌户兼反（59－565 中）、甕烏貢反（59－611 上）、畜丑六反（59－861 上）、投音頭（59－581 中）、訊⑨音信（59－897 上）、搥直追反（59－556 中）、麭子六反（59－602 上）、靂音歷（59－981 上）、友音有（60－155 上）、電音殿（59－622 中）、熾尺志反（59－1077 上）、裂⑩音列（59－1040 中）、髓息委反（59－555 中）、炙之石反（60－175 下）、畜丑六反（59－861 上）、蠱音古（59－1047 中）、魎音兩（59－562 上）、元原（60－513 下）、循音巡（59－843 上）、反音返（60－448 下）、冔音護（59－553 下）、游音由

---

① 麗藏本：“水皰，音幡，覆也。”《可洪音義研究》（436）：皰、飜、翻異體。

② 潔，麗藏本作“潔”。

③ 麗藏本作“穆音目”。

④ 綏，麗藏本作“綏”。綏、綏是“綏”的俗字。

⑤ 褯，麗藏本作“祄”。褯、祄是“襏”的俗字。

⑥ 同上。

⑦ 刺，麗藏本作“剌”。刺、剌是“刺”的俗字。

⑧ 《合集》（5434 注 453）認爲“塠當校作搥”，以“搥”來比較。

⑨ 訊，麗藏本作“訙”。訊、訙異體。

⑩ 裂，麗藏本作“䀨”。《可洪音義研究》（560）認爲䀨、裂異體。

（60－423 上）、鍊音練（59－592 中）、已音以（59－695 下）、魅許救反（59－737 上）、輔音父（59－762 中）、已音以（59－695 下）、相息亮反（59－994 下）、括古活反（60－307 上）、元音原（60－513 下）、勗許玉反（59－588 下）、認音刃（60－64 下）、已音以（59－695 下）、片普見反（59－554 上）、裏音里（60－50 下）、元音原（60－513 下）、振音震（59－812 上）、飾音識（59－603 上）、圻丑格反（59－635 上）、煗①奴管反（59－943 中）、徒音圖②（59－608 下）、祇音支（60－353 上）、蛔音迴，正作蚘（60－355 中）、厭於琰反（59－564 上）、蚊音文（59－559 下）、嵂所律反（59－1091 中）、已音以（59－695 下）、碎蘇對反（60－186 中）、已音以（59－695 下）、寨魚祭反（59－1118 中）、銳以芮反（59－552 下）、元音原（60－513 下）、厭於琰反（59－564 上）、膠音交（59－1079 上）、已音以（59－695 下）、肇音趙（60－446 中）、牘音讀（60－348 下）、誘音西（60－419 上）、嘉音加（60－148 上）、匿女力反（60－547 中）、元音原（60－513 下）、牖音西（60－9 中）、蝕音食（60－144 中）、麟音隣（59－582 上）、元原（60－513 下）、已音以（59－695 下）、罔音綱③（59－951 上）、元音原（60－513 下）、豎殊主反（59－737 上）、元音原（60－513 下）、元音原（60－513 下）、反音返（60－448 下）、籌直由反（59－918 上）、䨇音護（59－553 下）、挍音教（60－367 上）、已音以（59－695 下）、枝音支（60－493 下）、岐音祇④（60－481 上）、緄音綱（59－767 上）、紐女久反（60－202 中）、脉音麦（59－550 上）、元音原（60－513 下）、吠扶廢反（59－821 下）、罔音綱⑤（59－951 上）、象音像（60－206 下）、元音原（60－513 下）、歿音没（59－604

①　煗，麗藏本作"烜"。烜、煗異體。
②　麗藏本："圖視，上亦作晑，音徒，謀計也，思度也。"
③　罔，麗藏本作"罔"，罔、罔異體。綱，麗藏本作"網"，綱、網異體。
④　斯 6691 作"祇"，伯 3651 作"祇"。選"祇"來作比較。
⑤　罔，麗藏本作"罔"，罔、罔異體。綱，麗藏本作"網"，綱、網異體。

中）、元_{音原}（60－513 下）、麁_{倉胡反}（59－670 中）、秉_{音丙}（59－647 下）、綏_{音雖}（60－544 上）、元_{音原}（60－513 下）、澁_{所立反}（59－634 中）、搖_{音遙}（59－716 中）、籌_{直由反}（59－918 上）、筭①_{蘇管反}（60－319 上）、元_{音原}（60－513 下）。

《經典釋文》147 條：属②_{音燭}（319 上右）、掖_{音亦}③（113 上右）、飯_{扶晚反}（352 下右）、遑_{音黃}（56 下右）、惶④_{音黃}（408 下左）、提_{音題}（330 下左）、剔_{他歷反}（45 上右）、降_{戶江反}（297 下右）、爲_{于僞反}（245 下左）、肝_{音干}（213 上右）、混_{胡本反}（374 上左）、拳_{音權}（259 下右）、夔_{許縛反}⑤（28 下右）、離_{力智反}（152 下右）、狐_{音胡}（271 上右）、揮_{音暉}（304 下右）、紀_{音己身之己}（145 下右）、慜_{音敏}⑥（131 下右）、潮_{音朝}⑦（287 上左）、漚_{烏侯反}⑧（138 下左）、霧_{音務}（383 上右）、喪_{息浪反}（267 上左）、廡_武（169 下左）、夾⑨_{音甲}（129 下右）、爲_{于僞反}（245 下左）、難_{乃旦反}（23 下左）、惶_{音皇}（91 上左）、措_{七故反}（393 下右）、狹_{音洽}（83 上右）、怠_{音待}（38 下右）、眚_{所景反}（229 上左）、離_{力智反}（152 下右）、旁_{步光反}（45 下左）、洲_{音州}（241 下右）、暈_{音運}（123 下右）、玦_{音決}⑩（62 下右）、彗_{囚歲反}⑪（165 下右）、珥_{音耳}（118 上右）、

---

① 筭，麗藏本作"算"，筭、算異體。

② 属，《經典釋文》作"屬"。

③ 《經典釋文》："掖庭，劉音亦。"從《序錄》看，"音亦"是劉昌宗注的直音。

④ 《合集》（5392 注 8）："疑'惶'即'隍'字之誤。"故選"隍"字來比較。

⑤ 《經典釋文》："夔，俱縛反，徐許縛反。"從《序錄》看，"許縛反"是徐爰的反切。

⑥ 《經典釋文》："不慜，音敏。"愍、慜異體。

⑦ 《經典釋文》："王子朝……音潮。"

⑧ 《經典釋文》："漚絲，烏豆反，李又烏侯反。"從《序錄》看，"烏侯反"是李軌的又音。

⑨ 夾，《經典釋文》作"夾"。

⑩ 決，《經典釋文》作"決"。

⑪ 《經典釋文》："策彗，音遂，徐雖醉反，又囚歲反，竹帚也。"從《序錄》看，"囚歲反"是徐爰的又音。

桷音角（268 上左）、調音條（362 下左）、離力智反（152 下右）、淪音倫（80 下右）、離力智反（152 下右）、離力智反（152 下右）、離力智（152 下右）、繞音遶（421 下左）、泮音判（121 下右）、霄音消（292 上右）、離力智反（152 下右）、突徒忽反（415 下左）、處昌慮反（264 上左）、漚烏侯反（138 下左）、乾音干（23 上右）、易音亦（355 上右）、累力偽反（216 上左）、揮音暉（304 下右）、凝魚淩①反（39 上右）、難乃旦反（25 下右）、離力智反（152 下右）、離力智反（152 下右）、泊音薄（382 上右）、華戶瓜反（209 上左）、爲于偽反（245 下左）、離力智反（152 下右）、解古賣反（309 上右）、粂②七南反（370 下右）、爲于偽反（245 下左）、卷居遠反（121 下右）、離力智反（152 下右）、爲于偽反（245 下左）、離力智反（152 下右）、祇音祁（178 下左）、攬③音覽（64 下左）、祇音支（298 上左）、棘紀力反（351 下右）、隘烏賣反（133 下右）、填音田（109 下左）、液音亦（176 上左）、礫歷（113 下左）、爲于偽反（245 下左）、離力智反（152 下右）、紛音芬④（356 上左）、權音拳⑤（259 下右）、爲于偽反（245 下左）、蒸之承反（176 下左）、偷他侯反（349 上右）、己音紀（212 上右）、捶之累反⑥（389 下左）、己音紀（212 上右）、未音味（349 下左）、浴音欲（275 上右）、合音閤（250 上右）、恃音市（410 下左）、詛側慮反（224 上左）、癘音例（272 下左）、杻丑（20 上左）、乾音干（23 上右）、蝦音遐（432 上左）、乾音干（23 上右）、己音紀（212 上右）、複音福（224 下左）、液音亦（176 上左）、己音紀（212 上右）、鐵⑦他結反（417 上右）、狼音郎（230 下右）、盛音成

---

① 淩，《經典釋文》作"凌"。
② 粂，《經典釋文》作"參"。粂是"參"的俗寫。
③ 攬，《經典釋文》作"擥"。擥、攬異體。
④ 《經典釋文》："解其紛，拂云反，河上云芬。""芬"是河上公注的直音。
⑤ 《經典釋文》："無拳，音權。"
⑥ 《經典釋文》："捶，郭音丁果反，徐之累反。"從《序錄》看，"之累反"是徐邈的反切。
⑦ 鐵，《經典釋文》作"鐵"。鐵是"鐵"的俗寫。

（33 下左）、撖①七括反（382 下左）、磨音摩（350 下左）、衡音行（427 上左）、洋音羊（349 上右）、濤音桃（238 上左）、截昨結反（357 上右）、厲音例②（124 上右）、枀③七南反（273 下左）、己音紀（212 上右）、戾音麗（409 上左）、處昌呂反（229 上右）、當丁浪反（391 上左）、恃音市（410 下左）、處昌呂反（229 上右）、溢音逸（201 下左）、逓④音梯（412 下左）、踞音據（289 上右）、華戶瓜反（209 上左）、蝐⑤音盲（381 上右）、耐乃代反（45 上左）、處昌呂反（229 上右）、某音母（193 下右）、處昌慮反（264 上左）、逸音溢（201 下左）、粘⑥女占反（40 上右）、己音紀（212 上右）、處昌呂反（229 上右）、處昌呂反（229 上右）、垣音袁（225 上左）、黏女占反（40 上右）、解音蟹（34 上左）、復音服（279 上右）、解音蟹（34 上左）、祈音其（86 下左）、潯日忍反⑦（408 下左）、解音蟹（34 上左）、乊⑧音戶（174 上右）、中丁仲反（318 上右）、乾音干（23 上右）、未音味（349 下左）、囊乃當反（416 下右）。

《王三》214 條：弘胡肱反（469）、累羸偽反（490）、諱許貴反（492）、先蘇⑨前反（453）、整⑩之郢（485）、研五賢反（453）、討他浩反（482）、重直容反（438）、爪側絞反（482）、忰倉本反（478）、窒陟栗反（512）、折旨熱反（517）、饌士戀反（502）、咄當没反（514）、詰去吉反

---

① 撖，《經典釋文》作"撮"。撖、撮異體。
② 《經典釋文》："桃厲，劉音例。"從《序錄》看，"音例"是劉昌宗的反切。
③ 枀，《經典釋文》作"參"。枀是"參"的俗寫。
④ 逓，《經典釋文》作"遞"。逓是"遞"的俗字。
⑤ 蝐，《經典釋文》作"虻"。蝐是"虻"的形增俗字。
⑥ 粘，《經典釋文》作"黏"。粘、黏異體。
⑦ 《合集》（5450 注 635）認爲"潯即泯或緡的俗訛字"，以泯來比較。日是"亡"的訛字，以"亡"來比較。
⑧ 乊，《經典釋文》作"互"。乊是"互"的俗寫。
⑨ 蘇，《王三》作"蘓"。蘓、蘇異體。
⑩ 整，《王三》作"整"。整、整異體。

（512）、揣初委反（472）、矚之欲反（511）、戲①去爲反（439）、冀几利反

（491）、陳②綺戟反（520）、卷居轉反（480）、泊其器反（491）、值直吏反

（491）、膆倉候反（507）、菝③側救反（507）、換胡段反（500）、瀛以成反

（464）、冥莫經反（465）、洞徒弄反（489）、瞑莫定反（506）、墻疾良反

（462）、紆憶俱反（444）、悶莫困反（499）、豪胡刀反（457）、剖普厚反

（486）、撠子括反（515）、几居履反（473）、黨德朗反（484）、珮④薄背反

（497）、迥戶鼎反（485）、狂渠王反（462）、澀色立反，或作澀（523）、滑戶

八反（516）、選息絹反（502）、浪郎宕反（505）、擎渠京反（463）、吸許及

反（523）、臭尺救反（506）、舓食舐⑤反（472）、吻武粉反（478）、甜徒兼

反（469）、藉慈夜反（504）、噉徒敢反（484）、燸乃管反，正作暖，或作煖

（479）、爪側絞反（482）、晝陟救反（506）、陟竹力反（525）、披敷羈反

（439）、紞倉含反（460）、宛於阮反（478）、迥戶鼎反（485）、紆憶俱反

（444）、攸以周反（465）、令吕貞反（464）、卵落管反（479）、債側賣反

（496）、純常倫反（448）、怛當割反（515）、印於刃反（498）、潔古屑反

（516）、媒莫杯⑥反（447）、分扶問反（499）、倍薄亥反（477）、劑在計反

（495）、替他計反（495）、湛徒減⑦反（488）、爪側絞反（482）、殀山矜⑧反

（469）、黯⑨於檻反（488）、先蘇⑩前反（453）、橦宅江反（438）、遄市緣反

---

① 戲，《王三》作"戲"。戲是"戲"的俗寫。

② 陳，《王三》作"隙"。《合集》（5396注43）認爲"陳即隙的俗字"。

③ 《王三》也作"菝"。菝、鏃異體。

④ 珮，《王三》作"珮"。珮是"珮"的俗寫。

⑤ 《王三》："舓，食紙反，古取物或作䑛，亦作舐。"舐、紙異體。

⑥ 杯，《王三》作"盃"。盃、杯異體。

⑦ 減，《王三》作"減"。

⑧ 矜，《王三》作"矜"。《可洪音義研究》（516）：矜、矜異體。

⑨ 《合集》（5413注225）："點，甲一本作黯，當據正。"甲一指伯3429。

⑩ 蘇，《王三》作"蕱"。蘇、蕱異體。

（455）、縮烏板反（479）、先蘇①前（453）、絹②七入反（523）、績則歷反
（518）、縈於營反（464）、牽苦賢反（453）、滴都歷反（518）、鵠胡沃反
（511）、機居希反（442）、冀几利反（491）、冥莫經反（465）、樂五教反
（503）、樂五教反（503）、疼徒冬反（437）、闠胡對反（497）、擎渠京反
（463）、閙奴効反（503）、染而琰反（487）、樂五教反（503）、數色句反
（493）、樂五教反（503）、沼之少反（481）、伊於脂反（440）、鷈③去爲反
（439）、機居希反（442）、唯以水反（473）、坑客庚反（463）、機居希反
（442）、冀几利反（491）、帥所類反（491）、分扶問反（499）、耗④呼到反
（503）、挹伊入反（523）、紀憶俱反（444）、鋪普胡反（445）、茶宅加反
（460）、先蘇前反（453）、擎渠京反（463）、樺胡化反（504）、囊奴當反
（463）、帥所類反（491）、樂五教反（503）、刳苦胡反（445）、著張慮反
（492）、舐食紙反（472）、吻武粉反（478）、滄倉干反（452）、分扶問反
（499）、胤⑤与晉反（498）、鑽借官反（452）、饅乃管反（479）、誅陟輪反
（444）、分扶問反（499）、淀⑥叙連反（454）、墜直類反（491）、毅魚既反
（492）、鈍徒困反（499）、吸許及反（523）、宛於袁反（451）、讒士咸反
（470）、踐疾演反（480）、匣胡甲反（522）、撮子括反（515）、籍秦音⑦反
（519）、迸北諍反（506）、瞀莫候反（507）、餒奴罪反（477）、潰胡對反
（497）、橦宅江反（438）、分扶問反（499）、餌仍吏反（492）、倫力屯反
（448）、粹雖遂反（490）、擾而沼反（481）、機居希反（442）、幾居希反
（442）、迥戶鼎反（485）、酬市流反（466）、卵落管反（479）、洎其器反
（491）、倍薄亥反（477）、机居履反（473）、倚於綺反（472）、點多忝反

---

① 蘇，《王三》作"蘓"。蘇、蘓異體。
② 絹，《王三》作"緝"。絹、緝異體。
③ 鷈，《王三》作"鷈"。鷈是"鷈"的俗寫。
④ 耗，《王三》作"耗"。耗、耗異體。
⑤ 胤，《王三》作"胤"。胤是"胤"的俗寫。
⑥ 淀，《合集》(5387第6行)校爲"涎"。以"涎"來比較。
⑦ 音，《王三》作"昔"。音是"昔"的訛字。

（487）、崩北騰反（469）、訛五和反（458）、沸府謂反（492）、浪郎宕反（505）、眇亡沼反（481）、籍秦音①反（519）、分扶問反（499）、晝陟救反（506）、併卑政反（506）、誇苦瓜反（459）、撥子括反（515）、易羊益反（519）、爽踈兩反（484）、樂五教反（503）、譏居希反（442）、撥子括反（515）、撥七括反（515）、瓶薄經反（465）、透他候反（507）、猥烏賄反（476）、幾居希反（442）、茶宅加反（460）、魆②於高反（456）、忖倉本反（478）、過古卧反（504）、應於證反（508）、了盧鳥反（481）、殫都寒反（452）、熠爲立反（523）、鵠胡沃反（511）、摳恪侯反（467）、凝魚陵反（469）、機居希反（442）、分扶問反（499）、先蘇③前反（453）、訛五和反（458）、夒魚列反（517）、醞呼雞反④（446）、霰蘓見反（501）、樂五教反（503）、抧諸氏反（471～472）、諳烏含反（460）、樂五教反（503）、帔⑤側救反（507）、詢相倫反（449）、倍薄亥反（477）、串古患反（501）、糞府問反（499）。

斯 2071《切韻》⑥ 1 條：恬徒廉反（88）。

裴務齊《刊謬補缺切韻》9 條：婆薄波反（555）、慴之涉反（617）、猒於艷反（602）、蜹⑦而銳反（590）、毳此芮反（590）、歷間激反（615）、慴之涉反（617）、巷胡降反（583）、綴陟衛反（590）。

顏師古注《漢書》9 條：逮徒戴反（3427⑧）、差楚宜反（885）、度徒各反（7）、度徒各反（7）、恬徒兼反（2245）、秏呼到反（1542）、詡居謂反

---

① 音，《王三》作"昔"。音是"昔"的訛字。
② 魆，《王三》作"妖"。《合集》（5447 注 600）認爲魆是"魊"字的俗寫，魊爲"妖"的換旁俗字。
③ 蘇，《王三》作"蘓"。蘇、蘓異體。
④ 醞，《王三》作"醯"。醞是"醯"的俗寫。雞《王三》作"鷄"。雞、鷄異體。
⑤ 《王三》也作"帔"，帔、皷異體。
⑥ 斯 2071《切韻》見《唐五代韻書集存》，第 74～148 頁。
⑦ 蜹，裴務齊《刊謬補缺切韻》作"蝸"。蝸是"蜗"的俗寫，蜹、蜗異體。
⑧ 指（唐）顏師古注《漢書》（中華書局，1964 年）第 3427 頁。後仿此，不出注。

（1656）、度徒各反（1825）、度徒各反（1825）。

《篆隸萬象名義》5 條：孩胡來反（293 下①）、剝補角反（170 上）、測楚力反（189 上）、霹普歷反（200 下）、偶五苟反（19 上）。

《廣韻》24 條：翹渠遙反（131）、倒都導反（397）、瞪丈證反（413）、瘴之亮反（405）、酸素官反（104）、貯丁吕反（237）、罣古賣（363）、滋子之反（43）、鑛古猛反（297）、翹渠遙反（131）、貯丁吕反（237）、帥所律反（451）、販方願反（377）、罷於琰反（314）、貯丁吕反（237）、蝡②而允反（273）、貯丁吕反（237）、鴆直禁反（420）、挂古賣反（363）、島都晧反（282）、奈奴箇反（399）、酸素官反（104）③、撅其月反（458）、泯④武盡反（257）。

《龍龕手鏡》1 條：礰音歷（444～445）。

《集韻》1 條：碾尼展反（112 上右）。

（2）與傳世文獻音注用字不同而音值相同 267 條

麗藏本可洪音義 7 條：胒陟移反（竹尼反，60－396 上）、摽方遥反（必遥反，60－466 中）、推尺隹反（尺誰反，60－585 下）、苴⑤惻愚反（測俱反，59－553 下）、推尺隹反（尺誰反，60－585 下）、稍音朔（稍所角反，59－566 上；朔所角反，60－543 下）、唌叙連反（似連反，59－912 中）。

《王三》202 條：佇直侣反（除吕反，474）、酬讎（市流反，466）、祇音歧（巨支反，439）、矚音屬（之欲反，511）、豁呼括反（呼括反，

---

①　孩，《篆隸萬象名義》作"孩"，吕浩《篆隸萬象名義校釋》（學林出版社2007，第 467 頁）迻作"孩"。"293 下"指〔日〕釋空海《篆隸萬象名義》（中華書局，1995 年）第 293 頁下欄。後仿此，不出注。

②　蝡，《廣韻》作"蝡"。蝡、蝡異體。

③　伯 3429 中的"酸素官反"注音兩次，因此這裡也重複兩次。後仿此，不出注。

④　《合集》（5442 注 535）認爲"此字（泯）疑即泯或潣的訛俗字"。選"泯"來比較。

⑤　麗藏本也作"苴"。苴、荳異體。

515）、脾_{頻卑反}（符支反，439）、摶音團（度官反，452）、焦音椒（即遥反，456）、弥_{滅卑反}（武移反，440）、車昌耶反（昌遮反，459）、夒音鑺（居縛反，524）、觀音貫（古段反，500）、涌音勇（餘隴反，471）、昱音育（與逐反，510）、試_{詩之去聲}（試，式吏反，492；詩，書之反，441）、詢息倫反（相倫反，449）、亭音庭（特丁反，465）、霽音濟（子計反，494）、旃之甗反（諸延反，454）、齡音靈（郎丁反，465）、頹_{杜迴反}（杜回反，447）、耆音祁（渠脂反，440）、輩音背（補配反，497）、洗_{蘇礼反}（先礼反，476）、擾音遶（而沼反，481）、昇音升（識承反，469）、源音原（愚袁反，450）、簷音鹽（余廉反，468）、敷音敿（撫扶反，444）、先音霰（蘇見反，501）、矯_{憍之上聲}（矯，居沼反，481；憍，舉喬反，456）、塞桑德反（蘇則反，526）、撖七秸反（七括反，515）、棄①音脫（徒活反，515）、屏音瓶（薄經反，465）、帳音漲（陟亮反，505）、捏音涅（奴結反，517）、負音婦（房九反，486）、蜕五夬反（五穢反，446）、例音勵（力制反，496）、先音霰（蘇見反，501）、睛②音情（疾盈反，464）、骸音諧（戶皆反，447）、梅音媒（莫盃反，447）、崖五釵反（五佳反，447）、逾音臾（羊朱反，444）、銖音殊（市朱反，444）、爇③而雪反（如雪反，517）、酪音落（盧各反，524）、醍音提（度稽反，446）、預音念（余據反，493）、擯音髩（必刃反，498）、先音霰（蘇見反，501）、炊音吹（昌爲反，439）、焚音汾（符分反，450）、紆憶愚反（憶俱反，444）、斫音灼（之藥反，524）、鑿音昨（在各反，525）、泥奴西反（奴低反，446）、鑠室藥反（書藥反，524）、聾慮紅反（盧紅反，437）、逾音臾（羊朱反，444）、聆音靈（郎丁反，465）、抽音裯（勑鳩反，466）、藪音叟（蘇后反，486）、燒式遥反（式招反，456）、逾音臾（羊朱反，444）、超勑遥反（勑宵反，456）、憎音增（昨滕反，469）、曇

---

① 棄，《王三》作"奪"。棄是"奪"的俗寫。

② 《合集》（5401注92）："睛空，睛乃晴的訛俗字。"選"睛"來語音比較。

③ 爇，《王三》作"蓺"。爇、蓺異體。

音罩（徒南反，460）、倏音叔（式竹反，510）、拒音炬（其吕反，474）、霾音埋（莫皆反，447）、邀音霄（於霄反，456）、先音霰（蘇見反，501）、闥通割反（他達反，515）、按音案（烏旦反，500）、劬音衢（其俱反，443）、逮音袋①（徒戴反，497~498）、摶音團（度官反，452）、涯五釵反（五佳反，447）、奚胡西反（胡鷄反，446）、偃於蹇反（於幰反，478）、顙思朗反（蘇朗反，484）、跋蒲鉢反（蒲撥反，515）、殑其兢反（其矝反，469）、忕②力震反（力晉反，498）、頃去穎反（去穎反，485）、枕之錦反（之稔反，487）、擣音島③（都浩反，482）、杵音處（昌与反，474）、虐魚略反（魚約反，524）、彈音壇（徒干反，452）、滌音笛（徒歷反，518）、零音靈（郎丁反，465）、倏④音叔（式竹反，510）、豁呼末反（呼括反，515）、瑳倉那反（七何反，458）、螺落和反（落過反，458）、闠音迴（胡對反，497）、旋音璿（似宣反，454）、奪⑤音脱（徒活反，515）、啾即由反（子由反，466）、假音賈（古雅反，483）、復音服（房六反，510）、垣音園（韋元反，450）、唄音敗（薄邁反，497）、緒音叙（徐吕反，475）、殘昨寒反（昨干反，452）、蓺⑥而雪反（如雪反，517）、屠音途（度都反，445）、刻音尅（苦德反，526）、艱音間（古閑反，453）、零音靈（郎丁反，465）、陵音綾（六應反，469）、泥乃奚反（奴低反，446）、塗音圖（度都反，445）、鑪音盧（落胡反，445）、炭音歎（他半反，500）、饗音享（許兩反，484）、覆敷祐反（敷救反，507）、杵音處（昌与反，474）、磣⑦初錦反（初朕反，487）、夭於矯反（於兆反，481）、行音衡（户庚反，463）、蛻他卧反（託卧反，504）、槁音考（苦浩反，

---

① 袋，《王三》作"帒"。帒、袋異體。
② 忕，《王三》作"恀"。《合集》（5414注230）認爲"忕，恀（恀）的俗字"。
③ 島，《王三》作"嶋"。嶋、島異體。
④ 倏，《王三》作"倐"。倏、倐異體。
⑤ 奪，《王三》作"奪"。奪是"奪"的俗寫。
⑥ 蓺，《王三》作"蓺"。蓺、蓺異體。
⑦ 磣，《王三》作"磣"。磣是"磣"的俗寫。

482）、梟音驍（古堯反，455）、捏音涅（奴結反，517）、滌音笛（徒歷反，518）、柜①音炬（其呂反，474）、覆敷祐反（敷救反，507）、羽音雨（于矩反，475）、濫盧擔（盧瞰反，505）、膺音鷹（於陵反，469）、凍音棟（多貢反，489）、冽音列（呂結反，517）、瘴音障（之亮反，505）、綿滅連反（武連反，454）、巨音炬（其呂反，474）、鑄音注（之戍反，493）、挍②効（胡教反，503）、侵③作禁反（作鴆反，507）、誑九妄反（九忘反，505）、屎音矢（式視反，473）、咺許葦反（許偉反，474）、撲④音雹（蒲角反，512）、拋音泡（匹交反，457）、柜⑤音炬（其呂反，475）、薄⑥音部（裴古反，476）、壑音郝（呵各反，525）、押音鴨（烏狎反，522）、捺奴割反（奴曷反，515）、按音案（烏旦反，500）、漉音禄（盧谷反，509）、煽失延反（式連反，454）、膿音農（奴冬反，437）、雹音撲⑦（蒲角反，512）、爛落旦反（盧旦反，500）、凍音棟（多貢反，489）、橦音幢（宅江反，438）、魃蒲末反（蒲撥反，515）、島音擣（都浩反，482）、嚼在略反（在爵反，524）、假音賈（古雅反，483）、侶音呂（力舉反，474）、樂音落（盧各反，524）、陶音逃（徒刀反，458）、鑄音注（之戍反，493）、酬音讎（市流反，466）、貶方染反（方冉反，487）、旦德案反（得案反，500）、緒音叙（徐呂反，475）、僉七占反（七廉反，468）、區音驅（氣俱反，444）、宇音雨（于矩反，475）、織音職（之翼反，525）、按音案（烏旦反，500）、逾音臾（羊朱反，444）、易盈義反（以豉反，490）、好音耗（呼到反，503）、寱音藝（魚祭反，496）、婬音

---

① 《合集》（5431 注 418）認爲“拒，底卷作柜，甲二略同，乃拒的訛字”。以“拒”來比較。
② 挍，《王三》作“校”。《合集》（5434 注 454）認爲“挍當爲校字俗寫”。
③ 《合集》（5434 注 455）：“侵田，《滙考》校作浸田。”以“浸”來比較。
④ 撲，《王三》作“撲”。撲是“撲”的形增俗字。
⑤ 《合集》（5436 注 467）認爲“拒，底卷作柜，乃拒的訛字”。以“拒”來比較。
⑥ 《合集》（5436 注 471）認爲“文薄，當校作文簿”。以“簿”來比較。
⑦ 撲，《王三》作“撲”。撲是“撲”的形增字。

淫（餘針反，467）、魃蒲末反（蒲撥反，515）、辨虔①免（符善反，481）、謐音蜜（無必反，513）、誹音沸（府謂反，492）、簀側革反（側革反，520）、符音扶（附夫反，444）、飡倉寒反（倉干反，452）、渫音薛（私結反，517）、活胡括反（户括反，515）、活胡活反（户括反，515）、陳音廛（直珎反，449）、擾音遶（而沼反，481）、灣烏還反（烏關反，452）、瀾音蘭（落干反，452）、措錯故反（倉故反，494）、霧②敷祐反（敷救反，507）、魍音網③（文兩反，484）、凌音綾（六應反，469）、肥符非反（符非反，442）。

裴務齊《刊謬補缺切韻》5 條：戾盧結反（練結反，613）、欝迂勿反（紆勿反，609～610）、鑒革懺反（格懺反，603）、邪音斜（以遮反，557）、媛音院（王眷反，596）。

《經典釋文》6 條：瞢武亘反（莫贈反，259 下右）、誕徒旦反（大旦反，46 下左）、鎗七良反（七羊反，197 上左）、檻胡斬反（下斬反④，100 下左）、燋子堯反（祖堯反，156 上右）、鎗七良反（七羊反，197 上左）。

《廣韻》23 條：悴疾醉反（秦醉切，335）、芥音戒（古拜切，364～365）、跡音積（資昔切，496）、畔音伴（薄半切，384）、背音珮（蒲昧切，367）、背音珮（蒲昧切，367）、汩古没（古忽切，460）、詩音詩（書之切，40）、澓服（房六反，432）、軓⑤與范同（防錢切，317）、潛昨占反（慈豔切，424）、炷音注（之戍切，344）、啖與噉同（徒敢切，312）、灑所馬反（砂下切，288）、閙女教反（奴教反，396）、师音迊（子苔切，

---

① 《合集》（5445 注 575）："虔字屬群紐，與辨字紐異，虔或爲皮字之訛。"此字原作"虔"，與"虔"字有異，疑爲"皮"字的形增俗字。
② 霧，《王三》作"覆"。霧是"覆"的俗寫。
③ 王三也作"魍、網"。魍、魍異體，網、網異體。
④ 《經典釋文》："檻，胡覽反，徐音下斬反。"從《序録》看，"下斬反"是徐邈的反切。
⑤ 軓，《廣韻》作"軓"。軓是"軓"的俗訛字。

515）、洞音同（徒紅切，3）、蟯音饒（而招切，128）、鞠音菊（居六切，434）、剩音乘（實證切，412～413）、絞音攪①（古巧切，280）、披芳宜反（敷羈反，23）、泄音薛②（私列反，476）。

《集韻》24條：燤音勃（薄没切，195下右）、潬音灘（他干切，42上左）、攞勒可反（郎可反，117上右）、椯丁果反（都果反，117下右～左）、炎或作燄，兩音通（以贍切，180上左）、蝡③而蠢反（乳尹切，103上右）、覆音副（芳六反，184上右）、抑於棘反（乙力切，218下右）、抑於棘反（乙力切，218下右）、瞀武亘反（毋亘切，175上左）、宛於院（委遠切，104下左）、踏徒合反（達合切，222上左）、謁於列反（乙列切，204下左）、苑於院反（委遠切，104下左）、陷下減反（乎籀切④，181上左）、罄苦挺反（棄挺切，123上右～左）、涯音牙（牛加反，61下左）、間音澗（居莧切，160上左）、蠱音故（古慕切，143上右～左）、街古柴反（居膎切，29下右）、踏徒合反（達合切，222上左）、膳音善（上演切，111上右）、恃音侍（時吏切，138上右）、矞其聿反（其律切，192上左）。

（3）與傳世文獻音值不同67條

最子内反（泰隊混）、臊下遭反（心匣混）、咎音舊（上去混）、長之張反（澄章混）、祗音之（支之混）、懲陟陵反（知澄混）、例力剃反（霽祭混）、辨攀之去聲（删山混）、殯⑤于尹反（真諄混）、殂非胡反（幫從混）、忝他染反（鹽添混）、暴音抱（上去混）、辦薄幻反（開合混）、溺如歷反（泥日混）、罤圖畫反（定匣混）、爲于貴反（支微混）、炎⑥以念（鹽添

---

① 攬，《廣韻》作"攪"。《合集》（5434注454）："注文攬《滙考》定作攪字之訛，可從。"

② 薛，《廣韻》作"薛"。薛、薛異體。

③ 蝡，《集韻》作"蝡"。蝡是"蝡"的俗寫。

④ 減，《集韻》（181上左）公陷切。乎籀、下減切音同。

⑤ 《合集》（5396注47）認爲"殯當是殞字之誤"。以"殞"來比較。

⑥ 炎，《集韻》以贍、于廉等切。以"以贍切"來比較。

混）、藍落含反（覃談混）、辯音弁（上去混）、目音木（屋一屋三混）、恈①古賣反（佳皆混）、快苦埗②反（怪夬混）、授水秀反（書禪混）、剌③此歐反（侯真混）、毿以念反（鹽添混）、唾乞卧反（透溪混）、津子憐反（真先混）、詃音涓（平上混）、叵音之（支之混）、藍盧含反（覃談混）、遠于眷反（元仙混）、疊音絲④（定心混，葉帖混）、械解（佳皆混）、滋音資（脂之混）、咎音舊（上去混）、遠于眷反（元仙混）、侍音市（上去混）、斫之酪反（藥鐸混）、調徒了反（上去混）、犾五皆反（疑崇混）、擲音直（昔職混）、檻火監反（上去混）、射音石（船禪混）、礙雨對反（疑于混）、丸音圜（匣于混，桓元混）、綻坼澗反（徹澄混，山刪混）、事側史反（上去混）、償時掌反（上去混）、徵之仍（知章混）、剩食陵反（平去混）、佷音恨（上去混）、行胡猛反（上去混）、逮音大（代泰混）、宰昨亥反（精從混）、屑日列反（心日混）、析音昔（昔錫混）、先音線（先仙混）、先息箭反（先仙混）、膝音七（清心混）、先音線（先仙混）、囊爲郎反（泥于混）、俎非胡反（幫從混）、殞于尹反（真諄混）、枝音之（支之混）、復扶僕反（屋一屋三混）、先音線（先仙混）、崖五皆反（佳皆混）。

表 3－27　斯 6691 等《大佛頂經音義》1100 條有效音注與相關傳世文獻的比較

	與傳世文獻相同	與傳世文獻僅音值相同	與傳世文獻音值不同
音注（條）	766	267	67
百分比（%）	69.6	24.3	6.1

① 《合集》（5414 注 235）認爲"恈爲怪字隸變之異"。
② 埗，伯 3429 作"恈"。恈、怪異體。
③ 剌是"剌"的俗寫。
④ 絲是"緤"的避諱字。

（五）伯 2175《根本薩婆多部律攝第十三卷音》（5557）

伯 2175 卷末摘抄《根本薩婆多部律攝》第十三卷的難字，難字下注音 9 條。

（1）與傳世文獻相同 6 條

麗藏本可洪音義 2 條：獷古猛（60－301 中）、閴苦本（60－47 中）。

《王三》4 條：斬^①丁角（512）、墾康很（479）、剗初限（479）、翎郎丁（465）。

（2）與傳世文獻音注用字不同而音值相同 2 條

《王三》2 條：遍^②布顯（方繭反，480）、遞^③他稽（湯稽反，446）。

（3）與傳世文獻音值不同 1 條

撇於列（徹影混）。

圖 3－23　伯 2175

表 3－28　伯 2175《根本薩婆多部律攝第十三卷音》9 條音注與相關傳世文獻的比較

	與傳世文獻相同	與傳世文獻僅音值相同	與傳世文獻音值不同
音注（條）	6	2	1
百分比（%）	66.7	22.2	11.1

（六）伯 3916《諸星母陁羅尼經音》（5563）

伯 3916 卷末一行前有"諸星母陁羅尼經一卷"字樣，後附經音 4 條。

---

① 斬，《王三》作"斵"，《合集》（5557 注 1）認爲斬是"斵"的俗字。
② 《合集》（5558 注 4）："遍遞、遍遞皆爲匾匾的俗寫，《大正藏》本作匾匾，即此二字所出。"以"匾"來比較。
③ 同上。以"匾"來比較。

（1）與傳世文獻相同2條

《王三》2條：拶姊末反（515）、糊①許葛反（515）。

（2）與傳世文獻音注用字不同而音值相同1條

《集韻》1條：哆得者反（丁寫切，119上右）。

（3）與傳世文獻音值不同1條

紇胡吉反（質屑混）。

表3－29　伯3916《諸星母陁羅尼經音》4條音注與相關
傳世文獻的比較

	與傳世文獻相同	與傳世文獻僅音值相同	與傳世文獻音值不同
音注（條）	2	1	1
百分比（%）	50	25	25

（七）俄敦6038《佛經音義》（5567）

俄敦6038《俄藏》未題名，《合集》署《佛經音義》。前部殘缺，存8行，每行抄4條，注音11條，其中音注用字殘泐2條，即□具義反、□烏甲反，有效9條。

（1）與傳世文獻相同7條

麗藏本可洪音義5條：訴②音素（59－981下）、羈居宜反（59－1015下）、嚙五結反（59－598下）、蠒古典反（59－600上）、豚徒門反（59－902中）。

《王三》2條：跛布火反（482）、討他浩反（482）。

（2）與傳世文獻音注用字不同而音值相同2條

《王三》2條：籠郎公反（盧紅反，437）、巢助交反（鋤肴反，457）。

---

① 《合集》（5564～5565注4）認爲糊是"獦"字之訛，以"獦"來比較。

② 訴，麗藏本作"訢"。訢《合集》（5567第1行）校爲"訴"。訴、訢是訴的俗寫。

表 3-30 俄敦 6038《佛經音義》9 條音注與相關傳世
文獻的比較

	與傳世文獻相同	與傳世文獻僅音值相同	與傳世文獻音值不同
音注（條）	7	2	0
百分比（%）	77.8	22.2	0

（八）俄敦 6232《佛經音義》（5570）

俄敦 6232《俄藏》未題名，《合集》署《佛經音義》。雙面抄寫，正面 3 行，注音 13 條；背面 2 行，注音 9 條。計 22 條，其中辨字形 5 條，即裛頭、兩余、叝敬、甖若、㥔盜；音注用字不能識別的 1 條，即巤請；有效 16 條。

（1）與傳世文獻相同 9 條

麗藏本可洪音義 4 條：臘昔（60-558 中）、甸音殿（60-146 上）、肜融（60-452 下）、勗[①]六（59-583 下）。

《王三》3 條：潒普郎反（462）、甔[②]子孕反（508）、型戶經反（464~465）。

《篆隸萬象名義》2 條：塏口亥反（7 下）、蠡似均反（197 下）。

（2）與傳世文獻音注用字不同而音值相同 3 條

《王三》2 條：壻相計反（蘺計反，495）、輤精（倉見反，501）。

《廣韻》1 條：皋罪（徂賄切，252）。

（3）與傳世文獻音值不同 4 條

俅[③]係（曉匣混，霽帖混）、塏情迴反（灰昔混）、蔦星曆反（昔錫混）、莚息利反（支脂混，上去混[④]）。

---

① 勗，麗藏本作"勑"，勑、戩異體。《集韻》（185 下右）：勗、戩異體。

② 甔，《王三》作"甀"，甔、甀異體。

③ 俅是"傑"的避諱字。

④ 莚，《集韻》想氏、山宜等切。取"想氏切"來比較。

表 3–31　俄敦 6232《佛經音義》16 條有效音注與相關傳世文獻的比較

	與傳世文獻相同	與傳世文獻僅音值相同	與傳世文獻音值不同
音注（條）	9	3	4
百分比（%）	56.3	18.8	25

（九）　俄敦 8687《佛經音義》（5572～5573）

俄敦 8687 殘片《俄藏》未定名，《合集》署《佛經音義》，注音 3 條，其中音注用字殘泐 1 條，即芰□□反，有效 2 條。

（1）與傳世文獻相同 1 條

麗藏本可洪音義 1 條：㲈徒來反（60–376 上）。

（2）與傳世文獻音注用字不同而音值相同 1 條

《王三》1 條：澱音殿（堂見反，501）。

（十）　俄敦 7758 背《音義殘片》（5580）

俄敦 7758 背殘存 2 行，《俄藏》未定名，《合集》署《音義殘片》，注音 2 條。

（1）與傳世文獻相同 1 條

麗藏本可洪音義 1 條：暫音蹔①（59–586 上）

（2）與傳世文獻音注用字不同而音值相同 1 條

《王三》1 條：𧗳②女各反（奴各反，524）。

（十一）　伯 4696《難字音》（5775）

伯 4696《法藏》題《佛經音》，《合集》署《難字音》，摘抄的佛經難字下注音 17 條。

（1）與傳世文獻相同 13 條

麗藏本可洪音義 3 條：櫨盧（60–439 上）、鑷女輒反（60–161

---

① 麗藏本："暫住：上昨濫反，正在暫、蹔二形。"寫卷給暫注"蹔"音，因音辨字。

② 《合集》（5581 注 1）認爲𧗳是"諸"字的草書，就選"諸"字來比較。

下）、𪘏力葉反（59–670上）。

《經典釋文》4條：㯭博（191下右）、秫
述（138下右）、揖於入反（300上右）、諟音是
（42上左）。

《王三》3條：靪直引反（477）、氈式連反
（454）、趠①勑角反（512）。

《篆隸萬象名義》2條：謳於侯反（82
上）、侎張牛（18上）。

《龍龕手鏡》1條：鉏所諫反（19）。

（2）與傳世文獻音注用字不同而音值相
同4條

麗藏本可洪音義1條：溣济（溣，子計
反，60–82上；济，子計反，60–499下）。

《王三》3條：恌他刁反（吐彫反，455）、
訕音删（所姦反，452）、眕音賑（之忍反，
477）。

圖 3–24　伯 4696

表 3–32　伯 4696《難字音》17 條音注與相關傳世文獻的比較

	與傳世文獻相同	與傳世文獻僅音值相同	與傳世文獻音值不同
音注（條）	13	4	0
百分比（%）	76.5	23.5	0

（十二）小結

以徵引爲主的音注共1355條，其中有效1237條。在1237條有效
音注中，與傳世文獻相同854條，占69%，表明抄經人有深厚的小學
功底，熟悉玄應音義、可洪音義、《切韻》、《玉篇》、《經典釋文》、顔

———————————

① 趠，《王三》作“逴”，趠、逴異體。

師古注《漢書》等，注音前有所承。但他們並非墨守，也有改造、創新，有 78 條音注與傳世文獻的音值不同，這些音注有反映時音、方音，這與傳統著述排斥方音、時音不同①。另，他們注音有瑕疵，存在訛誤注音，如撤_{於列}（徹影混）。

表 3-33　敦煌寫卷 1237 條音注與相關傳世文獻的比較

	與傳世文獻相同	與傳世文獻僅音值相同	與傳世文獻音值不同
音注（條）	854	305	78
百分比（％）	69	24.7	6.3

三　音注用字的相同率、音值的不同率均未過半

部分徵引、部分自作類的音注中，相同率、不同率均未過半涉及佛經卷號多達 17 個。它的注音既有繼承，又有創新，是佛經音寫卷的主要類型之一。

（一）伯 3025《大般涅槃經音義》（5151）

伯 3025 前爲《大般涅槃經音義》，後爲《佛説菩薩戒本》，前有注音 82 條，其中同字注音 1 條，即忰_忰；音注用字殘泐 5 條，即□_床、魅□、□_盖、睒□、□_土；辨字形 1 條，即閉_悶。有效 75 條。

（1）與傳世文獻相同 33 條

中華藏本玄應音義 1 條：揉②_{蒸之上聲}（56-833 上）。

麗藏本可洪音義 16 條：縱蹤（59-984 下）、鴈象（59-814 上）、捷_乾（60-444 中）、餠③_飯（59-687 上）、華花（59-582 下）、趣_{七句}

---

① 傳統著述排斥方音，如唐末有胡曾的一首五絶《戲妻族語音不正》（《全唐詩》卷 870）："呼十却爲石，喚針將作真。忽然雲雨至，總道是天因。"也排斥時音，如《中原音韻》在古代的地位不高，如《四庫全書總目》未列入經部小學類，却放在集部。

② 揉，中華藏本作"拯"，揉是"拯"的俗寫。

③ 餠，麗藏本作"餠"，餠是"餠"的俗寫。

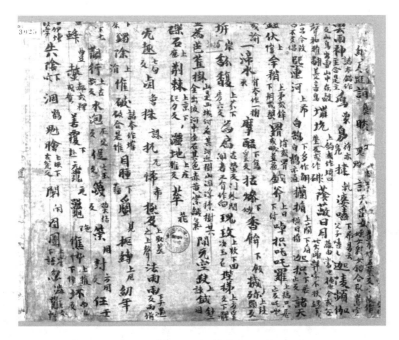

圖 3 – 25　伯 3025

反（59 – 664 上）、鹵魯（59 – 564 下）、机兀（59 – 1056 中）、悕希（60 –
239 中）、扼厄（60 – 175 下）、促七玉反（59 – 1096 中）、篋莫結反（59 –
553 上）、筴册①（60 – 580 下）、黿元（60 – 426 下）、罼陁（60 – 378
上）、坼岸（59 – 583 中）。

　　《經典釋文》11 條：枭②符（166 上左）、攔③蘭（138 下左）、揗盾④
（169 上右）、扁古螢反（163 上右）、埅⑤髀（367 下左）、棘紀力反（351
下右）、株誅（103 下右）、任壬（265 上左）、螫釋（436 下右）、图零

① 麗藏本作“筴與策箣並同”。筴、策、策異體，箣、册異體。寫卷給筴注“册”
音，因音辨字。

② 枭，《經典釋文》作“梟”，枭是“梟”的俗寫。

③ 攔，《合集》（5151 第 5 行）校爲“欄”，以“欄”來比較。

④ 揗，《合集》（5151 第 5 行）校爲“楯”。《經典釋文》：楯，本又作盾。寫卷
給楯注“盾”音，因音辨字。

⑤ 《經典釋文》：髀，本又作脾，同音陛。《合集》（5154 注 26）：“埅爲陛的俗
字”，“髀則皆係埅（陛）字的注音”。

（175 下左）、礫歷（113 下左）。

《王三》4 條：馥房六反（510）、泡匹交反（457）、封方用反（489）、膾古兑反（494）。

《廣韻》1 條：婬①五莖反（174）。

（2）與傳世文獻音注用字不同而音值相同 26 條

中華藏本玄應音義 1 條：觀古甑反（古玩反，56－833 中）。

麗藏本可洪音義 4 條：抧居止反（吉以反，59－593 中）、鎧愷（鎧，苦改反，59－564 下；愷，苦改反，60－540 中）、稍朔（稍，所角反，59－566 上；朔，所角反，60－543 下）、抧②居止反（吉以反，59－593 上）。

《王三》13 條：塸③鈎（古侯反，467）、牟矛（莫浮反，466～467）、燥④嫂（蘇晧反，482）、殄徒顯反（徒典反，479）、玟枚（莫盃反，447）、瑰回（户恢反，447）、荆京（舉卿反，463）、蠲涓（古玄反，454）、腫蕇⑤（之隴反，471）、涸鶴⑥（下各反，525）、魁恢（苦回反，447）、圄語（魚舉反，474）、難奴幹（乃干反，452）。

裴務齊《刊謬補缺切韻》1 條：鉞曰（王伐反，614）。

《廣韻》1 條：憔撨（昨焦反，127）。

《集韻》5 條：鍼針（諸深切，80 下右）、雨于遇反（王遇反，141 上左）、螫郝（黑各切，209 上左）、羂絹（古泫切，110 上左）、啅摘⑦（仕角切，189 下右）。

---

① 婬，《廣韻》作"婬"。婬《合集》（5151 第 1 行）校爲"婬"。
② 原作"只"，《合集》（5151 第 7 行）校爲"抧"。
③ 塸，《王三》作"溝"。《合集》（5153 注 11）認爲"塸應爲溝的換旁俗字"。
④ 燥，《王三》作"燥"，燥是"燥"的俗寫。
⑤ 蕇，《王三》作"種"，蕇是"種"的形增俗字。
⑥ 鶴，《王三》作"鶴"，鶴、鶴異體。
⑦ 摘，《合集》（5154 注 20）校爲"捇"，以"捇"來比較。

《龍龕手鏡》1 條：忽①澁（色入切，235）。

（3）與傳世文獻音值不同 16 條

詣藝（霽祭混）、嘻希（之微混）、坑口莖反（庚二耕二混）、熙希（之微混）、斧付（上去混）、衯芬（敷奉混）、間諫（山刪混）、灑莊雅反（莊生混）、羸②見（上去混）、蜂豐③（東三鍾混）、螫蜇（知書混，薛昔混）、覆赴（屋三遇混）、陰冘④（影以混）、醞⑤烏奚反（曉影混）、埋⑥方奚反（平上混）、坏布灰反（幫滂混）。

表 3–34 伯 3025《大般涅槃經音義》75 條注音與相關傳世文獻的比較

	與傳世文獻相同	與傳世文獻僅音值相同	與傳世文獻音值不同
音注（條）	33	26	16
百分比（%）	44	34.7	21.3

（二）伯 2172《大般涅槃經音》（5157–5164）

伯 2172 首尾完整，中間略有殘泐，寫卷開端有"大般若涅槃經音"字樣，注音 741 條，其中同字注音 15 條，即軟軟、攔攔、揩揩、冶冶、安安、俾俾、捧捧、是是、进进、稗稗、擯擯、墮墮、薄薄、伍伍、汙汙；如字 2 條，即及如字、磋如字；音注用字殘漏 5 條：爲□、腐□雨反、榛□臻反、曹⑦亘反、□歷；標注聲母的發音部位 1 條，即遮車闍膳若齒音；辨字形 30 條，即忰伞、騄騄、絭紗、鼻嗅、首古文首、薑惺、囍悟、聾聞、寘寔、兌完、烶庭、豬豬、电申、灾災、琁推、底衮、虗虛、夻吝、𠧧定、

---

① 《合集》（5155 注 40）："忽，《大般涅槃經音》（一）作澀，當據正；澀、澁皆爲澀的俗字。"《龍龕手鏡》：澁俗澀正。澀、澁形近，澀可訛爲"澁"。《龍龕手鏡》的"澁澁澀"都注色入反。

② 羸，《合集》（5151 第 14 行）校爲"𦊅"。

③ 豐，《合集》（5151 第 15 行）校爲"豐"。

④ 冘是"尤"的俗寫。

⑤ 醞是"醞"的俗寫。

⑥ 《合集》（5154 注 26）認爲"埋爲陛的俗字"。

⑦ 寫卷"曹"的切上字漏。

昚春、爥暖、驕奔、𢀒起、秊年、收收、分乓、寂宩、寂宩、分乓、閉閖。有效注音 688 條。

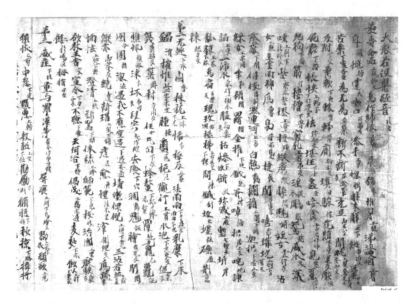

圖 3－26　伯 2172（局部）

（1）與傳世文獻相同 310 條

中華藏本玄應音義 8 條：壽視柳反（56－830 中）、嗽所溜反（56－831 上）、㨃上蒸①（56－833 上）、麻床②（56－846 上）、剖普厚反（56－841 上）、噭子累反（56－842 中）、譏楚蔭反（56－843 下）、兊似（56－927 中）。

麗藏本慧琳音義 2 條：逮大（57－1013 下）、澠③提（58－211 下）。

麗藏本可洪音義 169 條：桃掉④（59－621 中）、澡⑤早（60－186 中）、惚惱（59－969 下）、輨革（60－155 下）、駿俊（59－686 上）、酸淡⑥

---

① 㨃，中華藏本作"拯"。㨃是拯的俗寫。"上蒸"二字倒乙。
② 中華藏本："床，字體作麻、麻二形。"寫卷用床給"麻"注音，因音辨字。
③ 澠湖，麗藏本作"醒醐"。澠、醒異體。
④ 麗藏本："桃正作挑、掉二形。"寫卷給"桃"注"掉"音，因音辨字。
⑤ 澡，麗藏本作"澡"。澡是"澡"的俗寫。
⑥ 麗藏本："酸正作淡。"寫卷給酸注"淡"音，因音辨字。

（59－679 上～中）、快_{於亮反}（60－317 下）、蟲虫①（60－43 上）、臰
臭②（59－558 上）、狗苟③（60－544 上）、筋斤（59－835 上）、櫓魯
（60－468 下）、竅_{苦吊反}（60－497 上）、洟剃（59－641 中）、呰紫(59－
564 下）、呰訾（59－560 上）、捪短（59－583 上）、縱蹤（59－984
下）、魅④媚（60－210 上）、鴈象（59－814 上）、闥_{他達切}（59－665
上）、鉞越（59－698 上）、咤吒⑤（59－1057 下）、誤⑥臾（59－646
上）、餺飯（59－687 上）、坼岸（59－583 中）、鹵魯（59－564 下）、机
兀（59－1056 中）、扼厄（60－175 下）、促_{七玉反}（59－1096 中）、篋_莫
_{結反}（59－553 上）、筴册⑦（60－580 下）、鼀⑧元（60－426 下）、蠹⑨
陁（60－378 上）、琑鎖⑩（59－574 下）、惺星（59－979 上）、鴈象
（59－814 上）、恾⑪縣（59－766 中）、駻_{五騀反}（59－832 中）、治持
（60－531 中）、莊壯⑫（59－988 下）、勒六（59－583 下）、捪短（59－
583 上）、掠略（59－576 上）、蓏_{郎果}（59－850 上）、望亡（59－1063
中）、湖胡（（59－981 下）、恬甛⑬（59－981 下）、馻駈⑭（59－803 下）、

---

① 麗藏本："虫，正作虫、蟲二形。"寫卷給蟲注"虫"音，因音辨字。
② 麗藏本："臰，正作臭、殠二形。"寫卷給臰注"臭"音，因音辨字。
③ 麗藏本："苟音狗。"
④ 魅，麗藏本作"魃"。魃、魅異體。
⑤ 麗藏本："咤，亦作吒。"寫卷給咤注"吒"音，因音辨字。
⑥ 誤麗藏本作"𧬯"。《可洪音義研究》(795) 認爲誤、𧬯異體。
⑦ 麗藏本："筴與筞箣並同。"筴、筞、策異體，箣、册異體。
⑧ 鼀，麗藏本作"鼀"。鼀、鼀異體。
⑨ 蠹，麗藏本作"蠶"。蠹、蠶異體。
⑩ 琑，是"瑣"的俗寫。麗藏本作"瑣音鏁"。《可洪音義研究》(695)：鏁、鎖
異體。
⑪ 恾，麗藏本作"眩"。《合集》(5170 注 69)："恾恾……《中華大藏經》校記
云諸本作瞑眩，瞑眩是。"
⑫ 麗藏本："莊，阻亮反，正作壯。"寫卷給莊注"壯"音，因音辨字。
⑬ 甛，麗藏本作"甜"。甛、甜異體。
⑭ 麗藏本："馻，丘愚反，正作駈。"寫卷本給馻注"駈"音，因音辨字。

氂狸（60－361 上）、啞_{烏雅反}（59－565 下）、蛊古（59－1047 中）、蒱①蒲
（59－745 下）、鮮仙（59－650 中）、迫百（60－51 中）、噛_{五結反}（59－
963 上）、惚惚②（59－853 上）、闚_{苦本反}（60－477 中）、跳_{徒聊反}（60－
193 中）、嘘_虚（59－618 上）、捷_乾（60－444 中）、悕希（60－239
中）、姤姤③（59－554 中）、惺星（59－979 上）、塘唐（60－468 下）、
淋林（60－603 上）、鍑富（59－681 下）、慣_{古對反}（59－888 中）、惱
丙④（60－196 中）、觧犁⑤（59－1104 中）、斲⑥卓（60－423 下）、膜莫
（60－89 下）、霏弗（60－166 中）、魅媚（59－609 下）、呿_去（59－549
下）、剝皮（59－596 下）、劈_{普擊反}（59－1072 上）、輭_{而容反}（59－717
上）、簧黄（60－29 上）、碁⑦其（60－398 下）、壺胡（59－682 下）、剬
制⑧（59－1108 下）、胃謂⑨（59－847 上）、肪方（60－92 下）、頷_{胡感}
_反（60－492 上）、髑獨⑩（59－1096 中）、眴舜（59－549 下）、蚤⑪早
（59－992 上）、虱_{所櫛反}（59－554 中）、的滴⑫（59－582 上）、艾_{五蓋反}
（59－719 下）、蚤螺（60－426 下）、髦毛（59－1050 下）、喆抴⑬（59－
644 下）、榆⑭塔（59－632 上）、疽⑮_{七余反}（59－550 中）、痍夷（59－

---

① 蒱，麗藏本作"蒱"。蒱、蒱異體。
② 麗藏本："惚，亦惚。"寫卷給惚注"惚"音，因音辨字。
③ 麗藏本："姤，正作姤、妒二形。"寫卷給姤注"妒"音，因音辨字。
④ 麗藏本："丙正作丙、丙二形。"寫卷給丙注"丙"音，因音辨字。
⑤ 麗藏本："斲，尺玉反，正作犁。"寫卷給觧注"犁"音，因音辨字。
⑥ 斲，麗藏本作"斲"。斲、斲異體。
⑦ 碁，麗藏本作"碁"。碁、碁異體。
⑧ 麗藏本："剬，之世反，禁也，正作制。"寫卷給剬注"制"音，因音辨字。
⑨ 麗藏本："骨，音謂，正作胃。"《可洪音義研究》（722）：胃、胃異體。
⑩ 麗藏本："顕音獨。"《可洪音義研究》（425）：髑、顕異體。
⑪ 蚤，麗藏本作"蚤"。蚤、蚤是"蚤"的俗寫。
⑫ 麗藏本："渧，音的，正作滴。"
⑬ 抴，麗藏本作"哲"。抴、哲異體。
⑭ 榆，麗藏本作"榻"。榆、榻異體。
⑮ 虫疽，麗藏本作"蟲蛆"。疽、蛆異體。

590 下）、栽_①哉（59－829 下）、嬰於盈反（60－232 中）、紐女久反（59－
631 下）、燧遂（60－405 上）、盺音麵（59－600 中）、祜胡古反（59－661
下）、敦都昆反（59－556 上）、鍭侯（60－364 中）、朲_②兀（59－1056
中）、竺竹（60－329 下）、揵乾（60－444 中）、蚕文（59－559 中）、潄_③
練（59－592 中）、炙隻（60－281 中）、穅康（60－74 中）、蹬登_④（59－
619 上）、凱_⑤苦昆反（59－613 下）、治值（59－1078 上）、差楚加反（59－
620 中）、歐烏口反（59－565 中）、匿女力反（60－547 中）、翏六（59－599
中）、享_⑥孤（60－141 中）、鍛都乱反（59－567 中）、蝕食（60－144
中）、塠都迴反（59－559 下）、促七玉反（59－1096 中）、循巡（59－732
下）、怙户（59－1136 中）、呾_⑦都達反（60－260 上）、怡与之反（60－
531 上）、蚤_⑧早（59－992 上）、蚕文（59－559 中）、瘂力中反（59－716
上）、貌兒（59－925 上）、逞退（59－591 中）、穭_⑨丑知反（59－824
中）、馳馳_⑩（59－626 下）、厮斯（60－465 中）、芒亡（60－373 下）、
洟涕_⑪（59－557 下）、炳丙（59－653 中）、睞_⑫接（59－586 下）、搴飯
（60－414 上）、憩去例反（59－860 下）、孚敷（60－325 中）、呺_⑬豪（59－

---

① 栽，麗藏本作"莪"。莪、栽異體。
② 朲，麗藏本作"朳"。朲是"朳"的俗寫。
③ 潄，麗藏本作"鍊"。潄《合集》（5184 注 228）認爲同"鍊"。
④ 麗藏本："蹬，都能反，正作登。"寫卷給蹬注"登"音，因音辨字。
⑤ 凱，麗藏本作"髡"。凱是"髡"的俗寫。
⑥ 享，麗藏本作"辜"。凱是"辜"的俗寫。
⑦ 呾，麗藏本作"唄"。《可洪音義研究》（405）：呾、唄異體。
⑧ 蚤，麗藏本作"蚤"。蚤、蚤是"蚤"的俗寫。
⑨ 穭，麗藏本作"穭"。《合集》（5190 注 298）認爲穭、穭是"藟"的俗字。
⑩ 麗藏本："馳，徒何反，正作馳、駝二形也。"寫卷給馳注"馳"音，因音辨字。
⑪ 麗藏本："涕，他計反，正作洟。"寫卷給洟注"涕"音，因音辨字。
⑫ 睞，麗藏本作"睫"。《合集》（5191 注 305）："《金藏》廣勝寺本睞作睫，古
　異體字。"
⑬ 呺，麗藏本作"號"。《合集》（5193～5194 注 331）："呺……斯 4382 號及
　《金藏》廣勝寺本皆作號。"

556 中）、瞖古（59 – 575 中）、毬①而容反（59 – 1123 下）、罐觀（59 – 801 下）、綆古杏反（60 – 581 上）、塼專（60 – 353 中）、旧曰②（59 – 964 中）、綫線（60 – 49 上）、臕③惱（59 – 558 上）、閲悦（59 – 548 下）、説税（59 – 589 中）、礙㝵（59 – 570 中）、䏶冈（59 – 562 上）、䰄兩（59 – 562 上）、曄④云輒反（60 – 459 下）、嵆⑤赤之反（59 – 1084 中）、玔釧⑥（60 – 16 下）、禆卑（60 – 359 下）、㤁莫郎反（59 – 802 上）、憯七感反（59 – 963 中）、㮁窻（59 – 729 上）、祜户（59 – 683 下）、混渾（60 – 530 上）、艷焰（60 – 574 中）、抆問（60 – 445 下）、軓居洧反（59 – 787 下）。

《經典釋文》68 條：涕替（82 上左）、填田（429 上左）、任壬（265 上左）、鵬彫（433 上左）、盛成（33 下左）、鳧⑦符（166 上左）、肩古螢反（163 上右）、礫歷（113 下左）、棘紀力反（351 下右）、株誅（103 下右）、任壬（265 上左）、螫釋（436 下右）、沫末（62 上右）、繞遶（421 下左）、瘡虘（271 下右）、愈庚⑧（214 上左）、令力正反（342 下左）、拇母（425 上左）、盛成（33 下左）、邃雖遂反（170 上右）、過戈⑨（236 下右）、貫官（259 下左）、瑒當（425 下左）、數朔（120 下右）、拊撫（122 上左）、陶桃（90 下左）、嘶西（188 上右）、乘剩（213 下左）、憋芳滅反⑩（131 下左）、狩守（237 上右）、芸云（354 下左）、騏其（436 上右）、豚屯（435 下左）、强其兩反（210 下左）、喉侯（435 上

---

① 毬，麗藏本作「毰」。毬是「毬」的俗寫，毰、毬異體。

② 麗藏本：「旧，求九反，正作曰。」寫卷給旧注「曰」音，因音辨字。

③ 臕，麗藏本作「腦」。《合集》（5195 注 344）：「臕即腦（腦）字俗體。」

④ 曄，麗藏本作「暈」。暈、曄異體。

⑤ 嵆，麗藏本作「嘆」。嵆《合集》（5163 第 7 行）校爲「嘆」。

⑥ 麗藏本：「玔，尺絹反，正作釧也。」寫卷給玔注「釧」音，因音辨字。

⑦ 鳧，《經典釋文》作「鳧」。鳧是「鳧」的俗寫。

⑧ 《經典釋文》：「愈，徐音庚，差也。」「音庚」是徐邈的直音。

⑨ 《經典釋文》：「過，古卧反，王音戈。」「音戈」是王肅的直音。

⑩ 《經典釋文》：「作憋：劉芳滅反，又音卑設反。」「芳滅反」是劉昌宗的注音。

右）、任壬（265 上左）、苞包（380 下右）、莎蘇禾反（431 上右）、泮判（318 上右）、悼道（170 下右）、昴卯（419 下左）、窈杳（412 上左）、阜負（49 下左）、洄回①（413 下左）、恃市（410 下左）、篋苦協反（300 下左）、歔虛（357 下右）、宦②盲（381 上右）、貫官（259 下左）、陶桃（90 下）、呻申（96 上右）、耐乃代反（45 上左）、箕基（195 下左）、秫述（138 下右）、泆逸（309 下右）、蹲存（396 下左）、罣卦③（31 下左）、揢④敎（73 上右）、警景（43 下右）、唯以水反⑤（188 下左）、級急（280 下左）、啄⑥丁角反（137 下左）、紛芬⑦（356 上左）、悼道（170 下右）、涕替（82 上左）、泗血⑧（130 下右）、慨苦愛反（171 上左）、隁于閡反（227 下右）。

顏師古注《漢書》7 條：飲於禁反（2274）、餧於僞反（1836）、曹莫風反（4197）、王于放反（30）、王于放反（30）、餧於僞反（1836）、耗呼到反（1542）。

《王三》40 條：紹市沼反（481）、樂盧各反（524）、闍視奢反（460）、唾託臥反（504）、塹七贍反（508）、椌方奠反（446）、泡疋⑨交反（457）、封方用反（489）、膾古兌反（494）、縱卽容反（438）、捋盧活反（515）、囊奴當反（463）、懶⑩落旱反（479）、俎側呂反（474）、媱⑪五莖反（464）、

---

① 《經典釋文·爾雅音義》："洄洄：沈音回，郭音韋。"從《隋書·經籍志》（中華書局，1973，第 937 頁）看，"沈"應是（梁）黃門郎沈琁。

② 宦，《經典釋文》作"虻"。宦、虻異體。

③ 《經典釋文》："掛一：卦買反，別也，王肅音卦。"罣、掛異體。"音卦"是王肅的直音。

④ 《合集》（5198 注 373）："揢字……《資福藏》等本作覺，揢通覺。"

⑤ 《經典釋文》："男唯：于癸反，徐以水反。""以水反"是徐邈的反切。

⑥ 啄，《經典釋文》作"啄"。啄是"啄"的俗寫。

⑦ 《經典釋文》："解其紛：拂云反，河上云芬。"寫卷給紛注"芬"音，因音辨字。

⑧ 血，《合集》（5163 第 15 行）校改爲"四"，以"四"來比較。

⑨ 疋，《王三》作"匹"。疋是"匹"的俗寫。

⑩ 懶，《王三》作"懶"。懶是"懶"的俗寫。

⑪ 《合集》（5173 注 109）認爲"根據五行（莖）反的讀音，媱當作娃字"，以"娃"來比較。

郄綺戟反（520）、篡楚患反（501）、邏盧箇反（503）、楞①盧登反（469）、掘衢物反（513）、癖芳辟反（519）、捭②方冥反（446）、剌③此豉反（490）、愁④奴板反（479）、腔苦江反（438）、茹而據反（493）、若人者反（483）、萎於爲反（438）、頺⑤杜回反（447）、鏃⑥作木反（510）、医苦協反（523）、坒蒲閟反（499）、飤辞吏反（491）、悇英及反（523）、衷陟仲反（489）、剜一丸反（451）、瑴苦角反（512）、兼古念反（508）、鮓鉏陌反（520）、比毗必反（513）。

　　裴務齊《刊謬補缺切韻》4 條：毱渠竹反（605）、毳此芮反（590）、脯丑凶反（540）、謓張交反（550）。

　　李善注《文選》1 條：坥⑦遲（69 下右）。

　　《篆隸萬象名義》1 條：偢⑧張衞反（291 上）。

　　《廣韻》8 條：鼉⑨莫還反（108）、嬈奴鳥反（276）、齊在詣反（351）、鼉⑩莫還反（108）、詎其吕反（238）、哮許交反（133）、撅其月反（458）、捊薄交反（134）。

　　《集韻》2 條：繪苦會反（149 上右）、攁其亮反（171 下左）。

　　（2）與傳世文獻音注用字不同而音值相同 246 條

　　麗藏本可洪音義 3 條：扺居止反（吉以反，59 - 593 上）、稍朔（稍，

---

① 楞，《王三》作“棱”。楞是棱的俗寫。
② 《合集》（5177 注 152）認爲“金捭，當作金椑”，椑、椑異體，以“椑”來比較。
③ 剌，《王三》作“剌”。剌、剌異體。
④ 《合集》（5180 注 190）認爲“愁，㤼的俗字”，以“㤼”來比較。
⑤ 頺，《王三》作“頹”。頺、頹異體。
⑥ 《合集》（5187 注 263）認爲“鏃本應爲鏃的俗字，卷中則應係鏃的訛俗字”，以“鏃”來比較。
⑦ 《合集》（5185 注 243）認爲坥是“坻”的俗字，以“坻”來比較。
⑧ 《合集》（5188 注 270）認爲“偢，綴的俗字”，以“綴”來比較。
⑨ 《合集》（5165 注 14）認爲“鼉，同鼉，此處鼉的訛俗字”，以“鼉”來比較。
⑩ 《合集》（5183 注 220）認爲“鼉，鼉的俗字”，以“鼉”來比較。

所角反，59 - 566 上；朔，所角反，60 - 543 下）、扱_{居止反}（吉以反，59 - 593 上）。

《王三》153 條：晨_辰（植鄰反，448）、號_豪（胡刀反，457）、斷_途_{管反}（徒管反，479）、斷_{途管反}（徒管反，479）、足_{即具反}（子句反，493）、骸_諧（戶皆反，447）、悵_暢（丑亮反，505）、悪①汙（哀都切，494）、鷙_就（疾僦反，507）、憀_遼（落簫反，455）、睒_閃（失冉反，487）、塪②鈎（古侯反，467）、坑_{口笙反}（客庚反，463）、倡_昌（處良反，461）、綵_采（倉宰反，477）、牟_矛（莫浮反，466 ～ 467）、燥婑③（蘇晧反，482）、馥_服（房六反，510）、玫_枚（莫盃反，447）、瑰_迴（戶恢反，447）、椑_髀（傍礼反，476）、墟_袪（去魚反，443）、荊_京（舉卿反，463）、蠲_涓（古玄反，454）、腫_種（之隴反，471）、觀_貫（古段反，500）、涸_鶴（下各反，525）、魁_恢（苦回反，447）、圄_語（魚舉反，474）、滓_{側俚反}（側李反，474）、澄_棖（直庚反，463）、嚚_銀（語巾反，449）、範_范（苻凵反，488）、理④里（良士反，473）、聽_廳（他丁反，465）、偶_藕（五口反，486）、屏_餅（必郢反，485）、擤_剪（即踐反，480）、怨⑤宛（於袁反，451）、勵_例（力制反，496）、捶_{章累反}（之累反，472）、剬_端（多官反，452）、夭_{菸兆反}（於兆反，481）、軻_珂（苦何反，459）、抓_爪（側絞反，482）、蔓_万（無販反，499）、懊_襖（烏晧反，482）、尤_疣（羽求反，465）、鏘_{此羊反}（七將反，462）、侶_呂（力舉反，474）、爆_豹（搏教反，503）、疽_蛆（七余反，443）、澄

---

① 悪，《王三》作"惡"。悪是"惡"的俗寫。
② 塪，《王三》作"溝"。《合集》（5166 注 28）認爲"塪又爲溝的換旁俗字"。
③ 燥，《王三》作"燥"。燥是"燥"的俗寫。婑，《王三》作"嫂"。婑是"嫂"的俗寫。
④ 原作"治"字。"治國"的"治"注音"里"，這是將"治"作"理"字來注音，與避唐高宗的諱有關。以音改字，就選"理"字來比較。
⑤ 怨，《王三》作"寃"。寃是"怨"的形增俗字。

根（直庚反，463）、憎曾（昨縢反，469）、悪①汙（烏故反，494）、將醤（即亮反，505）、稊提（度稽反，446）、儲除（直魚反，443）、治②里（良士反，473）、冠灌（古段反，500）、堤氏（當稽反，446）、裁纔（昨來反，448）、莠誘（与久反，486）、摸③雹（蒲角反，512）、钁獲④（居縛反，524）、造操（七到反，503）、髣紡（芳兩反，484）、刾⑤磧（七迹反，519）、懟墜（直類反，491）、彈檀（徒干反，452）、抓爪（側絞反，482）、胲該（古哀反，448）、髖寬（苦官反，452）、髏婁（落侯反，467）、摑張瓜反（陟瓜反，460）、皴逡（七旬反，449）、稅⑥好（呼到反，503）、跌眣（徒結反，516）、滓側里反（側李反，474）、足即具反（子句反，493）、托⑦蒿（呼高反，457）、瘜息（相即反，525）、悪⑧汙（烏故反，494）、涎序連反（叙連反，454）、咽燕（烏前反，453）、足即具反（子句反，493）、壤穰（如兩反，484）、脯⑨逋（博孤反，445）、麞章（諸良反，461）、窟忽（呼骨反，514）、臛郝（呵各反，525）、劓義鼻（魚器反，491）、衣依（於機反，442）、樓⑩力于反（力朱反，444）、藕禺⑪（五口反，486）、跌眣（徒結反，516）、敵迪（徒歷反，518）、穽净（疾政反，506）、坁⑫遲（直尼反，440）、撩遼

---

① 悪，《王三》作“惡”。悪是“惡”的俗寫。
② 治是“理”的避諱字，以“理”來比較。
③ 《合集》（5177 注 147）認爲“摸爲撲字之訛”，以“撲”來比較。撲，《王三》作“撲”。撲、撲異體。
④ 《合集》（5177 注 150）認爲“又注文獲當爲钁字形訛”，以“钁”來比較。
⑤ 刾，《王三》作“刺”。刾、刺異體。
⑥ 稅，《王三》作“耗”。稅是“耗”的俗寫。
⑦ 《合集》（5181 注 198）認爲“托，撓的俗字”，以“撓”來比較。
⑧ 悪，《王三》作“惡”。悪是惡的俗寫。
⑨ 《合集》（5183 注 212）認爲“脯，晡字之誤”，以“晡”來比較。
⑩ 樓，《王三》作“甗”。樓、甗異體。
⑪ 《合集》（5185 注 233）認爲“注文禺當讀作偶”，以“偶”來比較。
⑫ 坁，《合集》（5161 第 15 行）校爲“坻”。

（落蕭反，455）、鬲隔（古核反，520）、梯陽①奚反（湯稽反，446）、椑
陛（傍礼反，476）、圉語（魚舉反，474）、搏團（度官反，452）、怨②
寃（於袁反，451）、推吐迴反（他回反，448）、抱③步交反（薄交反，
457）、觖決（古穴反，516）、伽脚佉反（居呿反，459）、伍互④（當稽
反，446）、鼈不列反（并列反，517）、賈假（古訝反，483）、瑕覆⑤（胡
加反，459）、著中恕反（張慮反，492）、酵教（古孝切，503）、賈假
（古訝反，483）、賦付（府遇反，493）、足即具反（子句反，493）、奩廉
（力鹽反，468）、溝勾（古侯反，467）、箱相（息良反，461）、晧昊
（胡老反，482）、數所句反（色句反，493）、灌觀（古段反，500）、陋盧
後反（盧候反，507）、遽渠預反（渠據反，493）、憛鐸（徒各反，524）、
鴦殃（於良反，462）、殟⑥崛（衢物反，513）、緫惚（作孔反，471）、
托⑦蒿（呼高反，457）、熏訓（許運反，499）、鉾⑧牟（莫浮反，466～
467）、紝⑨任（汝鴆反，507）、苷甘（古三反，460）、藿霍⑩（虎郭反，
525）、釘丁（當經反，465）、罌攖⑪（烏莖反，464）、刁凋⑫（都聊反，

---

① 《合集》（5187 注 261）認爲"陽爲湯之誤"，以"湯"來比較。
② 怨，《王三》作"寃"。寃是怨的形增俗字。
③ 《合集》（5188 注 273）："抱《通俗文》作㧢，蒲交反，手把曰㧢"。以"㧢"
　　來比較。
④ 伍，是"低"的俗寫。互，是"氐"的俗寫。
⑤ 《合集》（5190 注 292）："注文覆與瑕音義均所不同，疑爲霞字抄訛。"以
　　"霞"來比較。
⑥ 《合集》（5192 注 318）："鴦殟……《金藏》廣勝寺本作鴦掘。"以"掘"來
　　比較。
⑦ 《合集》（5193 注 327）："托字磧砂藏等本作撓，托即撓的俗字。"以"撓"
　　來比較。
⑧ 《合集》（5193 注 330）認爲"鉾同矛"，以"矛"來比較。
⑨ 紝，《王三》作"紝"。紝、紝異體。
⑩ 霍、藿《王三》分別作"雈、萑"。雈、萑和霍、藿異體。
⑪ 罌，《合集》（5162 第 18 行）校爲"罌"。攖是"櫻"的俗寫，選"櫻"來
　　比較。
⑫ 凋，《王三》作"凋"。

455）、坘[①]遲（直尼反，440）、足即具（子句反，493）、倡昌（處良反，461）、瘳夢（莫諷反，489）、綈提（度嵇反，446）、烈列（吕結反，517）、牖誘（与久反，486）、殁終（職隆反，436）、歿没（莫勃反，514）、歇蠍（許謁反，514）、槊朔（所角反，512）、壜[②]曇（徒南反，460）、摽逋遥反（甫遥反，456）。

裴務齊《刊謬補缺切韻》4條：椎槌（直追反，549）、推𨔶[③]（直追反，549）、椎搥（直追反，549）、瀆讀（徒谷反，604）。

《廣韻》30條：趣取（蒼苟切，307）、憔撨（昨焦反，127）、倪霓（五稽反，69）、技伎（渠綺反，222）、隘烏解反（烏懈切，363）、抵[④]觗（都禮切，249）、簿[⑤]博（補各切，488）、膊腨（市兖切，274）、分夫問反（扶問反，376）、撤丑烈反（丑列反，480）、炷主（之庾切，243）、檢[⑥]斂（良冉切，313）、悷隸（郎計反，354）、賈價（古訝切，401）、郊斌（府巾反，86）、漯濕（他合切，515）、澓服（房六切，433）、臈臘（盧盍切，516）、菅[⑦]姧（古顔切，108）、菅[⑧]菅（古顔切，108）、稍數（所角切，444～445）、頞遏（烏葛反，463）、葡匐（蒲北切，510）、欹[⑨]耶（以遮切，145）、稱秤（昌孕切，413）、邠斌（府巾反，86）、萎

① 坘，《王三》作“坻”。坘是“坻”的俗寫。

② 壜，《王三》作“墰”。壜是“墰”的俗寫。

③ 《合集》（5167注34）認爲“推爲椎字俗誤”，“𨔶疑爲搥字之訛”，以“椎、搥”來比較。

④ 抵，《廣韻》作“抵”。抵是“抵”的俗寫。

⑤ 《合集》（5179注172）：“簿字慧琳《音義》引作簙，兹據改。”以“簙”來比較。

⑥ 出自詞條“道檢”，“道檢”中華藏本玄應音義（56－841下）作“道撿”，以“撿”來比較。

⑦ 菅，《廣韻》作“姦”。《合集》（5193注326）認爲“菅，姦的俗字”。

⑧ 同上。

⑨ 《合集》（5196注355）：“欹，此字字書不載，疑爲邪字隸變之訛。”以“邪”來比較。

綏（息遺反，36）、層_曾（昨棱切，181）、繽_止①_{隣反}（匹賓切，84）、錏_甲（古狎切，524）。

《集韻》55 條：唉_帀（作答切，222 上右）、沾砧（都念切，180 下左）、鵤鶴②（曷各切，209 上左）、羂絹（古泫切，110 上左）、啅捔（仕角切，189 下右）、鍼針（諸深切，80 下右）、坵丘（袪尤切，74 下左）、雨_{于遇反}（王遇切，141 上左）、螫郝（黑各切，209 上左）、囹令（郎丁切，71 下左）、沾點（都念切，180 下左）、竝並（部迥切，123 上左）、惺③_性（新佞切，174 上左）、教交（居肴反，54 下右）、教交（居肴反，54 下右）、攢_{則完反}（祖官切，43 下右）、詔招（之遥切，53 上左）、効劾（後教切，166 上左）、蘷騰（徒登切，73 下左~74 上右）、墾濘（乃計反，144 下右）、挎_{敕居反}（抽居切，20 上左）、迮窄（側格切，211 下右）、浣換（胡玩切，158 上左~右）、幹竿（居寒切，41 下左）、請凈（疾政切，173 下左）、嘖責（側革切，212 上左）、惺④_性（新佞切，174 上左）、衏絢（熒絹切，162 上左）、噁⑤_{烏各反}（遏鄂切，209 下右）、驎憐（離珍切，35 上右）、瓌_{公回反}（姑回反，31 上右）、桴桴（芳無切，22 上左~下左）、罷陂（班糜切，10 上右）、訫⑥_振（止忍切，102 下右~左）、攢_{借官反}（祖官切，43 下右）、熬傲（牛刀切，56 上左）、懅遽（其據切，140 上左）、囹令（郎丁切，71 下左）、燎遼（憐蕭切，51 下右~左）、蹋⑦踏（達盍切，222 上左~

---

① 止，《合集》（5163 第 15 行）校爲“匹”。以“匹”來比較。

② 鶴，《集韻》作“鶴”。鶴、鶴異體。

③ 《合集》（5170 注 67）：“惺，北 6295 號經本有‘而我未得惺悟之心’句，應即此字所出，斯 829、2415 號等經本作‘醒’，玄應《音義》出‘醒悟’條。”以“醒”來比較。

④ 《合集》（5176 注 133）：“惺，經本及慧琳《音義》引皆作醒。”以“醒”來比較。

⑤ 噁，《集韻》作“噁”。噁是“噁”的俗寫。

⑥ 訫，《集韻》作“診”。訫是“診”的俗寫。

⑦ 蹋，《集韻》作“踏”。蹋是“踏”的俗寫。

下右）、殞運①（羽粉切，104 下右）、犴牙（魚肝切，158 上右）、撤悟
告反（魚到切，167 下右）、殯擯（必仞切，154 上右，30 卷）、坖②濟
（子計切，143 下右）、蹬都鄧反（丁鄧反，175 上右）、釘頂（都挺切，
123 上左～下右）、忽③澁（色入切，220 下右）、沾點（都念切，180 下
左）、羂絹（古泫切，110 上左）、拙㹇（朱劣切，203 上左）、惺④性
（新佞切，174 上左）、纛道（大到切，168 上右）、偶遇（元具切，141
上右）。

　　《大廣益會玉篇》1 條：瑋箽（瑋，禹鬼切，5 上左；箽，于鬼切，
71 下左）。

　　《龍龕手鏡》1 條：墊埵（墊，丁果反，314；埵，多果反，249）。

　　（3）與傳世文獻音值不同 132 條

　　解下（佳麻二混）、解下（佳麻二混）、爲榮（支庚三混）、爲榮（支
庚三混）、闍茶加反（澄禪混）、附父（上去混）、轅員（元仙混⑤）、廁初
利反（脂之混）、佉陟迦反（溪知混）、婬⑥五行反（庚二耕二混）、闌多達反
（端透混）、嘻希（之微混）、蔽閇（霽祭混）、伎騎（上去混）、凞⑦希
（之微混）、斧付（上去混）、醖⑧烏奚反（曉影混）、弥⑨殿（上去混）、
酚芬（敷奉混）、間諫（刪山混）、蜆見（上去混）、匃改（海泰混）、螫
蜇（知書混，薛昔混）、覆赴（屋三遇混）、坏布回反（幫滂混）、陰尤

---

① 殞，《集韻》作“殞”；運《集韻》作“运”，羽粉切。
② 坖，《集韻》作“齊”。《合集》（5192 注 321）認爲“坖，齊字異體”。
③ 《合集》（5196 注 353）據“忽滑”斯 1022、2131 號、北 6497 號經本作“䆟
　　滑”，認爲盈是“䆟”的俗字。以“䆟”來比較。
④ 《合集》（5199 注 389）認爲“惺應即醒字異文”，以“醒”來比較。
⑤ 轅，《集韻》于元、于眷切。員，《集韻》于權切。選于元、于權切來比較。
⑥ 《合集》（5166 注 24）認爲“根據五行反的讀音，婬當作婬字”，以“婬”來
　　比較。
⑦ 《合集》（5166 注 29）認爲“凞爲熙的增旁俗字”。
⑧ 醖是“醯”的俗寫。
⑨ 弥是“殄”的俗寫。

（影以混）、鞺①飢（支脂混）、㤺𪐗（先仙混，上去混）、麨②亦（昔職混）、指至（上去混）、宸烏繪反（隊泰混）、黶轄（黶轄混）、頍③隗（重三重四混）、㨃④苟（上去混）、姐⑤慈預反（上去混）、拖施（上去混⑥）、𥱻使（支之混）、汙祖故反（精影混）、汙烏遇反（虞模混）、返販（上去混）、捲去員反（溪群混）、嘶斯（支齊混）、蜱方奚反（支齊混）、虫許穢反（尾廢混）、莖斤（見匣混，欣耕混）、覆赴（屋三遇混）、春五龍反（書疑混）、翹來遙反（群來混）、橙等（上去混⑦）、哩取醫之平聲（齊先混）、野⑧取醫之上聲（平上混）、疼同（東冬混）、簉求（屋三尤混）、析⑨昔（昔錫混）、旋方邊反（幫邪混，先仙混）、嵐監⑩（覃談混）、駐竹柱反（上去混）、齟⑪撻（端透混）、迮責（陌二麥混）、瘻縷（平上混）、澈持結反（屑薛混）、㤺面（上去混）、娃⑫五更反（庚二耕二混）、夷不合作移⑬（支脂混）、彗因藏反（影于混）、矬則戈反（精從混）、菀豌（元桓混）、靳居欣反（平去混）、呫子塔反（合盍混）、衣意（之微混）、祝取育反（清昌混）、誂徒弔反（上去混）、靳居欣反（平去混）、刪山（刪山混）、渊⑭泉

---

① 《合集》（5170 注 66）："鞺瑱，《麗藏》本作羇瑱，玄應《音義》出羇瑱條。"
② 《合集》（5170 注 73）："麨，經本及玄應、慧琳《音義》引均作㷊，蓋即其訛俗字。"
③ 《合集》（5171 注 78）認爲"頍，應爲規的俗字"。
④ 㨃是"搆"的俗寫。
⑤ 《合集》（5172 注 89）："姐壞……《麗藏》本作沮壞，玄應《音義》出沮壞條。"以"沮"來比較。
⑥ 拖，《集韻》演爾切。施，《集韻》以豉切。演爾、以豉切是上去混。
⑦ 橙，《廣韻》都鄧切。等，《廣韻》多肯切。都鄧、多肯切是上去混。
⑧ 《合集》（5177～5178 注 155）認爲"底卷野應爲黔字俗訛"。
⑨ 《合集》（5179 注 176）認爲"'析'卷中爲'析'的訛俗字"。
⑩ 監，《合集》（5159 第 19 行）校爲"藍"。選"藍"來比較。
⑪ 《合集》（5180 注 184）認爲"齟應即齟字俗訛"，選"齟"來比較。
⑫ 《合集》（5181 注 200）："故娃字俗書與娃相混無別。"五更反是給"娃"字注音。
⑬ "不合作移"表明有人給夷注移的音，抄經生認爲它不準確。
⑭ 渊，《合集》（5161 第 2 行）校爲"淵"。

（影從混，先仙混）、漬子（精從混，支之混）、攢借瓽反（精從混）、泥所戾反（生來混）、鄙祕（上去混）、解假①（佳二麻二混）、丞於陵反（影禪混）、奎古攜反（見溪混）、佷恨（上去混）、戾列（霽薛混）、售受（上去混）、失試（志質混）、究居久反（上去混）、陝押（洽狎混）、雞曜（見以混，齊宵混，平去混）、虱所訖反（櫛迄混）、瘻纏（平上混）、婬五更反（庚二耕二混）、鋒風（非敷混、東三鍾混）、靖净（上去混）、闡剗（昌初混，山仙混）、牽遣（先仙混，平上混）、挽蔓（上去混）、橘居蜜反（質術混）、擣到（上去混）、粗祚（上去混）、裸畫（來匣混、果麥混）、跣鮮（先仙混）、瀕②計葉反（葉帖混）、皰方敖反（幫滂混，肴豪混）、溉己（之微混，上去混）、刺戚（昔錫混）、燦疾丑③反（從邪混）、攪教（上去混）、鬻所悦反（幫生混）、騁即敬反（精徹混，庚三清三混，上去混）、瓷慈（脂之混）、失試（志質混）、蔗者（上去混）、壚④路（上去混）、蒿⑤告（上去混）、兼古慊反（平上混）、腕椀（上去混）、綜惚（東冬混⑥）、礪麗（霽祭混）、笑小（上去混）、齚鋤覇反（陌二麥二混）、齚鋤鐪反（鐪陌混）、祢丁礼反（端泥混）、嗽⑦咲（端生混，覺敢混）、錫昔（昔錫混）、欶欶口（上去混）、己幾（之微混）、安按（平去混）、尉委（支微混）、櫬楚忍反（上去混）、掉陁教（蕭宵混）、溪七奚反（溪清混）。

---

① 《合集》（5186 注 252）：“疑底卷解字作衍文當删，注文上假是甲的直音，但甲假同紐異韻。”解、假音更近，唐代的詩文就有佳麻合韻的例子，因而不採用“解字作衍文”的説法。

② 瀕，《合集》（5162 第 8 行）校爲“頰”。

③ 《合集》（5193 注 325）認爲“丑疑爲刃字抄訛”，選“刃”來比較。

④ 《合集》（5195 注 346）認爲“壚即鹵的後起增旁俗字”。

⑤ 《合集》（5195 注 347）認爲“蒿同槀”，選“槀”來比較。

⑥ 綜，《廣韻》子宋切。惚的異體揔，《集韻》祖動、作弄等切。選子宋、作弄切來比較。

⑦ 《合集》（5198 注 380）：“嗽，北 6527 號經本有‘性能欶乳’句，玄應《音義》、慧琳《音義》皆出‘欶乳’條。”嗽、欶異體。

表 3 – 35　伯 2172《大般涅槃經音》688 條有效音注與相關傳世文獻的比較

	與傳世文獻相同	與傳世文獻僅音值相同	與傳世文獻音值不同
音注（條）	310	246	132
百分比（%）	45.1	35.8	19.2

（三）伯 3438《大般涅槃經音》（5222～5223）

伯 3438《法藏》題《大般涅槃經音義》；有音無義，《合集》署《大般涅槃經音》，更準確。注音 9 條，集中在第一卷。

（1）與傳世文獻相同 4 條

中華藏本玄應音義 1 條：恨力尚反（56 – 831 下）。

麗藏本可洪音義 1 條：讖楚蔭反（60 – 186 上）。

《篆隸萬象名義》2 條：竅口弔反（114 上）、墟去餘反（9 下）。

（2）與傳世文獻音注用字不同而音值相同 2 條

《王三》1 條：櫓力覩反（郎古反，475）。

《集韻》1 條：恨力黨反（里黨反，120 下右）。

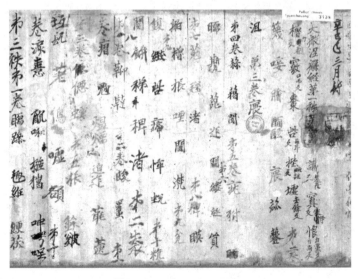

圖 3 – 27　伯 3438（局部）

（3）與傳世文獻音值不同 3 條

實奴丁反（定泥混，先青混）、呰茲耳反（支之混）、桂呲謎反（上去混）。

表 3 – 36　伯 3438《大般涅槃經音》9 條音注與相關傳世文獻的比較

	與傳世文獻相同	與傳世文獻僅音值相同	與傳世文獻音值不同
音注（條）	4	2	3
百分比（％）	44.4	22.2	33.3

（四）伯 3415《大般涅槃經音》（5231～5232）

伯 3415 摘録《大般涅槃經》字詞，字詞下注音 15 條。

（1）與傳世文獻相同 6 條

麗藏本可洪音義 1 條：霼音弗（59 – 619 中）。

《經典釋文》4 條：蚤音早（163 下右）、豚音屯（435 下左）、讘音詀
（191 上右）、闇困（143 上左）。

《篆隸萬象名義》1 條：呻舒神反（43 下）。

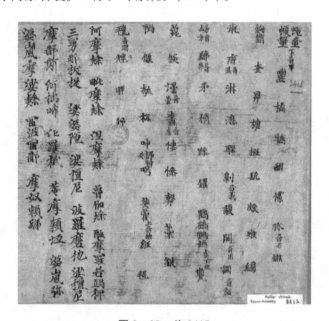

圖 3 – 28　伯 3415

（2）與傳世文獻音注用字不同而音值相同 4 條

《王三》2 條：鸘欲（余蜀反，511）、壜音曇（徒南反，460）。

《廣韻》1 條：纛音毒（徒沃切，439）。

《集韻》1 條：瘤音濕（席入切，220 上右～左）。

（3）與傳世文獻音值不同 5 條

剿音義（支脂混）、髣音方（非敷混①）、鸜音葵（脂虞混）、葵音劬（脂虞混）、㯹音閭（魚虞混）。

表 3-37　伯 3415《大般涅槃經音》15 條音注與相關傳世文獻的比較

	與傳世文獻相同	與傳世文獻僅音值相同	與傳世文獻音值不同
音注（條）	6	4	5
百分比（%）	40	26.7	33.3

（五）斯 5999《大般涅槃經音》（5237~5239）

斯 5999 一紙，雙面抄，摘抄《大般涅槃經》的難字，難字下注音 179 條，其中辨字形 2 條，即灰灰、棘早；以音改字 1 條，即陝狹；同字注音 1 條，即往往；未識字 3 條，即蘁等、咟惣、蘁等。有效 172 條。

（1）與傳世文獻相同 42 條

麗藏本可洪音義 31 條：蘆盧（60-373 下）、㯹高②（60-155 下）、範犯（59-753 下）、嗣寺（60-233 下）、杌兀（59-1056 中）、蕽郎果反（59-581 下）、劦六（59-583 下）、庪隈③（59-1100 上）、躬弓（60-447 中）、苐伍（59-634 下）、咭去（59-549 下）、

圖 3-29　斯 5999（局部）

---

① 髣，《集韻》撫兩切。方，《集韻》分房、甫兩等切。選撫兩、甫兩來比較。
② 麗藏本（60-155 下左）："梨輻：音高。"麗藏本（60-155 下右）："一輻：音革，正作㯹，又音厄，正輒。"輻、㯹異體。
③ 麗藏本："痕，烏内反，隱僻處也，正作隈。"《龍龕手鏡》（300）：庪，烏内反，隱處也。痕是"庪"的形增俗字。寫卷給庪注"隈"音，因音辨字。

殺古①（60－294 上）、暊暖②（59－593 中）、膏高（60－185 中）、餅飯（59－687 上）、浸侵（60－300 上）、棲西（60－106 中）、酸淡③（59－679 上～中）、榴流（60－130 上）、栽才④（60－393 下）、痍夷（59－590 下）、壺胡（59－682 下）、麟隣（59－582 上）、貌兒（59－925 上）、耦藕⑤（59－1103 下）、湖胡（（59－981 下）、坁⑥底（59－626 上）、婚⑦昏（59－996 上）、妲因（59－996 上）、捔角（60－542 中）、捔角（60－542 中）。

《經典釋文》10 條：慄栗⑧（369 上左）、駈駈⑨（66 下左）、闐困（143 上）、雕彫⑩（387 下右）、麒其（323 下左）、痟消（111 上右）、昴卯⑪（419 下左）、評平（304 下右）、駒俱（75 上左）、漠莫（96 下左）。

《篆隸萬象名義》1 條：餔補胡反（91 下）。

（2）與傳世文獻音注用字不同而音值相同 52 條

麗藏本可洪音義 7 條：菳饉（菳⑫，之陵反，60－178 中；饉，之陵

---

① 麗藏本："矼，音古，悮。"《可洪音義研究》（459）認爲矼、殺異體。
② 麗藏本："煖法：上奴管反，亦作燸、暖。"《可洪音義研究》（610～611）認爲燸、暊、暖異體。寫卷給暊注"暖"音，因音辨字。
③ 麗藏本："酸正作淡。"寫卷給酸注"淡"音，因音辨字。
④ 麗藏本："栽縫：上音才，悮；下音逢。"寫卷承襲了訛誤音。可洪用"悮（誤）"表明栽字有問題，應作"裁"。栽、裁形近可訛。
⑤ 麗藏本："耦，五口反，正作藕。"寫卷給耦注"藕"的音，因音辨字。
⑥ 坁，麗藏本作"坻"，坁是"坻"的俗寫。
⑦ 昏，麗藏本作"昬"。昏是"昬"的避諱字。
⑧ 栗，《經典釋文》作"栗"。《合集》（5240 注 14）認爲"直音字栗字《字彙補》以爲古文粟字，但此處應爲栗字俗訛"。
⑨ 《經典釋文》："載駈：欺具反，又如字，下皆同，本亦作駈。"寫卷給駈注"駈"的音，因音辨字。
⑩ 《經典釋文》："雕，徐音彫，本亦作彫。"從《序録》看，"音彫"是徐邈的直音。
⑪ 《合集》（5238）謄抄"卯"作"鞚"。其實，"鞚"的"革"上畫了一條斜綫，表明刪去。
⑫ 菳，麗藏本作"蒸"。

反，59－874 下）、虧齡（虧，去随反，60－1 下；齡，丘随反，59－738 上）、奪奪（奪，徒活反，59－933 上；奪，徒活反，60－393 下）、蕅藕（蕅，五口反，60－103 上；藕，五口反，59－566 中）、恈教（恈，古孝反，59－747 上；教，古孝反，60－206 上）、墇瘄（墇，古霍反，59－876 中；瘄，古霍反，59－998 中）、槊朔（槊，所卓反，59－781 下；朔，所卓反，59－766 中）。

《王三》20 條：瑰回（户恢反，447）、敵笛（徒歷反，518）、枳只（諸氏反，471~472）、倡昌（處良反，461）、稊提（度嵇反，446）、塘堂（徒郎反，462）、圁銀（語巾反，449）、歮澁①（色立反，523）、妹②昧（莫佩反，497）、梅枚（莫盃反，447）、濯濁（直角反，512）、鏘槍（七將反，462）、姟該（古哀反，448）、秏③好（呼到反，503）、芝之（止而反，441）、闢躃（房益反，519）、膈鬲（古核反，520）、跌昳（徒結反，516）、穽浄（疾政反，506）、葶亭（特丁反，465）。

《經典釋文》1 條：咳鎧（咳，苦愛反，186 下左~187 上右；鎧，苦愛反，64 上左）。

《廣韻》6 條：墟虛（去魚切，51）、啅啄（竹角切，445）、鉞戉（王伐切，457－458）、閡㝵（五溉切，370）、饌撰（雛鯇切，267）、攙讒（士咸切，210）。

《集韻》18 條：螚郝④（黑各切，209 上左）、哂因（伊真切，36 上右~左）、怏殃（於良切，64 上左）、逯祿（盧谷切，183 下右~左）、嘻喜（虛其切，16 下左）、沾占（之廉切，84 上左）、膳善（上演切，111 上右）、俾卑（賓彌切，10 上左）、株朱（鍾輸切，23 下右~左）、

---

① 歮、澁，《王三》作"澀、澀"。《合集》（5242 注 32）："歮和注文澁分別爲澀、澀的俗字。"

② 《合集》（5234 注 38）認爲"頗疑此字（妹）爲妹字之訛"，以"妹"來比較。

③ 《合集》（5248 注 100）認爲"秏，秏的俗字"，以"秏"來比較。

④ 螚，《集韻》作"螚"。螚是"螚"的俗寫。

揃前（子淺切，110 下右）、躃①僻（毗亦切，214 下左）、舶柏（薄陌切，210 下右）、泮半（普半切，158 下左）、燎料（憐蕭切，51 下右 ~ 左）、鑄主（朱成切，141 下左）、剺被（披義切，134 下右）、衒玄（熒絹切，162 上右）、檽②癭（抽支切，9 上左）。

（3）與傳世文獻音值不同 78 條

桙並（齊青混）、塹漸（精清混）、蓊瓮（上去混）、魃③勿（至物混）、机去（脂魚混④）、餡陷（匣以混，咸鹽混，上去混）、櫓路（上去混）、芀⑤吹（初昌混，支虞混）、抑益白（陌二職混）、靂力（錫職混）、戟亦（昔職混）、憚其（之魚混）、晚⑥万（上去混）、廝思（支之混）、稗敗（卦夬混）、莠⑦又（于以混，上去混）、莠又（于以混，上去混）、儐稟（真侵混，上去混）、讎囚（邪禪混）、艱佷（見匣混，痕山混，平上混）、撇併（薛耿混）、羇居（支魚混）、蹤中（精知混，東三鍾混）、倪迎（齊庚三混）、殯稟（真侵混，上去混）、試史（生書混，上去混）、寐⑧美（上去混）、篾滅（屑薛混）、覇⑨把（上去混）、稚值（脂之混）、耺尹（文諄混⑩）、復胡部反（非匣混，姥屋混）、漿將（精知混）、淵愿⑪（元先混）、萌盲（庚二耕二混）、諭雨（于以混）、

---

① 躃，《集韻》作"躄"，躃、躄異體。

② 《合集》（5254 注 156）認爲"檽，檽的俗字"，以"檽"來比較。

③ 《龍龕手鏡》（323）：魃古魅。魃是"魅"的古體。

④ 机，《集韻》居狋、舉履切。去，《集韻》苟許、口舉、丘據切。選舉履、苟許切來比較。

⑤ 芀是"蓧"的俗寫。

⑥ 晚，《合集》（5237 第 2 行）校爲"晚"。

⑦ 《合集》（5241 注 22）認爲"莠，莠的換旁俗字"。

⑧ 《合集》（5242 注 34）認爲"寐，寐的俗字"。

⑨ 《合集》（5243 注 42）認爲"覇，霸的俗字"。

⑩ 耺，《集韻》王分、王問切。尹，《集韻》于倫、庚準切。選王分、于倫切來比較。

⑪ 愿是"怨"的形增俗字。

癛遇（虞齊混①）、篋怯（帖業混）、詠進（精澄混）、誤五（上去混）、斛或（屋德混）、粔耕②（庚二耕二混）、祀寺（上去混）、祠寺（平去混）、甃師（心生混，支脂混）、遷千（先仙混）、檜憒（見溪混，泰隊混）、輸須（心書混）、攺是（上去混）、摯③梨（脂之混）、哲茆（精知混，薛屑混）、佩貝（幫並混，泰隊混）、璫唐（端定混）、槽爲爲反（眞祭混）、枂昔④（昔錫混）、紙至（支脂混，上去混）、椋乃（霽代混）、芟⑤尋（泰代混）、噎晟⑥（祭勁混）、杭曠（溪匣混，開合混，平去混）、懟住（脂虞混）、嗋於話反（夬廢混）、悾令（齊青混）、蠰讓（上去混）、椽全（從澄混）、縶集（知從混）、劓義（支脂混）、喎禍（上去混⑦）、懅其（之魚混）、逾爲（支虞混）、掖益（以影混）、齧蘖⑧（薛屑混）、樹戶（奉匣混，虞模混，上去混）、叔宿（心書混）、擬語（之魚混）、鵠或造（沃号混）、愬慶（祭映混）、檠音敬（齊庚三混）。

表 3-38　斯 5999《大般涅槃經音》172 條有效音注與相關
傳世文獻的比較

	與傳世文獻相同	與傳世文獻僅音值相同	與傳世文獻音值不同
音注（條）	42	52	78
百分比（%）	24.4	30.2	45.3

① 癛，《集韻》研計、倪祭、牛例切，選研計切來比較。
② 《合集》（5245 注 67）認爲 "粔、粳皆秔的異體俗字"。耕《合集》（5245 注 67）校爲 "耕"。
③ 摯、鷙異體。
④ 《合集》（5248 注 94）："枂應爲析的俗字。"
⑤ 《合集》（5248 注 101）認爲 "芟，艾字的俗寫"。
⑥ 《合集》（5249 注 101）認爲 "噎，就字形而言，此字當是噎的俗寫"。
⑦ 喎，《龍龕手鏡》（268）注 "今音和"。
⑧ 蘖、蘖異體。

（六）北敦 13834 和北敦 4277《妙法蓮華經第六卷難字音》（5313～5314）

北敦 13834（底卷）和北敦 4277（甲卷）的內容基本相同，難字注音均在《妙法蓮華經》經文第六卷後，注音 12 條。

（1）與傳世文獻相同 5 條

麗藏本慧琳音義 1 條：窊烏瓜反（57－463 下）。

麗藏本可洪音義 1 條：甄居延反（59－569 下）。

《經典釋文》2 條：憙虛記反（327 下右）、妊而鴆反（175 下右）。

《篆隸萬象名義》1 條：咼口蛙反（44 上）。

（2）與傳世文獻音注用字不同而音值相同 6 條

圖 3－30　北敦 4277

麗藏本可洪音義 1 條：膈百典反（卑典反，59－703 中）。

《王三》4 條：罄去頂反（去挺反，485）、欬去代反（苦愛反，498）、藾①紫賜反（紫智反，490）、裸②爐火反（郎果反，482）。

《集韻》1 條：睇梯（天黎切，27 上左～下右）。

（3）與傳世文獻音值不同 1 條

喜許几反（脂之混）。

表 3－39　北敦 13834 等《妙法蓮華經第六卷難字音》12 條音注與相關傳世文獻的比較

	與傳世文獻相同	與傳世文獻僅音值相同	與傳世文獻音值不同
音注（條）	5	6	1
百分比（％）	41.7	50	8.3

---

① 《合集》（5314 注 6）："藾實即積的增旁俗字。"

② 《合集》（5314 注 7）："裸，當是裸字俗訛。"

（七）　北敦 8074 背《妙法蓮華經馬明菩薩品詞句抄》（5317）

北敦 8074 正面抄《大般若波羅蜜多經》難字，背面抄《妙法蓮華經》第八卷第三十品馬明菩薩品詞句，詞句旁注音 3 條。

（1）與傳世文獻相同 1 條

麗藏本可洪音義 1 條：蜚非（59 - 643 下）。

（2）與傳世文獻音注用字不同而音值相同 1 條

《龍龕手鏡》1 條：贅埵（贅，丁果反，314；埵，多果反，249）。

（3）與傳世文獻音值不同 1 條

蜎員（于影混）。

表 3 - 40　北敦 8074 背《妙法蓮華經馬明菩薩品詞句抄》
3 條音注與相關傳世文獻的比較

	與傳世文獻相同	與傳世文獻僅音值相同	與傳世文獻音值不同
音注（條）	1	1	1
百分比（%）	33.3	33.3	33.3

（八）　斯 6691 等《金光明最勝王經音》（5326 ~ 5327）

斯 6691《金光明最勝王經音》十卷，其中"弟五"的字樣下缺字音；斯 6518 抄《金光明最勝王經》第三卷，末附經音 3 條；斯 3106 抄《金光明最勝王經》第四卷，末附經音 4 條；斯 3933 抄《金光明最勝王經》第四卷，末附經音 1 條；伯 2224 抄《金光明最勝王經》第三至五卷，末附第五卷經音 4 條；斯 2522 抄《金光明最勝王經》第六卷，末附經音 19 條；北敦 4830 抄《金光明最勝王經》第七卷，經文中注音 14 條，末附經音 11 條；俄弗 129 抄《金光明最勝王經》第八卷，經文中注音 3 條，末附經音 2 條；中國書店藏 ZSD039 抄《金光明最勝王經》第九卷，經文中注音 1 條，末附經音 9 條。注音計 113 條，其中密咒注音 1 條，即底丁耶，有效 112 條。

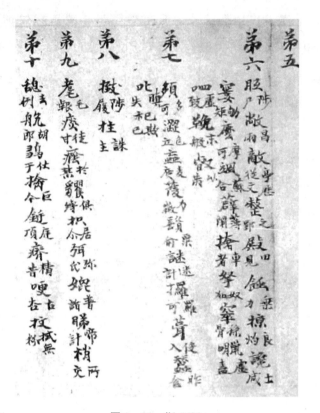

圖 3－31　斯 6691

（1）與傳世文獻相同 44 條

麗藏本可洪音義 23 條：淫失入反（59－586 上）、蚋而稅（60－92 中）、觜即委（59－591 上）、蛭之日（59－1063 下）、礦古猛（59－592 中）、鎖①蘇果（59－773 下）、穆莫六（59－792 中）、謎莫計（59－568 上）、齅許救（59－737 上）、挐奴加反（59－588 上）、臟盧盍（59－721 中）、叡以芮（60－262 中）、頯多可（59－558 上）、鹽昨②含（59－600 上）、攝③之涉（59－1112 中）、痰徒

---

① 鎖，麗藏本作"鎖"。《可洪音義研究》（695）：鎖、鎖異體。

② 斯 6999 作"昨"，北敦 4830 作"作"，選"昨"來比較。

③ 《合集》（5353～5354 注 93）認爲"'攝''攝'則疑爲襧字形訛"，以"襧"來比較。

甘（59－550 上）、癆於禁（59－1130 下）、玃俱縛①（59－955 上）、梢_所

交（60－8 中）、航_{胡郎}（60－437 中）、擒_{巨今}（59－581 上）、抆_{無粉}

（60－48 中）。

《經典釋文》5 條：暨_{其器}（42 上左）、蚶_{火甘}（432 下右）、蚶_{火甘}

（432 下右）、耄_{毛報反}②（51 上右）、弭_弥③_氏（270 上右）。

《王三》14 條：博_{補各反}（525）、鷦_{即遥}（456）、鵂_{許尤}（466）、鶹

_{力求}（465）、荼_{室加}④（460）、闠_{胡對}（497）、枳_{諸氏反}（471～472）、窒

_{丁結反}（517）、整_{之郢}（485）、蝕_{乘力}（525）、讒_{士咸}（470）、澀_{色立}

（523）、憩_{去例}（496）、哽_{古杏}（484）。

裴務齊《刊謬補缺切韻》1 條：颯_{蘇合}（618）。

《廣韻》1 條：鵲⑤_{仕于}（58）。

（2）與傳世文獻音注用字不同而音值相同 43 條

《王三》25 條：瞖_燕⑥_計（於計反，495）、鷯_{多簫}⑦（落蕭反，455）、

儢_{蒲界}（蒲界反，497）、朅_愱⑧_竭（去竭反，517）、鍊_{蓮見}（落見反，

501）、嘘_{巨略反}（其虐反，524）、窒_{丁戾}⑨_反（丁結反，517）、奕_{盈益}（羊

益反，519）、稔_{任甚}（如甚反，487）、敵_{亭歷}（徒歷反，518）、殿_{田見}（堂

見反，501）、掠_{良灼}（離灼反，524）、蹇_{劬矩}（其矩反，475）、麼_{摩可}（莫

---

① 玃，麗藏本作"玃"。玃、玃異體。
② 《經典釋文》："耄，本亦作薹，毛報反，《切韻》莫報反。"耄是"薹"的俗字。斯 6999 作"薹"，中國書店 ZSD039 作"耄"。
③ 弥，《經典釋文》作"彌"。
④ 《合集》（5333 注 15）認爲"室加應爲宅加之誤"，以"宅"來比較。
⑤ 鵲，《廣韻》作"鷯"。鵲是"鷯"的俗寫。
⑥ 《合集》（5330 注 7）認爲"燕疑爲燕的俗寫"。
⑦ 《合集》（5331 注 9）："多簫，斯 1177、2934、5386、6558、6708、7434 號、上博 20 號、俄敦 569＋8801 號，北 1448、1471、1479、1845 號作了簫。"選"了簫"來比較。
⑧ 《合集》（5331～5332 注 12）認爲"愱爲恖的俗寫"。
⑨ 戾，《廣韻》有霽、屑二讀，選"屑"韻來比較。

可反，482）、薛_{薄閉①}（薄計反，495）、窣_{孫骨}（蘓骨反，514）、呬_{虛致}（許器反，491）、鞔_{末般}（武安反，452）、虻_{麥庚}（武庚反，463）、薐_{力徵}（六膺反，469）、鬚_{粟俞}（相俞反，444）、叱_{瞋失}（尺栗反，513）、杞_{欺己}（墟里反，474）、媲_{普詣}（匹計反，495）、睇_{啼計}（特計反，495）。

裴務齊《刊謬補缺切韻》1 條：鎔_{欲鍾}（餘封反，540）。

麗藏本可洪音義 4 條：胒_{陟尸}（竹尼反，60－396 上）、謎_{迷計}（莫計反，59－568 上）、鋌_{庭頂}（徒頂反，60－370 下）、企_{輕利反}（丘至反，60－106 下）。

《廣韻》11 條：瑿_{䴏号②}（於其切，42）、馺③_{所史，從史}（踈士切，232）、瘂_{厄下}（烏下切，288）、渟_{大丁}（特丁切，174）、桴_{覆④于}（芳無切，58－59）、摯_{貞里反}（陟里切，231）、撦_{車者}（昌者切，289）、跐_{丑世}（丑例切，359）、枳_{居尔}（居帋切，227）、柱_{誅主}（知庾切，243）、摯_{陟履}（豬几切，230）。

《集韻》2 條：攞_{勒可反}（郎可反，117 上右）、體_{天里反}（天以切，94 下左）。

（3）與傳世文獻音值不同 25 條

羂_{古縣}（上去混⑤）、枳_{姜里反}（支之混）、底_{丁里反}（之齊混）、莎_{蘇活反}（戈末混）、蚶_{火含}（覃談混）、袜_{麻八}（末黠混）、葺_{伇入}（清以混）、莎_{蘇活反}（戈末混）、蚶_{火含}（覃談混）、底_{丁里}（之齊混）、智_{貞勵反}（寘祭混）、茶_{亭耶反}（定澄混，麻二麻三混⑥）、酸_{蘇活}（桓末混）、帝

---

① 閉，《廣韻》有霽、屑二讀，選“霽”韻來比較。
② 《合集》（5328 注 2）認爲“䴏疑爲燕的俗寫”，“号則應爲分字之訛”。
③ 《合集》（5328～5329 注 3）認爲馺“則必爲馺字之訛無疑”。
④ 覆是“覆”的俗寫。
⑤ 羂，《廣韻》姑泫切。切下字縣《廣韻》黃練、胡涓切。選“縣”的去聲（黃練切）來比較，原因在於它作《廣韻》的切下字時爲去聲，如“絢，許縣切”；寫卷的上去混比平上混更普遍。
⑥ 茶，《集韻》直加、同都、後五、徐嗟、時遮、余遮等切，選直加切來比較。

貞勵（端知混，霽祭混）、底丁里（之齊混）、昏火恨（開合混①）、酸蘇活（桓末混）、點丁焰（鹽添混②）、囉魯家（麻二麻三混③）、蚶火含（覃談混）、勸駈間（文元混）、底丁里（之齊混）、沓徒洽（合洽混）、瘠精昔（精從混）、底丁利（脂齊混，上去混）。

表 3－41　斯 6691 等《金光明最勝王經音》112 條有效音注與相關傳世文獻的比較

	與傳世文獻相同	與傳世文獻僅音值相同	與傳世文獻音值不同
音注（條）	44	43	25
百分比（%）	39.3	38.4	22.3

（九）伯 3916 和伯 3835《不空羂索神咒心經音》（5366～5368）

伯 3916 抄錄《不空羂索神咒心經》，後附難字注音。伯 3835（甲

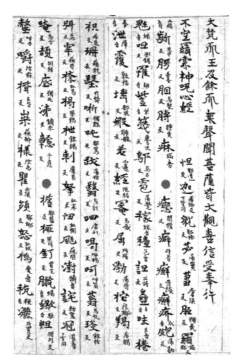

圖 3－32　伯 3916

---

① 昏，《集韻》呼昆、呼困切，選呼困切來比較。

② 點，《集韻》都念、多忝、之廉、丁賀切，選都念切來比較。

③ 囉，《集韻》（62 上右）利遮切。切下字家是麻二，遮是麻三。

卷）由内容相近的經文連綴而成，其中《不空羂索神咒心經》後附有
難字注音。這兩個寫卷難字注音相同，一些俗訛字的寫法大同小異，
《合集》（5365）認爲"二卷應同出一源，或皆出於某一武周時期的經
本"。注音89條。

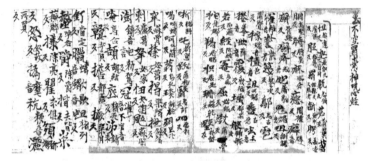

圖 3 - 33　伯 3835

（1）與傳世文獻相同30條

中華藏本玄應音義1條：埵丁果反① （56 - 910 中）。

麗藏本可洪音義14條：斸魚巾反（59 - 1040 上）、腭五各反（59 -
593 中）、胭烏堅反（60 - 210 下）、魅②媚音（60 - 210 上）、砦紫音（59 -
560 上）、鄔烏古反（59 - 552 中）、雹蒲角反（59 - 976 中）、穡色音（59 -
935 中）、蠱古音（59 - 752 上）、呿去音（59 - 549 下）、冠官（59 - 738
上）、螫呼各反（59 - 583 上）、怒奴故反（60 - 198 中）、秔粳音③（59 -
803 下）。

《經典釋文》7條：怛都達反（212 下左）、疥戒音④（285 下左）、羅
離音⑤（63 下右）、稼嫁音（23 下左）、翁烏孔反（428 上左）、擔都藍反

---

① 中華藏本："土埵，《字林》丁果反。聚土也。""丁果反"是玄應引《字林》
　　的反切。

② 魅，麗藏本作"彲"。彲、魅異體。

③ 麗藏本："秔米，上音庚，正作秔、粳二形。"寫卷給秔注"粳"音，因音
　　辨字。

④ 《經典釋文》：疥，舊音戒。"音戒"是舊音。

⑤ 《經典釋文》："白羅，本又作離，力知反，憂也。"羅、離音同通用。

（106 下左）、灑所買反（186 下左）。

《史記》張守節索隱 1 條：捲拳音（2338①）。

《王三》2 條：窣蘇骨反（514）、頡胡結反（517）。

裴務齊《刊謬補缺切韻》2 條：覆②敷福反（601）、颮③蘇合（618）。

《唐鈔文選集注彙存》1 條：罨烏感反（1～69④）。

《廣韻》2 條：迦居迦反（144）、呵呼箇反（400）。

（2）與傳世文獻音注用字不同而音值相同 48 條

麗藏本可洪音義 5 條：葍⑤瘡俱反（測俱反，59－553 下）、胒⑥猪夷反（竹尼反，60－396 上）、詫勅駕反（丑亞反，59－782 上）、蛆猪列反（知列反，59－937 中）、頦都娜反（多可反，59－558 上）。

《王三》29 條：駎都楠反（丁含反，460）、痳臨音（力尋反，467）、癬胥淺反（息淺反，480）、籩薷決反（莫結反，517）、般脯槃反（北潘反，452）、若⑦而遮反（人者反，483）、經陒結反（徒結反，517）、屈姑掘反（區物反，513）、渤蒲骨反（蒲没反，514）、羯居喝反（居謁反，514）、珊蘇乾反（蘇干反，452）、堅於秸反（烏鷄反，446）、跂蒲括反（蒲撥反，515）、翳烏計反（於計反，495）、呬虛利反（許器反，491）、琰餘檢反（以冉反，487）、捺奴葛反（奴曷反，515）、揭⑧渠羯反（其謁反，514）、剌盧葛反（盧達反，515）、拏奴家反（女加反，459）、忸奴掬反（女六反，510）、澍鑄音（之戍反，493）、冠灌音（古段反，500）、

───────────

① "2338"指司馬遷撰，裴駰集解，司馬貞索隱，張守節正義《史記》，中華書局，1959，第 2338 頁。
② 覆，裴務齊《刊謬補缺切韻》作"覆"。覆、覆異體。
③ 颮，裴務齊《刊謬補缺切韻》作"颯"。颮、颯異體。
④ 指周勛初《唐鈔文選集注彙存》第 1 册，上海古籍出版社，2000，第 69 頁。
⑤ 葍，是"蓊"的俗寫。
⑥ 胒是"胝"的俗寫。
⑦ 若，《王三》作"若"。若是"若"的形增俗字。
⑧ 揭，《王三》作"揭"。揭是"揭"的形增俗字。

撅①渠月反（其月反，514）、釘當定反（丁定反，506）、蠍歇音（許謁反，514）、揩去皆反（客皆反，447）、祟②薦醉反（雖遂反，490）、撝麾音（許爲反，438）。

裴務齊《刊謬補缺切韻》3 條：喝呼蝎反（許葛反，610）、泄薜音（私結反，613）、戀乎③貢反（呼貢反，583）。

《篆隸萬象名義》2 條：皰蒲豹反（蒲教反，266 下）、吒都駕反（都嫁反，43 下）。

《廣韻》6 條：膊膊莫反（匹各反，487）、癖辟音（芳辟切，499）、扡徒娜反（徒可切，284）、枳居是（居帋切，227）、臘蠟音（盧盍切，516～517）、瞿求俱反（其俱切，54）。

《集韻》3 條：癴閭權反（閭員反，50 下右）、羂絹音（古泫切，110 上左）、拽餘竭反（羊列切，204 上右）。

（3）與傳世文獻音值不同 11 條

苾蒲翼反（質職混）、羂姑縣反（上去混）、咀側錦反（從莊混，上去混）、詛所錦反（莊生混）、啲猪點反（點鍩混）、唵烏合反（感合混）、底猪死反（端知混，脂齊混）、沛鑄未反（精章混，微齊混，上去混）、嚼除爵（從澄混）、樣除亮反（澄以反）、弭亡比反（支脂混）。

表 3-42　伯 3916 等《不空羂索神咒心經音》89 條音注與相關傳世文獻的比較

	與傳世文獻相同	與傳世文獻僅音值相同	與傳世文獻音值不同
音注（條）	30	48	11
百分比（％）	33.7	53.9	12.4

（十）北敦 1826 背《大佛頂經大寶積經難字音》（5462）

北敦 1826 的背面抄錄《大佛頂經》《大寶積經》的難字，難字下

---

① 撅，《王三》作“橛”。《合集》（5372 注 32）：“撅橛古通用，此以作橛字爲是。”
② 被注字“祟”《合集》（5368/4）逐錄作“祟”。
③ 乎，《廣韻》僅匣母讀，《集韻》有曉、匣二讀。選“曉”母來比較。

有注音。《大佛頂經》的難字注音 19 條，被注字是霽、俶、旅、矚、

捔、庠、茫、涯、縈、肢、液、厓、禆、垣、裹、揣、昱、礭、悖；

《大寶積經》的難字注音 12 條，被注字是趾、恎、甿、衮、樞、羿、

義、慮、晷、瀆、鈞、輟。注音共 31 條，其中辨字形 2 條，即厓底、羿

朔。有效 29 條。

（1）與傳世文獻相同 5 條

麗藏本可洪音義 4 條：捔角（60 – 110 上）、茫忙（60 – 321 上）、

衮袟（60 – 454 中）、裹果（59 – 688 下）。

《經典釋文》1 條：液音亦（176 上左）。

（2）與傳世文獻音注用字不同而音值相同 10 條

《王三》3 條：霽济①（子計反，494）、矚屬（之欲反，511）、悖

䭶②（蒲没反，514）。

裴務齊《刊謬補缺切韻》1 條：輟綴（陟劣反，613）。

《廣韻》2 條：肢支（章移切，20）、恎袟③（直一切，448）。

《集韻》4 條：俶孰（神六切，184 下左～上右）、庠慞（諸良切，

63 上左）、揣團（徒官切，43 下左）、涯芽（牛加切，61 下左）。

（3）與傳世文獻音值不同 14 條

旅意（來影混，語志混）、縈緊（見溪混，齊真混）、禆碑（重三重

四混）、趾至（脂之混，上去混）、甿亡（陽耕混）、樞吹（支虞混）、義

虛（支魚混）、慮記（之魚混）、晷鬼（脂微混）、瀆會（泰隊混）、鈞君

（諄文混）、昱餉（以影混，侯屋三混）、礭④定（溪定混，徑覺混）、垣

音員（元仙混）。

---

① 济，《王三》作“濟”。济、濟異體。

② 悖是“悖”的俗寫，䭶是“餑”的俗寫。

③ 恎，《合集》（5462 第 3 行）校爲“恎”。袟，《廣韻》作“衮”，袟、衮異體。

④ 礭是“確”的異體。

表 3 – 43　北敦 1826 背《大佛頂經大寶積經難字音》29 條有效音注與相關
傳世文獻的比較

	與傳世文獻相同	與傳世文獻僅音值相同	與傳世文獻音值不同
音注（條）	5	10	14
百分比（%）	17.2	34.5	48.3

（十一）　伯 3506《佛本行集經難字音》（5542 ～ 5543）

伯 3506 的正面 21 行，首行題《佛本行集經第二》，抄録難字，少
數難字下有注音，注音 14 條，其中辨字形 1 條，即関音間；有效 13 條。

（1）與傳世文獻相同 3 條

麗藏本可洪音義 3 條：襲音習（60 – 405 中）、圉音右（60 – 427
下）、挂①音卦（60 – 357 上）。

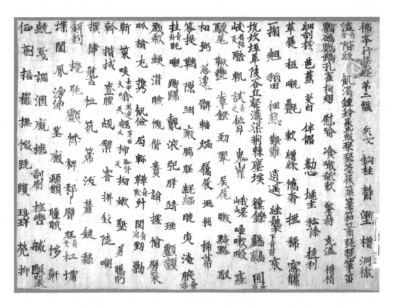

圖 3 – 34　伯 3506

（2）與傳世文獻音注用字不同而音值相同 4 條

《王三》2 條：腋音亦（羊益反，519）、騗芳面反（匹扇反，502）。

---

①　挂，麗藏本作"掛"。挂、掛異體。

《廣韻》2 條：韡音靴（許肥切，144）、梆①恥皆反（丑皆切，75）。

（3）與傳世文獻音值不同 6 條

溢音合（溪匣混）、岐居移反（見群混）、試音史（生書混，上去混）、唊②士甲反（洽狎混）、噏③魚連反（匣疑混，仙咸混）、尪音光（見影混）。

表 3-44 伯 3506《佛本行集經難字音》13 條有效音注與相關傳世文獻的比較

	與傳世文獻相同	與傳世文獻僅音值相同	與傳世文獻音值不同
音注（條）	3	4	6
百分比（%）	23.1	30.8	46.2

（十二）北敦 5931 背《難字音義》（5574）

北敦 5931 的背面有願文，願文前後零星倒寫一些詞條，其中有些爲佛經用字，詞條下注音 11 條。

圖 3-35 北敦 5931 背（局部）

（1）與傳世文獻相同 4 條

中華藏本玄應音義 1 條：棍古本（56-826 上）。

麗藏本可洪音義 1 條：鷽羊六反（60-372 上）。

《王三》1 條：袽乃胡反（445）。

《廣韻》1 條：礫良擊反（500）。

---

① 梆，《廣韻》作"撅"。《合集》（5549 注 64）認爲"梆，撅的訛俗字"。

② 《合集》（5549 注 62）認爲"《大正藏》校記謂'騷鹹'宋《資福藏》、元《普寧藏》、明《嘉興藏》等本作'唊噏'"，"玄應《音義》出'騷騷'條"，"《大正藏》本的'鹹'疑爲'騷'字之訛"。選"騷"字來比較。

③ 同上。選"騷"字來比較。

（2）與傳世文獻音注用字不同而音值相同 5 條

《王三》4 條：礫_{力激反}（閭激反，518）、硝_{思焦反}（相焦反，456）、陵_{力澄反}（六應反，469）、粲_{千旦反}（倉旦反，500）。

《集韻》1 條：矾音朴（匹角反，189 上右）。

（3）與傳世文獻音值不同 2 條

汱_{徒灰反}（泰灰混）、僜_{都陵反}①（蒸登混）。

表 3-45　北敦 5931《難字音義》11 條音注與相關傳世文獻的比較

	與傳世文獻相同	與傳世文獻僅音值相同	與傳世文獻音值不同
音注（條）	4	5	2
百分比（%）	36.4	45.5	18.2

（十三）伯 3270 背《佛經難字音》（5657）

伯 3270 一紙，雙面抄寫，書寫潦草，皺褶較多，但放大後基本可識。卷背的主體抄録難字音，注音 118 條，其中辨字形 6 條，即兹_慈、耕_耕、此_屾、關_開、榮_啓、含_會；音注用字殘泐 12 條，即□_肛、派□、絅□、鯨□、岩□、葛□、揖□、□_屬、櫟□、□_有、稍□、桌□。有效 100 條。

（1）與傳世文獻相同 21 條

麗藏本可洪音義 13 條：蚤②螺（60-426 下）、梓子（60-486 下）、毦毛（59-985 中）、聯連（60-297 中）、瓱③代（60-574 中）、鄷豐④（60-323 上）、瓱⑤代（60-574 中）、巊堯（60-593 中）、愡⑥

---

① 僜，《集韻》都騰、丑升等切，選都騰切來比較。

② 蚤，麗藏本作"䖤"，蚤是"䖤"的俗寫。

③ 瓱，《合集》（5657 第 3 行）校作"玳"。

④ 《合集》（5659 注 20）認爲"鄷爲酆的簡俗字，猶注文豐爲豐的簡俗字"，選"酆、豐"來比較。

⑤ 瓱，《合集》（5657 第 3 行）校作"玳"。

⑥ 愡，麗藏本作"愡"，愡、愡異體。

圖 3-36　伯 3270 背

窓（59-729 上）、櫨盧（60-439 上）、衷中（60-538 下）、遐退（59-591 中）、梓子（60-486 下）。

《經典釋文》8 條：婺務（176 下右）、璜黄（135 上右）、裡曰①（93 上左）、複福（224 下左）、恂旬（350 上右）、弇掩（419 下右）、璿旋（37 下左）、屆界（96 下右）。

（2）與傳世文獻音注用字不同而音值相同 34 條

《王三》13 條：刊看（苦寒反，452）、籜託（他各反，524）、禹雨（于矩反，475）、滕騰（徒登反，469）、梭莎（蘇禾反，458）、鞶盤（薄官反，452）、崤爻（胡茅反，457）、璧辟（必益反，519）、翦剪

---

① 曰，《經典釋文》作"因"，曰、因異體。

（即踐反，480）、厦①下（胡雅反，483）、銓詮（此緣反，454）、汾墳（符分反，450）、菁絹②（七入反，523）。

裴務齊《刊謬補缺切韻》3 條：毳脆③（此芮反，590）、庇比（必至反，586）、芮蚋（而鋭反，590）。

《廣韻》6 條：幾幾（渠希反，45）、鑿昨（在各反，488）、欒鸞（落官切，105）、邙忙（莫郎反，162～163）、巀截（昨結反，474）、寨砦（犲夬切，367）。

《集韻》12 條：慷康（丘岡切，65 下左）、憧同（徒東切，2 上左～下右）、飇搜④（卑遥切，52 下左）、濤淘（徒刀切，57 上左）、韶迢（田聊切，51 下右）、飇⑤漂（卑遥切，52 下左）、斐菲（府尾切，94 下左～上右）、郇旬（須倫切，35 下右）、亮兩（力讓切，171 下右）、袞混（古本切，106 上右）、輴潘（孚袁切，39 下右）、耐乃（乃代切，152 下左）。

（3）與傳世文獻音值不同 45 條

慨愾（見溪混）、抑益（昔職混）、盧梨（脂模混）、杞其（溪群混，平上混）、藻草（精清混）、吁威（于影混，微虞混）、緘監（咸銜混）、瀰無（微禪混，祭虞混）、裔盈（祭清混，平去混）、耿更（庚二耕二混，上去混）、壐死（支脂混）、峙寺（澄邪混，上去混）、鑣摽（重三重四混⑥）、螭鴟（徹昌混，支脂混）、絇獻（元先混，開合混）、組至（精

---

① 厦，《王三》作“廈”。廈、厦異體。

② 菁，《王三》作“葺”。絹，《王三》作“絹”。菁、葺異體，絹、絹異體。

③ 《合集》（5657 注 1）認爲“注文脆字古代字書未載，實爲脆的换旁俗字”，選“脆”來比較。

④ 飇，《集韻》作“飆”。飆、飇異體。《合集》（5661 注 42）認爲“《滙考》據以謂搜爲摽之訛，近是”，選“摽”來比較。

⑤ 飇，《集韻》作“飆”。飆、飇異體。

⑥ 鑣，《集韻》（53 上右）悲嬌切。摽，《集韻》卑遥切。

章混，脂模混，上去混）、態太（泰代混）、眠①至（章禪混，上去混）、崒崒②（屑薛混）、漬至（從章混，支脂混）、準俊（精章混，上去混）、薨盲（庚二耕二混）、兗旋（以邪混，上去混）、彝移（支脂混）、獬界（佳皆混，上去混③）、豸積（精澄混，上去混）、鳶員（于以混）、舐癡（章徹混，平上混④）、礪令（祭勁混）、鑯渻（點緝混）、呫聖（祭勁混混）、獎長（精知混）、駐珠（知章混，平去混）、貲鬼（上去混）、杳鷂（于影混，蕭宵混，上去混⑤）、講降（上去混）、奈乃（泰代混⑥）、闔閣（見匣混，盍合混）、猾轄（點鎋混，開合混）、沃屋（沃屋混）、樞吹（支虞混）、龔集（見從混，鍾緝混）、琛寢（清徹混，平上混）、嵐藍（覃談混）、諫悚（腫燭混）。

表 3-46　伯 3270 背《佛經難字音》100 條有效音注與相關傳世文獻的比較

	與傳世文獻相同	與傳世文獻僅音值相同	與傳世文獻音值不同
音注（條）	21	34	45
百分比（%）	21	34	45

（十四）伯 2271 等《佛經難字音》（5667~5670）

伯 2271 的正面抄難字 51 行。伯 3765 背和伯 3084 背（甲卷）的內容前後相連，字體相同，《合集》（5663）認爲“應予以綴合”。兩卷的內容基本相同，但有少數字條僅見於底卷或僅見於甲卷，《合集》（5663）認爲“這兩個寫卷應有共同的來源，而非底本與抄本的關係”。兩卷的難字下共注音 287 條，其中辨字形 2 條，即瀨嘲、蚯蚓；音注用字殘泐 5 條，即騷□、

---

① 眠是“眠”的俗寫。
② 崒、崒，《合集》（5657 第 4 行）分別校爲“崒、嶐”。
③ 界，《廣韻》古拜切。獬，《集韻》舉蟹、下買切。選古拜、舉蟹切來比較。
④ 舐是“舐”的俗寫。舐，《集韻》掌氏、支義等切。癡，《集韻》抽知、超之切。選掌氏、抽知切來比較。
⑤ 杳，《廣韻》烏皎切。鷂，《廣韻》餘昭、弋照切。選烏皎、弋照切來比較。
⑥ 乃，《集韻》曩亥、乃代切。選乃代切來比較。

懸□、齼□、頑卧□、蠚□；未識字2條，即枰拖、劉等。有效音注278條。

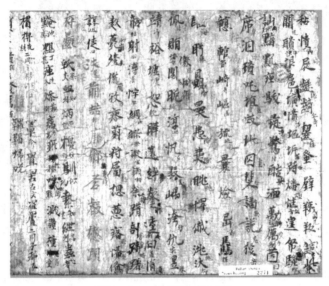

圖 3 - 37　伯 2271（局部）

（1）與傳世文獻相同 111 條

中華藏本玄應音義 67 條：齮丘奇（56 - 921 下）、桐先結（56 - 926 中）、挵先結（56 - 926 中）、置子邪反（56 - 926 下）、濱父人反（56 - 926 中）、續胡對反（56 - 926 中）、瞪直耕反（56 - 926 中）、櫨力胡反（56 - 926 中）、轤力胡反（56 - 926 中）、摑古麥反（56 - 926 中）、鹼古麥反（56 - 926 中）、蘭力盍反（56 - 926 下）、兆似（56 - 927 中）、矛莫侯反（56 - 822 上）、喥竹嫁（56 - 989 中）、饜於焰反（56 - 989 中）、轟呼萌（56 - 989 中）、鞠呼萌（56 - 989 中）、僂力俱（59 - 931 下）、寓于甫反（59 - 932 上）、篡叉患（59 - 932 上）、算桼管（59 - 932 上）、怔莫慌（59 - 932 上）、萠莫慌（59 - 932 上）、嘆他旦反（56 - 989 中）、轟呼萌反（56 - 989 中）、歟欣既反（56 - 989 中）、措且故反（56 - 989 中）、扈胡古反（56 - 989 下）、籌亡支反（56 - 989 下）、擠子詣反（56 - 989 下）、挄而勇反（56 - 990 上）、媒①息列反（56 - 990 上）、閫苦本反（56 - 990

---

① 　媒，中華藏本"媟"。《合集》（5691 注 240）認爲"媒爲媟的繁化俗字"。

上）、梱苦本反（56－990 上）、諯至緣反（56－990 上）、㮂禹煩反（56－990 上）、簑禹煩反（56－990 上）、鞘思誚反（56－990 上）、鞘思誚反（56－990 上）、削思誚反（56－990 上）、瀬力盖反（56－990 上）、戟居逆反（56－990 上）、梏古禄反（56－990 上）、援禹卷反（56－990 上）、桄音光（56－990 中）、軦音光（56－990 中）、誎竹鳩反（56－990 中）、氾孚劍反（56－990 中）、泛孚劍反（56－990 中）、淖奴孝反（56－990 中）、搥都回反（56－990 中）、磓都回反（56－990 中）、硨①於甲反（56－990 中）、犇補門反（56－990 中）、驜補門反（56－990 中）、杝②太何反（56－990 中）、㭍③余世反（56－990 中）、瘝知録反（56－990 下）、瘝知録反（56－990 下）、嚇呼嫁反（56－990 下）、爒力照反（56－990 下）、爍力照反（56－990 下）、蹌七羊反（56－990 下）、仆蒲北反（56－990 下）、兓似（56－927 中）、潢胡廣反（57－51 中）。

　　麗藏本可洪音義 26 條：扈户（60－556 下）、燔煩（60－358 上）、訕所奸（60－34 上）、泅囚（60－79 下）、旒流（59－604 下）、呫節（60－506 中）、醢海（60－386 上）、懌亦（60－267 下）、汰④太（60－335 下）、仇求（59－595 下）、匄盖（59－689 上）、惰墮（60－135 上）、蛆知列（59－937 中）、蟄知立（59－943 下）、惒和（60－310 下）、丐音盖（59－738 下）、瘛抽（60－189 上）、搣滅（60－190 下）、嚔丁計反（60－379 中）、恬甜（59－981 下）、緂帒⑤（59－717 上）、呴吼音（60－355 下）、蹀牒（60－85 上）、遨速（60－322 中）、犀西（60－386 下）、眩玄（59－766 中）。

---

① 硨，中華藏本作"砑"。硨，《合集》（5669 第 3 行）校爲"砑"。
② 杝，中華藏本"扡"。《合集》（5692 注 255）認爲"杝當作扡"。
③ 㭍，中華藏本"扺"。《合集》（5692 注 255）認爲"㭍當作扺"。
④ 汰，麗藏本作"汱"，汱、汰、汱異體。
⑤ 緂，麗藏本作"帒"。《合集》（5696 注 298）認爲"緂應作紙或絁"。

《王三》1 條：厲力制（496）。

《經典釋文》11 條：茵因（156 下左）、輨管①（124 下左）、賄悔②（245 下右）、射亦（293 下右）、溥普（106 上左～下右）、繆謬（206 上左）、躊疇（397 上左）、泆逸（434 上左）、紲息列（60 下右）、刖月（365 下右）、繂律（87 下左）。

《篆隸萬象名義》5 條：恇丘方（76 上）、蚔渠支（253 下）、馴似均（229 下）、狪徒冬（109 下）、臠力絹（26 上）。

《廣韻》1 條：秸古黠（469）。

（2）與傳世文獻音注用字不同而音值相同 65 條

麗藏本可洪音義 2 條：俶③戚（俶，倉歷反，59－619 下；戚，倉歷反，59－562 下）、蠆勑芥反（丑芥反，60－74 下）。

《王三》30 條：辨囟儿（徐姊反，473）、帑湯朗（他朗反，484）、騖亡付（武遇反，493）、涵④靡辯（無宂反，480）、埴植（常職反，525）、岖區（氣俱反，444）、晶俻（平祕反，491）、奰俻（平祕反，491）、鑿昨（在各反，525）、綢紬（直由反，466）、粲七讚（蒼旦反，500）、剖普苟（普厚反，486）、燥⑤蘸倒（蘸晧反，482）、瘀於豫（於據反，493）、橦童（徒紅反，436）、炊吹（昌爲反，439）、磽去交反（口交反，457）、耄⑥狸（理之反，442）、榜彭（薄庚反，463）、閔音愍（眉殞反，477）、嫽籬到（盧到反，503）、倰音陵（六應反，469）、歐音嘔（烏侯反，467）、鑿音昨（在各反，525）、鸛音灌（古段反，500）、碄隊（徒對反，497）、茇鉢（博末反，515）、虓喜交（許交反，457）、

---

① 《經典釋文》："衡輨，劉音管，一音胡瞎反。"從《序錄》看，"音管"是劉昌宗的直音。
② 《經典釋文》："厚賄，呼罪反，《字林》音悔。""音悔"是《字林》的直音。
③ 俶，麗藏本作"俶"。《合集》（5675 注 55）認爲"俶爲俶的俗寫"。
④ 涵字在勘字上，勘字下的"靡辯"是給"涵"字注音，倒乙。
⑤ 燥，《王三》作"燥"，燥是"燥"的俗寫。
⑥ 耄，《王三》作"耄"，耄、耄異體。

侤亞（烏訝反，504）、頏抗（苦浪反，505）。

裴務齊《刊謬補缺切韻》1 條：帆①氾（符芝反，566）。

《廣韻》15 條：飍標（甫遥切，129）、洿汙②（哀都切，65）、墟虚（去魚切，51）、焫而悦（如劣切，478）、燺如昭③（而沼切，277）、饕④飽（博巧切，279）、确⑤去角反（苦角切，446）、詘屈（區勿切，456）、巔顛（都年切，114）、篿音圖（市緣切，122）、鍼針（職深切，197）、剌⑥音力曷反（盧達切，463）、窖校（古孝反，395）、抖斗（當口反，305～306）、薨平崩（呼肱切，181）。

《集韻》17 條：齹蹉（叉宜切，8 上左）、洮桃（徒刀切，57 上左）、蟲⑦弋者（以者切，118 下右）、癘力帶（落蓋切，148 上右）、噠達（陁葛切，197 下左）、綩婉（委遠切，104 下左～105 上右）、瀳讚（則旰切，159 上右）、疰主（朱成切，141 下左）、逯禄（盧谷切，183 下右～左）、眇妙（弥笑切，166 上右）、皂叏（伊鳥切，113 上左～下右）、牂奘（兹郎切，65 下右）、廄久（居又切，175 下右～左）、宥有（尤救切，175 下右）、欼音慨（口溉切，153 上右）、揣團（徒官切，43 下左）、悮午（五故切，143 上左）。

（3）與傳世文獻音值不同 102 條

憤⑨即（精莊混，麥職混）、齧薛（屑薛混）、闚⑩視（溪禪混，支

---

① 帆，《王三》作"帆"。《合集》（5675 注 64）認爲"帆爲帆字俗寫"。

② 汙，《廣韻》作"污"。汙、污異體。

③ 昭，《廣韻》止遥切，《集韻》止少等切，選止少切來比較。

④ 《合集》（5684 注 154）認爲"饕即飽字，古文饕的訛變字"。選"饕和飽"作比較。

⑤ 确，《廣韻》作"確"。確、确異體。

⑥ 剌，《廣韻》作"蝲"。剌、蝲異體。

⑦ 蟲，《合集》（5667 第 17 行）校爲"蟲"，選"蟲"來比較。

⑧ 《合集》（5677 注 83）認爲"悮似爲忤的俗字"，選"忤"來比較。

⑨ 《合集》（5770 注 2）認爲"憤疑爲幘字俗寫"。

⑩ 《合集》（5771 注 9）認爲"闚爲闚的俗字"。

脂混）、聵牛快（怪夬混）、隤隊（平去混）、圻策（初徹混，陌麥混）、時助（澄崇混，止御混）、巇净（從澄混，祭勁混）、酷哭（屋沃混）、譎厥（月屑混）、詭鬼（支微混）、搜宗（東冬混）、挃只（知章混，支質混）、崎奇（支微混）、盼①襷（山刪混）、悲②俗（脂微混）、奰俗（至物混③）、眺跳（透定混）、佩倍（幫並混）、傲絞（蕭肴混）、闖鳥（上去混）、脆跪（清溪混，紙祭混）、淳巡（禪邪混）、毅義（支微混）、昱伇（屋三錫混）、靖净（上去混）、恕施（支魚混）、逮衢（脂虞混）、韶紹（平上混）、礙崖（佳皆混，平去混）、躇之數④（章澄混，魚虞混）、殪影（齊庚混，上去混）、儡麗（上去混）、孜咨（脂之混）、屬熟（屋三燭混）、瘂⑤敗（怪夬混）、憟⑥敗（怪夬混）、憽⑦敗（怪夬混）、諄巡（章邪混）、徙⑧四（支脂混，上去混）、喆折（知章混）、鄹責候反（尤侯混，平去混）、黇他感（透影混）、黮丁感反（端定混）、唏陟點（點鍇混）、罩爪（知莊混）、訛此（精清混）、瞗閏（平去混）、絓誇（佳麻混）、繭建（元先混⑨）、栖坯⑩（幫滂混）、隤隊（平去混）、竍⑪至（章澄混，脂魚混，上去混）、荶⑫平（庚三青混）、嶋到（上去混）、薜百（陌二麥混）、荔領（齊清混，上去混）、劇音極（陌三職混）、綫前（心

---

① 《合集》（5674注50）："盼字底卷注音襷，乃是用同盼，肦、盼、盼三形不分。"盼、盼俗寫不分。

② 悲、佛異體。

③ 奰，《集韻》（193下左）符勿切。俗，《廣韻》平祕切。至物混。

④ 《合集》（5678注90）認爲"數字字書不載，疑爲數的改易聲旁俗字"。

⑤ 《合集》（5678注100）認爲"瘂爲痛的俗寫"。

⑥ 《合集》（5678注100）認爲"憟爲惰的俗寫"。

⑦ 《合集》（5678注100）認爲"憽爲憿的俗寫"。

⑧ 《合集》（5679注102）："徙字寫卷似作徒形，乃俗書之訛，茲徑録正。"

⑨ 建，《集韻》紀偃、居萬等切，選紀偃切來比較。

⑩ 《合集》（5684注155）認爲"栖爲杯的俗字，坯爲坯的俗字"。

⑪ 《合集》（5684注162）認爲"竍爲竍的俗字"。

⑫ 《合集》（5684注165）認爲"荶應爲薜字訛省"。

從混，先仙混）、箎溜（澄來混）、斌①灑（書生混，支之混）、賦富（虞尤混）、劋痊（精清混，平上混②）、襞壁（昔錫混）、彆被（幫並混，支脂混）、豢音勸（溪匣混，删元混）、緫③宗（東冬混，平上混）、謫賣（知莊混）、搜宗（東冬混）、嵐藍（覃談混）、潰會（泰隊混）、毅音式④（屋德混）、跣線（先仙混，上去混）、粺并（幫並混，佳清混）、陟即（精知混）、斃音丿（滂並混，祭屑混）、箌痛（透定混，上去混）、蠱覩（上去混）、勊領（脂清混，平上混）、暱只（章泥混，支質混）、弧音戶（上去混）、擺拜（幫並混，佳皆混，上去混）、捒藪（平上混⑤）、閾畜（屋三職混）、棧剪（精崇混）、踔築（初徹混，覺麥混）、廄音九（上去混）、贖音遇（見疑混，支虞混）、謦启（齊青混）、蔡菜（泰代混）、覥處（清昌混）、嘯巢（心崇混，蕭肴混）、虯求（尤幽混）、螭癡（支之混）、鴛偃（以影混，屋阮混）、鬻沉（從澄混）、蘽乳（支虞混）、飤是（邪禪混，支之混，上去混）、劋⑥捉（知莊混）、掐洽（溪匣混）、勗之郭反（章曉混，燭鐸混）、櫛真⑦瑟反（莊章混）。

表 3 – 47　伯 2271 等《佛經難字音》278 條音注與相關傳世文獻的比較

	與傳世文獻相同	與傳世文獻僅音值相同	與傳世文獻音值不同
音注（條）	111	65	102
百分比（%）	39.9	23.4	36.7

---

① 《合集》（5686 注 185）認爲 "斌爲弑字俗體"。
② 劋，《集韻》子兊、主兊等切。痊，《廣韻》此緣切。選子兊、此緣切來比較。
③ 緫、緫異體。
④ 《合集》（5690 注 223）認爲 "注文式爲或字之誤"。
⑤ 捒，《集韻》先侯、輸玉等切。藪，《集韻》蘇后、千候切。選先侯、蘇后切來比較。
⑥ 《合集》（5701 注 360）認爲 "劋爲斲字俗寫"。
⑦ 真，《廣韻》側鄰切，側是莊母字，但《廣韻校釋》（191）校爲 "職"，爲章母字。

（十五）伯 2874《佛經難字音》（5705～5707）

伯 2874 的正面 27 行，第 22 行始爲佛經難字；背面 18 行，摘抄佛經難字。難字下注音 37 條，其中音注用字殘渺 1 條，即驎□；辨字形 1 條，即雜雜。有效注音 35 條。

圖 3-38　伯 2874（局部）

（1）與傳世文獻相同 10 條

麗藏本可洪音義 9 條：輻福（59－619 下）、察剎①（59－711 下）、皷古（60－158 下）、剃涕②（59－641 中）、辥③詞（59－557 上）、訊④信（59－897 上）、魖凩⑤（59－749 中）、魖兩（59－749 中）、

---

① 麗藏本作"剎音察"。剎是"剎"的俗寫。
② 麗藏本作"涕音剃，正作洟"。
③ 辥，麗藏本作"辭"。《合集》（5708 注 7）認爲"辥辭《説文》字別，但古人實際使用多混用不分"。
④ 訊，麗藏本作"誶"，訊、誶異體。
⑤ 麗藏本也作"魖、凩"。魖、魖異體，凩、罔異體。

舶_白（59－601 中）。

《經典釋文》1 條：疥_界（395 下左）。

（2）與傳世文獻音注用字不同而音值相同 10 條

《王三》2 條：鉤溝（古侯反，467）、阡千（蒼先反，453）。

《廣韻》3 條：踝_陳①（胡瓦切，289）、蓄_畜（丑六切，439）、頞_遏（烏葛切，463）。

《集韻》5 條：㯕_{初角}（測角切，189 上左～下右）、倦_圈（逵眷切，164 上左）、虵_闍（時遮切，60 下右）、囿_有（云九切，124 上右）、崔_摧（昨回切，31 下左～32 上右）。

（3）與傳世文獻音值不同 15 條

脧_比（脂齊混，上去混②）、感_赤（清昌混，昔錫混③）、贏_驢（支魚混）、墜_佳（澄章混，平去混）、曇_談（覃談混）、荒_黃（曉匣混）、廢_肺（非敷混）、追_朱（知章混，脂虞混）、慮_里（之魚混，上去混）、㶿④_虛（之魚混）、覲_近（真欣混）、憨⑤_政（上去混）、姦_間（刪山混）、奚_形（齊青混）、陌_麥（陌二麥二混）。

表 3－48 伯 2874《佛經難字音》35 條有效音注與相關傳世文獻的比較

	與傳世文獻相同	與傳世文獻僅音值相同	與傳世文獻音值不同
音注（條）	10	10	15
百分比（%）	28.6	28.6	42.9

（十六）俄敦 5912《難字音》（5776～5777）

俄敦 5912 殘片《俄藏》未題名，《合集》署《難字音》，注音 8

---

① 陳，《廣韻》作"瞟"。陳、瞟異體。
② 《龍龕手鏡》（410）："脧，毗米反。"比，《廣韻》房脂、卑履、毗至等切。選毗米、毗至切來比較。
③ 感，《廣韻》倉歷切。赤，《集韻》七迹、昌石切。選倉歷、昌石切來比較。
④ 《合集》（5709 注 11）認爲"㶿，熙的增旁俗字"。
⑤ 《合集》（5709 注 12）認爲"憨，整的訛俗字"。

條，其中音注用字殘泐 2 條，即狹□、鷗□；有效 6 條。

（1）與傳世文獻相同 2 條

麗藏本可洪《藏經音義隨函録》2 條：膊_博（59 – 549 中）、鵂_休（59 – 1099 中）。

（2）與傳世文獻音注用字不同而音值相同 2 條

《廣韻》1 條：鵂_句（其俱反，54）。

《集韻》1 條：膃_窟（苦骨切，196 上左～下右）

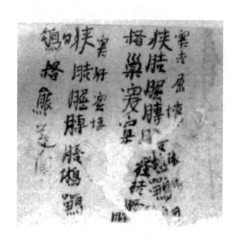

圖 3 – 39　俄敦 5912

（3）與傳世文獻音值不同 2 條

腊_吉（質屑混①）、膃_屈（物没混）。

表 3 – 49　俄敦 5912《難字音》6 條有效音注與相關傳世文獻的比較

	與傳世文獻相同	與傳世文獻僅音值相同	與傳世文獻音值不同
音注（條）	2	2	2
百分比（%）	33.3	33.3	33.3

---

① 腊，《龍龕手鏡》（416）俗音結，結、吉是質屑混。章黼集、吳道長重訂《直音篇》（第 2 卷第 53 頁，萬曆丙午仲秋練川明德書院校刻本）：腊音吉。《直音篇》出現在明代，比《龍龕手鏡》晚，因而取《龍龕手鏡》不取《直音篇》來比較。

（十七）伯 3823《佛經難字及韻字抄》（5741～5745）

伯 3823 抄録佛經（《大般涅槃經》《大寶積經》《賢愚經》《大方廣十輪經》）和韻書的難字，這些難字下偶爾有注音，計 17 條。

圖 3－40　伯 3823（局部）

（1）與傳世文獻相同 7 條

麗藏本可洪音義 2 條：欱[1]許記反（60－503 中）、貰世（59－643 中）。

《王三》4 條：螚[2]年來反（448）、褚（楮）木名，丑呂反（474）、嬖博計反（495）、豐許觀反（498）。

《廣韻》1 條：税説税蜕涚餲帨舒芮切（356）。

（2）與傳世文獻音注用字不同而音值相同 9 條

《王三》6 條：蠱巡（詳遵反，449）、誥郜縞告（古到反，503）、嫪憥橯勞（盧到反，503）、垣袁（韋元反，450）、煽偏蝙扇（式戰反，502）、陵鷠睃㕦逡峻（私閏反，498～499）。

---

① 欱，麗藏本作“欱”。《合集》（5758 注 140）：“欱，欱字的俗寫。”

② 螚，《王三》作“熊”。《合集》（5770 注 279）認爲“疑上揭音年來反訓‘獸名’的‘能’、‘熊’與本卷的‘螚’實爲一字之變”。

《廣韻》3 條：受到（都導切，397）、蟲①元（愚袁切，93）、釿斤（舉欣切，92）。

（3）與傳世文獻音值不同 1 條

晨神（船禪混）。

表 3 - 50　伯 3823《佛經難字及韻字抄》17 條音注與相關傳世文獻的比較

	與傳世文獻相同	與傳世文獻僅音值相同	與傳世文獻音值不同
音注（條）	7	9	1
百分比（%）	41.2	52.9	5.9

（十八）小結

上述十七個寫卷注音 1766 條，其中有效 1664 條。在 1664 條有效注音中，637 條與傳世文獻相同，占 38.3%；傳世文獻音注用字不同但音值相同 568 條，占 34.1%；與傳世文獻音值不同 459 條，占 27.6%。與傳世文獻音值不同近三成，表明抄經生對以傳統的讀書音爲主的觀念開始動搖，自主作音的意識增強，不排斥時音、方音。

表 3 - 51　敦煌本 1664 條有效音注與相關傳世文獻的比較

	與傳世文獻相同	與傳世文獻僅音值相同	與傳世文獻音值不同
音注（條）	637	568	459
百分比（%）	38.3	34.1	27.6

四　音值的不同率過半

分布在十二個卷號的佛經中，敦煌寫卷的作音人基本不以傳世文獻上的注音爲標準，而是自主創新意識增強，自作音注。

（一）北敦 8074《大般若波羅蜜多經難字音》（5048～5049）

北敦 8074 正面的卷端有"丁卯年正月七日開經"字樣，續接《大

---

① 蟲，《廣韻》作"羸"。《合集》（5771～5772 注 286）認爲"蟲即羸字訛變"。

般若波羅蜜多經》的難字，難字下注音 36 條。

（1）與傳世文獻相同 7 條

麗藏本慧琳音義 5 條：鶩秋（57－468 下）、鷺路（57－468 下）、鵁交（57－469 上）、鷗居（57－469 下）、鵾昆（57－469 上）。

麗藏本可洪音義 2 條：匜月（59－578 上）、怙戶（59－1136 中）。

（2）與傳世文獻音注用字不同而音值相同 6 條

《王三》3 條：鳧扶（附夫反，444）、瑀玉（語欲反，511）、寰還（胡關反，452）。

《集韻》3 條：堞緤（弋涉切，223 上左）、鶄青（倉經切，71 上右）、穉①受（是酉切，124 下左）。

（3）與傳世文獻音值不同 23 條

讉爲（于以混，支脂混②）、讀會（泰隊混）、塊快（怪夬混）、甌革（昔職混③）、矯叫④（蕭宵混，上去混）、綽雀（精昌混）、標表（幫滂混）、讉會（匣以混，脂泰混）、箋⑤滅（屑薛混）、鎣惠（匣影混，齊青混）、阜富（非奉混，上去混）、捗⑥助（徹崇混，支魚混，上去混）、憒會（泰隊混）、雉助（澄崇混，脂魚混）、鷖映（齊庚三混⑦）、鴻弘（東登混）、鴈眼（刪山混，上去混）、鷗窾（溪清混，蕭魚混，平去混）、鷗鷯（溪清混，屋魚混）、鶯晏（刪耕混，平去混）、鷫足（精章混）、鷄員（元仙混）、鳳奉（東三鍾混）。

---

①　穉是武周新字，《合集》（5054 注 41）認爲“穉當爲授字或體”。《集韻》未收錄此字，取它的或體“授”字來比較。

②　讉，《集韻》通回切，《玉篇》（43 下左）以佳切。爲，《廣韻》薳支、于僞切。選以佳、薳支切來比較。

③　甌，《龍龕手鏡》（331）居碧、居縛切。革，《集韻》各核、訖力等切。選居碧、訖力切來比較。

④　叫，《合集》（5048 第 9 行）校爲“叫”。

⑤　《合集》（5053 注 36）認爲“箋，箋的訛俗字”。

⑥　《合集》（5054 注 40）認爲“捗應爲摅的俗字”。

⑦　鷖，《集韻》煙奚、壹計切。映，《集韻》於慶等切。選壹計、於慶切來比較。

表 3－52 北敦 8074《大般若波羅蜜多經難字音》36 條音注與相關傳世文獻的比較

	與傳世文獻相同	與傳世文獻僅音值相同	與傳世文獻音值不同
音注（條）	7	6	23
百分比（%）	19.4	16.7	63.9

（二）俄敦 941《大方廣十輪經難字音》（5126）

俄敦 941 摘抄《大方廣十輪經難字》，難字下注音 9 條，其中音注用字殘泐 1 條，即浚□；有效 8 條。

（1）與傳世文獻相同 2 條

麗藏本可洪音義 2 條：牀床（60－83 中）、賑振（60－588 上）。

（2）與傳世文獻音注用字不同而音值相同 1 條

《王三》1 條：駃决①（古穴反，516）。

（3）與傳世文獻音值不同 5 條

渚主（魚虞混）、翳影（齊庚三混，上去混）、蔽併（祭勁混）、螫昔（心書混）、犀②剗（心初混，齊産混）。

表 3－53 俄敦 941《大方廣十輪經難字音》8 條音注與相關傳世文獻的比較

	與傳世文獻相同	與傳世文獻僅音值相同	與傳世文獻音值不同
音注（條）	2	1	5
百分比（%）	25	12.5	62.5

（三）斯 2821《大般涅槃經音》（5205～5208）

斯 2821《大般涅槃經》的品名及卷數在前，難字注音在後，難字下注音 150 條，其中用字殘泐 2 條，即卒□、逾爲□；辨字形 2 條，即蒸苿、僞爲；有效 146 條。

① 决，《王三》作“決”。

② 《龍龕手鏡》（162）：犀、犀異體。

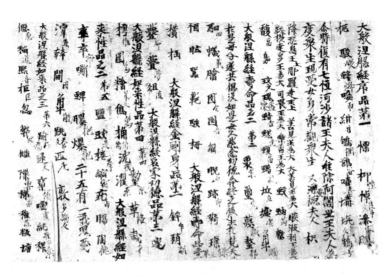

圖 3－41　斯 2821（局部）

（1）與傳世文獻相同 37 條

麗藏本可洪音義 23 條：抑①憶（59－583 中）、鞞髑（59－897 上）、裹果（59－550 上）、璅鏁②（59－574 下）、鉾牟（59－587 下）、栽才③（60－393 下）、捲拳（59－747 下）、鞞髑（59－897 上）、匹疋（59－841 中）、愶惡④（59－656 上）、稻道（60－601 上）、拒巨（59－941 中～下）、洟嚏字（59－718 下）、箾⑤同（60－5 上）、髴弗（60－166 中）、膏高（60－185 中）、棲西（60－106 中）、髦毛（59－1050 下）、祓⑥舍（59－689 上）、膜莫（60－173 中）、憒責（59－603 下）、捔角

---

① 麗藏本也作"抑"。抑，《合集》（5205 第 1 行）校爲"抑"。

② 璅，麗藏本作"瑣"。《合集》（5210 注 24）認爲"璅、鏁分別爲瑣、鎖的俗字"。

③ 麗藏本："栽縫：上音才，悮；下音逢。"寫卷承襲了訛誤音。可洪用"悮（誤）"表明栽字有問題，應作"栽"。栽、裁形近可訛。

④ 《合集》（5212 注 47）認爲"愶、惡分別爲愶、惡的俗字"。麗藏本："愶，烏故反，憎也，正作惡。"寫卷給愶注"惡"音，因音辨字。

⑤ 麗藏本也作"箾"。箾，《合集》（5206 第 3 行）校爲"箾"。

⑥ 祓，麗藏本作"赦"，祓是"赦"的俗寫。《合集》（5215 注 81）認爲"祓同赦，《廣韻·潸韻》音奴板切，底卷音舍，蓋誤以爲赦字"。

（60－542 中）、噓虛（60－389 上）。

《經典釋文》13 條：悼徒吊反①（280 上左）、駿峻（81 上左）、蛞吉（383 上右）、薆②滅（97 下右）、駟四（214 上左）、陶桃（90 下左）、闇困③（143 上左）、緻至（412 下左）、陶桃（90 下左）、蟠盤（381 下左）、完桓（222 上右）、削息略④反（417 上右）、昂卬（419 下左）。

《王三》1 條：鏃作木反（510）。

（2）與傳世文獻音注用字不同而音值相同 33 條

麗藏本可洪音義 1 條：稍朔（稍所角反，59－566 上；朔所角反，60－543 下）。

《王三》10 條：蜂烽（符容反，438）、鴝衢（其俱反，443～444）、馥富（房六反，510）、瑰懷盔（戶恢反，447）、㧖⑤底（都礼反，476）、薔夢（莫諷反，489）、叵顁（普可反，482）、瑋葦（韋鬼反，474）、穽净⑥（疾政反，506）、欽口金反（去音反，468）。

裴務齊《刊謬補缺切韻》1 條：蜹芮（而銳反，590）。

《廣韻》3 條：鵒谷（余蜀切，442）、墟虛（去魚切，51）、敦多論反（都困切，379）。

《集韻》18 條：㠯帀（作答切，222 上右）、玫文（無分切，37 上左）、坵丘（袪尤切，74 下左）、螯郝（黑各切，209 上左）、圖令（郎丁切，71 下左）、蘡鄧（唐亙切，175 上右～左）、怏央（於良切，64 上左）、紺甘（古暗切，179 下右）、嘻喜（虛其切，16 下左）、浣換（胡

---

① 《合集》（5209 注 4）："悼，《麗藏》本經文有'遇佛光者其身戰掉'句，掉字玄應、慧琳《音義》引同。"選"掉"來比較。吊，《經典釋文》作"弔"，吊、弔異體。

② 薆，《經典釋文》作"蔓"，薆、蔓異體。

③ 《經典釋文》："闇，苦本反，劉音困。""劉"是劉昌宗。

④ 略，《經典釋文》作"畧"，畧、略異體。

⑤ 㧖，《合集》（5206 第 3 行）校爲"抵"。㧖，《王三》作"抵"。

⑥ 净，《王三》作"浄"。

玩切，158 上右～左）、濯藥（式灼切，206 下右～左）、縮宿（所六切，185 上右）、純凖平（純，朱倫切，35 上左；凖，主尹切，102 下左）、熙喜（虛其切，16 下左）、編偏（紕延切，49 上左～下右）、艷炎（以贍切，180 上左）、繪口外切（苦會切，149 上右）、隕員（于權切，50 下左）。

（3）　與傳世文獻音值不同 76 條

渗①審（生書混，上去混）、坑苦兄反（庚開二庚合三混）、鵠号（沃号混）、蜣匡（開合混）、蝮畐（敷奉混）、螨礼（薺祭混，上去混）、蟸見（上去混）、蟻義（上去混）、圄吾（平上混）、睨迎（齊庚三混）、跡即（昔職混）、俎值（莊澄混，之魚混）、蟄②梨（脂之混）、革格（陌二麥二混）、搲推（徹昌混，脂魚混）、圍爲（支微混）、豉是（上去混）、疣由（于以混）、曝抱（上去混）、爆抱（幫並混，肴豪混，上去混）、渽查（之麻混，平上混）、跳天吊反（透定混）、逮③大（代泰混）、稟④儐（真侵混，上去混）、稗囊（皆佳混）、弊閈（幫並混⑤）、隙⑥喫（陌錫混）、稊弟（平去混）、稚除（脂魚混）、賣貞（精知混，齊清混）、綺去（支魚混⑦）、餙昔（心書混，昔職混）、貯至（知章混，脂魚混，上去混）、甀⑧丁（齊青混）、宿五（上去混）、矍晶（見曉混，燭藥混）、髣方（非敷混⑨）、朦夢（東一東三混）、樐盧（平上混）、阜富（非奉混，上去

<hr>

①　渗是“滲”的俗寫。

②　蟄，《合集》（5205 第 12 行）校爲“蟄”。

③　《合集》（5212 注 45）認爲“逮爲逮的隸變異體，《麗藏》本正作逮”。

④　稟，《合集》（5205 第 17 行）校爲“稟”。

⑤　弊，《集韻》蒲結、毗祭等切。閈的異體閉，《集韻》必結、必計等切。選蒲結、必結切來比較。

⑥　隙，《合集》（5205 第 18 行）校爲“隙”。

⑦　綺，《集韻》去倚、語綺切。去，《集韻》丘於、口舉、丘據等切。選去倚、口舉切來比較。

⑧　甀，《合集》（5206 第 2 行）校爲“甄”。

⑨　髣，《廣韻》妃兩切。方，《集韻》分房、甫兩等切。選妃兩、甫兩切來比較。

混）、蹈踏（号合混）、綜宗（平去混）、鷹①箭（先仙混）、餙昔（心書混，昔職混）、憶②希（之微混）、詐淬（之麻混，上去混）、瀝力（昔職混）、眴峻（平去混）、榼吐合反（合盍混）、捕布（幫並混）、瓌懷（見匣混，皆灰混）、璮唐（端定混）、耗呼高反（平去混）、皴春（清昌混）、灆南（來泥混，覃談混）、鎰③俟（精俟混，止屋混）、翹橋（重三重四混）、悴恤（從心混④）、欐梨（支脂混）、捷除獵反（從澄混）、�⑤爲（泥于混，支桓混，上去混）、蚩⑥初（初昌混，之魚混）、礪礼（薺祭混）、椒叔（精書混，效屋三混）、綏潿⑦（脂虞混）、恃号（上去混）、綜宗（平去混）、籲輪（來以混，諄藥混）、啄捉（知莊混）、苟勾（平上混）、溪輕（齊清混）、爆抱（幫並混，肴豪混，上去混）、慨苦廣反（代蕩混）、倏夙（心書混）、誓而歲反（邪日混）、羆雄（幫于混，支東混）。

表 3－54　斯 2821《大般涅槃經音》146 條有效音注與相關傳世文獻的比較

	與傳世文獻相同	與傳世文獻僅音值相同	與傳世文獻音值不同
音注（條）	37	33	76
百分比（%）	25.3	22.6	52.1

（四）伯 3406《妙法蓮華經難字音》（5276～5278）

伯 3406 先標經名、品名、卷數，再摘録難字及詞句，難字下注音54 條，其中殘泐 1 條，即玩□；有效 53 條。

---

① 《合集》（5214 注 67）認爲 "鷹，當作薦或鷁"。
② 《合集》（5214 注 70）認爲 "憶爲熙的類化增旁俗字"。
③ 《合集》（5216 注 89）認爲鎰是 "鏻" 字的俗寫。
④ 悴，《集韻》昨律、秦醉等切。恤，《廣韻》辛聿切。選昨律、辛聿切來比較。
⑤ 《合集》（5218 注 107）認爲 "template，煗的俗字"。
⑥ 蚩是 "蚩" 字的俗寫。
⑦ 《合集》（5219 注 123）認爲 "又注文潿字《集韻·隊韻》音呼内切，又此字唐代以前後多用作須字的俗字"。

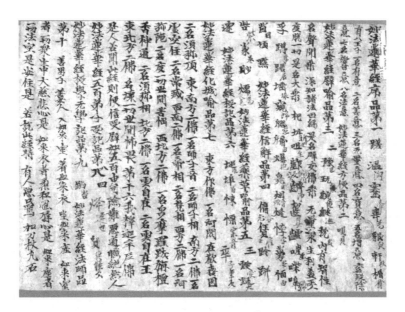

圖 3－42　伯 3406（局部）

（1）與傳世文獻相同 13 條

麗藏本可洪音義 8 條：狼①兒（59－925 上）、埵塚②（59－1033 上）、愡窓③（59－729 上）、呰紫（59－560 上）、靉愛（60－574 上）、貿莫候反（59－703 上）、膠交（59－599 下）、茵曰④（59－669 中）。

《王三》2 條：齰鋤陌反（520）、卒子聿反（513）。

《經典釋文》3 條：綖延（54 上右）、塠堆⑤（422 下左）、慄栗音（411 下右）。

（2）與傳世文獻音注用字不同而音值相同 13 條

麗藏本可洪音義 2 條：嗥號（嗥，户高反，60－235 中；號，户高

---

① 麗藏本也作"狼"。《合集》（5278 注 2）認爲"狼，貎的俗訛字"。

② 麗藏本："埵，徒果反，土埵也，射埵也，正作垛。"寫卷給埵注"垛"音，因音辨字。

③ 愡，麗藏本作"愡"，愡、愡異體。

④ 茵、茵異體。曰，麗藏本作"因"，曰、因異體。

⑤ 《經典釋文》："堆，字或作雁，又作塠字，同，都回反。"寫卷給塠注"堆"音，因音辨字。

反，59－636 下）、炬①音煙（炬，一堅反，59－1074 中；煙，一堅反，60－376 上）。

《王三》2 條：唯厓（五佳反，447）、螺力過（落過反，458）。

裴務齊《刊謬補缺切韻》1 條：悖字（蒲没反，612）。

《集韻》8 條：綩宛（委遠切，104 下左～105 上右）、縮宿（所六切，185 上右）、唄貝（簿邁切，151 上右）、齚窄（側格切，211 下右）、踞居（斤於切，19 上右）、賃壬（如鴆切，178 下左）、杈釵（初佳切，29 下左）、唄貝（簿邁切，151 上右）。

（3）與傳世文獻音值不同 27 條

漚沟（見影混）、騫牽（先仙混）、韋爲（支微混）、軒祅（元先混）、楯屑（平上混）、豫已（之魚混②）、稅嵗（心書混）、咀至（從章混，脂魚混，上去混）、齎净（齊清混）、齧孼③（薛屑混）、蹲尊（精從混）、窺岅（見溪混，支微混）、牖由（平上混）、爆抱（幫並混，肴豪混，上去混）、髡醜（上去混）、幕華（明匣混，刪麻混）、恼面（上去混）、備容充（東三鍾混）、券卷（見溪混，元仙混）、鞬大（泰代混）、埠④富（非敷混，上去混）、蹈沓（号合混）、謬⑤牟九反（上去混）、褰牽（先仙混）、窒岳（以影混，麻尤混）、甄炬⑥（見影混，先仙混）、淳屑（船禪混）。

表 3－55　伯 3406《妙法蓮華經難字音》53 條有效音注與相關傳世文獻的比較

	與傳世文獻相同	與傳世文獻僅音值相同	與傳世文獻音值不同
音注（條）	13	13	27

---

① 麗藏本也作"炬"，炬、烟異體。
② 豫，《集韻》羊茹、商居等切。已，《集韻》養里、羊吏等切。選羊茹、羊吏切來比較。
③ 孼、孽異體。
④ 《合集》（5281 注 29）認爲"埠，阜的俗字"，以"阜"作比較。
⑤ 謬是"謬"的俗寫。
⑥ 炬是"烟"的俗寫。

	與傳世文獻相同	與傳世文獻僅音值相同	與傳世文獻音值不同
百分比（%）	24.5	24.5	50.9

（五）俄敦 699《正法念處經難字》（5492～5497）

俄敦 699 局部有殘泐，存 47 行，摘抄《正法念處經》的難字，難字下注音 10 條。

（1）與傳世文獻相同 1 條

麗藏本可洪音義 1 條：漂瀌①（59－588 上）。

（2）與傳世文獻音注用字不同而音值相同 4 條

《王三》2 條：咀沮（慈吕反，474）、彰障②（諸良反，461）。

《廣韻》1 條：萎委（於爲切，22）。

《集韻》1 條：枯怙（後五切，99 上右～左）。

（3）與傳世文獻音值不同 5 條

屎屍（上去混）、蜂縫（敷奉混）、鈍訰③（平去混）、祇④之（脂之混）、衰襄（心生混，脂陽混）。

表 3－56　俄敦 699《正法念處經難字》10 條有效音注與相關傳世文獻的比較

	與傳世文獻相同	與傳世文獻僅音值相同	與傳世文獻音值不同
音注（條）	1	4	5
百分比（%）	10	40	50

（六）斯 5540 之 4《難字音義》（5577）

斯 5540 之 4 存 2 行，抄録難字音義，難字有出自佛經的。注音 5 條，其中音注用字殘泐 2 條，即□名貴、抑名□；有效 3 條。

---

① 麗藏本："瀌没，上疋遥反，水吹也，正作漂。"漂是正字，瀌是形增俗字。寫卷給漂注"瀌"音，因音辨字。

② 障，《王三》作"鄣"。鄣、障異體。

③ 《合集》（5499 注 17）認爲"訰或爲訰字俗訰"，選"訰"作比較。

④ 《合集》（5513 注 154）認爲"祇爲衹字俗寫"。

（1）與傳世文獻音注用字不同而音值相同 1 條

《王三》1 條：耄①名帽（莫報反，503）。

（2）與傳世文獻音值不同 2 條

墊②名離（支之混）、劫品音（滂群混，虞寢混）。

表 3 – 57　斯 5540 之 4《難字音義》3 條有效音注與相關傳世文獻的比較

	與傳世文獻相同	與傳世文獻僅音值相同	與傳世文獻音值不同
音注（條）	0	1	2
百分比（%）	0	33.3	66.7

（七）伯 3109《諸雜難字》（5586～5590）

伯 3109 雙面抄，正面摘抄難字，難字下注音 64 條，其中出自《正法念處經》5 條，被注字是䫏、縷、蒿、諲、忌；出自《大寶積經》22 條，被注字是榮、霾、蔽、冡、勵、蒻、鄙、傴、愍、遙、柴、剟、眴、鼈、誼、赭、䖆、祝、砂、馥、涯、儲；出自《大般涅槃經》9 條，被注字舌、黎、椎、臽、裁、楊、階、爵、軟；其餘注音的難字不能確定出自哪部佛經。音注用字殘泐 2 條，即椎□、欵□；有效 62 條。

（1）與傳世文獻相同 12 條

麗藏本可洪音義 11 條：諲③無（59 – 821 中）、蒻荳④（60 – 527 上）、赭者（60 – 41 上）、臽凶（60 – 6 下）、裁才（60 – 393 下）、階皆（60 – 598 上）、軟奭⑤（59 – 662 下）、剟劫（59 – 659 上）、橐託（60 – 381 中）、呻身（59 – 766 下）、幕莫（60 – 597 中）。

《經典釋文》1 條：僮同（55 下右）。

---

① 耄，《王三》作"耄"。耄是"耄"的俗寫。

② 《合集》（5578 注 3）認爲"字頭墊字上部底卷不太明晰，原字應爲釐字俗寫"。

③ 麗藏本也作"諲"。諲，《合集》（5586 第 5 行）校爲"諲"。

④ 麗藏本："荳，測俱反，亦作蒻、芻二形，蒻草也。"寫卷給蒻注"荳"音，因音辨字。

⑤ 麗藏本："善奭，音軟。"被注字、直音字顛倒。

圖 3 - 43 伯 3109（局部）

（2）與傳世文獻音注用字不同而音值相同 9 條

《王三》3 條：鴦_央（於良反，462）、遥_姚（余招反，456）、楊_羊（與章反，461）。

《廣韻》3 條：盪_湯（吐郎反，162）、蔽①_伏（房六反，433）、砂_沙（所加反，147 ~ 148）。

《集韻》3 條：榮_營（維傾切，70 下左）、訾_資（津私切，13 上右）、涯_牙（牛加切，61 下左）。

（3）與傳世文獻音值不同 41 條

覭_杇（上去混）、縷_呂（魚虞混）、忌_巨（之魚混②）、迮_責（陌二

---

① 蔽，《廣韻》作"菔"。《合集》（5601 注 95）："蔽，《滙考》校作菔，甚是。"

② 巨，《廣韻》其呂切。忌，《集韻》巨已、渠記等切。選其呂、巨已切來比較。

麥混）、霍嵗（支祭混，上去混）、蔽閞（霽祭混）、豖衆（知章混，東三鍾混，上去混）、勵礼（齊祭混，上去混）、鄙比（重三重四混）、偏駈①（溪影混，上去混）、慇曰②（真欣混）、槳主（精章混，支虞混）、劂③計（霽祭混）、恂迅（心書混）、驚別（重三重四混）、誼宜（平去混）、祝竹（知章混）、儲諸（澄章混）、舌④井（精章混，上去混）、黎令（齊青混）、爵郁（屋物混）、峯風（非敷混，東三鍾混）、企其（溪群混，平上混）、嚌净（支清混）、享⑤古（平上混）、蛆吹（清昌混，支魚混）、沮住（從澄混，魚虞混，上去混）、咀住（從澄混，魚虞混，上去混）、黿玩（平去混）、蓬朋（東登混）、晡富（模尤混，平去混）、雌咨（精清混，支脂混）、燧水（邪書混，上去混）、斳⑥斫（知章混，覺藥混）、疏水（生書混，脂魚混，上去混）、胅⑦虛（微魚混）、搗到（上去混）、嫩⑧論（泥來混）、蜀熟（屋三燭混）、齮⑨欺（支之混）、馥腹（非奉混）。

表 3–58　伯 3109《諸雜難字》62 條音注與相關傳世文獻的比較

	與傳世文獻相同	與傳世文獻僅音值相同	與傳世文獻音值不同
音注（條）	12	9	41
百分比（%）	19.4	14.5	66.1

（八）斯 5524《佛經難字音》（5630）

斯 5524 僅 1 行，摘錄 12 個難字，其中 8 字出自《妙法蓮華經》第

---

① 《合集》（5597 注 57）認爲"直音字駈爲驅的俗字"。
② 曰、因異體。
③ 《合集》（5600 注 83）認爲"劂又爲劂的簡俗字"。
④ 《合集》（5627 注 361）："舌，正的武后新字。"
⑤ 享《合集》（5590 第 16 行）校爲"辜"。
⑥ 斳是"斳"的俗寫。
⑦ 《合集》（5629 注 376）認爲"疑胅爲晞或睎的訛俗字"。
⑧ 嫩是"嫩"的俗寫。
⑨ 《龍龕手鏡》（122）："齮，去奇反，正作敧，不正也。"敧是"齮"的正體。

二卷，難字下有注音 8 條。

（1）與傳世文獻相同 1 條

《經典釋文》1 條：衍演音（37 下左）。

（2）與傳世文獻音值不同 7 條

鼷刑音（齊青混）、孚夫音（非敷混）、齟住音（澄崇混，魚虞混，上去混）、態太音（泰代混）、綣卷音（先仙混，平與上或去混）、話畫音（卦夬混）、懟住[①]音（脂虞混）。

表 3－59　斯 5524《佛經難字音》8 條音注與相關傳世文獻的比較

	與傳世文獻相同	與傳世文獻僅音值相同	與傳世文獻音值不同
音注（條）	1	0	7
百分比（%）	12.5	0	87.5

（九）斯 840《佛經難字音》（5634～5635）

斯 840 雙面抄，正面存 15 行，背面存 2 行，摘抄佛經難字，難字下注音 96 條，其中同字注音 1 條，即桃桃；辨字形 2 條，即秃頭、赧郝；音注用字殘泐 2 條，即继□、慓□；未識字 1 條，即昳試；有效 90 條。

（1）與傳世文獻相同 13 條

麗藏本可洪音義 7 條：髦毛（60－455 下）、鍑福（59－681 下）、籥[②]藥（60－358 上）、暯[③]莫（60－173 中）、沐木（60－443 下）、靉愛（60－600 上）、蝮福（60－359 上）。

① 《合集》（5631 注 10）認爲“住疑爲隹字寫訛”，誤校。懟，《廣韻》直類切，澄脂合三去；住，《廣韻》持遇，澄虞三去切。這反映了唐五代西北地區“脂虞混”的方音現象。

② 篙，麗藏本作“籥”。篙，《合集》（5635 第 1 行）校爲“籥”。

③ 暯，麗藏本作“膜”。《合集》（5642 注 65）認爲“暯字後起，或即膜的换旁俗字”。

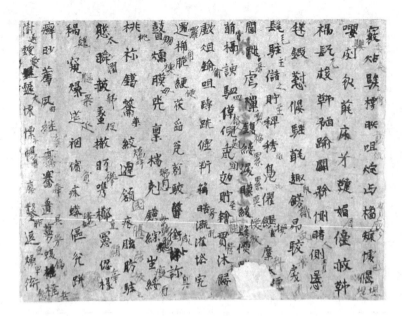

圖 3 – 44　斯 840

《經典釋文》6 條：昂乱①（419 下左）、駟四（214 上左）、桷音角
（268 上左）、銜咸（169 上右）、莚延（59 上右）、洋羊（349 上右）。

（2）　與傳世文獻音注用字不同而音值相同 23 條

《王三》10 條：嚶鸚②（烏莖反，464）、餝③識（商職反，525）、
麇④科（苦和反，458）、鍮偷（託侯反，467）、緄便⑤（古杏反，484）、
瞽朋⑥（姑户反，475）、夙宿（息逐反，511）、萺鼻（無販反，499）、
鑿昨（在各反，525）、逗豆（徒候反，507）。

---

① 乱，《經典釋文》作 "卯"。《合集》（5640 注 43）認爲 "蓋卯訛作形近的卵，
　卵再訛作音近的乱"。
② 鸚，《王三》作 "鸚"，嚶、鸚異體。
③ 餝，《王三》作 "飾"，《合集》（5640 注 42）認爲 "餝，飾的俗字"。
④ 麇，《王三》作 "窠"。《合集》（5641 注 55）：麇 "疑爲窠的俗訛字"。
⑤ 《合集》（5646 注 97）認爲 "《滙考》謂便當作捭，近是"，選 "捭" 來比較。
⑥ 《合集》（5646～5647 注 105）："《滙考》以朋爲股字之訛，近是。" 選 "股"
　來比較。

《廣韻》4 條：趣取（倉苟切，307）、駮樂①（北角切，445）、饌撰（雛皖切，267）、溉既（居豙切，341）。

《集韻》9 條：爓②禓（乃管切，108 上右）、釳③兀（五忽切，196 下左）、邏囉（良何切，59 上左～下右）、姑④炎（以贍切，180 上左）、膜母（蒙晡切，24 下右～左）、肪放（分房切，62 下右）、憲顯（呼典切，109 下左～110 上右）、爆暴（北角切，188 下左～189 上右）、貫管（古丸切，42 下左～43 上右）。

（3）與傳世文獻音值不同 54 條

竅要（溪影混，蕭宵混）、駼倚（影以混，支之混⑤）、咀姐（精莊混）、橘厥（術物混）、懻己（見群混，之魚混，上去混）、媚眉（平去混）、側賣（麥職混）、戾礼（上去混）、駐主（知章混）、儲之（澄章混，之魚混）、貯至（知章混，脂魚混，上去混）、秀⑥頭（定以混，尤侯混，平上混）、銑洗（奉心混，虞齊混，平上混）、跳渠（定群混，魚蕭混）、陳⑦嗅（陌錫混）、縷累（支虞混）、淚累（支脂混）、緩換（上去混）、髻放（非敷混）、萌盲（庚二耕二混）、倪刘⑧（霽廢混）、貯至（知章混，脂魚混，上去混）、檜斗概（端溪混，泰代混）、晧号（上去混）、診⑨真（平上混）、椯瑞息（仙職混）、綜惚（東冬混）、蚩⑩癡（徹昌混）、

---

① 《合集》（5640 注 44）：“《滙考》疑樂當作朕，近是。”選“朕”來比較。

② 爓，《集韻》作“煥”。爓、煥異體。

③ 釳，《集韻》作“髡”。釳、髡異體。

④ 姑，《集韻》作“黏”。姑、黏異體。

⑤ 駼，《集韻》羽已、五駼等切。倚，《廣韻》於綺切。選羽已、於綺切來比較。

⑥ 《合集》（5241 注 22）認爲“秀”是“莠”的換旁俗字。

⑦ 《合集》（5396 注 43）認爲“陳即隙的俗字”。

⑧ 《合集》（5644 注 75）認爲“苅應爲刈或艾的俗寫”，刈、艾《集韻》都注魚刈切。

⑨ 診、診異體。

⑩ 蚩，《合集》（5635 第 1 行）校爲“蚩”。

綏湏①（脂虞混）、絞矯_肴（肴宵混）、頜國（見匣混，覃德混）、疼騰（冬登混）、胲弦（見匣混，哈先混）、駐主（知章混）、態_太（泰代混）、瞬潤（書日混）、蓥役（來以混，支昔混）、昒②_樺（刪山混）、擲_直（昔職混）、悠③_牽（先仙混）、耦魏（未厚混）、窺軀（支虞混）、儐貧（幫並混）、騫_牽（溪曉混，元先仙）、匱具（脂虞混）、捶垂（章禪混，平上混）、澍遂（禪邪混，脂虞混）、犥_大（泰代混）、暢唱（徹昌混）、燥早（精心混）、衒懸（平去混）、甄堅（先仙混）、謙欠（嚴添混，平去混）、完員（匣于混，桓仙混）。

表3–60　斯840《佛經難字音》90條有效音注與相關傳世文獻的比較

	與傳世文獻相同	與傳世文獻僅音值相同	與傳世文獻音值不同
音注（條）	13	23	54
百分比（%）	14.4	25.6	60.0

（十）斯4622背《佛經難字音》（5723~5724）

斯4622背抄錄難字，有些出自佛經。難字下注音19條，其中音注用字殘泐2條，即欻□、黜□；有效17條。

（1）與傳世文獻相同2條

麗藏本可洪音義1條：膜莫（60–173中）。

《經典釋文》1條：備容（108下左）。

（2）與傳世文獻音注用字不同而音值相同3條

《集韻》3條：唉迊（作荅切，222上右）、眇妙（弥笑切，166上右）、胤引（羊進切，155上右）。

（3）與傳世文獻音值不同12條

嶒慶（庚三青混④）、毳綴（知初混）、俯皁（非奉混，虞尤混）、

---

① 《合集》（5648注115）認爲"又此字（湏）唐代前後多用作須字的俗字"。

② 《合集》（5650注131）："昒、昒、盼三字俗書形近相亂。"選"盼"來比較。

③ 《合集》（5651注135）認爲"悠爲您的俗字"。

④ 《合集》（5724注2）："嶒，聲的俗字。"聲，《集韻》棄挺、詰定切。慶，《廣韻》丘敬切。選詰定、丘敬切來比較。

螫①折（章書混，薛昔混）、圯屄（滂並混，上去混）、貅②崻（支之混）、鱸乂（初崇混）、崻箭（之魚混，上去混）、砌济③（精清混）、琁亭（定邪混，仙青混）、驪礼（平上混）、菰埵（端來混）。

表 3－61　斯 4622 背《佛經難字音》17 條有效音注與相關傳世文獻的比較

	與傳世文獻相同	與傳世文獻僅音值相同	與傳世文獻音值不同
音注（條）	2	3	12
百分比（％）	11.8	17.6	70.6

（十一）斯 5712《佛經難字音》（5733～5734）

斯 5712 共 9 行，第 3 行始爲佛經難字，下有注音 9 條，其中未識字 1 條，即胃区④；有效 8 條。

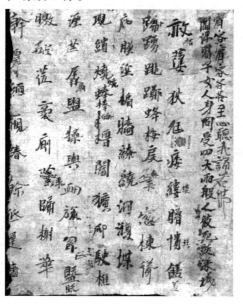

圖 3－45　斯 5712

---

① 螫是"螫"的俗寫。
② 《合集》（5730 注 57）認爲"貅，乃貄字俗寫，貄又爲襹字俗寫"。襹，《集韻》丑豸、丈尒等切。崻，《廣韻》直里切。選丈尒、直里切來比較。
③ 济是"濟"的俗寫。
④ "区"字不能識別，唐五代時期未見它是"區"字的簡化用例。

（1）與傳世文獻音注用字不同而音值相同 3 條

《王三》1 條：曁_既（居未反，492）。

《集韻》2 條：赦①捨（始野切，118 上左）、縷樓（郎侯切，79 上左）。

（2）與傳世文獻音值不同 5 條

憒具（群匣混，虞灰混）、饍善（上去混）、羼扇（初書混，删仙混）、蘂乳（支虞混）、蠭捧（鍾江混）。

表 3-62　斯 5712《佛經難字音》8 條音注與相關傳世文獻的比較

	與傳世文獻相同	與傳世文獻僅音值相同	與傳世文獻音值不同
音注（條）	0	3	5
百分比（%）	0	37.5	62.5

（十二）俄敦 5403《難字音》（5778～5779）

俄敦 5403 雙面抄，背面抄"諮"字 29 個，正面抄難字 21 個，其中有些出自佛經。難字下注音 3 條。

（1）與傳世文獻音注用字不同而音值相同 1 條

《王三》1 條：期_其（渠之反，441）。

（2）與傳世文獻音值不同 2 條

毳毛（明清混，豪祭混）、影英（平上混）。

表 3-63　俄敦 5403《難字音》3 條音注與相關傳世文獻的比較

	與傳世文獻相同	與傳世文獻僅音值相同	與傳世文獻音值不同
音注（條）	0	1	2
百分比（%）	0	33.3	66.7

（十三）小結

上述寫卷注音 463 條，其中有效 444 條。在 444 條有效音注中，88

---

① 赦爲"赦"的俗寫。

條與傳世文獻相同，占 19.8%；與傳世文獻音注用字不同但音值相同 97 條，占 21.8%；與傳世文獻音值不同 259 條，占 58.4%。據此可推測：抄經人從佛經中摘字注音，他們徵引的佛經音義、韻書、字書、經書音義等中的注音越來越少，自主的作音越來越多，同時訛誤注音也越來越多。

表 3 - 64　敦煌本 444 條音注與相關傳世文獻的比較

	與傳世文獻相同	與傳世文獻僅音值相同	與傳世文獻音值不同
音注（條）	88	97	259
百分比（%）	19.8	21.8	58.3

五　音值不同

僅一個寫卷，即斯 5554，《合集》（5306）署《妙法蓮華經譬喻品難字音》。它抄録《譬喻品》的 8 個難字，其中 7 個下有直音。

圮被（支脂混）、貅①值（支之混，上去混）、狖黄②（虞尤混，平去混）、狸理（平上混）、攄又（莊初混）、齵截（霽屑混）、齧蔞③（薛屑混）。被注字和直音字均不同音。

六　其他

涉及 3 個寫卷，4 條注音。音值或與傳世文獻相同，但音注用字不同，不易確認是徵引或自作的；音值或與傳世文獻相同、不同各占 50%，處在臨界點上，不易歸類。故單立一類。

---

① 《合集》（5306 注 2）認爲"貅，貓字俗寫"，"但字書未見貓字，經文中應係襪字俗訛"。

② 《合集》（5307 注 3）認爲"黄不成字，蓋爲莫字之訛"。

③ 《合集》（5308 注 7）："蔞字見《干禄字書》，同蔞。"

（一）俄敦330之2《大方等大集經難字》（5107～5109）

俄敦330之2摘抄《大集經》的難字，難字下注音2條。

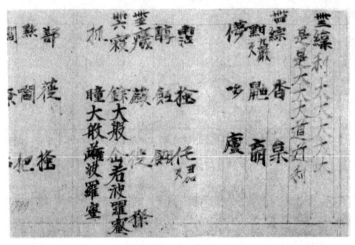

圖3-46　斯330之2

（1）與傳世文獻相同1條

中華藏本玄應音義1條：黠九嚴反（56-823上）。

（2）與傳世文獻的音值不同1條

仛丑加反（平去混）[①]。

（二）俄敦11019《月光童子經難字》（5363）

俄敦11019抄錄《月光童子經》等的難字，難字下注音1條，即峨

蛾。峨、蛾《王三》（459）五歌反。

（三）俄敦512《大佛頂經難字》（5456）

俄敦512摘抄《大佛頂經》的難字，難字下注音1條，即狹候夾反。

狹《王三》（521）侯夾反。候夾反與侯夹反音同。

---

① 仛，《廣韻》徒落切，《集韻》丑亞切，《韻略匯通》初加切（轉引自《古音
匯纂》第36～37頁），取"丑亞切"來比較；（明）畢拱辰《韻略匯通》時代
較遠，不取。

圖 3 – 47　俄敦 512

本章小結

通過對佛經寫卷的音注用字與傳世文獻的比對分析，綜合前面的比對數據，可得出以下結論。

第一，佛經寫卷注音 5413 條，其中迻錄 1815 條，徵引、自作 3598 條。在 3598 條注音中，與傳世文獻相比，寫卷的音注用字相同類 3 條，音注用字的相同率過半類 1355 條，音注用字的相同率、音值的不同率均未過半類 1766 條，音值的不同率過半類 463 條，音值不同類 7 條，其他 4 條。這幾類音注的界限大致清楚，以此來分析，基本上能執簡御繁、持類統雜。

表 3 – 65　敦煌佛經寫卷 5413 條音注的構成

	迻錄（1815）		徵引、自作（3598）					
	玄應	可洪	第一類	第二類	第三類	第四類	第五類	第六類
音注（條）	1317	498	3	1355	1766	463	7	4
百分比（%）	24.3	9.2	0.07	25	32.6	8.6	0.1	0.07

第二，徵引、自作的音注 3598 條，其中有效 3359 條，這是佛經音寫卷的主體。在 3359 條有效音注中，與傳世文獻相比，音注用字相同類 3 條，音注用字的相同率過半類 1237 條，類音注用字的相同率、音

值的不同率均未過半類 1664 條，音值的不同率過半類 444 條，音值不同類 7 條，其他類 4 條。從總的情況看，音注用字相同的比率越高，抄經人以讀書音來審音的水平越高，訛誤注音越少，但受傳統的束縛越多，反映時音、方音的現象就越少，研究價值相對低；自作的音注比率越高，訛誤注音越多，但反映時音、方音的現象就越多，研究價值相對高。

表 3 − 66　微引、自作的 3359 條有效音注的構成

	第一類	第二類	第三類	第四類	第五類	第六類
全部音注	3	1355	1766	463	7	4
有效音注	3	1237	1664	444	7	4

第三，在 3359 條有效音注中，與傳世文獻音注用字相同 1583 條，占 47.1%；與傳世文獻的音注用字不同但音值相同 972 條，占 28.9%；與傳世文獻的音值不同 804 條，占 23.9%。前兩類音注的數量最多，表明抄經人仍遵守述而不作的傳統，佛經音寫卷的主體仍沿襲從漢唐以來的讀書音系。

表 3 − 67　微引、自作的 3359 條有效音注與相關傳世文獻的比較

	與傳世文獻相同	與傳世文獻僅音值相同	與傳世文獻音值不同
音注（條）	1583	972	804
百分比（%）	47.1	28.9	23.9

第四，音注考證存在不可避免的弱點，主要是反映時音的音注，一部分歸入與傳世文獻相同類，因爲現有的唐五代前後的文獻已收錄。如互[1]户（《合集》5390）反映濁上變去，《經典釋文》（174 上右）已收錄；㰥（㰥）許記反[2]（《合集》5742），反映之微混，可洪音義（60 −

---

[1]　原作 "乇"，《合集》（5390 第 13 行）校作 "互"。
[2]　《合集》（5758 注 140）："㰥，㰥字的俗寫。" 㰥，《廣韻》許既切，與許記反是之微混。

503 中）已收録。一部分納入與傳世文獻音值不同類，如藍_{落含反}（5382）反映重韻相混①，現有的唐五代前後的文獻未收録。造成這種悖逆的原因是唐五代的語音材料亡佚很多，稽考不完全，但它涉及數量不多，從整體看，結論受的影響不大。

----

① 藍，《藏經音義隨函録》郎甘（《中華大藏經》59－717 中）、洛甘反（《中華大藏經》60－296 下），王仁昫《刊謬補缺切韻》（460）、裴務齊《刊謬補缺切韻》（《唐五代韻書集存》565）盧甘反，《經典釋文》（88 下右）盧談反、"沈"力甘反，《篆隸萬象名義》（127 上）力甘反，《龍龕手鏡》（258）魯甘反，《廣韻》（204）魯甘切，《集韻》（83 上右）、《類篇》（25 下左）盧甘切。這些反切的音值相同，它們與力含是覃談混。鑒於唐五代及前後的"藍"字未有覃韻的注音，就暫定它是抄經人自作的反切。另，《蒙古字韻》"同音字組：婪懍嵐藍籃"反映"藍"有覃韻讀（沈鍾偉《蒙古字韻集校》，商務印書館，2015，第 151 頁），出現時間較晚，不取。

第四章 ▸▸▸
迻録音注的語音分析

敦煌寫卷以佛經音義爲藍本，迻録了玄應音義和可洪音義上的部分音注。前者有注音 1317 條，以《大般涅槃經》和《妙法蓮華經》爲多；後者有 498 條，以《大莊嚴論》《菩薩地持經》《佛藏經》《蓮華面經》《阿毗達磨顯宗論》《仁王護國般若波羅蜜經》爲多。這些注音對分析唐五代的語音狀況十分重要。

第一節　玄應音義

玄應，生年不詳，卒於高宗龍朔年間（661～663）①，曾駐錫醴泉寺②、京師大總持寺和大慈恩寺，被道宣稱爲"京城沙門"③，曾參與玄奘的譯經，在弘福寺譯《大菩薩藏經》二十卷（貞觀十九年五月二

---

① 採用徐時儀的説法。周法高《玄應反切考》推論"大概在龍朔元年夏，至晚龍朔二、三年間示寂"；陳垣《中國佛教史籍概論》認爲麟德元年（664）卒；周祖謨《校讀玄應一切經音義後記》"不卒於永徽末，即卒於顯慶初（656年）"；等等。

② （梁）慧皎等《高僧傳合集》（上海古籍出版社 1991，第 392 頁）："有敕令京城諸寺大德名業殊衆者同譯，得罽賓三職般若開釋梵本，翰林待詔光宅寺沙門利言度語，西明寺沙門圓照筆受，資聖寺道液、西明寺良秀、莊嚴寺應真、醴泉寺超悟、道岸、功空並充證義……"可知醴泉寺是京城諸寺之一。

③ 《續高僧傳》第三十："京師沙門玄應者，亦以字學之富，皂素所推。通造經音，甚有科據。"（見《大正藏》第 50 册，第 704 頁）

日譯成）和《瑜伽師地論》一百卷（貞觀二十二年五月十五日譯成），於顯慶元年（656）七月二十七日在大慈恩寺"正字"《大毗婆沙論》。據《東域傳燈録》載，玄應的著述有《攝大乘論疏》《辨中邊論疏》《因明入證理論疏》等。玄應的交遊狀況整體不清，可考知的有玄奘、知仁、辯機、慧苑、明濬、玄謨、道洪、明琰、慧貴、法祥、文備、道深、神泰①等，均是法相、華嚴宗的大德高僧。

一　反切

相對直音來説，反切是玄應音義的主體。玄應音義寫卷有 1317 條注音，其中反切 1252 條。除去重複、音值相同的反切 365 條，小韻 887 個，低於《廣韻》的 3874 個。

（一）聲類

1. 唇音

反切 181 條，小韻 137 個，低於王仁昫《刊謬補缺切韻》唇音的小韻 509 個②和《廣韻》的 545 個。

（1）幫/非

舖 補胡（4800）、黇 補槃（4864）、保 補道（4866、4906）、寶 補道（4946）、跛 補我（4941）、䋣 布莽（4942）、輩 補妹（4864）、播 補佐（4920、4945）、弗 補没（4880、4881）、搏 補各（4868）、巴 百麻（4827）、胞 補交（4952）、擺 補買（4951）、把 比雅（4827）、爆 方孝（4869）、跰 補静（4872）、駁 補角（4946）、擘 補麥（4867）、擗 補格（4951）、婢 補迷（4878）、區 方殄（4878）、鐇 甫煩（4827）、轓 甫煩（4863）、簸 甫煩（4867）、坊 甫房（4802、4818）、坊 甫亡（4877）、屏 俾領（4876）、昺 碧皿（4945）、諷 不鳳（4874）、誹 方味（4876）、賦 甫務（4825）、傅 方務

---

①　許敬宗《因明入正理論》的《後序》，《大正藏》第 32 册，第 12 ~ 13 頁；《瑜伽師地論》卷一百題記，《大正藏》第 30 册，第 881 頁。

②　邵榮芬：《切韻研究》，中華書局，2008，第 29 ~ 30 頁。

（4951）、奮方問（4877）、魴甫妄（4806、4820、4879）、羆彼宜（4820）、陂筆皮（4942）、編卑綿（4821）、邠鄙旻（4821）、飇比遥（4929）、髀必尔（4803）、鄙補美（4821）、表碑矯（4824）、俾卑寐（4848）。

反切49條，其中音值相同的有保補道寶補道、羆彼宜陂筆皮、坊甫房坊甫亡、鐇府煩轓甫煩籓甫煩、賦甫務傅方務，小韻37個。

博類：百1比1補15布1方2。（一、二、四等，20）

方類：卑2碑1比1彼①1俾1鄙1必1碧1補1不1方2甫3府1。（三等，17）

方是輕唇，而切重唇2次，即爆方孝、匾方疹。切上字的輕重唇混用2次，小韻數37，混用率5.4%。另，羆彼宜陂筆皮、邠鄙旻、編卑綿、飇比遥、髀必尔、鄙補美、表碑矯、俾卑寐是重紐字，切上字必、彼、鄙、卑、比、筆、俾是重紐，切上字補是重唇，互切不是混用；昺碧皿、屛俾領是庚三、清韻字，切上字碧、俾是重紐，互切不是混用；把比雅是重唇字，切上字比是重紐，互切不是混用。

（2）滂/敷

頗普多（4875～4876、4907）、叵普我（4865）、頗普我（4875～4876）、剖普厚（4805）、噴普悶（4944）、判普旦（4821）、癹匹葛（4948）、胮普交（4942）、閛普耕（4944）、爆普剥（4869）、魄匹白（4871）、俾②普米（4857）、傅匹丁（4872）、劈匹狄（4802、4818）、敷匹于（4805、4819）、桴匹于（4822）、孚匹于（4825、4869）、紛孚云（4877）、潘敷袁（4951）、孚匹付（4825、4869）、肺敷穢（4944）、蝮匹六（4867）、僻匹尺（4871）、逼普逼（4950）、披普彼（4951）、繽匹仁（4877）、漂匹消（4879）、漂芳妙（4879）。

反切33條，其中音值相同的有敷匹于桴匹于孚匹于、叵普我頗普我，

_____

① 切上字也可選"筆"字。
② 俾，《集韻》普米切，四等字。

小韻 25 個。

　　普類：匹 4 普 9。（一、二、四等，13）

　　芳類：芳 1 敷 2 孚 1 匹 6 普 2。（三等，12）

　　匹是重紐，而切輕脣 3 次，即敷匹于、桴匹于、孚匹于、孚匹付、蝮匹六。芳是輕脣，而切重脣 1 次，即漂芳妙①。輕重脣混用 4 次，小韻數 25，混用率 16%。另，繽匹仁、漂匹消、披普彼、畐普逼、僻匹尺是清、蒸、重紐字，切上字匹是重紐，普是重脣，互切不是混用；傅匹丁、姴匹葛、魄匹白、劈匹狄是重脣字，切上字匹是重紐，互切不是混用。

　　（3）並/奉

　　蓬蒲公（4869）、蟠蒲寒（4801、4818）、痱蒲罪（4942）、哺蒲路（4800）、坌蒲頓（4822、4872）、抱蒲冒（4947）、婆蒲賀（4865）、僕蒲木（4865）、菔蒲北（4827）、仆蒲北（4920）、跋蒲沫（4858）、勃蒲没（4869）、藻皮莫（4942）、簿父佳②（4822）、抱步交（4823）、掊蒲交（4823、4870）、鉋蒲交（4828）、棚蒲萌（4944）、唄蒲芥（4865）、鞴皮拜（4942）、鲍輔孝（4800）、撲符剥（4869）、雹蒲角（4879）、鞞陛兮（4869）、蹁蒲眠（4880、4907）、髀蒲米（4803、4819）、薜蒲計（4847）、屏蒲定（4876）、焚扶雲（4866）、濆扶云（4944）、轒扶分（4951）、燔扶袁（4947）、抔扶鳩（4806、4820）、評皮柄（4784）、評皮命（4946）、筏扶月（4822）、蹕脾佚（4871、4907）、福扶逼（4920）、埤避移（4946）、頻毗人（4949）、庳父尒（4873）、圮父美（4867）、鄙蒲美（4872）、髕扶忍（4826）、被皮寄（4877）、鼻皮冀（4945）。

　　反切 53 條，其中音值相同的有菔蒲北仆蒲北、抱步交掊蒲交鉋蒲交、唄蒲芥鞴皮拜、撲符剥雹蒲角、焚扶雲濆扶云轒扶分、圮父美鄙蒲美、評皮柄③評皮命，小韻 37 個。

---

① 漂是重紐字，後世不變輕脣，屬重脣。

② 原作"往"，是"佳"的訛字。

③ 柄，《集韻》有上、去二讀，而評無上聲讀，就選柄的去聲來比較。

蒲類：陛1步1符1輔1父1皮2蒲16。（一、二、四等，23）

符類：避1扶6父1皮3毗1脾1蒲1。（三等，14）

符、輔、父、扶是輕唇，而切重唇7次，即簿父佳、捊扶鳩①、妃父美、庳父尔、髕扶忍②、皰輔孝、撲符剝，小韻數37，混用率18.9%。另，埤避移、頻毗人、被皮寄、鄪蒲美、贔皮冀、評皮柄評皮命、躃脾伇是重紐、庚三、清韻字，切上字避、皮、脾是重紐，蒲是重唇，互切不是混用；輀皮拜、灤皮莫是重唇字，切上字皮是重紐，互切不是混用。

（4）明/微

嫫莫奴（4951）、玫莫回（4864）、縵莫盤（4824）、髟莫高（4805、4819）、摩莫羅（4946）、蕾莫崩（4944）、矛莫侯（4941、4949）、每莫改（4865）、蟒③莫黨（4870）、每莫載④（4865）、幔莫半（4863）、貿莫候（4874）、莫莫各（4848）、䶣亡交（4865）、萌麥耕（4874）、鴯亡項（4867）、邁莫芥（4865）、怕亡白（4873）、溟莫經（4936）、眇亡了（4872）、眄亡見（4806、4820）、謎莫閇（4879）、蔑莫結（4876）、芒無方（4824）、刎亡粉（4945）、抆亡粉（4948）、魍亡强（4828、4868）、某莫有（4872）、務亡付（4873）、蔓亡怨（4869）、襪无發（4942）、糜亡皮（4827）、民武貧（4952）、弭密尔（4879）、弭亡尔（4952）、泯弥忍（4936）、勉靡辯（4873）、魅莫冀（4868）、密亡一（4864）、湎亡善（4805、4819、4869）。

反切46條，其中音值相同的有弭密尔弭亡尔、刎亡粉抆亡粉，小韻38個。

莫類：麥1謨1莫16亡5。（一、二、四等，23）

武類：弥1靡1密1莫2亡6忘1无1無1武1。（三等，15）

---

① 捊是尤韻字，尤韻的唇音字後世不變輕唇，屬重唇。

② 妃、庳、髕是重紐字，後世不變輕唇，屬重唇。

③ 蟒是"蟒"的俗寫。

④ 原文作"每作，莫載反，《字林》莫改反"，從注音體例看，莫載、莫改反的音不同，每、載《廣韻》均有上去二讀，因此，莫改反是上聲，莫載反是去聲。

亡、武是輕唇，而切重唇 10 次，即糜_{亡皮}、岷_{武貧}①、蓩_{亡交}、鳩_{亡項}、弭_{亡尔}、湎_{亡善}、眄②_{亡見}、眇_{亡了}、密_{亡一}、怕_{亡白}，小韻數 38，混用率 26.3% 。另，弭_{密尔}、泯_{弥忍}、勉_{靡辯}、某_{莫有}、魅_{莫冀}是重紐、尤韻字，切上字弥、靡、密是重紐，莫是重唇，互切不是混用。

（5）小結

幫/非的混用率低於《廣韻》，明/微、滂/敷、並/奉的混用率高於《廣韻》。鑒於切上字的輕重唇均有混切，且小韻數少，因此唇音四母，即幫、滂、並、明③。

表 4 - 1　玄應唇音反切混用率的比較

切上字輕重唇的混用	幫/非	滂/敷	並/奉	明/微
玄應反切的混用率（%）	5.4	16	18.9	26.3
《廣韻》反切的混用率（%）	19.9[1]	11.1[2]	18.1[3]	21.7[4]

[1]《廣韻》幫母字的小韻 141 個，其中切上字的輕重唇混用 28 次，即"牑，方閑；扁，方典；探，方垢；庌，方卦；臂，方賣；偏，方見；奔，甫悶；窃，方隥；閉，方結；卑，府移；悲，府眉；彬，府巾；飆，甫遥；鑣，甫嬌；閟，甫盲；兵，甫明；并，府盈；彪，甫烋；砭，府廉；彼，甫委；鄙，方美；褊，方緬；庳，方免；標，方小；貶，方斂；裱，方廟；窆，方驗；箭，方別"。

[2]《廣韻》滂母字的小韻 117 個，其中切上字的輕重唇混用 13 次，即"磅，撫庚；飆，匹尤；芝，匹凡；滂，匹問；鈹，敷羈；丕，敷悲；胚，芳杯；篇，芳連；嫖，撫招；縹，敷沼；瞥，芳滅；僻，芳辟；堛，芳逼"。

[3]《廣韻》並母字的小韻 144 個，其中切上字的輕重唇混用 26 次，即"培，扶來；阪，扶板；鮑，防教；縛，符卧；佣，父鄧；鼙，扶歷；皮，符羈；陴，符支；毗，房脂；邳，符悲；頻，符真；貧，符巾；便，房連；瓢，符霄；平，符兵；憑，扶冰；牝，扶履；否，符鄙；辯，符塞；楩，符善；摽，苻少；驃，毗養；佩，防正；弼，房密；擗，房益；愎，符逼"。

[4]《廣韻》明母字的小韻 143 個，其中切上字的輕重唇混用 31 次，即"彌，武移；眉，武悲；珉，武巾；緜，武延；苗，武瀌；盲，武庚；明，武兵；名，武并；瞢，武登；嘿，亡侯；繆，武彪；姏，武酣；傛，武項；靡，文彼；美，無鄙；洣，武罪；泯，武盡；矕，武板；魟，武簡；免，亡辨；渺，亡沼；蕍，武道；麼，亡果；皿，武永；瞴，武幸；眇，亡井；萌，亡莧；幰，武亘；毐，亡救；滅，亡列；臱，亡逼"。

① 岷是避諱字，原字作"罠"。罠是重紐字，屬重唇。
② 眄是"眄"的俗寫。
③ 王曦從梵漢對音、輕唇字不用重唇字作切上字等認爲玄應音義的輕唇音已獨立，見王曦《玄應〈一切經音義〉唇音聲母考察》，《中國語文》2016 年第 6 期，第 709～725 頁。其中梵漢對音的證據説服力較強，但"輕唇字不用重唇字作切上字"的證據中排除了"匹"字，説服力不強，因而不予採納。

2. 舌音

反切 222 條，小韻 155 個，低於《廣韻》的 606 個。

(1) 端/知

堆都雷（4873）、搥都回（4875）、敦都昆（4820）、鐺都唐（4950）、登都恒（4822）、耽都含（4805、4819）、躭都含（4869）、揣丁果（4828）、埵丁果（4869）、䫂都可（4880）、陡都口（4948）、棟都弄（4866）、妒丹故（4864）、督都木（4929）、酷都篤（4944）、咄丁兀（4799、4872）、怛都達（4823）、剟丁盍（4948）、咥帝栗（4823）、底丁履（4881、4881）、鞮都奚（4946）、隄都奚（4947）、蹎丁賢（4920、4944）、刁都堯（4828）、鵰丁堯（4867）、邸丁礼（4948）、典丁繭（4947）、疐都計（4802）、渧丁計（4820、4873）、啑丁計（4946、4950）、喹丁結（4880）、的都狄（4804、4819）、適都狄（4848）、滴丁歷（4873）、衷知沖（4825）、胝竹尸（4790、4821）、麟竹皆（4868、4880、4921）、檛竹瓜（4804）、撾竹瓜（4819）、嘲竹包（4826）、侜竹流（4944）、砧猪金（4941）、霑致廉（4828）、拄知主（4819）、著知也（4880）、中知仲（4804、4819）、躓猪吏（4943）、著中庶（4800）、註竹句（4872）、瘵竹世（4800）、綴張衞（4823）、餕猪芮（4949）、罩陟挍（4945）、吒竹嫁（4820）、咤竹嫁（4950）、詬竹候（4875）、涿竹角（4863）、斲竹角（4942）、窒竹栗（4790）、蜇知列（4800）、喆知列（4948）、㯃竹革（4875）、磔竹格（4952）、縶猪立（4942）。

反切 75 條，其中音值相同的有堆都雷搥都回、耽都含躭都含、揣丁果埵丁果、鞮都奚隄都奚、刁都堯鵰丁堯、渧丁計啑丁計疐都計、的都狄適都狄滴丁歷、綴張衞餕猪芮、檛竹瓜撾竹瓜、吒竹嫁咤竹嫁、涿竹角斲竹角、蜇知列喆知列，小韻 50 個。

都類：丹 1 丁 10 都 12 竹 1。（一、四等，24）

陟類：張 1 知 5 陟 1 致 1 中 1 猪 2 脯 1 竹 12 帝 1 丁 1。（二、三等，26）

端知混 3 例，即底丁履、誔竹候、咥帝栗，小韻數 50，混用率 6%。

（2）透／徹

推土回（4866）、饕他高（4943）、坦他誕（4871）、討恥老（4805、4819、4876）、鞋他口（4952）、黮勅感（4870）、脱他外（4802）、態他代（4804、4819、4848、4945）、嘆他旦（4950）、飥他臥（4948）、撻他達（4804、4947）、韃他達（4920）、脱吐活（4802、4818）、慝他則（4821）、橐撻各（4951）、拓達各（4952）、躰他盍（4802）、塌他盍（4862）、躰他合（4818）、塌他合（4862）、曆他奚（4878）、挑勅聊（4790）、挑他堯（4805、4819）、悌他礼（4790、4873）、腆他典（4951）、侹勅頂（4949）、渧勅計（4942）、餮他結（4943）、謟丑俠（4949）、摵勅佳（4861、4949）、扠勅佳（4876）、詫勅嫁（4861）、詫丑嫁（4943）、坼恥格（4867）、黐勅支（4823）、魑勅知（4868）、傭勅龍（4824）、裼勅爾（4867、4906）、樗勅於（4921）、騁丑領（4871）、諂丑冉（4864）、暢勅亮（4865）、穡勅六（4924）。

反切 54 條，其中音值相同的有撻他達韃他達、橐撻各拓他各、躰他盍塌他盍、躰他合塌他合、黐勅支魑勅知、摵勅佳扠勅佳、詫勅嫁詫丑嫁，小韻 36 個。

他類：他 17 撻①1 土 1 吐 1 勅 4。（一、四等，24）

丑類：恥 1 勅 7 丑 4。（二、三等，12）

透徹混 5 例，即挑勅聊（4790）、討恥老（4805）、黮勅感（4870）、渧勅計（4942）、侹勅頂（4949），小韻數 36，混用率 13.9%。

（3）定／澄

烔徒東（4856）、僮徒東（4865）、彤徒宗（4948）、屠達胡（4876）、臺徒來（4874）、穨徒雷（4866～4867、4906）、摶徒官（4828）、駝徒多（4826）、唐徒郎（4801、4846）、惔徒甘（4873）、動徒董（4944）、但徒

亶（4864）、垛_{徒果}（4785）、黮_{徒感}（4870）、洞_{徒貢}（4856、4945）、逮_{徒戴}（4791）、隊_{徒對}（4950）、悼_{徒到}（4821）、蹈_{徒到}（4874）、惰_{徒臥}（4881）、豆_{徒鬬}（4875）、憺_{徒濫}（4873）、闐_{徒堅}（4952）、誂_{徒了}（4870）、訂_{徒頂}（4946）、訂_{唐頂}（4784）、締_{徒計}（4829）、磹_{大念}（4879）、實_{徒見}（4952）、掉_{徒弔}（4790）、調_{徒弔}（4826）、迭_{徒結}（4920）、軼_{徒結}（4921）、敵_{徒的}（4878）、覿_{亭歷}（4932）、特_{徒得}（4806、4820）、毻_{徒頰}（4948）、茶_{徒加}（4949）、娖_{徒①皆}（4881）、娖②_{除皆}（4880）、敠_{宅庚}（4943）、坁_{直飢}（4821、4943）、馳_{直知}（4871）、簁_{除離}（4948）、椎_{直追}（4875）、儲_{直於}（4936）、厨_{雉俱}（4880）、褫_{直紙}（4867、4906）、陁_{除蟻}（4867）、豸_{直尔}（4952）、紉_{直忍}（4946）、著_{稚雅}（4880）、緻_{馳致}（4799）、懟_{丈淚}（4801、4818）、搥_{直淚}（4875）、診_{丈刃}（4801）、撤_{除列}（4805、4819）、躑_{丈亦}（4932）。

反切 66 條，其中音值相同的有烔_{徒東}僮_{徒東}、悼_{徒到}蹈_{徒到}、訂_{徒頂}訂_{唐頂}、掉_{徒弔}調_{徒弔}、迭_{徒結}軼_{徒結}、敵_{徒的}覿_{亭歷}、馳_{直知}簁_{除離}、褫_{直紙}豸_{直尔}陁_{除蟻}、懟_{丈淚}搥_{直淚}，小韻 48 個。

徒類：達 1 大 1 唐 1 亭 1 徒 27。（一、四等，31）

直類：馳 1 除 4 宅 1 丈 3 直 4 稚 1 雉 1 徒 2。（二、三等，17）

定澄混 2 例，即茶_{徒加}、娖_{徒皆}，小韻數 48，混用率 4.2%。

（4）泥/孃

難_{乃安}（4869）、㶚_{乃本}（4862）、憹_{奴道}（4944）、耨_{乃候}（4943）、腝_{乃困}（4948）、呐_{奴骨}（4920）、訥_{奴骨}（4920）、嬈_{乃了}（4870、4944）、涅_{奴紇}（4880）、甯_{奴定}（4926）、鐃_{女交}（4865）、拏_{女加}（4785）、鬡_{女庚}（4943）、紝_{女林}（4826）、祢_{女履}（4829）、忸_{女几}（4861、4880）、報_{奴蓋}（4804、4819）、撓_{乃飽}（4821）、疒_{女孝}（4877）、

---

① "娖"原作"媄"，"徒"原作"從"，校改見前。

② 原作"媄"，校爲"娖"。

紐女九（4950）、捼奴戒（4880）、撓乃教（4821）、糅女救（4942）、任女
鴆（4871）。

反切 27 條，其中音值相同的有呐奴骨訥奴骨、扭女几祢女履、内女孝撓
乃教，小韻 21 個。

奴類：乃 5 奴 4。（一、四等，9）

女類：乃 2 奴 2 女 8。（二、三等，12）

乃、奴切二等 4 次，即赧奴盞、撓乃飽、撓乃教、捼奴戒，小韻數 21，
混用率 19%。

（5）小結

透/徹、泥/孃的混用率明顯高於《廣韻》，界限不如《廣韻》分
明。孃母是否獨立存爭議，鑒於漢藏對音寫本《阿彌陀經》《金剛經》
等的泥母譯作 'd – 或 n –，孃母譯作 'j –①，就採用邵榮芬的觀點②，孃
母獨立。

表 4 – 2　玄應舌音反切混用率的比較

一、四等與二、三等	端/知	透/徹	定/澄	泥/孃
玄應反切的混用率（%）	6	13.9	4.2	19
《廣韻》反切的混用率（%）	7.3[1]	1.9[2]	1.9[3]	8.9[4]

[1]《廣韻》端、知母字的小韻 165 個，其中一、四等與二、三等的混用 12 次，即"椿，都
江；胝，丁尼；遳，丁全；䐼，都賈；罩，都教；蛭，丁悉；窒，丁滑；鷄，丁刮；剟，丁力；
髟，陟眵；貯，丁吕；打，德冷"。

[2]《廣韻》透、徹母字的小韻 157 個，其中一、四等與二、三等的混用 3 次，即"撑，他
孟；獺，他錯；篴，丑戾"。

[3]《廣韻》定、澄母字的小韻 160 個，其中一、四等與二、三等的混用 3 次，即"湛，徒
减；瑒，徒杏；地，徒四"。

[4]《廣韻》泥、孃字的小韻 124 個，其中一、四等與二、三等的混用 11 次，即"捼，諾
皆；妳，奴還；鬞，乃庚；你，乃里；嬭，奴蟹；赧，奴板；獶，奴巧；絮，奴下；鬧，奴教；
胗，乃亞；賃，乃禁"。

① 羅常培：《唐五代西北方音》，商務印書館，2012，第 43 ~ 45 頁。
② 邵榮芬：《切韻研究》，中華書局，2008，第 35 ~ 43 頁。

3. 齒音（上）：齒頭音（精組）

反切 154 條，小韻 108 個，低於《廣韻》的 522 個。

（1）精

駿子公（4805、4819）、宗子肜（4876）、栽作才（4847）、灾則才（4869）、鑽子丸（4806、4820）、稯子孔（4949）、澡祖老（4876）、藻祖老（4936）、宰祖殆（4879）、纂子管（4928）、纂子卵（4949）、綜子宋（4801、4818）、載則代（4877）、鑽子亂（4806、鑽子乱（4928）、攢子筭（4821、4820）、躁子到（4800、4818）、作茲賀（4790）、鏃子木（4820）、拶子曷（4880）、作子各（4790）、柞子各（4948）、唉子盍（4870）、帀子盍（4946）、噈子合（4950）、苴子余（4806、4868）、苴子餘（4820）、賷子奚（4875）、齏子奚（4948）、霽子礼（4947）、從足容（4863）、滋子夷（4942）、津子鄰（4822）、罝子邪（4947）、紫子累（4784、4820、4942）、枇子尔（4848）、呰子尔（4872）、駿子闉（4825）、嗟子夜（4870～4871、4906）、噈子六（4950）、稷子力（4848）、隶姊葉（4802）、隶姊業（4818）。

反切 52 條，其中音值相同的有栽作才灾則才、纂子管纂子卵、澡祖老藻祖老、鑽子亂鑽子乱攢子筭、作子各柞子各、唉子盍帀子盍、賷子奚齏子奚、苴子余苴子餘、枇子尔呰子尔，小韻 33 個。

作類：則 1 茲 1 子 15 祖 2 作 1。（一、四等，20）

子類：子 10 姊 2 足 1。（三等，13）

足切三等 1 次，即從足容；子、茲切一、四等 16 次，即駿子公、宗子肜、賷子奚、鑽子丸、稯子孔、霽子礼、纂子管纂子卵、綜子宋、鑽子亂鑽子乱攢子筭、躁子到、作茲賀、鏃子木、拶子曷、作子各柞子各、唉子盍帀子盍、噈子合。一、四等與三等混用 17 次，小韻數 33，混用率 51.5%。

（2）清

猜倉來（4943）、操錯勞（4946）、攢千乱（4941）、攢倉亂（4949）、撮七活（4868）、錯且各（4827）、蒨千見（4948）、胆千餘（4805、4819）、

趦且榆（4820）、圊七情（4822、4929）、儗且吝（4822）、崍此亦（4868）。

反切 14 條，其中音值相同的有欑千乱欑麁乱，小韻 11 個。

倉類：麁 2 錯 1 七 1 千 1 且 1。（一、四等，6）

七類：千 1 且 2 此 1 七 1。（三等，5）

七、千、且切一等 3 次，即欑千乱、撮七活、鮺且各，小韻數 11，混用率 27.3%。

（3）從

叞在安（4805）、欑徂丸（4949）、曹自勞（4942）、矬才戈（4806、4820）、矬徂戈（4870）、粗在古（4824）、鐏在困（4928）、坐慈臥（4822）、齌在計（4868）、荐在見（4944）、疵才雌（4826、4864）、礠徂兹（4827）、泉絶緣（4950）、繒在陵（4869）、咀才与（4868、4879）、漬在賜（4821）、隳才句（4945）、穽慈性（4821）、穽才性（4942）、嫉茨栗（4864）、嫉自栗（4947）、嚼才弱（4868）、瘠才亦（4801、4818、4948）、疌才妾（4802）。

反切 29 條，其中音值相同的有矬才戈矬徂戈、穽慈性穽才性、嫉茨栗嫉自栗，小韻 21 個。

昨類：才 1 慈 1 徂 1 在 5 自 1。（一、四等，9）

疾類：才 7 徂 1 絶 1 在 2 自[1] 1。（三等，12）

才、徂、在切三等 10 次，即疵才雌、礠徂兹、繒在陵、咀才与、漬在賜、隳才句、穽才性、嚼才弱、瘠才亦、疌才妾；慈、自切一等 2 次，即曹自勞、坐慈臥。一、四等與三等混用 12 次，小韻數 21，混用率 57.1%。

（4）心

莎先戈（4874）、燥先老（4875）、磉桑朗（4949）、藪桑苟（4875）、宨蘇走（4944）、糂桑感（4948）、傘先岸（4936）、癩蘇奏（4878）、泝桑故（4948）、薩蘓紇（4880）、嘶先奚（4942）、榹桑奚（4950）、醒思挺

────────────

① 切上字也可選"茨"字。

（4871）、先蘇見（4869）、礦息念（4879）、楔先結（4946）、屢先牒（4936）、廝思移（4799）、伺滑慈（4879、4907）、蠡思錢（4951）、羞思由（4943）、省思井（4821）、諛先九（4857）、傷悉漬（4952）、肆相利（4802、4818、4871）、駟相二（4862）、伺胥吏（4879、4907）、彗蘇醉（4799）、邃私醉（4873）、線私賤（4945）、迅私閏（4877）、卂雖閏（4941）、笑私妙（4828）、夙思六（4872）、訹私律（4857）、恤思律（4857）、褻思列（4946）、癌思力（4805、4819）、湒思入（4950）。

反切44條，其中音值相同的有藪桑苟窣蘇走、嘶先奚槭桑奚、肆相利駟相二、彗蘇醉邃私醉、迅雖閏卂雖閏、訹私律恤思律，小韻33個。

蘇類：桑3思1蘇3蘇1息1先6。（一、四等，15）

息類：私4思7蘇1雖1悉1先1相1胥1滑1。（三等，18）

蘇切三等1次，即彗蘇醉；思、先切一、四等7次，即嘶先奚、莎先戈、燥先老、醒思挺、傘先岸、楔先結、屢先牒。一、四等與三等混用8次，小韻數33，混用率24.2%。

（5）邪

徇辝遵（4951）、涎詳延（4806、4820）、唌似延（4946）、泅似由（4948）、燂詳廉（4941）、祀①徐理（4800）、兕徐里（4828）、飤囚恣（4823、4951）、燧辝醉（4806、4920）、彗囚芮（4799）、爐似進（4826）、襲辝立（4942）。

反切15條，其中音值相同的有涎詳延唌似延、祀徐理兕徐里，小韻10個。

徐類：辝3囚2似2詳2徐1。（三等，10）

從邪混1例：燂詳廉。

（6）小結

切上字混用較多，混用率超過《廣韻》，均高於王力脂微分部的

---

① 原作"礼"，《合集》（4800第11行）校作"祀"。

22.9%，一、四等與三等界限不很分明，作/子、倉/七、昨/疾、蘇/息應合併。

表4-3　玄應精組字反切混用率的比較

切上字一、四等與三等的混用	作/子	倉/七	昨/疾	蘇/息
玄應反切的混用率（％）	51.5	27.3	57.1	24.2
《廣韻》反切的混用率（％）	18.2[1]	26.5[2]	16.8[3]	13[4]

[1]《廣韻》精母字的小韻132個，其中一、四等與三等的混用24次，即"菱，子紅；鑽，借官；緅，子侯；濟，子禮；摧，子罪；湫，子了；早，子晧，駔，子朗；走，子苟；昝，子感；瓒，子敢；綜，子宋；霽，子計；晬，子對；焌，子寸；穳，子筭；增，子鄧；僭，子念；韱，姊末；纞，子括；節，子結；則，子德；帀，子荅；浹，子協"。另外，精母字還有"覽，子鑑"未計算在內，因作它與二等韻相切。

[2]《廣韻》清母字的小韻113個，其中一、四等與三等的混用30次，即"妻，七稽；村，此尊；餐，七安；操，七刀；瑳，七何；蓬，七戈；倉，七岡；諙，千侯；泚，千禮；崔，七罪；瑳，千可；慘，七感；認，千弄；砌，七計；暞，七外；倅，七內；竄，七亂；操，七到；譖，千過；磋，七過；靤，千定；蹭，千鄧；謲，七紺；簇，千木；攃，七曷；千結；城，七則；趁，七合；脞，醋伽；焌，倉聿"。另外，清母字還有"啐，倉央"未計算在內，因作它與二等韻相切。

[3]《廣韻》從母字的小韻107個，其中一、四等與三等的混用18次，即"暫，漸念；寂，前歷；鷞，昨句；錢，昨仙；樵，昨焦；在，才邪；牆，在良；鱭，昨淫；潛，昨鹽，悉，才棰；畢，徂累；儁，徂兗；湫，在九；堅，才句；賤，才線；噍，才笑；歙，才六；嚼，在爵"。另外，從母字還有"虥，昨閑"未計算在內，因作它與二等韻相切。

[4]《廣韻》心母字的小韻131個，其中一、四等與三等的混用17次，即"鬆，私宗；西，先稽；孫，思渾；桑，息郎；敁，先孔；洗，先禮；篠，先鳥；磢，先外；賽，先代；䐔，先臥；㖄，思贈；磢，先念；涮，先篤；屑，先結；錫，先擊；傮，私盍；遂，先頰"。

4. 齒音（中）：正齒音（莊組）

反切65條，小韻46個，低於《廣韻》的261個①。

（1）莊

摣側加（4868）、柮側買（4848）、虥側限（4945）、詛側據（4879）、咋莊白（4944）、笮側格（4947）。

反切6條，其中音值相同的有咋莊白笮側格，小韻5個。

側類：側4莊1。（二、三等，5）

---

① 《廣韻》莊母字小韻53個，初母字小韻62個，崇母字小韻65個，生母字小韻79個，俟母字小韻2個。

（2）初

創楚良（4800）、瘡楚良（4946）、槍叉行（4799）、攙叉銜（4799）、差初履（4881）、差初理（4880）、差初里（4881）、揣初委（4828）、剗初眼（4947）、炒初狡（4941）、鑱叉莧（4929）、儳叉覷（4822）、創楚恨（4800）、讖楚譖（4822）、刹楚乙（4864）、刹初鎋（4864）、惻楚力（4821、4929、4946）、奰楚力（4946）、策楚革（4946）。

反切 21 條，其中音值相同的有創楚良瘡楚良、差初理差初里、惻楚力奰楚力，小韻 16 個。

初類：叉 4 初 6 楚 6。（二、三等，16）

（3）崇

喋仕佳（4868）、榛仕巾（4829）、勦助交（4948）、峯仕行（4943）、撰助饌（4878）、饌士眷（4800、4818）、饌仕眷（4874）、饌仕卷（4941）、齚士白（4828）、齚仕白（4868、4944）、煤助甲（4947）、騷士洽（4948）。

反切 14 條，其中音值相同的有饌士眷饌仕眷饌仕卷、齚士白齚仕白，小韻 9 個。

士類：士 2 仕 4 助 3。（二、三等，9）

（4）生

釃所宜（4929）、簁所飢（4877）、衰所甀（4941）、毹山于（4802、4818）、簁所佳（4877）、詵所陳（4944）、僧所繒（4881）、屣所綺（4946）、數山縷（4873）、灑所買（4871）、釃所解（4929）、屣所解（4946）、莎所也（4881）、爽所兩（4818）、駛山吏（4823）、欶所角（4829）、數所角（4929）、嗽山角（4941、4946）、澀所立（4942）、澀史及（4950）。

反切 22 條，其中音值相同的有灑所買釃所解屣所解、欶所角數所角嗽山角、澀所立澀史及，小韻 15 個。

所類：山 3 史 1 使 1 所 10。（二、三等，15）

生心混 1 例：僧所繒。

（5）俟

俟事几（4944、4946）。反切2條，小韻1個。

俟類：事1。（三等，1）

（6）小結

邵榮芬認爲俟原來是牙喉音，後來纔變爲齒音[1]，和莊組其他聲母的來源不同，因而俟獨立。總之，正齒音五母：莊、初、崇、生、俟。

5. 齒音（下）：正齒音（章組）

反切89條，小韻64個，低於《廣韻》的276個[2]。

（1）章

塼脂緣（4827）、釗指遥（4857）、遮止奢（4879）、烝之承（4929）、踵之勇（4944）、捶之蘂（4863）、埻之允（4785）、胗章忍（4878）、震之刃（4790）、診之刃（4818）、振諸胤（4946）、剬之兖（4949）、註之喻（4872）、注之喻（4872）、澍之喻（4907）、埻之閏（4785）、諄之閏（4950）、戰之見[3]（4920）、顫之繕（4949）、詔諸曜（4863）、蔗之夜（4873）、障之尚（4867）、烝之媵（4800）、祝之授（4879）、鬻之六（4952）、屬之欲（4878）、靼之列（4875）、靳脂列（4879、4907）、適之赤（4864）。

反切30條，其中音值相同的有註之喻注之喻澍之喻、震之刃診之刃振諸胤、埻之閏諄之閏、靼之列靳脂列，小韻23個。

之類：章1之17脂2止1指1諸1（三等，23）

（2）昌

鴟充尸（4867）、推出唯（4866）、蚩充之（4828）、姝充朱（4801、4818、4866、4906）、車齒邪（4862）、笘赤占（4829、4875）、處充与

① 邵榮芬：《切韻研究》，第47頁。

② 《廣韻》章母字小韻74個，昌母字小韻59個，船母字小韻19個，書母字小韻61個，禪母字小韻63個。

③ 章組字僅切三等，"見"是四等，這是四等混入三等後出現的反切。

（4869）、闖昌善（4875）、出昌遂（4871）、掣充世（4868）、掣昌掣（4879）、毳尺鋭（4824）、厈①齒亦（4936）。

反切 17 條，其中音值相同的有掣充世掣昌掣，小韻 12 個。

昌類：昌 3 尺 1 齒 2 赤 1 充 4 出 1。（三等，12）

初昌混 2 例，即推②出唯、毳尺鋭，小韻數 28，混用率 7.1%。

（3）船

晨食仁（4790）、曷食尔（4949）、楯食允（4862）、甚食甚（4870）、乘食證（4862）、揲食列（4791、4803）、蝕神蠟（4799）。

反切 8 條，小韻 7 個。

食類：神 1 食 6。（三等，7）

（4）書

商始羊（4871）、苫舒鹽（4867）、輸式庚③（4880）、哂式忍（4944）、閃式染（4879）、覢式冉（4929）、弒尸至（4821）、翅施豉（4942）、恕尸預（4801、4818）、矊尸閏（4804、4819、4858）、眴尸閏（4947）、秫尸聿（4880）、鑠舒若（4929）、適尸赤（4824）、適尸亦（4866、4878）。

反切 19 條，其中音值相同的有閃式染覢式冉、矊尸閏眴尸閏、適尸赤適尸亦，小韻 12 個。

式類：尸 5 施 1 始 1 式 3 舒 2。（三等，12）

（5）禪

篅市緣（4947）、韶視招（4945）、嘗視羊（4863）、誠市盈（4872）、讎視周（4821）、腨時兖（4803、4819）、壽視柳（4787）、澍上句（4872、4907）、籨時世（4791、4803、4819）、逝是世（4871）、膳上扇（4863）。

———————————

① 厈是斥的俗寫。

② 推，《廣韻》又佳切。叉，蔡夢麒《廣韻校釋》（岳麓書社 2007，第 84 頁）校爲 "尺"。初、昌混是普遍的語音現象，不從蔡夢麒。

③ 輸，《廣韻》式朱、傷遇切，與式庚反是平去與上混。

反切 15 條，其中音值相同的有篲 時世 逝 是世，小韻 10 個。

時類：上 2 時 1 市 2 是 1 視 4。（三等，10）

6. 牙音

反切 231 條，小韻 166 個，低於《廣韻》的 736 個①。

（1）見

柧 古胡（4944）、胲 古才（4791、4803、4819）、姟 古才（4874）、垓 古才（4942）、瓌 古回（4801、4818）、瓌 古迴（4941）、昆 孤魂（4943）、蜫 古魂（4943）、憍 舉敖（4880）、鍋 古禾（4826、4942）、賈 公戶（4826）、瞽 公戶（4826）、估 公戶（4871）、舨 古本（4874）、笴 工旱（4946）、輨 古緩（4941）、槀 公道（4926）、慷 古②葬（4945）、苟 公厚（4825）、固 古護（4944）、痼 古護（4947）、漑 哥賚（4801、4818）、樏 公礙（4945）、膾 古外（4876）、憒 公對（4877）、憒 公內（4944）、樏 公內（4945）、灌 古亂（4827）、搆 古候（4949）、紺 古暗（4880）、谷 古木（4872）、榖 古木（4873）、括 古奪（4928）、滑 古沒（4948）、祴 孤得（4866、4906）、佳 古崖（4864）、間 古閑（4821）、艱 古閑（4874）、菅 古顏（4826）、笐 古遐（4784）、監 公衫（4941）、攬 古乿（4826）、狡 古乿（4856）、賈 古雅（4826）、估 柯雅（4871）、冎 古瓦（4878）、哽 古杏（4790）、緪 格杏（4827）、梗 歌杏（4942）、獷 古猛（4828）、礦 孤猛（4943）、怪 古壞（4872）、戒 古薤（4879）、夬 古快（4823）、芥 加邁（4876、4907）、間 居莧（4821）、擐 工患（4936）、串 古患（4946）、覺 居効（4820）、酵 古孝（4824）、教 居效（4863）、較 古學（4943）、秸 公八（4953）、格 加頟（4936）、革 古核（4947）、稽 古奚（4948）、蠲 古玄（4872）、澆 古堯（4848）、邀 古③堯（4920）、傲 古堯（4924）、係 古帝

---

① 《廣韻》見母字小韻 250 個，溪母字小韻 221 個，群母字小韻 101 個，疑母字小韻 164 個。

② "古"，《合集》（4969 注 131）校作 "口"。由於送氣不送氣混較普遍，不取。

③ 原作 "舌"，《合集》（4920 第 3 行）校改作 "古"。

（4929）、見_{古現}（4875）、銜_{公縣}（4947）、噭_{古弔}（4952）、馱_{古穴}（4823）、訣_{古穴}（4952）、唊_{古協}（4948）、羈_{居猗}（4847）、璣_{居衣}（4847）、筋_{居殷}（4948）、鞬_{建言}（4948）、甄_{己仙}（4878）、勦_{姜權}（4948）、迦_{腳佉}（4823）、羚_{居陵}（4864）、究_{居求}（4823）、紀_{居擬}（4877）、詭_{居毀}（4943）、宄_{居美}（4946）、軌_{居美}（4949）、胘_{居忍}（4878）、撿_{居儼}（4806、4820、4879）、冀_{居致}（4823）、概_{居置}（4949）、踞_{記恕①}（4869）、捃_{居運}（4952）、勁_{居盛}（4846）、蹶_{居月}（4920、4944）、瓯_{九縛}（4941）、甌_{居碧}（4941）、級_{羈立}（4847）。

反切 111 條，其中音值相同的有胲_{古才}姟_{古才}垓_{古才}、瓌_{古回}瑰_{古迴}、昆_{孤魂}鯤_{古魂}、賈_{公戶}瞽_{公戶}估_{公戶}、固_{古護}痼_{古護}、溉_{哥賚}槩_{公礙}、慣_{公對}慣_{公內}瞫_{公內}、擐_{工患}串_{古患}、谷_{古木}穀_{古木}、間_{古閑}艱_{古閑}、攪_{古夘}狡_{古夘}、賈_{古雅}估_{柯雅}、獷_{古猛}磺_{孤猛}、覺_{居効}酵_{古孝}教_{居効}、哽_{古杏}綆_{格杏}梗_{歌杏}、澆_{古堯}邀_{古堯}傲_{古堯}、馱_{古穴}訣_{古穴}、宄_{居美}軌_{居美}，小韻 77 個。

古類：哥 1 歌 1 格 1 工 1 公 7 孤 1 古 36 加 2 居 2 舉 1 柯 1。（一、二、四等，54）

居類：羈 1 己 1 建 1 姜 1 腳 1 九 1 居 16 記 1。（三等，23）

見溪混 1 例：慷_{古葬}。

居、舉切二等 3 次，即憍_{舉敎}、間_{居莧}、覺_{居効}教_{居効}，小韻數 77，三等與非三等的混用率 3.9%。

（2）溪

恢_{苦迴}（4858、4942）、魁_{苦回}（4876）、魁_{苦迴}（4950）、髡_{口昆}（4821）、髖_{口丸}（4804、4819）、珂_{苦何}（4880）、窠_{苦和}（4784、4942）、懇_{口很}（4929）、闔_{苦本}（4857）、犒_{苦道}（4873）、軻_{口佐}（4880）、堷_{口紺}（4880）、炊_{枯戴}（4804、4819）、炊_{苦戴}（4878）、慨_{苦代}（4945）、塊_{苦對}（4823）、縠_{口木}（4827）、領_{口沒}（4869）、圣_{口兀}（4872）、勖_{苦沒}

_____

①　原作"恕"，《合集》（4888 注 72）校改作"恕"。

（4929）、恪苦格（4942）、刻苦得（4949）、喎口蛙（4878）、鏗口耕（4944）、鹻口咸（4950）、觳口角（4827）、確苦學（4947）、頜口轄（4869～4870）、掐枯狹（4946）、掐口洽（4946）、谿苦奚（4872）、奎口携（4821）、挈苦田（4952）、齲丘禹（4945）、聲口冷（4878）、慊苦簟①（4929）、磬口定（4878）、罄可定（4952）、敧丘知（4948）、跪丘委（4877）、闚丘規（4869）、倦去連（4943）、企袪豉（4947）、屺墟記（4929）、欯丘庶（4801、4818）、憩却屬（4825）、憩墟例（4942）、偈丘竭（4862）、偈去竭（4862）。

反切 54 條，其中音值相同的有恢苦迴魁苦回魁苦迴、欯枯戴欯苦戴慨苦代、觳口角確苦學、頜口没圣口兀勠苦没、掐枯狹掐口洽、磬口定罄可定、憩却屬憩墟例、偈丘竭偈去竭，小韻 38 個。

苦類：可 1 口 13 枯 1 苦 14。（一、二、四等，29）

去類：丘 4 袪 1 去 2 却 1 墟 1。（三等，9）

（3）群

蚔巨宜（4920）、岐巨宜（4945）、麒渠之（4802）、璩巨於（4936）、戵其俱（4802、4818）、衢巨俱（4866）、懼求俱（4921）、衹巨奚②（4881）、拳渠員（4949）、僑渠消（4944）、強渠良（4871）、仇渠牛（4943、4948）、捦巨金（4947）、跪渠委（4877）、拒其呂（4824）、巨其呂（4877）、各渠九（4865）、匱渠愧（4866）、悸其季（4941）、遽渠庶（4799、4846）、詎渠據（4821）、偈其逝（4862）、僅渠鎮（4941）、強渠向（4821、4943）、噤渠飲（4943）、妗其蔭（4943）、毱巨六（4803、4819）、鞠渠六（4952）、屈衢物（4951）、撅巨月（4952）。

反切 35 條，其中音值相同的有蚔巨宜岐巨宜、戵其俱衢巨俱懼求俱、拒其呂巨其呂、遽渠庶詎渠據、毱巨六鞠渠六，小韻 24 個。

---

① "慊，苦簟"的"簟"，《合集》（4929 第 7 行）校作"簟"。

② "衹"是三等，"奚"是四等，群母不切四等，這是支齊混後發生的語音現象。

渠類：巨 5 其 3 求 1 渠 14 衢 1。（三等，24）

（4）疑

漁言居（4876）、齟牛俱（4932）、崖五佳（4868）、齗牛斤（4941）、翱五高（4785）、蚖五官（4867）、哦五歌（4953）、訛五戈（4950）、聊五更（4951）、齵五鉤（4932）、吟牛金（4953）、倪五礼（4857）、騃五駭（4870）、馭魚據（4785）、御魚據（4801、4818）、迕吾故（4948）、礙五代（4864）、閡午代（4964）、讘五戒（4826）、艾五盖（4804、4819）、玩五喚（4866）、樂五孝（4871）、仰語向（4821）、樂五角（4865）、榨五割（4943）、刖五刮（4826）、刖魚厥（4826）、齶五各（4941）、鹹魚洽（4948）。

反切 31 條，其中音值相同的有礙五代閡午代、馭魚據御魚據，小韻 27 個。

五類：吾 2 五 16 午 1 魚 1。（一、二、四等，20）

魚類：牛 3 言 1 魚 2 語 1。（三等，7）

疑與"見或溪"混 1 例：鹹①魚洽。

魚切二等 1 次，即鹹魚洽，小韻數 27，三等與非三等的混用率 3.7%。

（5）小結

古/居、五/魚的混用率略高於《廣韻》，苦/去的混用率低於《廣韻》，但混用率均較低，一、二、四等與三等的界限較分明。

表 4-4　玄應牙音反切混用率的比較

一、二、四等與三等	古/居	苦/去	五/魚
玄應反切的混用率（%）	3.9	0	3.7
《廣韻》反切的混用率（%）	1.2[1]	3.2[2]	2.4[3]

[1]《廣韻》見母字的小韻 250 個，其中一、二、四等與三等的混用 3 次，即"趀，紀念；砝，居盍；詭，過委"。

---

① 鹹，《廣韻》苦洽、古洽切，與魚洽切是疑與見或溪混。

［2］《廣韻》溪母字的小韻 221 個，其中一、二、四等與三等的上字混用 7 次，即"馯，丘姦；㺊，乞加；齦，起限；麚，丘晃；罄，去挺；顤，丘檻；䡂，丘攜"。

［3］《廣韻》疑母字的小韻 164 個，其中一、二、四等與三等的混用 4 次，即"㝾，擬皆；五，疑古；顤，玉陷；㜾，吾斬"。

7. 喉音

反切 204 條，小韻 147 個，低於《廣韻》的 710 個①。

（1）影

溫_{烏昆}（4823）、豌_{一丸}（4820）、剜_{烏官}（4827）、膒_{一侯}（4870）、圖_{烏溝}（4952）、庵_{一含}（4872）、晻_{於感}（4951）、惡_{於路}（4870）、汙②_{於故}（4872）、饔_{於代}（4873）、惋_{烏唤}（4827、4847）、奧_{於報}（4865）、殟_{烏没}（4880、4908）、惡_{於各}（4858）、瘟_{烏合}（4943）、宛_{一瓜}（4878）、黯③_{於斬}（4870）、痖_{乙下}（4870）、鷃_{烏諫}（4949）、啞_{乙白}（4870）、軶_{於革}（4941）、壓_{於甲}（4880）、殴_{於奚}（4870）、咽_{於賢}（4790）、噎_{烏賢}（4949）、削_{一玄}（4827）、蝘_{烏珍}（4868）、翳_{於計}（4941）、瞖_{於計}（4942）、咽_{於見}（4790）、宴_{一見}（4863）、噎_{於結}（4790）、抉_{於穴}（4791）、抉_{烏玦}（4819）、醫_{於其}（4870）、汙_{紆菹}（4872）、茵_{於人}（4869、4942）、堙_{於仁}（4949）、邀_{於遥}（4920）、央_{於良}（4875）、膺_{於凝}（4943）、瘖_{一金}（4870）、倚_{於蟻}（4847）、傴_{一父}（4870）、綩_{一遠}（4866）、鞅_{於兩}（4875）、愠_{於問}（4824）、怏_{於亮}（4800、4818）、應_{於興}（4863）、暗_{一禁}（4870、4906）、俺_{於驗}（4951）、饜_{於焰}（4950）、育_{於六}（4881）、欝_{於物}（4800）、噦_{於越}（4801、4818）、曰_{一月}（4820）。

反切 62 條，其中音值相同的有豌_{一丸}剜_{烏官}、膒_{一侯}圖_{烏溝}、惡_{於路}汙_{於故}、咽_{於賢}噎_{烏賢}、茵_{於人}堙_{於仁}、翳_{於計}瞖_{於計}、咽_{於見}宴_{一見}、抉_{於穴}

---

① 《廣韻》影母字小韻 227 個，曉母字小韻 210 個，匣母字小韻 151 個，于母字小韻 48 個，以母字小韻 74 個。

② 汙、污異體。

③ 借音，黯借黯的音。

抉烏玦、喊於越登一月，小韻 47 個。

烏類：烏 6 一 6 乙 2 於 13。（一、二、四等，27）

於類：一 4 於 14 紆 1。（三等，20）

一、乙、於切一、二、四等 21 次，即殹於奚、豌一丸、咽於賢、肙一玄、窊一瓜、謳一侯、庵一含、瘂乙下、黤①於斬、晻於感、惡於路汙於故、翳於計瞖於計、靉於代、咽於見宴一見、奧於報、噎於結、抉於穴、啞乙白、軛於革、惡於各、壓於甲，小韻數 47，混用率 44.7%。

影于混 1 例，即汙紆萸。汙《廣韻》羽俱，于虞平；紆萸，影虞平。

（2）曉

撓許高（4805、4819）、睢呼罪（4949）、好呼到（4871）、臛呼各（4820）、熇呼各（4874）、哮呼交（4824）、虓呼交（4849）、哮呼挍（4824）、唬呼家（4824）、華呼瓜（4862~4863）、轟呼萌（4950）、擦呼結（4951）、鬟火見（4952）、虛許宜（4866）、嬉虛之（4866）、軒虛言（4863）、蜎呼全（4941）、鵂許牛（4784）、珝虛矩（4827）、虺吁鬼（4867）、餼虛氣（4951）、卉虛謂（4872）、向許亮（4847）、欻呼勿（4866）、噏許及（4948）。

反切 26 條，其中音值相同的有臛呼各熇呼各、哮呼交虓呼交，小韻 23 個。

呼類：呼 9 許 1 火 1。（一、二、四等，11）

許類：呼 2 許 4 吁 1 虛 5。（三等，12）

呼切三等 2 次，即蜎呼全、欻呼勿。許切一等 1 次，即撓許高。三等與非三等混 3 次，小韻數 23，混用率 13%。

（3）匣/于

胡戶孤（4942）、咳胡來（4804）、欬胡來（4878）、瑰胡魁（4864）、

---

①　借音，黤借黯的音。

蚼胡魁（4944）、榾胡昆（4950）、號胡刀（4790）、暭胡高（4868）、豪胡刀（4871）、何胡歌（4872）、和胡戈（4863）、惶胡光（4857）、睺胡鉤（4790）、祜胡古（4820）、怙胡古（4822、4870）、何胡①可（4872）、繪胡憒（4943）、頷胡感（4804、4819）、靬胡浪（4951）、憾胡闇（4948）、滑胡刮（4948）、瓨下江（4823）、肴胡交（4863）、華胡瓜（4862）、行乎庚（4828）、莖胡耕（4872）、函胡緘（4949）、鷷胡寡（4947）、幸胡耿（4871）、解胡賣（4803、4819）、罣胡卦（4827、4875）、話胡快（4947）、擐胡慢（4936）、行下孟（4861）、洽胡夾（4873）、狎胡甲（4947）、鷷胡雞（4868）、攜胡閨（4935）、銜胡麵（4876、4947）、眩侯遍（4941）。

匣母字45條反切，其中音值相同的有咳胡來欬胡來、瑰胡魁蚼胡魁、號胡刀暭胡高豪胡刀、祜胡古怙胡古、銜胡麵眩侯遍，小韻34個。

熊胡弓（4820）、爲于危（4790）、炎于廉（4820）、藤于彼（4863）、闒于彼（4945）、痏于軌（4920）、煒于匪（4828）、友于久（4874）、往羽罔（4875）、爲于僞（4790）、王于放（4821）、祐胡救（4821）、頊有富（4920）、頊尤富（4949）、爗爲獵（4828）。

于母字15條反切，其中音值相同的有藤于彼闒于彼、頊有富頊尤富，小韻13個。

胡類：侯1乎1胡29戶1下2。（一、二、四等，34）

于類：爲1尤②1于8羽1胡2。（三等，13）

匣于混2例，即熊胡弓、祐胡救，小韻數47，混用率4.3%。

（4）以

傭与恭（4871）、橢余支（4950）、怡弋之（4801、4818）、怡翼之（4941）、痍羊之（4806、4820、4946）、唯弋誰（4874）、與与諸（4829、4862）、俞弋朱（4871）、腴庚俱（4944）、綖以旃（4866）、蜒以旃

（4868）、捐 以專（4801①、4818、4875）、鉛 役川（4865）、搖 以招（4928）、營 役瓊（4874、4944）、猶 弋周（4864）、蚰 弋周（4868）、繇 余周（4878）、婬 以針（4821）、櫥 以占（4944）、唯 弋水（4874）、愈 臾乳（4877）、冶 餘者（4824）、傷 以戝（4846、4942）、易 以戝（4856）、狄 余季（4868）、輿 与庶（4862）、豫 弋庶（4864）、豫 余據（4865）、喻 榆句（4869）、叡 夷歲（4805、4819）、銳 羊稅（4866、4906）、莛 餘戰（4869）、炎 以瞻（4945）、搖 餘照（4878）、狄 余繡（4868、4906）、佚 与一（4827）、姝 与一（4945）、揲 余列（4791、4803）、閱 以拙（4848）、闍 余酌（4829②、4875）、瀹 臾灼（4947）、液 夷石（4825）。

反切 56 條，其中音值相同的有怡 弋之怡翼之痍 羊之、俞 弋朱腴 庚俱、捐 以專鉛 役川、綖 以旃蜒 以旃、猶 弋周蚰 弋周繇 余周、傷 以戝易 以戝、輿 与庶豫 弋庶豫 余據、叡 夷歲銳 羊稅、佚 与一姝 与一、闍 余酌瀹 臾灼，小韻 30 個。

以類：羊 2 夷 1 以 8 弋 3 役 1 翼 1 余 5 臾 1 榆 1 餘 3 与 3 庚 1。（三等，30）

（5）小結

烏/於的混用率太高，應合併；喻三、喻四無混切，未合併；匣于混用率4.3%，較低，于（喻三）已從匣中獨立出來。總之，喉音五母：影、曉、匣、以、于。

表4-5　玄應反切喉音字反切混用率的比較

切上字一、四等與三等的混用	烏/於	呼/許	胡/于	于/以
玄應反切的混用率（%）	44.7	13	4.3	0
《廣韻》反切的混用率（%）	13.7[1]	11[2]	0	0

[1]《廣韻》影母字小韻227個，其中三等與非三等的混用31次，即"娃，於佳；挨，乙諧；崴，乙皆；剜，一丸；嬡，委鬤；幺，於堯；頦，於交；熮，於刀；鴉，於加；猹，乙咸；挨，於駭；欸，於改；蚓，於珍；拗，於絞；黯，乙減；黬，於檻；瑿，於計；藹，於蓋；喝，於犗；宴，於甸；勒，於教；亞，衣嫁；灖，於孟；僉，於念；韽，於陷；握，於角；鷪，乙鎋；抉，

①　原作"損"，《合集》（4801第1行）校爲"捐"。
②　被注字原作"闞"（《合集》4829），中華藏本作"闍"。

於決；韄，乙白；擭，一號；戹，於革”。

［2］《廣韻》曉母字210個，其中三等與非三等的混用23次，即“肛，許江；稀，喜皆；預，許干；韅，許閒；膮，許幺；虓，許交；煆，許加；脝，許庚；馦，許兼；㰹，許咸；緫，虛本；僙，虛懀；欨，虛我；㗿，許下；譮，許介；絢，許縣；諱，許更；吒，許角；瞎，許鎋；赦，許激；眗，火營；瞲，火癸；侐，火季”。

8. 半舌音：來

龔力公（4920）、螺力戈（4805、4819）、蘆力何（4827）、欄力干（4862）、甇勒刀（4947）、鋃力當（4950）、嵐力含（4829）、惏力南（4942）、虜力古（4846）、瘤力罪（4942）、睞力代（4881）、酹力外（4949）、嫪盧報（4948）、漉力木（4947）、剌力割（4880）、蝲勒達（4920）、駱①力各（4870）、剫力各（4949）、黎力奚（4790）、蠡力西（4805）、梨力兮（4870、4906）、伶歷丁（4872）、齡歷經（4935）、蠡力底（4805）、蠡力底（4819）、繚力鳥（4881）、𧨡力計（4785）、戾力計（4820、4822、4878）、荔力計（4847）、楝力見（4826）、練力見（4946）、礫力的（4873）、櫪力的（4950）、瓻力頻（4949）、氂力之（4946）、梨力私（4790、4858、4864）、氀力于（4802、4818、4821）、氀力俱（4926）、麟理真（4802）、倫力均（4865）、燎力燒（4823）、略力迦（4881）、跉力生（4872）、淩力繒（4846）、凌力繒（4942）、陵力蒸（4951）、旒力周（4943）、痳力金（4801、4818）、匳力占（4825、4942）、梠力語（4867）、僂力矩（4804、4819）、輦力展（4862）、摙力展（4929）、臠力轉（4950）、魎力掌（4828、4868～4869）、累力僞（4878）、詈力智（4876、4907）、厲力制（4828）、驎力振（4802）、療力照（4870、4947）、掠力尚（4846）、廇力救（4866）、歛力豔（4825）。

反切77條，其中音值相同的有嵐力含惏力南、剌力割蝲勒達、馲力各剫力各、黎力奚蠡力西梨力兮、伶歷丁齡歷經、蠡力底蠡力底、𧨡力計戾力計荔力計、楝力見練力見、礫力的櫪力的、氀力于氀力俱、淩力繒凌力繒陵力蒸、輦力

---

① 原作“馲”，是“駱”的訛字。

展捷力展，小韻 48 個，低於《廣韻》的 154 個。

盧類：勒 1 力 20 歷 1 盧 1。（一、二、四等，23）

力類：理 1 力 24。（三等，25）

力切一、四等 19 次，即橐力公、銀力當、欄力干螺力戈、蘆力何、嵐力含怵力南、虜力古、瘤力罪、睞力代、酹力外、漉力木、剌力割、馲力各剖力各、黎力奚螱力西梨力兮、蠡力底、繚力鳥、矕力計戾力計荔力計、棟力見練力見、礫力的櫪力的、甀力類，小韻數 48，混用率 39.6%，高於《廣韻》的混用率 9.1%①，因而盧、力類界限不分明。

9. 半齒音：日

毦而容（4802、4818）、茸而容（4802、4818）、鞋而容（4818）、濡人于（4862）、仁而親（4875）、瞤而倫（4948）、儴尔羊（4920）、攘而羊（4946）、仍而陵（4941）、紝如深（4826）、軔而勇（4866、4906）、茹攘舉（4821）、臾而兖②（4862）、軟而兖（4947）、鞋而用（4802、4818）、毦人志（4802、4818、4932）、毦日志（4826）、餌如志（4829）、乳而注（4825、4869）、尔而制③（4879）、蕊而悅（4948）、若而夜（4880）。

反切 29 條，其中音值相同的有毦而容茸而容鞋而容、儴尔羊攘而羊、臾而兖軟而兖、毦人志毦日志餌如志，小韻 16 個，低於《廣韻》的 64 個。

而類：而 11 尔 1 攘 1 人 1 日 1 如 1。（一、三等，16）

10. 小結

小韻 887 個，音節空位較多，但仍可管窺玄應反切音系一二。通過繫聯切上字，列出聲類字表，分析聲類之間的混切，可得出以下結論。

（1）聲類 44、聲母 38。聲類 44，與曾運乾、陸志韋、周祖謨等的

---

① 《廣韻》來母字小韻 154 個，其中三等與非三等的混用 14 次，即"礜，力冬；瀧，呂江；膠，力懷；爛，力閑；臚，力頑；纇，力嘲；曨，力董；笭，力鼎；稴，力忝；瞼，力減；顮，力弔；稴，力店；犖，呂角；礫，力摘"。

② 原作"充"，《合集》（4862 第 7 行）校爲"兖"。

③ 原作"割"，《合集》（4903 注 210）校爲"制"。

《廣韻》51 聲類相比，區別是明母不分莫類、武類，精母不分作類、子類，清母不分倉類、七類，從母不分昨類、疾類，心母不分蘇類、息類；影母不分烏類、於類，來母不分盧類、力類。聲母 38，與《廣韻》35 母[1]相比，多了孃、于、俟[2]。

（2）切上字的混用情況，從整體看，玄應反切的混亂程度超過《廣韻》，其中明、精、清、從、影、來六母的混用率都高於 22.9%[3]，以致三等與非三等的界限不清。

（3）喻三歸匣，如熊胡弓、祐胡救；照二歸精，如僧所繪。音系有存古的一面。

（4）帶南方音的特點，如從邪混切 1 例，即燀詳廉。

（5）影于混 1 例，即汙紆菇，表明于從匣中分離出，變爲零聲母。

（二）韻類

1. 東攝

反切 51 條，小韻 37 個，低於《廣韻》的 236 個[4]。

（1）東

蓬蒲公（4869）、烔徒東（4856）、僮徒東（4865）、騣子公（4805、4819）、礱力公（4920）、熊胡弓（4820）、衷知沖（4825）、動徒董（4944）、揔子孔（4949）、棟都弄（4866）、洞徒貢（4856、4945）、諷不鳳（4874）、中知仲（4804、4819）、僕蒲木（4865）、督[5]都木（4929）、

---

① 唐作藩：《音韻學教程》，北京大學出版社，2002，第 109 ~ 110 頁。

② 孃、于、俟是否獨立，這是觀點的不同，並非《一切經音義》與《廣韻》有實質的不同。

③ 王力的脂微分部是被絕大多數人接受的結論，成爲 20 世紀韻部劃分的重要成果。他的《上古韻母系統研究》統計了段玉裁《六書音均表》中的《詩》110 韻例，脂微混用 26 例；《群經均分十七部表》的 34 韻例，脂微混用 7 例。脂微韻例 144 例，脂微混用 33 例，混用率 22.9%。借鑒絕大多數學者接受的比率，混用率高於 22.9%，韻類就合併，作混併的上限。

④ 《廣韻》東韻 121 個小韻，冬韻 32 個小韻，鍾韻 83 個小韻。

⑤ 原作"䏝"，《合集》（4930 注 3）校爲"督"。

鏃子木（4820）、谷古木（4872）、榖古木（4873）、㲉口木（4827）、漉力木（4947）、蝮匹六（4867）、稐勒六（4924）、嘁子六（4950）、夙思六（4872）、鬻之六（4952）、毱巨六（4803、4819）、鞠渠六（4952）、悑於六（4881）。

反切 32 條，其中音值相同的有烔徒東僮徒東、谷古木榖古木、毱巨六鞠渠六，小韻 25 個。"／"前是合一，後是合三。

東：東 1 公 3／弓 1 沖 1。（6）

董：董 1 孔 1／（無）。（2）

送：貢 1 弄 1／仲 1 鳳 1。（4）

屋：木 6／六 7。（13）

屋沃混 1 例：督都木。

（2）冬

肜徒宗（4948）、宗子肜（4876）、綜子宋（4801、4818）、酷都篤（4944）。

反切 5 條，小韻 4 個。

冬：肜 1 宗 1。（2）

宋：宋 1。（1）

沃：篤 1。（1）

（3）鍾

備勒龍（4824）、從足容（4863）、備与恭（4871）、毦而容（4802、4818）、茸而容（4802、4818）、轊而容（4818）、踵之勇（4944）、軵而勇（4866、4906）、轊而用（4802、4818）、屬之欲（4878）。

反切 14 條，其中音值相同的有毦而容茸而容轊而容，小韻 8 個。

鍾：容 2 龍 1 恭 1。（4）

腫：勇 2。（2）

用：用 1。（1）

濁：欲 1。（1）

（4）小結

一等重韻屋、沃混切 1 次。《王三》（509）在“沃”下注“陽（休之）與濁同”，《廣韻》（427）在“沃”下注“與濁同用”，玄應反切的沃、濁不混。

2. 江攝

鳩亡項（4867）、巩下江（4823）、駮補角（4946）、撲茍剝（4869）、雹蒲角（4879）、爆蒲剝（4869）、欶所角（4829）、涿竹角（4863）、斲竹角（4942）、數所角（4929）、嗽山角（4941、4946）、㲉口角（4827）、較古學（4943）、確苦學（4947）、樂五角（4865）。

反切 16 條，其中音值相同的有撲茍剝雹蒲角、涿竹角斲竹角、欶所角數所角嗽山角、㲉口角確苦學，小韻 10 個，低於《廣韻》的 53 個。

江：江 1。（1）

講：項 1。（1）

絳：（無）

覺：剝 2 角 4 學 2。（8）

3. 止攝

反切 146 條，小韻 98 個，低於《廣韻》的 404 個[①]。

（1）支

罷彼宜（4820）、陂筆皮（4942）、埤避移（4946）、縻亡皮（4827）、蔾勒支（4823）、魖勒知（4868）、馳直知（4871）、篪除離（4948）、疵才雌（4826、4864）、𪍙思移（4799）、釃所宜（4929）、羈居猗（4847）、鼓丘知（4948）、蚔巨宜（4920）、岐巨宜（4945）、虛許宜（4846）、橢余支（4950）、闚丘規（4869）、爲于危（4790）、披普彼（4951）、髀必尒（4803）、庫父尒（4873）、弭密尒（4879）、弭亡尒（4952）、褫勒尒（4867、4906）、褫直紙（4867、4906）、陁除蟻（4867）、豸直尒（4952）、

枇子尔（4848）、呰子尔（4872）、屣所綺（4946）、碣食尔（4949）、蔿于
彼（4863）、闠于彼（4945）、倚於蟻（4847）、觜子累（4784、4820、
4942）、揣初委（4828）、捶之蘂（4863）、詭居毀（4943）、跪丘委
（4877）、跪渠委（4877）、被皮寄（4877）、漬在賜（4821）、傶悉漬
（4952）、翅施豉（4942）、企袪豉（4947）、爲于偽（4790）、傷以豉
（4846、4942）、易以豉（4856）、曁力智（4876、4907）、累力偽（4878）。

反切 58 條，其中音值相同的有罷彼宜陂筆皮、犧勒支馶勒知、馳直知
篱除離、蚔巨宜岐巨宜、弭密尔弭亡尔、枇子尔呰子尔、褫直紙扡除蟻豸直尔、
蔿于彼闠于彼、傷以豉易以豉，小韻 41 個。

支：雌 1 離 1 皮 1 猗 1 宜 3 移 2 支 2 知 2/危 1 規 1。（15）

紙：彼 2 尔 6 綺 1 蟻 1 紙 1/毀 1 累 1 蘂 1 委 3。（17）

寘：豉 3 賜 1 寄 1 智 1 漬 1/偽 2。（9）

（2）脂

胝竹尸（4790、4821）、坁直飢（4821、4943）、滋子夷（4942）、鴟
充尸（4867）、梨力私（4790、4858、4864）、蓰所飢（4877）、椎直追
（4875）、衰所龜（4941）、推出唯（4866）、唯弋誰（4874）、鄙補美
（4821）、圮父美（4867）、邳蒲美（4872）、底丁履（4881、4881）、袮女
履（4829）、抳女儿（4861、4880）、差初履（4881）、俟事儿（4944、
4946）、宄居美（4946）、軌居美（4949）、唯弋水（4874）、痏于軌
（4920）、俾卑寐（4848）、贔皮冀（4945）、魅莫冀（4868）、緻馳致
（4799）、懟丈淚（4801、4818）、搥直淚（4875）、肆相利（4802、4818、
4871）、駟相二（4862）、飲因恋（4823、4951）、冀居致（4823）、弒尸至
（4821）、啐蘇醉（4799）、邃私醉（4873）、燧辝醉（4806、4920）、出昌
遂（4871）、悸其季（4941）、匱渠愧（4866）、狖余季（4868）。

反切 52 條，其中音值相同的有圮父美邳蒲美、袮女履抳女儿、宄居美
軌居美、懟丈淚搥直淚、肆相利駟相二、啐蘇醉邃私醉，小韻 34 個。

脂：飢 2 尸 2 私 1 夷 1/龜 1 誰 1 唯 1 追 1。（10）

旨：履 2 几 2 美 2/軌 1 美 1 水 1。(9)

至：冀 2 利① 1 寐 1 至 1 致 2 恣 1/季 2 愧 1 淚 1 遂 1 醉 2。(15)

脂之混 4 例：滋子夷、俟事几、弑尸至、飤因恣。

脂齊混 2 例：底丁履、祢女履㧌女几。

(3) 之

礒祖茲 (4827)、伺涓慈 (4879、4907)、蚩充之 (4828)、麒渠之 (4802)、嬉虛之 (4866)、怡弋之 (4801、4818)、怡翼之 (4941)、痍羊之 (4806、4820、4946)、醫於其 (4870)、氂力之 (4946)、祀徐理 (4800)、兕徐里 (4828)、差初理 (4880)、差初里 (4881)、紀居擬 (4877)、躓豬吏 (4943)、伺胥吏 (4879、4907)、駛山吏 (4823)、概居置 (4949)、嘔墟記 (4929)、耗人志 (4802、4818、4932)、耗日志 (4826)、鉺如志 (4829)。

反切 30 條，其中音值相同的有怡弋之怡翼之痍羊之、差初理差初里、祀徐理兕徐里、耗人志耗日志鉺如志，小韻 17 個。

之：慈 1 其 1 之 5 茲 1。(8)

止：里 1 理 1 擬 1。(3)

志：記 1 吏 3 志 1 置 1。(6)

脂之混 4 例：怡弋之怡翼之痍羊之、祀徐理兕徐里、躓豬吏、概居置。

(4) 微

璣居衣 (4847)、煒于匪 (4828)、虺吁鬼 (4867)、餼虛氣 (4951)、誹方味 (4876)、卉虛謂 (4872)。

反切 6 條，小韻 6 個。

微：衣 1/ (無)。(1)

尾：(無) /鬼 1 匪 1。(2)

未：氣 1/謂 1 味 1。(3)

_____

① 切下字也可選"二"字。

（5）小結

脂之混 8 例，小韻數 51，混切率 15.7%，界限大致清晰。

4. 遇攝

反切 105 條，小韻 63 個，低於《廣韻》的 209 個①。

（1）魚

樗勑於（4921）、儲直於（4936）、蛆子余（4806、4868）、蛆子餘（4820）、胆千餘（4805、4819）、璩巨於（4936）、漁言居（4876）、輿与諸（4829、4862）、咀才与（4868、4879）、處充与（4869）、拒其呂（4824）、巨其呂（4877）、梠力語（4867）、茹攘舉（4821）、著中庶（4800）、詛側據（4879）、恕尸預（4801、4818）、踞記恕（4869）、敆丘庶（4801、4818）、遽渠庶（4799、4846）、詎渠據（4821）、馭魚據（4785）、御魚據（4801、4818）、輿与庶（4862）、豫弋庶（4864）、豫余據（4865）。

反切 34 條，其中音值相同的有蛆子余蛆子餘、拒其呂巨其呂、遽渠庶詎渠據、馭魚據御魚據、輿与庶豫弋庶豫余據，小韻 20 個。

魚：居 1 於 3 余 1 餘 1 諸 1。（7）

語：舉 1 呂 1 与 2 語 1。（5）

御：據 3 恕 1 庶 3 預 1。（8）

（2）虞

敷匹于（4805、4819）、枒匹于（4822）、孚匹于（4825、4869）、厨雉俱（4880）、趨且榆（4820）、魼山于（4802、4818）、姝充朱（4801、4818、4866、4906）、戳其俱（4802、4818）、衢巨俱（4866）、懼求俱（4921）、齵牛俱（4932）、汙紆莚（4872）、俞弋朱（4871）、腴庚俱（4944）、甄力于（4802、4818、4821）、甄力俱（4926）、濡人于（4862）、挂知主（4819）、數山縷（4873）、輸式庚（4880）、珝虚矩（4827）、齲丘禹（4945）、傴一父（4870）、愈臾乳（4877）、僂力矩（4804、4819）、賦

① 《廣韻》魚韻 76 個小韻，虞韻 77 個小韻，模韻 56 個小韻。

甫務（4825）、傅方務（4951）、孚匹付（4825、4869）、務亡付（4873）、註竹句（4872）、隩才句（4945）、註之喻（4872）、注之喻（4872）、澍之喻（4907）、澍上句（4872、4907）、喻榆句（4869）、乳而注（4825、4869）。

反切 50 條，其中音值相同的有敷匹于桴匹于孚匹于、氍其俱衢巨俱懼求俱、俞弋朱腴庾俱、甈力于甈力俱、賦甫務傅方務、註之喻注之喻澍之喻，小韻 28 個。

虞：俱 4 于 4 榆 1 朱 1 汙 1。（11）

麌：父 1 矩 2 纊 1 乳 1 禹 1 庾 1 主 1。（8）

遇：付 2 句 4 務 1 喻 1 注 1。（9）

（3）模

鋪補胡（4800）、屠達胡（4876）、謨莫奴（4951）、柧古胡（4944）、胡戶孤（4942）、粗在古（4824）、賈公戶（4826）、瞽公戶（4826）、估公戶（4871）、祜胡古（4820）、怙胡古（4822、4870）、虜力古（4846）、哺蒲路（4800）、妒丹故（4864）、泝粜故（4948）、固古護（4944）、痼古護（4947）、惡於路（4870）、汙①於故（4872）、迕吾故（4948）。

反切 21 條，其中音值相同的有賈公戶瞽公戶估公戶、祜胡古怙胡古、固古護痼古護、惡於路汙於故，小韻 15 個。

模：胡 3 孤 1 奴 1。（5）

姥：古 3 戶 1。（4）

暮：故 4 護 1 路 1。（6）

5. 蟹攝

反切 165 條，小韻 102 個，低於《廣韻》的 367 個②。

---

① 汙、污異體。

② 《廣韻》齊韻 66 個小韻，祭韻 36 個小韻，泰韻 31 個小韻，佳韻 50 個小韻，皆韻 47 個小韻，夬韻 18 個小韻，灰韻 55 個小韻，咍韻 55 個小韻，廢韻 9 個小韻。

（1）齊

㴣補迷（4878）、鞞陛兮（4869）、鞮都奚（4946）、隄都奚（4947）、
疀他奚（4878）、賷子奚（4875）、齏子奚（4948）、嘶先奚（4942）、㮰枲奚
（4950）、稽古奚（4948）、谿苦奚（4872）、衹巨奚（4881）、騱胡雞
（4868）、殹於奚（4870）、黎力奚（4790）、蠡力西（4805）、梨力兮
（4870、4906）、奎口攜（4821）、攜胡圭（4935）、俾普米（4857）、髀蒲
米（4803、4819）、邸丁礼（4948）、涕他礼（4790、4873）、霽子礼
（4947）、倪五礼（4857）、蠡力底（4805）、蠡力底（4819）、薜蒲計
（4847）、謎莫閉（4879）、蔕都計（4802）、渧丁計（4820、4873）、啼丁
計（4946、4950）、締徒計（4829）、渫勒計（4942）、鱭在計（4868）、係
古帝（4929）、繚力計（4785）、戾力計（4820、4822、4878）、荔力計
（4847）、翳於計（4941）、瞖於計（4942）。

反切 48 條，其中音值相同的有鞮都奚隄都奚、賷子奚齏子奚、嘶先奚
㮰枲奚、黎力奚蠡力西梨力兮、蠡力底蠡力底、蔕都計渧丁計啼丁計、繚力計戾力
計荔力計、翳於計瞖於計，小韻 30 個。

齊：鷄 1 迷 1 兮 1 西 1 奚 8/圭 1 攜 1。（14）

薺：底 1 礼 4 米 2/（無）。（7）

霽：閉 1 帝 1 計 7/（無）。（9）

支齊混 1 例：衹巨奚。

（2）祭

瘈竹世（4800）、掣充世（4868）、掣昌掣（4879）、筮時世（4791、
4803、4819）、逝是世（4871）、偈其逝（4862）、憩却厲（4825）、憩墟例
（4942）、厲力制（4828）、尔而制（4879）、綴張衛（4823）、餟猪芮
（4949）、掣囚芮（4799）、毳尺銳（4824）、叡夷崴（4805、4819）、銳羊
稅（4866、4906）。

反切 20 條，其中音值相同的有掣充世掣昌掣、筮時世逝是世、憩却厲憩
墟例、綴張衛餟猪芮、叡夷崴銳羊稅，小韻 11 個。

祭：掣 1 制 2 例① 1 世 2 逝 1／芮 1 銳 1 歲② 1 衛 1。（11）

（3）泰

脱 他外（4802）、膾 古外（4876）、艾 五盖（4804、4819）、酹 力外（4949）。

反切 5 條，小韻 4 個。

泰：盖 1／外 3。（4）

（4）佳

簿 父佳③（4822）、摢 勑佳（4861、4949）、扠 勑佳（4876）、喍 仕佳（4868）、篩 所佳（4877）、佳 古崖（4864）、喠 五佳（4868）、咼 口蛙（4878）、柂 側買（4848）、灑 所買（4871）、釃 所解（4929）、屣 所解（4946）、擺 補買（4951）、解 胡賣（4803、4819）、罣 胡卦（4827、4875）。

反切 18 條，其中音值相同的有摢 勑佳扠 勑佳、灑 所買釃 所解屣 所解，小韻 12 個。

佳：佳 5 崖 1／蛙 1。（7）

蟹：解 1 買 2／（無）。（3）

卦：賣 1／卦 1。（2）

支佳混 1 例：釃 所解。

（5）皆

齜 竹皆（4868、4880、4921）、婔 徒④皆（4881）、婔 除皆（4880）、駭 五駭（4870）、唄 蒲芥（4865）、韛 皮拜（4942）、邁 莫芥（4865）、怪 古壞（4872）、戒 古薤（4879）、懝 五戒（4826）、㨆 奴戒（4880）。

反切 13 條，其中音值相同的有唄 蒲芥韛 皮拜，小韻 10 個。

皆：皆 3／（無）。（3）

―――――――――

① 切下字可選"厲"字。

② 切下字可選"稅"字。

③ 原作"往"，是"佳"的訛字。

④ "婔"原作"媄"，"徒"原作"從"，校改見前。

駭：駭 1/（無）。（1）

怪：拜 1 戒 2 芥 1 薤 1/壞 1。（6）

怪夬混 2 例：唄蒲芥、邁莫芥。

（6）夬

夬古快（4823）、芥加邁（4876、4907）、話胡快（4947）。

反切 4 條，小韻 3 個。"/"前是開二，後是合二。

夬：邁 1/快 2。（3）

怪夬混 1 例：芥加邁。

（7）灰

玫莫回（4864）、堆都雷（4873）、搥都回（4875）、推土回（4866）、頹徒雷（4866～4867、4906）、瓌古回（4801、4818）、瓌古迴（4941）、恢苦迴（4858、4942）、魁苦回（4876）、魁苦迴（4950）、瑰胡魁（4864）、蚅胡魁（4944）、琲蒲罪（4942）、賄呼罪（4949）、癗力罪（4942）、輩補妹（4864）、隊徒對（4950）、憒公對（4877）、憒公內（4944）、䐠公內（4945）、塊苦對（4823）、繪胡憒（4943）。

反切 25 條，其中音值相同的有堆都雷搥都回、瓌古回瓌古迴、恢苦迴魁苦回魁苦迴、瑰胡魁蚅胡魁、憒公對憒公內䐠公內，小韻 15 個。

灰：回 3 迴 1 魁 1 雷 2。（7）

賄：罪 3。（3）

隊：對 2 憒 1 妹 1 內 1。（5）

（8）咍

臺徒來（4874）、栽作才（4847）、災則才（4869）、猜麁來（4943）、胲古才（4791、4803、4819）、姟古才（4874）、垓古才（4942）、咳胡來（4804）、欬胡來（4878）、每莫改（4865）、宰祖殆（4879）、每莫載①

---

① 原文作"每作，莫載反，《字林》莫改反"，從注音體例看，莫載反、莫改反的音不同，每、載《廣韻》均有上去二讀，因此，莫改反是上聲，莫載反是去聲。

（4865）、逮徒戴（4791）、載則代（4877）、漑哥賚（4801、4818）、槩公礙（4945）、態他代（4804、4819、4848、4945）、欬苦戴（4878）、欬枯戴（4804、4819）、慨苦代（4945）、礙五代（4864）、閡午代（4964）、靉於代（4873）、睞力代（4881）。

反切 31 條，其中音值相同的有裁作才災則才、胲古才姟古才垓古才、咳胡來欬胡來、漑哥賚槩公礙、欬枯戴欬苦戴慨苦代、礙五代閡午代，小韻 16 個。

咍：才 2 來 3。（5）

海：改 1 殆 1。（2）

代：代 5 戴 1 賚① 1 載 2。（9）

灰咍混 2 例：每莫載、每莫改。

（9）廢

肺敷穢（4944）。

廢：（無）／穢 1。（1）

（10）小結

怪夬混 3 例，小韻數 9，混切率 33.3%，怪夬的界限不甚分明。灰咍混 2 例，均是脣音字。脂齊混 2 例，小韻數 64，混切率 3.1%。支齊、支佳各混切 1 例。

6. 臻攝

反切 115 條，小韻 87 個，低於《廣韻》的 380 個②。

（1）真

繽匹仁（4877）、邠鄙旻（4821）、岷武貧（4952）、頻毗人（4949）、津子鄰（4822）、榛仕巾（4829）、詵所陳（4944）、晨食仁（4790）、茵於

---

① 切下字也可選"礙"字。

② 《廣韻》真韻有 111 個小韻，諄韻有 52 個小韻，臻韻有 11 個小韻，文韻有 37 個小韻，欣韻有 21 個小韻，元韻有 62 個小韻，魂韻有 73 個小韻，痕韻有 13 個小韻。

人（4869、4942）、埋_{於仁}（4949）、麟_{理真}（4802）、仁_{而親}（4875）、髕_{扶忍}（4826）、泯_{弥忍}（4936）、紉_{直忍}（4946）、朕_{章忍}（4878）、哂_{式忍}（4944）、朕_{居忍}（4878）、診_{丈刃}（4801）、傶_{且吝}（4822）、燼_{似進}（4826）、傶_{叉覲}（4822）、震_{之刃}（4790）、診_{之刃}（4818）、振_{諸胤}（4946）、僅_{渠鎮}（4941）、驎_{力振}（4802）、咀_{帝栗}①（4823）、密_{亡一}（4864）、窒_{竹栗}（4790）、嫉_{茨栗}（4864）、嫉_{自栗}（4947）、刺_{楚乙}（4864）、佚_{与一}（4827）、妷_{与一}（4945）。

反切 36 條，其中音值相同的有茵_{於人}埋_{於仁}、震_{之刃}診_{之刃}振_{諸胤}、嫉_{茨栗}嫉_{自栗}、佚_{与一}妷_{与一}，小韻 30 個。

真：陳 1 巾 1 隣 1 旻 1 貧 1 親 1 人 2 仁 2 真 1／（無）。（11）

軫：忍 6／（無）。（6）

震：進 1 覲 1 吝 1 胤 1 刃 1 振 1 鎮 1／（無）。（7）

質：栗 3 一 2 乙 1／（無）。（6）

真臻混 2 例：榛_{仕巾}、詵_{使陳}。

（2）諄

徇_{辝遵}（4951）、倫_{力均}（4865）、瞤_{而倫}（4948）、埻_{之允}（4785）、楯_{食允}（4862）、駿_{子閏}（4825）、迅_{私閏}（4877）、卂_{雖閏}（4941）、埻_{之閏}（4785）、諄_{之閏}（4950）、瞚_{尸閏}（4804、4819、4858）、眴_{尸閏}（4947）、詸_{私律}（4857）、恤_{思律}（4857）、秫_{尸聿}（4880）。

反切 17 條，其中音值相同的有迅_{私閏}卂_{雖閏}、瞚_{尸閏}眴_{尸閏}、埻_{之閏}諄_{之閏}、詸_{私律}恤_{思律}，小韻 11 個。

諄：均 1 倫 1 遵 1。（3）

準：允 2。（2）

稕：閏 4。（4）

術：聿 1 律 1。（2）

---

① 端母不切三等，特殊反切。

（3）臻

反切無。

（4）文

紛_{孚云}（4877）、焚_{扶雲}（4866）、濆_{扶云}（4944）、轒_{扶分}（4951）、刎_{亡粉}（4945）、扢_{亡粉}（4948）、奮_{方問}（4877）、愠_{於問}（4824）、捃_{居運}（4952）、屈_{衢物}（4951）、欻_{呼勿}（4866）、欎_{於物}（4800）。

反切12條，其中音值相同的有焚_{扶雲}濆_{扶云}轒_{扶分}、刎_{亡粉}扢_{亡粉}，小韻9個。

文：云1分^①1。（2）

吻：粉1。（1）

問：問2運1。（3）

物：勿1物2。（3）

（5）欣

筋_{居殷}（4948）、颀_{牛斤}（4941）。

欣：斤1殷1。（2）

隱：（無）。（0）

焮：（無）。（0）

迄：（無）。（0）

（6）元

鞬_{建言}（4948）、軒_{虛言}（4863）、鐇_{甫煩}（4827）、轓_{甫煩}（4863）、籓_{甫煩}（4867）、燔_{扶袁}（4947）、潘_{敷袁}（4951）、綩_{一遠}（4866）、蔓_{亡怨}（4869）、筏_{扶月}（4822）、襪_{无發}（4942）、蹶_{居月}（4920、4944）、撅_{巨月}（4952）、刖_{魚厥}（4826）、噦_{於越}（4801、4818）、叕_{一月}（4820）。

反切18條，其中音值相同的有鐇_{甫煩}轓_{甫煩}籓_{甫煩}、噦_{於越}叕_{一月}，小

---

①　切下字也可選"雲"或"云"。

韻 13 個。

元：言 2/煩 1 袁 2。（5）

阮：（無）/遠 1。（1）

願：（無）/怨 1。（1）

月：（無）/發 1 厥 1 月 3 越 1。（6）

（7）魂

敦都昆（4820）、昆孤魂（4943）、蜫古魂（4943）、髡口昆（4821）、櫖胡昆（4950）、温烏昆（4823）、渜乃本（4862）、觡古本（4874）、閫苦本（4857）、噴普悶（4944）、坌蒲頓（4822、4872）、腇乃困（4948）、鐏在困（4928）、弗補没（4880、4881）、勃蒲没（4869）、咄丁兀（4799、4872）、呐奴骨（4920）、訥奴骨（4920）、滑古没（4948）、頜口没（4869）、圣口兀（4872）、勰苦没（4929）、滑胡刮（4948）、殟烏没（4880、4908）。

反切 28 條，其中音值相同的有昆孤魂蜫古魂、呐奴骨訥奴骨、頜口没圣口兀勰苦没，小韻 20 個。

魂：魂 1 昆 4。（5）

混：本 3。（3）

慁：頓 1 困 2 悶 1。（4）

没：骨 1 刮 1 没 4 兀 2。（8）

物没混 1 例：弗補没。

（8）痕

薩蘇紇（4880）、懇口很（4929）。

痕：（無）。（0）

很：很 1。（1）

恨：（無）。（0）

没：紇 1。（1）

没曷混 1 例：薩蘇紇。

（9）小結

兩個臻韻字均混入真韻，"臻韻在《切韻》時代是個新生的韻類，它還沒有取得穩固的地位"①，玄應的反切和《切韻》基本一致。王仁昫《刊謬補缺切韻》在韻目"臻"下小注："吕、陽、杜與真同，夏侯別，今依夏侯。"玄應的反切與吕静（《韻集》）、陽休之（《韻略》）、杜臺卿（《韻略》）同，與夏侯該（《韻略》）、王仁昫異。

總之，臻攝七韻，即真、諄、文、欣、元、魂、痕。

7. 山攝

反切 168 條，小韻 119 個，低於《廣韻》的 526 個②。

（1）寒

蟠_{蒲寒}（4801、4818）、難_{乃安}（4869）、奻_{在安}（4805）、欄_{力干}（4862）、坦_{他誕}（4871）、但_{徒亶}（4864）、笴_{工旱}（4946）、判_{普旦}（4821）、嘆_{他旦}（4950）、傘_{先岸}（4936）、癹_{匹葛}（4948）、呾_{都達}（4823）、撻_{他達}（4804、4947）、薑_{他達}（4920）、拶_{子曷}（4880）、捽_{五割}（4943）、剌_{力割}（4880）、蓋_{勒達}（4920）。

反切 20 條，其中音值相同的有撻_{他達}薑_{他達}、剌_{力割}蓋_{勒達}，小韻 16 個。

寒：安 2 干 1 寒 1。（4）

旱：亶 1 誕 1 旱 1。（3）

翰：旦 2 岸 1。（3）

曷：達 2 割 2 葛 1 曷 1。（6）

寒桓混 3 例：蟠_{蒲寒}、判_{普旦}、癹_{匹葛}。

（2）桓

黇_{補樠}（4864）、緩_{莫盤}（4824）、摶_{徒官}（4828）、鑽_{子丸}（4806、

---

① 黄笑山：《〈切韻〉和中唐五代音位系統》，臺北：文津出版社，1995，第 95 頁。

② 《廣韻》寒韻有 56 個小韻，桓韻有 71 個小韻，删韻有 67 個小韻，山韻有 61 個小韻，先韻有 86 個小韻，仙韻有 185 個小韻。

4820）、欑_{祖丸}（4949）、饡_{口丸}（4804、4819）、蚖_{五官}（4867）、豌_{一丸}（4820）、刓_{烏官}（4827）、纂_{子管}（4928）、纂_{子卵}（4949）、輨_{古緩}（4941）、幋_{莫半}（4863）、鑽_{子亂}（4806、4820）、鑽_{子乱}（4928）、攢_{子筭}（4821）、穳_{千乱}（4941）、穳_{麁亂}（4949）、灌_{古亂}（4827）、玩_{五喚}（4866）、惋_{烏喚}（4827、4847）、脫_{吐活}（4802、4818）、跋_{蒲沫}（4858）、撮_{七活}（4868）、括_{古奪}（4928）。

反切 30 條，其中音值相同的有豌_{一丸}刓_{烏官}、纂_{子管}纂_{子卵}、鑽_{子亂}鑽_{子乱}攢_{子筭}、穳_{千乱}穳_{麁亂}，小韻 20 個。

桓：官 3 槃 1 盤 1 丸 3。（8）

緩：管①1 緩 1。（2）

換：半 1 喚 2 乱 1 亂 1 筭 1。（6）

末：活 2 沫 1 奪 1。（4）

（3）删

菅_{古顏}（4826）、鳽_{烏諫}（4949）、擐_{胡慢}（4936）、擐_{工患}（4936）、串_{古患}（4946）、秸_{公八}（4953）。

反切 6 條，其中音值相同的有擐_{工患}串_{古患}，小韻 5 個。

删：顏 1/（無）。（1）

潸：（無）/（無）。（0）

諫：諫 1/患 1 慢 1。（3）

黠：八 1/（無）。（1）

（4）山

間_{古閑}（4821）、艱_{古閑}（4874）、赧_{奴盞}（4804、4819）、虥_{側限}（4945）、剗_{初眼}（4947）、鏟_{叉莧}（4929）、間_{居莧}（4821）、刹_{初鎋}（4864）、領_{口轄}（4869～4870）、刪_{五刮}（4826）。

反切 11 條，其中音值相同的有間_{古閑}艱_{古閑}，小韻 9 個。

---

① 切下字也可選"卵"字。

山：閑 1/（無）。（1）

産：盞 1 限 1 眼 1/（無）。（3）

襉：莧 2/（無）。（2）

鎋：鎋 1 轄 1/刮 1。（3）

删山混 2 例：粆奴盞、鏈又莧。

月鎋混 1 例：頜口轄①。

（5）先

蹁蒲眠（4880、4907）、蹎丁賢（4920、4944）、闐徒堅（4952）、蠲古玄（4872）、牽苦田（4952）、咽於賢（4790）、喠烏賢（4949）、削一玄（4827）、匾方殄（4878）、典丁繭（4947）、腆他典（4951）、蝘烏殄（4868）、盺②亡見（4806、4820）、寘徒見（4952）、蒨千見（4948）、荐在見（4944）、先蘇見（4869）、戰之見③（4920）、見古現（4875）、鞙火見（4952）、咽於見（4790）、宴一見（4863）、楝力見（4826）、練力見（4946）、衒公縣（4947）、衒胡麪（4876、4947）、眩侯遍（4941）、蔑莫結（4876）、喳丁結（4880）、迭徒結（4920）、軼徒結（4921）、涅奴結（4880）、餮他結（4943）、楔先結（4946）、摖呼結（4951）、噎於結（4790）、駃古穴（4823）、訣古穴（4952）、抉於穴（4791）、抉烏玦（4819）。

反切 44 條，其中音值相同的有咽於賢喠烏賢、衒胡麪眩侯遍、咽於見宴一見、楝力見練力見、迭徒結軼徒結、駃古穴訣古穴、抉於穴抉烏玦，小韻 33 個。

先：堅 1 眠 1 田 1 賢 2/玄 2。（7）

銑：殄 2 繭 1 典 1/（無）。（4）

---

① 頜，《廣韻》苦骨、苦本切，《集韻》丘謁切。選丘謁切來比較。

② 盺是"盺"的俗寫。

③ 章組字僅切三等，"見"是四等，這是四等混入三等後出現的反切。

霰：見 9 現 1/麵①1 縣 1。（12）

屑：絰 1 結 7/玦 1 穴 1。（10）

先仙混 1 例：戩之見。

（6）仙

編卑綿 （4821）、羴思錢 （4951）、次延詳延 （4806、4820）、次延似延
（4946）、甄己仙 （4878）、偁去連 （4943）、緵以㫻 （4866）、蜒以㫻
（4868）、泉絶緣 （4950）、塼脂緣 （4827）、篿市緣 （4947）、勬姜權
（4948）、拳渠員 （4949）、蜎呼全 （4941）、捐以專 （4801②、4818、
4875）、鉛役川 （4865）、涎亡善 （4805、4819、4869）、勉靡辯 （4873）、
闡昌善 （4875）、輦力展 （4862）、搓力展 （4929）、撰助孱 （4878）、剸之
兖 （4949）、膞時兖 （4803、4819）、孿力轉 （4950）、奭而兖③ （4862）、
軟而兖 （4947）、線私賤 （4945）、顫之繕 （4949）、膳上扇 （4863）、莚餘
戰 （4869）、饌士眷 （4800、4818）、饌仕眷 （4874）、饌仕卷 （4941）、蜇
知列 （4800）、喆知列 （4948）、撤除列 （4805、4819）、褻思列 （4946）、
鞨之列 （4875）、鞭脂列 （4879、4907）、撲食列 （4791、4803）、偈丘竭
（4862）、偈去竭 （4862）、撲余列 （4791、4803）、閱以拙 （4848）、藝而
悦 （4948）。

反切 57 條，其中音值相同的有次延詳延次延似延、緵以㫻蜒以㫻、捐以專
鉛役川、輦力展搓力展、奭而兖軟而兖、饌士眷饌仕眷饌仕卷、蜇知列喆知列、
鞨之列鞭脂列、偈丘竭偈去竭，小韻 36 個。

仙：連 1 綿 1 錢 1 仙 1 延 1 㫻 1/全 1 權 1 員 1 緣 3 專④1。（13）

獮：辯 1 善 2 展 1/兖 3 孱 1 轉 1。（9）

---

① 切下字也可選 "遍" 字。
② 原作 "捐"，《合集》（4801 第 1 行）校爲 "捐"。
③ 原作 "充"，《合集》（4862 第 7 行）校爲 "兖"。
④ 切下字也可選 "川" 字。

線：賤 1 扇 1 繕 1 戰 1/眷①1。（5）

薛：竭 1 列 6/悦 1 拙 1。（9）

（7）小結

寒桓混 3 例，均是唇音字。删山混 2 例，小韻數 14，混切率 14.3%，删山界限大致分明。先仙、月鎋混用 1 例。

8. 效攝

反切 91 條，小韻 65 個，低於《廣韻》的 212 個②。

（1）蕭

刁 都堯（4828）、鵰 丁堯（4867）、挑 他堯（4805、4819）、挑 勑聊（4790）、澆 古堯（4848）、邀 古③堯（4920）、傲 古堯（4924）、眇 亡了（4872）、誂 徒了（4870）、嬈 乃了（4870、4944）、繚 力鳥（4881）、掉 徒弔（4790）、調 徒弔（4826）、嗷 古弔（4952）。

反切 16 條，其中音值相同的有刁 都堯鵰 丁堯、澆 古堯邀 古堯傲 古堯、掉 徒弔調 徒弔，小韻 10 個。

蕭：聊 1 堯 3。（4）

篠：了 3 鳥 1。（4）

嘯：弔 2。（3）

蕭宵混 1 例：眇 亡了。

（2）宵

飈 比遥（4929）、漂 匹消（4879）、剽 指遥（4857）、韶 視招（4945）、僑 渠消（4944）、摇 以招（4928）、邀 於遥（4920）、燎 力燒（4823）、表 碑矯（4824）、漂 芳妙（4879）、笑 私妙（4828）、詔 諸曜（4863）、摇 餘照（4878）、療 力照（4870、4947）。

---

① 切下字也可選"卷"字。

② 《廣韻》蕭韻有 33 個小韻，宵韻有 74 個小韻，肴韻有 51 個小韻，豪韻有 54 個小韻。

③ 原作"舌"，《合集》（4920 第 3 行）校改作"古"。

反切 15 條，小韻 14 個。

宵：燒 1 消 2 遥 3 招 2。（8）

小：表 1。（1）

笑：妙 2 曜 1 照 2。（5）

（3）肴

胞補交（4952）、脬普交（4942）、抱步交（4823）、掊蒲交（4823、4870）、鉋蒲交（4828）、犛亡交（4865）、嘲竹包（4826）、勦助交（4948）、鐃女交（4865）、哮呼交（4824）、虓呼交（4849）、肴胡交（4863）、炒初狡（4941）、撓乃飽（4821）、攪古卯（4826）、狡古卯（4856）、爆方孝（4869）、庖輔孝（4800）、罩陟挍（4945）、矞女孝（4877）、撓乃教（4821）、覺居効（4820）、斅古孝（4824）、教居效（4863）、哮呼挍（4824）、樂五孝（4871）。

反切 27 條，其中音值相同的有抱步交掊蒲交鉋蒲交、哮呼交虓呼交、攪古卯狡古卯、矞女孝撓乃教、覺居効斅古孝教居效，小韻 19 個。

肴：包 1 交 7。（9）

巧：飽 1 卯①1 狡 1。（3）

效：挍 2 孝 3 效②1 教 1。（7）

（4）豪

髦莫高（4805、4819）、饕他高（4943）、操錯勞（4946）、曹自勞（4942）、憍舉囂（4880）、翱五高（4785）、蒿許高（4805、4819）、號胡刀（4790）、暤胡高（4868）、豪胡刀（4871）、登勒刀（4947）、保補道（4866、4906）、寶補道（4946）、憹奴道（4944）、澡祖老（4876）、藻祖老（4936）、燥先老（4875）、討恥老（4805、4819、4876）、稾公道（4926）、槅苦道（4873）、抱蒲冒（4947）、悼徒到（4821）、蹈徒到（4874）、躁子到

---

① 卯是"卯"的俗寫。

② 切下字也可選"効"或"孝"字。

（4800、4818）、好_{呼到}（4871）、奧_{於報}（4865）、嫪_{盧報}（4948）。

反切 33 條，其中音值相同的有號_{胡刀}暭_{胡高}豪_{胡刀}、保_{補道}寳_{補道}、澡_{祖老}藻_{祖老}、悼_{徒到}蹈_{徒到}，小韻 22 個。

豪：敖 1 刀 2 高 4 勞 2。（9）

晧：道 4 老 3。（7）

号：報 2 到 3 冒 1。（6）

9. 果攝

反切 38 條，小韻 29 個，低於《廣韻》的 109 個[①]。

（1）歌

摩_{莫羅}（4946）、頗_{普多}（4875～4876、4907）、駝_{徒多}（4826）、珂_{苦何}（4880）、哦_{五歌}（4953）、何_{胡歌}（4872）、蘆_{力何}（4827）、跛_{補我}（4941）、叵_{普我}（4865）、頗_{普我}（4875～4876）、頯_{都可}（4880）、軻_{口佐}（4880）、何_{胡[②]可}（4872）、播_{補佐}（4920、4945）、婆_{蒲賀}（4865）、作_{兹賀}（4790）。

反切 18 條，其中音值相同的有叵_{普我}頗_{普我}，小韻 15 個。

歌：多 2 歌 2 何 2 羅 1。（7）

哿：可 2 我 2 佐[③] 1。（5）

箇：賀 2 佐[④] 1。（3）

歌戈混 6 例：頗_{普多}、摩_{莫羅}、婆_{蒲賀}、叵_{普我}、跛_{補我}、播_{補佐}。

（2）戈

矬_{才戈}（4806、4820）、矬_{祖戈}（4870）、莎_{先戈}（4874）、鍋_{古禾}

---

①　《廣韻》歌韻有 41 個小韻，戈韻有 68 個小韻。

②　原作"故"，《合集》（4894 注 121）校爲"胡"。

③　佐，《集韻》子我切。軻，《廣韻》枯我切。"軻，口佐"的"佐"應是上聲，口佐反與枯我切音同。

④　佐，《廣韻》則箇切。播，《廣韻》補過切。"播，補佐"的"佐"應是去聲，補佐反與補過切音同。

（4826、4942）、窠_{苦和}（4784、4942）、和_{胡戈}（4863）、訛_{五戈}（4950）、螺_{力戈}（4805、4819）、迦_{脚佉}（4823）、略_{力迦}（4881）、揣_{丁果}（4828）、埵_{丁果}（4869）、垜_{徒果}（4785）、毻_{他臥}（4948）、惰_{徒臥}（4881）、坐_{慈臥}（4822）。

反切 20 條，其中音值相同的有矬_{才戈}矬_{徂戈}、揣_{丁果}埵_{丁果}，小韻 14 個。第一個"/"前是合一，第二個"/"前是開三，第二個"/"後是合三。

戈：和 2 戈 5/佉 1 迦 1/（無）。（9）

果：果 2/（無）/（無）。（2）

過：臥 3/（無）/（無）。（3）

戈_{開三}藥_{開三}混 1 例：略_{力迦}。

（3）小結

歌戈混 6 例，均是唇音的一等字，唇音不分開合口，因而可推測歌戈的主元音相同，音位區別在介音。

10. 假攝

巴_{百麻}（4827）、荼_{徒加}（4949）、拏_{女加}（4785）、摣_{側加}（4868）、笳_{古遐}（4784）、唬_{呼家}（4824）、車_{齒邪}（4862）、遮_{止奢}（4879）、罝_{子邪}（4947）、樝_{竹瓜}（4804）、撾_{竹瓜}（4819）、華_{呼瓜}（4862～4863）、華_{胡瓜}（4862）、窊_{一瓜}（4878）、把_{比雅}（4827）、著_{稚雅}（4880）、賈_{古雅}（4826）、估_{柯雅}（4871）、痖_{乙下}（4870）、冶_{餘者}（4824）、著_{知也}（4880）、莎_{所也}（4881）、冎_{古瓦}（4878）、䯥_{胡寡}（4947）、吒_{竹嫁}（4820）、咤_{竹嫁}（4950）、詫_{勅嫁}（4861）、詫_{丑嫁}（4943）、嗻_{子夜}（4870～4871、4906）、蔗_{之夜}（4873）、若_{而夜}（4880）。

反切 32 條，其中音值相同的有樝_{竹瓜}撾_{竹瓜}、賈_{古雅}估_{柯雅}、吒_{竹嫁}咤_{竹嫁}、詫_{勅嫁}詫_{丑嫁}，小韻 27 個，低於《廣韻》的 108 個。第一個"/"前是開二，第二個"/"前是開三，第二個"/"後是合二。

麻：加 3 家 1 麻 1 遐 1/邪 2 奢 1/瓜 4。（13）

馬：雅 3 下 1/者 1 也 2/瓦 1 寡 1。（9）

禡：嫁 2/夜 3/（無）。（5）

魚麻三混 1 例：著_{知也}。

11. 宕攝

反切 64 條，小韻 47 個，低於《廣韻》的 220 個①。

（1）陽

創_{楚良}（4800）、瘡_{楚良}（4946）、甞_{視羊}（4863）、商_{始羊}（4871）、強_{渠良}（4871）、央_{於良}（4875）、儴_{尔羊}（4920）、攘_{而羊}（4946）、坊_{甫亡}（4877）、坊_{甫房}（4802、4818）、芒_{無方}（4824）、爽_{所兩}（4818）、鞅_{於兩}（4875）、魉_{力掌}（4828、4868～4869）、魍_{亡强}（4828、4868）、往_{羽罔}（4875）、暢_{勑亮}（4865）、創_{楚良}（4800）、障_{之尚}（4867）、弶_{渠向}（4821、4943）、仰_{語向}（4821）、向_{許亮}（4847）、怏_{於亮}（4800、4818）、掠_{力尚}（4846）、舫_{甫妄}（4806、4820、4879）、王_{于放}（4821）、嚼_{才弱}（4868）、鑠_{舒若}（4929）、𨶚_{余酌}（4829②、4875）、瀹_{臾灼}（4947）、𤞤_{九縛}（4941）。

反切 39 條，其中音值相同的有創_{楚良}瘡_{楚良}、儴_{尔羊}攘_{而羊}、坊_{甫房}坊_{甫亡}、𨶚_{余酌}瀹_{臾灼}，小韻 27 個。

陽：良 3 羊 3/房③1 方 1。（8）

養：兩 2 掌 1/强 1 罔 1。（5）

漾：悢 1 亮 3 尚 2 向 2/妄 1 放 1。（10）

藥：若 1 弱 1 灼④1/縛 1。（4）

（2）唐

鐺_{都唐}（4950）、唐_{徒郎}（4801、4846）、銀_{力當}（4950）、惶_{胡光}（4857）、䰞_{布莽}（4942）、蟒_{莫黨}（4870）、磉_{桑朗}（4949）、慷_{古葬}

---

① 《廣韻》陽韻有 126 個小韻，唐韻有 94 個小韻。
② 被注字原作"關"（《合集》4829），中華藏本作"𨶚"。
③ 切下字也可選"亡"字。
④ 切下字也可選"酌"字。

（4945）、靬 胡浪（4951）、搏 補各（4868）、濼 皮莫（4942）、莫 莫各（4848）、橐 撻各（4951）、拓 達各（4952）、作 子各（4790）、柞 子各（4948）、鮓 且各（4827）、恪 苦格（4942）、鱷 五各（4941）、臛 呼各（4820）、壑 呼各（4874）、惡 於路（4870）、駱① 力各（4870）、刳 力各（4949）。

反切 25 條，其中音值相同的有橐 撻各拓 達各、作 子各柞 子各、臛 呼各壑 呼各、駱 力各刳 力各，小韻 20 個。

唐：郎 1 當 1 唐 1/光 1。（4）

蕩：黨 1 莽 1 朗 1/（無）。（3）

宕：浪 1 莽 1/（無）。（2）

鐸：各 10 莫 1/（無）。（11）

12. 梗攝

反切 90 條，小韻 66 個，低於《廣韻》的 306 個②。

（1）庚

敪 宅庚（4943）、鬇 女庚（4943）、搶 叉行（4799）、崢 仕行（4943）、卬 五更（4951）、行 乎庚（4828）、跰 力生（4872）、哽 古杏（4790）、緪 格杏（4827）、梗 歌杏（4942）、晃 碧皿（4945）、獷 古猛（4828）、礦 孤猛（4943）、趙 補靜（4872）、評 皮柄（4784）、行 下孟（4861）、評 皮命（4946）、擗 補格（4951）、魄 匹白（4871）、怕 亡白（4873）、磔 竹格（4952）、垞 恥格（4867）、咋 莊白（4944）、笮 側格（4947）、齚 士白（4828）、齰 仕白（4868、4944）、格 加領（4936）、啞 乙白（4870）。

反切 29 條，其中音值相同的有哽 古杏緪 格杏梗 歌杏、獷 古猛礦 孤猛、評 皮柄③評 皮命、咋 莊白笮 側格、齚 士白齰 仕白，小韻 22 個。第一個 "/" 前是開二，

---

① 原作 "駞"，是 "駱" 的訛字。

② 《廣韻》庚韻有 103 個小韻，耕韻有 53 個小韻，清韻有 80 個小韻，青韻有 70 個小韻。

③ 柄，《集韻》有上、去二讀，而評無上聲讀，就選柄的去聲來比較。

第二個"/"前是開三，第三個"/"前是合二，第三個"/"後是合三。

庚：庚 3 更 1 行 2 生 1/（無）/（無）/（無）。（7）

梗：杏 1/皿 1/猛① 1/（無）。（3）

映：孟 1 諍 1/命② 1/（無）/（無）。（3）

陌：白 4 頟 1 格 4/（無）/（無）/（無）。（9）

庚二耕二混 3 例：敼宅庚、咋莊白、擗③補格。

庚二清混 1 例：跉力生（4872）。

庚二唐混 1 例：䩕五更（4951）。

（2）耕

闎普耕（4944）、棚蒲萌（4944）、萌麥耕（4874）、鏗口耕（4944）、莖胡耕（4872）、轟呼萌（4950）、幸胡耿（4871）、擘補麥（4867）、策楚革（4946）、㭊竹革（4875）、革古核（4947）、軛於革（4941）。

反切 12 條，小韻 12 個。

耕：耕 4 萌④ 1/萌⑤ 1。（6）

耿：耿 1/（無）。（1）

諍：（無）/（無）。（0）

麥：革 3 核 1 麥 1/（無）。（5）

（3）清

圊七情（4822、4929）、誠市盈（4872）、營役瓊（4874、4944）、屏俾領（4876）、騁丑領（4871）、省思井（4821）、穽慈性（4821）、穽才性（4942）、勁居盛（4846）、僻匹尺（4871）、躄脾役（4871、4907）、蜇此

---

① "獷，古猛"是合口字，切下字"猛"《廣韻》是開口，但它是唇音字，就將它定爲合口。
② 切下字也可選"柄"字。
③ 擗，《廣韻》房益切。擗、擘異體。擘，《廣韻》博厄切。按照語音接近的原則，選博厄切比較。
④ "棚，蒲萌"的"萌"作切下字是開口。
⑤ "轟，呼萌"的"萌"作切下字是合口。

亦（4868）、瘠才亦（4801、4818、4948）、躑丈亦（4932）、適之赤（4864）、斥齒亦（4936）、適尸赤（4824）、適尸亦（4866、4878）、甌居碧（4941）、液夷石（4825）。

反切 26 條，其中音值相同的有穿慈性穿才性、適尸赤適尸亦，小韻 18 個。

清：情 1 盈 1/瓊 1。（3）

靜：井 1 領 2/（無）。（3）

勁：姓 1 盛 1/（無）。（2）

昔：碧 1 尺 1 赤 1 石 1 役 1 亦 5/（無）。（10）

（4）青

侜匹丁（4872）、溟莫經（4936）、伶歷丁（4872）、齡歷經（4935）、訂徒頂（4946）、訂唐頂（4784）、侹勑頂（4949）、醒思挺（4871）、罄口冷（4878）、屏蒲定（4876）、甯奴定（4926）、磬口定（4878）、罄可定（4952）、劈匹狄（4802、4818）、的都狄（4804、4819）、適都狄（4848）、滴丁歷（4873）、敵徒的（4878）、覡亭歷（4932）、礫力的（4873）、櫪力的（4950）。

反切 23 條，其中音值相同的有伶歷丁齡歷經、訂徒頂訂唐頂、磬口定罄可定、的都狄適都狄滴丁歷、敵徒的覡亭歷、礫力的櫪力的，小韻 14 個。

青：丁 1 經 2/（無）。（3）

迥：冷 1 頂 2 挺 1/（無）。（4）

徑：定 3/（無）。（3）

錫：的 1 狄 2 歷 1/（無）。（4）

（5）小結

庚二耕二混 3 例，小韻數 31，混切率 9.7%，界限大致清楚。

13. 曾攝

反切 32 條，小韻 23 個，低於《廣韻》的 128 個①。

---

① 《廣韻》蒸韻有 74 個小韻，登韻有 54 個小韻。

（1）蒸

繒在陵（4869）、烝之承（4929）、僧所繒（4881）、矜居陵（4864）、膺於凝（4943）、淩力繒（4846）、淩力繒（4942）、陵力蒸（4951）、仍而陵（4941）、烝之朕（4800）、乘食證（4862）、應於興（4863）、畐普逼（4950）、福扶逼（4920）、稷子力（4848）、瘜思力（4805、4819）惻楚力（4821、4929、4946）、昃楚力（4946）、蝕神職（4799）。

反切 22 條，其中音值相同的有淩力繒淩力繒陵力蒸、惻楚力昃楚力，小韻 16 個。

蒸：承 1 陵 3 凝 1 繒 1 蒸 1。（7）

拯：（無）。（0）

證：朕 1 證 1 興 1。（3）

職：逼 2 力 3 職 1。（6）

蒸登混 1 例：僧所繒。

（2）登

曾莫崩（4944）、登都恒（4822）、愿他則（4821）、菔蒲北（4827）、仆蒲北（4920）、特徒得（4806、4820）、械孤得（4866、4906）、刻苦得（4949）。

反切 10 條，其中音值相同的有菔蒲北仆蒲北，小韻 7 個。"/"前是開三，後是合三。

登：恒 1 崩 1／（無）。（2）

等：（無）／（無）。（0）

嶝：（無）／（無）。（0）

德：北 1 得 3 則 1／（無）。（5）

14. 流攝

反切 46 條，小韻 37 個，低於《廣韻》的 161 個[1]。

---

[1]　《廣韻》尤韻有 89 個小韻，侯韻有 54 個小韻，幽韻有個 18 小韻。

（1）尤

抙扶鳩（4806、4820）、羞思由（4943）、泅似由（4948）、俯竹流（4944）、讎視周（4821）、究居求①（4823）、仇渠牛（4943、4948）、鶔許牛（4784）、猶弋周（4864）、蚰弋周（4868）、䍃余周（4878）、旒力周（4943）、某莫有（4872）、紐女九（4950）、謏先九（4857）、壽視柳（4787）、臼渠九（4865）、友于久（4874）、糅女救（4942）、祝之授（4879）、祐胡救（4821）、狖余繡（4868、4906）、顨有富（4920）、顨尤富（4949）、廇力救（4866）。

反切 28 條，其中音值相同的有猶弋周蚰弋周䍃余周、顨有富顨尤富，小韻 22 個。

尤：鳩 1 流 1 牛 2 求 1 由 2 周 3。（10）

有：九 3 久 1 柳 1 有 1。（6）

宥：富 1 救 3 授 1 繡 1。（6）

尤侯混 3 例：某莫有、抙扶鳩、謏先九。

（2）侯

矛莫侯（4941、4949）、齵五鉤（4932）、睺胡鉤（4790）、謳一侯（4870）、匮烏溝（4952）、剖普厚（4805）、陡都口（4948）、娃他口（4952）、藪桑苟（4875）、窶蘇走（4944）、苟公厚（4825）、貿莫侯（4874）、豆徒鬪（4875）、耨乃候（4943）、䶂竹候（4875）、癩蘸奏（4878）、搆古候（4949）。

反切 18 條，其中音值相同的有謳一侯匮烏溝、藪桑苟窶蘇走，小韻 15 個。

侯：鉤 1 鉤 1 溝 1 侯 1。（4）

厚：厚 2 苟② 1 口 2。（5）

---

① 究，《廣韻》居祐切，與居求反是平去混。

② 切上字可選"走"字。

候：鬪 1 候 4 奏 1。（6）

尤侯混 1 例：矛莫侯。

（3）幽

反切無。

（4）小結

幽的小韻數本來就少，且寫卷的樣本少，可能實際存在幽韻。尤侯混 4 例，其中唇音 3 例，齒音 1 例。邵榮芬認爲尤韻明母字變入一等是在唇音輕化發生之前①，寫卷的唇音 2 例均是明母字，可證邵氏觀點的正確。尤韻的齒音、舌音有 8 個小韻，即羞私由、泅似由、俯竹流、讎視周、壽視柳、紐女九、祝之授、糅女救，均不混入侯韻；但侯韻的齒音混入尤韻 1 例，即謏先九。尤韻的齒、舌音未與侯韻完全合併，但部分已走向合併的征程。

15. 深攝

砧豬金（4941）、紝女林（4826）、捃巨金（4947）、吟牛金（4953）、婬以針（4821）、瘄一金（4870）、琳力金（4801、4818）、紝如深（4826）、葚食甚（4870）、噾渠飲（4943）、任女鴆（4871）、讖楚蔭（4822）、衿其蔭（4943）、暗一禁（4870、4906）、繁豬立（4942）、湒思入（4950）、襲辭立（4942）、澀所立（4942）、湒史及（4950）、級羈立（4847）、噏許及（4948）。

反切 23 條，其中音值相同的有澀所立湒史及，小韻 20 個，低於《廣韻》的 104 個。

侵：金 5 林 1 深 1 針 1。（8）

寑：甚 1 飲 1。（2）

沁：禁 1 蔭 2 鴆 1。（4）

緝：及 1 立 4 入 1。（6）

---

①　邵榮芬：《集韻音系簡論》，商務印書館，2011，第 115 頁。

16. 咸攝

反切 70 條，小韻 57 個，低於《廣韻》的 351 個[①]。

（1）覃

耽 都含（4805、4819）、躭 都含（4869）、庵 一含（4872）、嵐 力含（4829）、惏 力南（4942）、黮 徒感（4870）、黮 勒感（4870）、糂 桒感（4948）、頷 胡感（4804、4819）、晻 於感（4951）、紺 古暗（4880）、坩 口紺（4880）、憾 胡闇（4948）、髮 他合（4818）、塔 他合（4862）、噈 子合（4950）、瘟 烏合（4943）。

反切 19 條，其中音值相同的有耽 都含躭 都含、髮 他合塔 他合、嵐 力含惏 力南，小韻 14 個。

覃：南 1 含 2。（3）

感：感 5。（5）

勘：暗 1 紺 1 闇 1。（3）

合：合 3。（3）

覃談混 1 例：髮 他合。

（2）談

惔 徒甘（4873）、憺 徒濫（4873）、髮 他盍（4802）、塔 他盍（4862）、喋 子盍（4870）、咂 子盍（4946）、劄 丁盍（4948）。

反切 7 條，其中音值相同的有髮 他盍塔 他盍、喋 子盍咂 子盍，小韻 5 個。

談：甘 1。（1）

敢：（無）。（0）

闞：濫 1。（1）

盍：盍 3。（3）

（3）鹽

霑致廉（4828）、燂詳廉（4941）、笘赤占（4829、4875）、苫舒鹽（4867）、炎于廉（4820）、檐以占（4944）、匳力占（4825、4942）、諂丑冉（4864）、閃式染（4879）、覢式冉（4929）、炎以贍（4945）、饜於焰（4950）、惓於驗（4951）、斂力豔（4825）、疌姊葉（4802）、疌才妾（4802）、爗爲獵（4828）。

反切19條，其中音值相同的有閃式染覢式冉，小韻16個。

鹽：廉3鹽1占3。(7)

琰：冉1染1。(2)

豔：豔1贍1焰1驗1。(4)

葉：妾1葉1獵1。(3)

（4）添

慊苦簟①（4929）、磹大念（4879）、磩息念（4879）、毾徒頰（4948）、謵丑俠（4949）、屧先牒（4936）、唊古協（4948）、甋力頰（4949）。

反切8條，小韻8個。

添：(無)。(0)

忝：簟1。(1)

㮇：念2。(2)

怗：牒1協1頰2俠1。(5)

鹽添混1例：謵丑俠。

（5）咸

歁口咸（4950）、函胡緘（4949）、黤於斬②（4870）、騞士洽（4948）、掐枯狹（4946）、掐口洽（4946）、洽胡夾（4873）、鹹魚洽（4948）。

反切8條，其中音值相同的有掐枯狹掐口洽，小韻7個。

① “慊，苦蕈”的“蕈”，《合集》(4929第7行) 校作“簟”。

② 黤借黯的音。

咸：咸 1 緘 1。（2）

豏：斬 1。（1）

陷：（無）。（0）

洽：夾 1 洽 2 狹 1。（4）

（6）銜

櫼_{叉銜}（4799）、監_{公衫}（4941）、煤_{助甲}（4947）、狎_{胡甲}（4947）、
壓_{於甲}（4880）。

反切 5 條，小韻 5 個。

銜：銜 1 衫 1。（2）

檻：（無）。（0）

鑑：（無）。（0）

狎：甲 3。（3）

咸銜混 1 例：煤_{助甲}。

（7）嚴

撿_{居儼}（4806、4820、4879）、疌_{姊業}（4818）。

反切 4 條，小韻 2 個。

嚴：（無）。（0）

儼：儼 1。（1）

釅：（無）。（0）

業：業 1。（1）

鹽嚴混 2 例：撿_{居儼}、疌_{姊業}。

（8）凡

反切無。

（9）小結

鹽嚴混 2 例，小韻數 18，混切率 11.1%，界限大致清晰。

17. 小結

通過繫聯切下字，列出韻類字表，分析韻類之間的混切，可得出以

下結論。

（1）196 個韻。與 206 個韻相比，寫卷的兩個臻韻字均混入真韻，因而少了臻、櫛二韻；寫卷幽韻無反切注音，少了幽、黝、幼三韻；凡韻無反切注音，少了凡、范、梵、乏四韻；怪夬的混切率 33.3%，應合併，少了一韻。

（2）135 個韻母。如不計算重紐，與《廣韻》142 個韻母相比，少了 ien（臻開三）、iet（櫛開三）、iəu（幽開三）、iwɐm（凡合三）、iwɐp（乏合三）、æi（夬或怪開二）、uæi（夬或怪合二）7 個。

（3）東冬、脂之、支齊、脂齊、佳皆、刪山、先仙、蕭宵、肴豪、魚麻三、庚二耕二、覃談、鹽添、咸銜、鹽嚴均有混用，表明初唐時期韻部已走向合併的征程。

（4）尤侯混 4 例，其中唇音 3 例，齒音 1 例。唇音 2 例均是明母字，表明尤韻的明母已混入侯韻。尤韻的齒音、舌上音 8 個小韻未混入侯韻，但侯韻的齒音混入尤韻 1 例，因而尤韻的齒音、舌上音未與侯韻合併，但部分已走上合併的征程。

（5）開合混有每莫載、每莫改、蘧于彼、銜胡饞、擐胡慢①、眩侯遍②、闐于彼、蟠蒲寒、判普旦、髮匹葛、轟呼萌③、躄脾役④、婆蒲賀、叵普我、頗普多、跛補我、播補佐、摩莫羅，它們的被注字或切下字是唇音字，這表明唇音不分開合口。

（6）重紐有 64 個小韻，分布在支、脂、祭、真、仙、宵、侵、鹽⑤八韻的喉、牙、唇音字中，其中，重紐三等的唇音字 13 個，即羆彼

---

① 慢，《廣韻》謨晏切，開口。
② 遍，《廣韻》方見切，開口。
③ 萌，《廣韻》莫耕切，開口。
④ 役（伇），《廣韻》營隻切，合口。
⑤ 尤韻也被認爲有重紐，代表學者有李新魁《中古音》（商務印書館，2000，第94 頁）、孫玉文《中古尤韻舌根音有重紐試證》（臺灣《清華學報》1994 年 24 卷 1 期）等。

宜（4820）陂_{筆皮}（4942）、邲_{鄙旻}（4821）、鄙_{補美}（4821）、表_{碑矯}（4824）、糜_{亡皮}（4827）、密_{亡一}（4864）、圮_{父美}（4867）鄙_{補美}（4821）、魅_{莫冀}（4868）、勉_{靡辯}（4873）、被_{皮寄}（4877）、贔_{皮冀}（4945）、披_{普彼}（4951）、岷_{武貧}（4952），重組四等的脣音字 14 個小韻，即髀_{必尔}（4803）、湎_{亡善}（4805、4819、4869）、編_{卑綿}（4821）、臏_{扶忍}（4826）、俾_{卑寐}（4848）、繽_{匹仁}（4877）、漂_{匹消}（4879）、漂_{芳妙}（4879）、弭_{密尔}（4879）弭_{亡尔}（4952）、飆_{比遥}（4929）、泯_{弥忍}（4936）、埤_{避移}（4946）、頻_{毗人}（4949）、庫_{父尔}（4873）；重組三等的牙音字 21 個，即捡_{巨金}（4947）、吟_{牛金}（4953）、愆①_{去連}（4943）、勸_{姜權}（4948）、拳_{渠員}（4949）、僑_{渠消}（4944）、羇_{居猗}（4847）、鼓_{丘知}（4948）、噤_{渠飲}（4943）、跪_{丘委}（4877）、宄_{居美}（4946）軌_{居美}（4949）、憩_{却屬}（4825）憩_{墟例}（4942）、偈_{其逝}（4862）、衿_{其蔭}（4943）、僅_{渠鎮}（4941）、冀_{居致}（4823）、匱_{渠愧}（4866）、級_{羈立}（4847）、詭_{居毁}（4943）、偈_{丘竭}（4862）偈_{去竭}（4862）、跪_{渠委}（4877），重組四等的牙音字 6 個，即闚_{丘規}（4869）、甄_{己仙}（4878）、蚔_{巨宜}（4920）岐_{巨宜}（4945）、胗_{居忍}（4878）、悸_{其季}（4941）、企_{祛跂}（4947）；重組三等的喉音②字 6 個，即虛③_{許宜}（4866）、瘡_{一金}（4870）、倚_{於蟻}（4847）、暗_{一禁}（4870、4906）、俺④_{於驗}（4951）、噏_{許及}（4948），重組四等的喉音字 4 個，即蜎_{呼全}（4941）、茵_{於人}（4869、4942）、饜_{於焰}（4950）、堙_{於仁}（4949）。聲類、韻類、調類相同的對立重組 3 組，即“湎_{亡善}和勉_{靡辯}”“饜_{於焰}和俺_{於驗}”“悸_{其季}和匱_{渠愧}”。重組的解釋較多，有介

---

① 愆是“愆”的俗寫。
② 喉音中的喻三（于）、喻四（以）韻圖分列三、四等，是有意安排，計算重組字應除外。
③ 虛，《合集》（4866 第 5 行）校爲“虛”。
④ 俺，《集韻》於贍切，與於驗反音同。

音、聲母、主元音①等不同的説法，有古音殘留的説法②等，鑒於此，僅描述重紐現象，不再徒添多餘的解釋。

（三）調類

在 1252 條反切中，平聲 430 條，上聲 239 條，去聲 352 條，入聲 231 條。與《切韻》相同，玄應音義寫卷的聲調較穩定，但玄應不自覺流露了上去、平去混的方言現象，疑似有濁上變去、入聲韻尾消變的早期現象。

1. 平

一般認爲，平分陰陽在唐代就已開始③，但玄應音義寫卷未見平分陰陽，却有平上混的現象。

（1）薩達摩蘖波唎差_{初履帝}（4881）

履，上聲。差《廣韻》楚宜④，清平。

（2）薩縛達摩蘖鉢理差_{初里帝}（4881）

里，上聲。差《廣韻》楚宜，清平。

這是密咒中的注音。玄奘一般用上聲字對譯梵語的短元音⑤，玄應是玄奘譯經的重要助手⑥，承襲了玄奘的對音特點，也用上聲字對譯短元音。這由對音造成，非平聲混入上聲。

---

① 丁邦新：《重紐介音的差別》，見《聲韻論叢》第六輯，臺北：學生書局，1997，第37～62頁；聲母不同説見李新魁《重紐研究》（《語言研究》1984 年第 2 期，第78 頁）；主元音不同説見周法高《廣韻重紐的研究》（《歷史語言研究所集刊》第 13 本，1945 年）。

② 竺家寧《重紐作古音殘留説》（《聲韻論叢》第六輯，第 285～302 頁）、余迺永《中古重紐之上古來源及其語素性質》（《聲韻論叢》，第六輯，第 107～174 頁）。

③ 周祖謨：《關於唐代方言中四聲讀法的一些資料》，見《語言學論叢》第二輯，商務印書館，1958，第 11～16 頁。

④ 差，《廣韻》楚宜、楚佳、楚皆、初牙、楚懈切，選和初履反的音值最接近的"楚宜切"來比較。

⑤ 施向東：《玄奘譯著中的梵漢對音和唐初中原方音》，《語言研究》1983 年第 1 期，第 27～48 頁。

⑥ 尉遲治平：《玄應音義性質辨正》，《國學學刊》2016 年第 3 期，第 121～134 頁。

2. 上

玄應音義的上去混有三種情況，涉及時音、方音，不能混而爲一。

（1）抱_{蒲冒}（4947）

抱《廣韻》薄浩，濁上；蒲冒，濁去。

一般認爲，濁上變去在九、十世紀已開始①。濁去注濁上，這是濁上變去的早期現象。

（2）乳_{而注}（4825）

乳《廣韻》而主，次濁上；而注，次濁去。

（3）慷_{古葬}（4945）

古葬，清去。慷《廣韻》苦朗，清上。

（4）垎_{口紺}（4880）

垎《廣韻》苦感，清上；口紺，清去。

次濁上注次濁去 1 例，清去注清上 2 例，與濁上變去無關。"秦人去聲似上"②，玄應是"京城沙門"，他的反切流露出秦人方音的特點。

3. 去

去聲基本穩定，但有平去混的現象。

究_{居求}（4823）

居求，清平。究《廣韻》居祐，清去。

清平注清去，"梁益則平聲似去"（《切韻序》），玄應的反切沾染梁益方音的特點。

4. 入

入平聲互注 1 例，即薩縛薩埵胡魯多憍設略_{力迦}奴揭帝（4881），略是音譯用字，變讀平聲與長元音有關③。因此，入聲字未發生韻尾弱

---

① 唐作藩：《音韻學教程》，北京大學出版社，2002，第 174 頁。

② 見顧齊之《慧琳音義·序》。

③ 儲泰松、陳雲聰：《梵漢對音與漢語語音認知》，《中國語文》2022 年第 5 期，第 610 頁。

化和脱落的現象。

二　直音、對音中的特殊音注

玄應音義寫卷中，直音 31 條，對音中的特殊音注 26 條。這些音注數量較少，但也是玄應注音不可或缺的一部分，它們也從不同的角度反映了初唐時期的語音特點及對音情況。

（一）直音

31 條直音中，29 條被注字與它的直音音值相同，反映的是與《切韻》相同的語音現象，略；2 條反映的是方音現象，如下。

（1）瘌開（關）中多音滯（4800）

瘌《王三》（496）竹例，知；滯《王三》（496）直例，澄。關中將清音讀成濁音。

（2）坻（坻）伍（低）（4827）

坻《王三》（476）都礼，清上；伍《王三》（446）當稀，清平。平上混。

（二）對音中的特殊音注

佛經寫卷上的對音是梵漢對音。漢語是以聲音的高低爲區別性特徵的單音節語言，梵語是以聲音的輕重、元音的長短爲區別性特徵的多音節語言。梵語有而漢語無的特徵如輕重音、長短元音等，對譯者用雙行小字的夾注來交代它的發音特徵。這些夾注和中古漢語的音注功能相同，就作爲特殊音注處理，納入研究的範圍中。

玄應音義卷六《妙法蓮華經音義》後附玄奘的密咒對音及其夾注，寫卷存其部分，夾注中有清、清聲 2 條，輕 2 條，重、重聲 6 條，長、重長、清長 4 條，短、短聲 3 條，上聲 1 條，去聲 8 條，共 26 條，以下舉例來説明其發音特徵。

（1）清聲

阿捹厨雉俱反，清聲（4880）

梵音 anaḍe，厨對 ḍe，頂音 ḍ 不送氣，標注清聲是突出其不送氣的特徵。

（2）上聲、去聲

怛唎阿特縛僧伽咄略_{上聲}鉢羅弗_{補没}帝（4881）：略是入聲，用上聲表明對譯的音節是短元音，並非派入上聲。

末泥_{去聲}（4879）：泥的去聲表明對譯的音節是長元音，並非它讀去聲。

（3）長、重長、清長

健馱_{長唎}（4880）、多鼻扇_{重長帝}（4879）、薩縛僧伽三末底羯爛_{清長帝}（4881）。

（4）短、短聲

三磨_短三謎（4879）、跋邪_{重聲}跋邪_{短聲}毗輸達泥（4880）。

（5）輕

遏彈_{去聲}媄_{徒皆反，輕}（4881）、蕅阿伐栗怛尼_輕（4881）。

（6）重、重聲

阿吒_{重伐底長}（4880）、跋邪_{重聲}跋邪_{短聲}毗輸達泥（4880）。

上述（3）~（6）中，"長"標注音節中的元音是長元音，"短"標注音節中的元音是短元音；"重"表示輔音的送氣特徵，"輕"表示輔音的不送氣特徵，等等。

第二節　可洪音義

據可洪音義的前後序、《施册入藏疏文》、《慶册疏文》和希悟《贊經音序》，可知可洪是漢中人，生活在後唐、後晉之際，編纂藏經音義的地點在河中府（今山西蒲州）方山延祚寺，"從長興二年十月七日起首看經，兼録草本，至清泰二年十二月三日罷卷，又從清泰三年六月二十三日下手謄寫入册，至天福五年六月二十日絕筆"①，歷十年撰成。寫卷迻録可洪音498 條，其中反切 404 條，直音 94 條。音注數量少，小韻數量更少，不宜作音系研究，適合作語音特點的分析。

一　聲母

（一）唇音無類隔

唇音的類隔指重唇切輕唇，或輕唇切重唇，即以幫組切非組，或非組切幫組。《集韻·韻例》："凡字之翻切，就以武代某，以亡代茫，謂之類隔。"② 不但唇音有類隔，舌音、齒音也有。《切韻指掌圖·檢例下》："取唇重唇輕、舌頭舌上、齒頭正齒三音中清濁同者，謂之類隔。"③ 可洪音義寫卷中，幫、非組字反切 75 條，小韻 58個。由上可知，敦煌玄應反切的唇音存在類隔。可洪的反切是否也有類隔？

1. 一、二、四等字無類隔

反切 37 條，小韻 30 個。

幫（4）：蝙布玄（5018、5041）、崩博登（5018）、駁補角（5018）、博布各（5036）。

滂（6）：怕普百（5009）、礔普擊（5009）、粕普各（5018、5041）、撲普木（5018）、盼普莧（5019）盼普幻（5035）、派匹賣（5019）。

並（8）：膍步米（5009）陛步米（5036）、辯步莧（5013）、洴蒲丁（5017）、捕蒲故（5018、5041）、背蒲昧（5018）、朋蒲弘（5032）、裴蒲迴（5034）裴步迴（5034）、蒡步郎（5044）。

---

①　出自《藏經音義隨函録·慶册疏文》，見《中華大藏經》第 60 册，第 61 頁中 ~下欄。

②　（宋）丁度等編《宋刻集韻》，中華書局，2005，第 1 頁下左。

③　（宋）司馬光：《宋本切韻指掌圖》，中華書局，1986，第 4 頁。

明（12）：冒莫報（5018、5041）、蟒①莫朗（5018）、蠻莫顔（5018）、眂②莫賢（5020）、捫門本（5034）、暝莫瓶（5034）、貿莫候（5035）、嫎③莫諫（5035）、蔑莫結（5035）、玫莫迴（5035）、犛莫交（5035）、嫚莫諫（5035）。

布、博、補、普、步、蒲、莫、門是一、二、四等字，匹是重紐字，這些切上字後世都不變輕唇，因而一、二、四等的唇音字無類隔。

2. 三等字無類隔

反切 38 條，小韻 28 個。三等韻分重紐、純三等韻和其他三等韻。重紐和純三等韻中的清、庚三、尤等的唇音字後世不變輕唇，而其他三等韻的唇音字後世變輕唇。

（1）重紐無類隔

25 條反切，小韻 19 個。

幫（8）：獘必袂（5013、5034、5035）菽④必祭（5035）、粃卑履（5018、5041）、鞭卑連（5018）、譽⑤兵媚（5035）鞁兵媚（5018）、鄙悲美（5018、5019）、戢卑吉（5019）、擳⑥必遥（5041）、炳兵永（5044）。

滂（4）：瀰疋（匹）遥（5009）、偏匹連（5035）、匹普必（5035）、圮披美（5036）。

並（5）：辯備件（5013）、鞁毗必（5018）、比蒲脂（5034）、圮皮美（5036）、驃匹妙（5044）。

明（2）：寐蜜二（5034）、勉明辯（5035）。

① 蟒是“蟒”的俗寫。
② 眂是“眠”的避諱字。
③ 嫎是“嫚”的俗寫。
④ 菽是“蔽”的俗寫。
⑤ 譽是“轡”的俗訛字。
⑥ 擳是“摽”的形增俗字。

必、卑、悲、匹、披、備、毗、蜜是重紐字，普、蒲是一等字，兵、明是庚三字，這些切上字後世不變輕唇，因而重紐無類隔。

（2）純三等韻無類隔

3 條反切，小韻 2 個。

幫（1）：躄補益（5018、5041）。

並（1）：躄蒲益（5034）。

清韻的唇音字不變輕唇，屬重唇，切上字補、蒲是重唇，無類隔。

（3）其他合口三等韻無類隔

反切 10 條，小韻 7 個。

非（1）：蝠方伏（5018、5041）

敷（1）：費妃未（5034）。

奉（3）：栬扶月（5018、5041）、焚扶文（5018）、裴扶非①（5034）。

微（2）：吻文粉（5009）扻文粉（5034）、舞文甫（5013）。

切上字"方、妃、扶、文"是合口三等韻，後世變輕唇；被注字"蝠"等是合口三等韻，後世變輕唇。因此，合口三等韻無類隔。

3. 小結

由上可知敦煌可洪反切的唇音字無類隔切，輕唇已從重唇中分化出，即非、敷、奉、微已獨立。從可洪的梵漢對音看，非、敷已混②，但敦煌可洪的反切非、敷不混，可能反切較保守，反映的語音現象滯後些③。

---

① 裴，《廣韻》符非、薄回切，今讀重唇來自薄回切。肥、裴，《廣韻》都注符非切，是同一小韻，今讀輕唇。因此，注"扶非反"的"裴"選輕唇音來比較。

② 黃仁瑄：《唐五代佛典音義研究》，中華書局，2011，第 314 頁。

③ 許端容《可洪新集藏經音義隨函録音系研究》（臺灣文化大學中國文學研究所博士學位論文，1989，第 316 頁）：輕重唇已分，但重唇少了並母，輕唇少了敷、奉二母。黃仁瑄《唐五代佛典音義研究》（第 314 頁）認爲幫並之間的清濁對立大致存在，將敷、奉併入非類，得不到對音材料的支持，奉母應獨立作一類。

（二）從邪、船禪的分合

《顏氏家訓·音辭篇》："則南人以錢爲涎，以石爲射，以賤爲羨，以是爲舐。"南北朝的南人從邪、船禪不分。可洪是"北人"，他是否如"北人"分從邪和船禪？

1. 從邪分立

反切 17 條，小韻 9 個。

從（7）：頌（頜）自遂（5009）伜疾遂（5018）忰疾遂（5041）、疵才斯（5017、5018、5035、5041）疵自斯（5035）、嚼才雀（5018、5041）嚼自雀（5036）、瘠秦昔（5019）、靖疾井（5035）、咀自与（5036）、齎在計（5036）。

邪（2）：彗祥歲（5009）、斜序嗟（5035）。

上述小韻中，從邪不混切，這與許端容①的反切研究、黃仁瑄②的對音研究的結論相同，敦煌可洪音系具有北音的特點。

2. 船禪混併

反切 7 條，小韻 5 個。

船（1）：蝕時力（5009）。

禪（4）：承是陵（5018、5041）、淳常倫（5018）純市倫（5034）、嗜時利（5034）、植市力（5034）。

蝕是船母，切上字"時"是禪母，船禪混切。這與許端容③的反切研究、黃仁瑄④的對音研究相同。南音北漸，敦煌可洪音系沾染了南音的特點。

---

① 許端容：《可洪新集藏經音義隨函錄音系研究》，臺灣文化大學中國文學研究所博士學位論文，1989，第 316 頁。
② 黃仁瑄：《唐五代佛典音義研究》，中華書局，2011，第 314 頁。
③ 許端容：《可洪新集藏經音義隨函錄音系研究》，臺灣文化大學中國文學研究所博士學位論文，1989，第 316 頁。
④ 黃仁瑄：《唐五代佛典音義研究》，中華書局，2011，第 314 頁。

（三）匣于以的分合

六朝及唐初的許多資料表明匣于不分。周祖謨發現原本《玉篇》音系中胡、于類的切上字可繫聯，併爲胡類①；陳新雄發現王融（468～494 年）、庾信（513～581 年）的雙聲詩將"匣、于"作雙聲②；玄應音義寫卷就有匣于混切的現象，如熊 胡弓（4820）、祐 胡救（4821）。晚唐五代時期，于、以逐漸合併，到北宋變成零聲母。"圖（《聲音倡和圖》）中喻母之一類爻字《廣韻》何交切，屬匣母，邵氏列入喻母與今日北方讀爻如遥正同。喻母三等之王字本爲匣母之細音，與四等之寅字 j 有別，至唐代漸讀爲一類，沿及宋代皆變爲無聲母之一類矣。"③ 五代上承六朝隋唐，下啓北宋，是考察匣、于、以分合的時間節點。

1. 匣于無混切

反切 22 條，小韻 17 個。

匣（14）：械 胡戒（5009）、檻 胡黯（5009）、捍 户岸（5013）、完 户官（5013）、瘕 户加（5018、5041） 瑕 户加（5035、5035）、婞④ 户經（5018）、佷 侯懇（5018、5041）、泫 玄犬（5019）、宏 户盲（5019）、瓨 行江（5032）、曷 寒割（5034） 曷 何割（5034）、互 乎故（5035）、瑰 户恢（5035）、鼷 户雞（5036）。

于（3）：殞 于愍（5009）、疣 于求（5009）、戭 王勿（5019）。

被注字械等是匣母，切上字胡、户、侯、玄、行、寒（或何）、乎也是匣母；被注字殞等是于母，切上字于、王也是于母。

2. 于以無混切

反切 13 條，小韻 11 個。

---

① 周祖謨：《萬象名義中之原本玉篇音系》，《問學集》，中華書局，1966，第 270～404 頁。

② 陳新雄：《古音研究》，臺北：五南圖書出版有限公司，1999，第 582～583 頁。

③ 周祖謨：《宋代汴洛語音考》，《問學集》，中華書局，1966，第 592 頁。

④ 原作"婬"，《合集》（5024 注 39）校爲"婞"。

于（3）：見上。

以（8）：俞_{羊朱}（5013）、鵒_{逾玉}（5009）、婬_{羊林}（5018、5035、5035）、勇_{余腫}（5019）、庸_{余封}（5019）、鋭_{以芮}（5020）、弘_{羊忍}（5035）、狄_{由秀}（5036）。

被注字是于母，切上字于、王也是于母；被注字以母，切上字羊、逾、羊、余、以、由均是以母。

3. 小結

匣、于無混切，于已從匣中分化出。于、以無混切，喻三、喻四未合併。從可洪的梵漢對音材料看，于（云）、以都對譯零聲母①，這表明喻三、喻四已合併，變成零聲母。可洪的反切承襲舊音多，音變滯後。

（四）莊章組無混切

《切韻》的莊、章組未合併爲照組。伯2012《守温韻學殘卷》、斯512《歸三十字母例》立正齒音 "審穿禪照" 類，表明莊、章組已合併。《宋人三十六字母》確立了正齒音的名稱和次序，即 "照穿牀審禪"。可洪音義知莊章的分合可補《切韻》到《宋人三十六字母》的空缺。

1. 莊章無混切

反切7條，小韻6個。

莊（0）：（無）。

章（6）：蹬_{之剩}（5017）、制_{之世}（5018）剬②_{之世}（5018）、診③_{之忍}（5018）、帠_{之手}（5019）、懾_{之攝}（5019）、純_{之尹}（5034）。

被注字 "蹬、制、診、帠、懾、純" 是章母，切上字 "之" 是章母。

2. 初昌無混切

反切7條，小韻6個。

---

① 黄仁瑄：《唐五代佛典音義研究》，中華書局，2011，第299頁。

② 剬是 "制" 的俗訛字。

③ 原作 "詅"，《合集》（5024注42）認爲它爲 "診" 的俗字。

初（1）：亂 _{初勤}（5019）。

昌（5）：蠢 _{春尹}（5009）、鴟 _{尺夷}（5009）、觰 _{昌玉}（5018）觰 _{尺玉}（5035）、蚩 _{處之}（5019）、喘 _{川兗}（5044）。

被注字"亂"是初母，切上字"初"也是初母；被注字"蠢、鴟、觰、蚩、喘"是昌母，切上字"春、尺、昌、處、川"也是昌母。

3. 崇船無混切

反切6條，小韻5個。

崇（4）：牀 _{助庄}（5018、5041）、咋 _{助迮}（5019）、賾 _{助責}（5019）、驟 _{助右}（5019）。

船（1）：蝕 _{時力}（5009）。

被注字"牀、咋、賾、驟"是崇母，切上字"助"也是崇母；被注字"蝕"是船母，切上字"時"是禪母。

4. 生書無混切

反切19條，小韻15個。

生（8）：訕 _{所奸}（5013）删 _{所奸}（5034）、訕 _{所諫}（5013）、廈 _{所右}（5013）、渗① _{所蔭}（5019）、屣 _{所綺}（5019）、槊 _{所卓}（5034）、爽 _{所兩}（5044）、虱 _{所瑟}（5045）。

書（7）：睒 _{失染}（5009）、攝 _{深涉}（5017）搞 _{尸涉}（5017）、困 _{尸旨}（5018、5041）屎 _{尸旨}（5018）、螫 _{尸亦}（5018）、阤 _{尸尔}（5035）、袾 _{尸朱}（5035）、鼠 _{尸与}（5036）。

被注字"訕、廈、渗、槊、屣、爽、虱"是生母，切上字"所"也是生母；被注字"睒、攝、困、螫、阤、袾、鼠"是書母，切上字"失、深、尸"均是書母。

5. 俟禪無混切

反切7條，小韻5個。

---

① "渗"，《合集》校爲"滲"。

俟（1）：俟_{床李}（5034）。

禪（4）：承_{是陵}（5018、5041）、淳_{常倫}（5018）純_{市倫}（5034）、嗜_{時利}（5034）、植_{市力}（5034）。

被注字"俟"是俟母，切上字"床"是崇母①；被注字"承、淳、嗜、植"是禪母，切上字"是、常、時、市"也是禪母。

6. 小結

通過對莊、章組切上字的分析，發現莊、章組無混切，與許端容②的結論相同，也和可洪的梵漢對音相同③。可洪遵從傳統的讀書音系統，述而不作的地方較多，因而其莊、章組未合併，音變滯後。

二　韻母

（一）重韻的相混

重韻指同攝、同等、同開合的韻。重韻最早由高本漢提出，"在一、二等裏常常有重複的音"④，重韻後來擴大到三、四等韻中。從唐代始，重韻已混。據《封氏聞見記》可知刪山同用⑤；從許敬宗奏請同用，參考《廣韻》的同用，可知冬鍾、支脂之、魚虞、佳皆、真諄臻、刪山、歌戈、尤幽、覃談、咸銜、祭霽、夬怪等同用；據武玄之《韻詮》韻目可知脂併入之、刪併入山、銜併入咸⑥；從《俗務要名林》的音義反切可知支脂之微、庚耕、鹽嚴、佳皆、真文、刪山、黠鎋、陌麥

---

① 俟、床，《廣韻》互爲切下字，如俟《廣韻》牀史切。

② 許端容：《可洪新集藏經音義隨函録音系研究》，臺灣文化大學中國文學研究所博士學位論文，1989，第 316 頁。

③ 黃仁瑄：《唐五代佛典音義研究》，中華書局，2011，第 299 頁。

④ 〔瑞典〕高本漢撰，趙元任、羅常培、李方桂合譯《中國音韻學研究》，商務印書館，2003，第 478 頁。

⑤ 《封氏聞見記》卷二"聲韻條"："而先仙刪山之類，分作別韻，屬文之士苦其苛細。國初許敬宗等詳議，以其韻窄奏合而用之。"

⑥ 轉引自周祖謨《唐五代的北方方音》（《語言學論叢》第十五輯，商務印書館，1988，第 3~15 頁）。

不分①。可洪音義上承唐代，下啓北宋，其重紐相混的情況怎樣？

1. 支之混

反切 26 條，小韻 18 個。

支（11）：羸 力垂（5009、5019）、雌 此斯（5009）、諀 丘倚（5013）、疵 才斯（5017、5018、5035、5041）疵 自斯（5035）、猗 衣綺（5017）、屣 所綺（5019）、吱 去智（5034）、崖 魚奇（5035）、呰 將此（5035）、陁 尸尒（5035）、豸 直尒（5036）。

之（7）：戱 許其（5009）戱 許其（5035）、絲 息慈（5018、5041）、蚩 處之（5019）、釐 力之（5019、5020）、眥 直志（5032）、俟 床李（5034）、基 居之（5036）。

支之混 1 例，即戱 許其。

2. 庚二耕二混

反切 15 條，小韻 15 個。

庚二（9）：怕 普百（5009）、秔 古盲（5009）、獷 古猛（5019）、咋 助迮（5019）、宏 戶盲（5019）、根 宅庚（5032）、哽 更杏（5034）、坼 丑格（5035）。

耕二（7）：更 古硬（5013）、儜 女耕（5018）、堂② 宅耕（5018）、婙③ 苦耕（5018）、婙④ 五耕（5018）、賾 助責（5019）、耕 古莖（5034）。

庚二耕二混 2 例，即更 古硬（5013）⑤、堂⑥ 宅耕（5018），小韻數 15，混切率 13.3%，庚二耕二的界限大致清楚。

---

① 同上。

② 原作"棠"，是"堂"的訛字。

③ 原作"婭"，《合集》（5024 注 39）校作"婙"。

④ 同上。

⑤ 更，《廣韻》古行、古孟切。選古孟切來與古硬切比較。

⑥ 堂，《廣韻》直庚切。《廣韻校釋》（393）："《説文・止部》：'堂，歫也。从止尚聲。'堂堂是同一小篆的不同楷定形式。"

3. 咸銜混

反切 1 條，即檻胡黯（5009）。黯《廣韻》乙減切，咸上。檻《廣韻》胡黤切，銜上。咸銜混。

4. 小結

支之、庚二耕二、咸銜有混切。如果樣本多，重韻相混的範圍更廣。

（二）重紐的對立

學界一般將重紐三等稱"B"類，重紐四等稱"A"類。涉及重紐的注音 47 條，小韻 36 個，其中反切 33 條，直音 3 條，分布如下。

1. 支（4）

B（3）：誇丘倚（5013）、猗衣綺（5017）、崖魚奇（5035）。

A（1）：吱去智（5034）。

2. 脂（8）

B（4）：彎①兵媚（5035）軷兵媚（5018）、鄙悲美（5018、5019）、匱求位（5035）、圮皮美（5036）。

A（4）：粃②卑履（5018、5041）、比蒲脂（5034）、圮披美（5036）、寐蜜二（5034）。

3. 祭（3）

B（2）：憩去例（5034）、劂居例（5034、5034、5045）。

A（1）：蕹必袂（5013、5034、5035）菥③必祭（5035）。

4. 真（5）

B（1）：姞近乙（5034）。

A（4）：因於真（5013）、軷毗必（5018）、戜必（5019）戜④卑吉（5019）、匹普必（5035）。

———————————

① 彎是"彎"的俗訛字。
② 粃、秕異體。秕，《廣韻》卑履切，重紐四等。
③ 菥是"蔽"的俗寫。
④ 戜是"薺"的俗寫。

5. 仙（6）

B（3）：捷巨焉（5035）、勉明辯（5035）、捲拳（5035）。

A（3）：辯備件（5013）、鞭卑連（5018）、褊匹連（5035）。

6. 宵（5）

B（2）：夭於小（5009）、橋居小（5020）矯居小（5019）。

A（3）：漂匹①遙（5009）、摽必遙（5044）、驃毗妙（5044）。

7. 侵（4）

B（3）：陰於今（5017）暗於今（5019）、暗於禁（5019）、禁金（5032）。

A（1）：挹一入（5019）。

8. 鹽（1）

B（1）：黔巨廉（5019）。

"秕卑履"與"鄙悲美"的聲、韻、調相同，形成重紐的對立。直音中"戚（肴）和必"均是重紐四等字，"捲和拳""禁和金"均是重紐三等字。A、B 的界限分明，可推測可洪音義存在重紐的現象。從支脂之、真諄臻、先仙、蕭宵、鹽添、嚴凡、祭霽、質術櫛、陌麥昔、職德、業乏同用②來看，實際語音已不存在重紐的對立。述而不作、承襲舊音是可洪音義産生重紐的原因之一。

（三）開合的混切

開合口混 2 例，如下。

1. 宏户盲（5019）：宏《廣韻》户萌，合；盲《廣韻》武庚，開。

2. 盼③普幻（5035）：盼《廣韻》匹莧，開；幻《廣韻》胡辨，合。

這兩例均與唇音有關，切下字"盲"、被注字"盼"爲唇音。如被注字、切下字是唇音，就會出現開合口混的現象。除此以外，未見舌、

---

① 原作"疋"，是"匹"的俗寫。
② 許敬宗奏請的同用已知其整體的狀況，這是參考《廣韻》的同用得來的。
③ 原作"盼"，是"盼"的俗寫。

齒、牙、喉音字的開合混，因而可洪的審音是精準的。

三 聲調

（一）濁上變去

一般認爲全濁上聲變去聲，大約在九、十世紀已開始①。"又恨怨之恨則在去聲，很戾之很則在上聲。又言辯之辯則在上聲，冠弁之弁則在去聲。又舅甥之舅則在上聲，故舊之舊則在去聲。又皓白之皓則在上聲，號令之號則在去聲。"② 很（很）與恨、辯與弁、舅與舊、皓與號，均是濁上與濁去的關係。楊耐思認爲"這是'濁上變去'的早期現象"③。濁上變去見於北宋④、南宋⑤；《中原音韻》將濁上跟相關的去聲作同音字而編排在一起，這是濁上變去完成的標誌。五代時期，可洪音義也有濁上濁去混的情況。

1. 辯步莧（5013）：辯《廣韻》符蹇，濁上；步莧，濁去。

2. 霆定（5013）：霆《廣韻》徒鼎，濁上，《集韻》徒徑，濁去；定《廣韻》徒徑。

3. 諰現（5017）：諰《集韻》胡典，濁上；現《廣韻》胡甸，濁去。

4. 彭净（5018）：彭《廣韻》疾郢，濁上；净《廣韻》疾政，濁去。

5. 訉（診）直忍（5018）：直忍，濁上；診《廣韻》直刃，濁去，《集韻》丈忍，濁上。

第 2 和第 5 例疑似，如以《廣韻》音系爲參照，濁上、濁去混；以

---

① 唐作藩：《音韻學教程》，北京大學出版社，2002，第 174 頁。

② （唐）李涪：《刊誤》，中華書局，1991，第 17 頁。

③ 楊耐思：《北方話"濁上變去"來源試探》，《學術月刊》1958 年第 2 期，第 72 ~ 77 頁。

④ 丁治民：《濁上變去見於北宋考》，《中國語文》2005 年第 2 期，第 172 ~ 176 頁。

⑤ 劉綸鑫：《濁上變去見於南宋考》，《中國語文》1997 年第 1 期，第 63 ~ 66 頁。

《集韻》音系爲參照，音同。可洪的濁上、濁去混與李涪《刊誤》類似，是"濁上變去"的早期現象。

（二）入聲消變

入聲韻尾消變的時間上限，説法不一。王梵志《富者辦棺木》以"角覺；閣鐸；樂鐸；獄燭；覺覺；襖晧；調嘯"① 爲韻，甯忌浮認爲這是"古入聲鐸覺藥（燭）讀效攝"②；胡曾《戲妻族語音不正》③ 的十（緝，p）、石（昔，k）相混，表明唐末的塞尾已弱化。可洪音義中，入聲和去聲互注 1 例，即"一渧的"④ （5009、5018）。渧《廣韻》都計，清去；滴、的《廣韻》都歷，清入。五代的入派三聲處在詞彙擴散的階段，未發生整體遷移。

（三）平分陰陽

〔日〕空海（774～835）："且莊字全輕，……牀字全重。"⑤ 輕重與聲母的清濁有關，莊是全清平，牀是全濁平，周祖謨認爲它標記的是兩種不同的聲調⑥。〔日〕安然："表則平聲直低，有輕有重。"⑦《悉曇藏》作於日本元慶四年（880）。表指表信公。依安然所説，表信公所傳的漢音，平聲依聲母的清濁來分，周祖謨《關於唐代方言中四聲讀

---

① "富者辦棺木，貧窮席裹角。相共唱奈河（何），送著空冢咎（閣）。千休即萬休，永别生平樂。志（智）者入西方，愚人墮地獄。掇頭入苦海，冥冥不省覺。擎頭鄉里行，事當逞靴襖。有錢但著用，莫作千年調。"見項楚校注《王梵志詩校注》，上海古籍出版社，1991，第 56－60 頁。

② 甯忌浮：《古今韻會舉要及相關韻書》，中華書局，1997，第 21 頁。

③ 《戲妻族語音不正》（《全唐詩》卷 870）："呼十却爲石，唤針將作真。忽然雲雨至，總道是天因。"

④ "渧"出自《仁王護國般若經疏卷》第一"各取一渧血髮三條賽山神願"句，渧是"滴"的俗字。

⑤ 〔日〕遍照金剛：《文鏡秘府論》，人民文學出版社，1975，第 8 頁。

⑥ 周祖謨：《關於唐代方言中四聲讀法的一些資料》，《問學集》，中華書局，1966，第 494～500 頁。

⑦ 《大正新修大藏經》第八十四卷，臺北：新文豐出版公司，1972，第 414 頁中欄。

法的一些資料》據此認爲唐代方言的平聲已分爲兩個調類。杜甫《麗
人行》（大約作於 753 年）前半首奇數句以"新、真、春、親"陰平字
爲韻，偶數句以"人、勻、麟、脣、秦"陽平字爲韻；後半首反過來，
奇數句以"塵、神、巡、蘋、倫"陽平字爲韻，偶數句以"珍、津、
茵、巾、嗔"陰平字爲韻，王士元認爲"清濁聲母的這種有規則的交
替一定是有意安排的。這種現象很難説是出於偶然性，偶然性的説法值
得考慮的可能性很低"，"杜甫是覺察到了語音的差異並把它運用到了
這首詩中"①；楊劍橋認爲平分陰陽應起始於八世紀前後的中唐②。今
以可洪音義寫卷來分析五代的平分陰陽，如下。

　　33 條直音中，平聲字均是清平注清平，濁平注濁平，如只支
（5017）、枷加（5018）、霆庭（5013）、衡行（5018），不能體現平分陰
陽。136 條反切中，平聲字小韻 103 個，被注字、切下字的清濁有四種
情況。

1. 被注字清平，切下字清平

　　崩博登（5018）、蚩處之（5019）、耕古莖（5034）、基居之（5036）、
雌此斯（5009）、訕所奸（5013）刪所奸（5034）、姝尸朱（5035）、巛苦昆
（5009）、娃（婬）苦耕（5018）、牽去堅（5035）、嬉許之（5009）、悕許
衣（5009）、托呼高（5019）、因於真（5013）、陰於今（5017）暗於今
（5019）、搲陟花（5018）、齜竹皆（5036）。

2. 被注字清平，切下字濁平

　　蝙布玄（5018、5041）、鞭卑連（5018）、摽必遥（5044）、鳾尺夷
（5009）、臃丑容（5045）、諙初勤（5019）、彫丁聊（5009）、肩古營
（5019）、嬉許其（5035）、矜居陵（5035）、瑰古迴（5035）、糟子曹

---

①　王士元著，劉漢成、張文軒譯《聲調發展方式一説》，《語文研究》1988 年第
　　1 期，第 38～39 頁。
②　楊劍橋：《關於"平分陰陽"起始時代的質疑》，《中國語文》1993 年第 1 期，
　　第 48～49 頁。

（5018、5041）、灂_{定（匹）遥}（5009）、徧_{匹連}（5035）、敧_{七廉}（5009）、

鏘_{七羊}（5034）、蹉_{七何}（5035）、梯_{他兮}（5018、5041）、堤_{下（丁）兮}

（5035）、探_{他含}（5019、5044）、阤_{達何}（5034）、勘_{苦含}（5013、5013）

㻅①_{苦含}（5032）龕_{苦含}（5009）、嗛_{苦點}（5013）、糠_{苦郎}（5018、

5041）、墟_{去魚}（5034）、蜣_{丘羊}（5036）、灰_{呼迴}（5009）、葙_{息羊}

（5009）、毿_{息兮}（5009）、絲_{息慈}（5018、5041）、洿_{惡胡}（5019）、惋_{於元}

（5044）、杬_{古盲}（5009）、酤_{古平}（5018）。

3. 被注字濁平，切下字清平

洴_{蒲丁}（5017）、比_{蒲脂}（5034）、堂②_{宅耕}（5018）、根_{宅庚}

（5032）、推（椎）_{直追}（5035）、程_{直貞}（5044）、牀_{助庄}（5018、

5041）、疵_{才斯}（5017、5018、5035、5041）疵_{自斯}（5035）、摶_{徒官}

（5018）、裴_{扶非}（5034）、隆_{力中}（5017）、釐_{力之}（5019、5020）、猫

_{莫交}（5035）、拏_{奴加}（5009）、儜_{女耕}（5018）、揵_{巨焉}（5035）、完_戶

_官（5013）、痕_{戶加}（5018、5041）瑕_{戶加}（5035、5035）、姪（姪）_戶

_經（5018）、硎_{行江}（5032）、瑰_{戶灰}（5035）、鼷_{戶雞}（5036）、斜_{序嗟}

（5035）、姪（姪）_{五耕}（5018）、崖_{五佳}（5035）、俞_{羊朱}（5013）、庸

_{余封}（5019）。

4. 被注字濁平，切下字濁平

朋_{蒲弘}（5032）、裴_{蒲迴}（5034）裴_{蒲迴}（5034）、螃_{步郎}（5044）、

承_{是陵}（5018、5041）、淳_{常倫}（5018）純_{市倫}（5018）、椽_{直緣}（5036）、

韶_{徒聊}（5019）跳_{徒聊}（5045）、塘_{徒郎}（5035）、隤_{徒迴}（5035）頽_{徒迴}

（5036）、焚_{扶文}（5018）、羸_{力垂}（5009、5019）、寥_{力條}（5009）、梨_力

_兮（5019）、踉_{力羊}（5036）、跟_{洛堂}（5044）、鼉_{莫顔}（5018）、眠_{莫賢}

（5020）、玫_{莫迴}（5035）、鸜_{俱于}（5013）、黔_{巨廉}（5019）、宏_{戶盲}

---

① 㻅，《廣韻》口含切，與苦含切音同。"㻅、㻅"異體。

② 原作"棠"，是"堂"的訛字。

（5019）、頑五還（5013）、崕魚奇（5035）、婬羊林（5018）婬余林（5035、5035）、疣于求（5009）。

被注字與切下字的清濁相同 42 條，占 40.8%，被注字與切下字的清濁不同 61 條，占 59.2%。再以典型例子來説明，"戲許其（5035）與嬉許之（5009）"的反切音值相同，屬同一小韻，切下字"之"是清平，"其"是濁平。總之，可洪隨意選擇平聲的切下字，未有意區分清濁，因此平聲未分陰陽。

表 4-6　敦煌寫卷可洪反切的平聲被注字與切下字的清濁情況[1]

	被注字清平，切下字清平	被注字清平，切下字濁平	被注字濁平，切下字清平	被注字濁平，切下字濁平
反切（條）	17	34	27	25
百分比（%）	16.5	33	26.2	24.3

[1] 反切數量是按照小韻來統計的。

本章小結

敦煌的玄應反切音系中，聲類 44 聲母 38。與曾運乾、陸志韋、周祖謨等的《廣韻》51 聲類相比，區別是明母不分莫類、武類，精母不分作類、子類，清母不分倉類、七類，從母不分昨類、疾類，心母不分蘇類、息類；影母不分烏類、於類，來母不分盧類、力類。與《廣韻》35 母相比，多了孃、于、俟。

敦煌的玄應反切音系中，韻 196 韻母 135 聲調 4。與 206 韻相比，寫卷的兩個臻韻字均混入真韻，因而少了臻、櫛二韻；幽韻無反切注音，少了幽、黝、幼三韻；凡韻無反切注音，少了凡、范、梵、乏四韻；怪夬的混切率 33.3%，應合併，少了一韻。與《廣韻》142 個韻母相比，少了 ien（臻開三）、iet（櫛開三）、iəu（幽開三）、iwɐm（凡合三）、iwɐp（乏合三）、æi（夬或怪開二）、uæi（夬或怪合二）7 個韻母。東冬、脂之、支齊、脂齊、佳皆、删山、先仙、蕭宵、肴豪、魚麻三、庚二耕二、覃談、鹽添、咸銜、鹽嚴均有混用，表明初唐時期重韻已走向合併的征程。有上去混的現象，流露了"秦人去聲似上"的特點。

　　敦煌的可洪音系中，非敷奉微已獨立，船禪已混，于已從匣中分化出，于、以未合併，莊章組無混切，部分重韻相混，存在重組的現象，平聲未分陰陽，有"濁上變去"的早期現象，入派三聲處在詞彙擴散的階段，未發生整體遷移。

第五章

徵引和自作音注的語音分析

　　徵引、自作的音注 3598 條，其中有效 3359 條，是佛經音寫卷的主體。在 3359 條有效音注中，與傳世文獻音注用字相同 1583 條，與傳世文獻的音注用字不同但音值相同 972 條，與傳世文獻的音值不同 804 條。其實，第一、二種音注可歸爲一類，因爲它們與傳世文獻的音值相同；第三種音注與傳世的音值不同。今按照音值是否相同分兩類，具體分析語音狀況。

第一節　與傳世文獻音值相同

　　寫卷有 2555 條與傳世文獻音值相同，其中，除辨析字形（如"底兊 5162"）、標注聲調（如"撫蒸之上聲 5151"）、訛誤注音（如"彗而歲 5206"）外，可作音系研究有 2415 條，其中反切 1140 條，直音 1275 條。雖然樣本數量不足，但仍可管窺唐五代的通語音系。

一　反切

反切 1140 條，除去重複、音值相同 385 條，小韻 755 個。

（一）聲類

1. 唇音

反切 154 條，小韻 97 個。

（1）幫/非

餔補胡（5237）、坏布灰（5151）、坏布回（5158）、犇補門（5669）、驥補門（5669）、般脯槃（5367）、崩北騰（5389）、跛布火（5567）、搏補莫（5140）、博補各（5326）、豹卜孝（5131）、迸北静（5388）、剝補角（5380）、埊方奚（5151）、椊方奚（5157）、篦①方奚（5159）、膈百典（5314）、區②布顯（5557）、閟博計（5378）、壁博計（5745）、封方用（5151、5158）、沸府謂（5389）、糞方問（5131）、糞府問（5385）、販方願（5385）、併卑政（5389）、摽逋遙（5163）、摽方遙（5380）、摽必遙（5382）、濱父③人（5668）、貶方染（5389）、蔽必袂（5383、5386）、鼈不列（5161）。

反切 35 條，其中音值相同的有坏布灰坏布回、犇補門驥補門、埊方奚椊方奚篦方奚、閟博計壁博計、搏補莫博補各、膈百典區布顯、摽逋遙摽方遙摽必遙、糞方問糞府問，小韻 23 個。

博類：百 1 北 2 博 1 卜 1 補 4 布 2 方 1 脯 1。（一、二、四等，13）

方類：卑 1 必 1 逋 1 不 1 方 4 府 1 父 1。（三等，10）

方切四等 1 次，即埊方奚椊方奚篦方奚；切重紐 2 次，即摽方遙、貶方染。父、不④切重紐 2 次，即濱父人、鼈不列。輕重唇混用 5 次，小韻數 23，混用率 21.7%。另，摽逋遙摽必遙、蔽必袂、併卑政是重紐、清韻字，切上字逋是重唇，切上字必、卑是重紐，互切不是混用。

（2）滂/敷

鋪普胡（5386）、霧普郎（5570）、剖普厚（5160、5380）、剖普苟

① 原作“椑”，《合集》（5177 注 152）認爲當作“椑”，慧琳《一切經音義》（徐時儀校本 941 上左）作“篦”。

② 原作“遍”，《大正藏》作“區”，轉引自《合集》（5558 注 4）。

③ 父，《廣韻》方矩、扶雨切，有幫、並二讀。父取幫母，濱《廣韻》必鄰切，就與父人反音同。

④ 不，《廣韻》甫鳩、方久、分勿切，是普通三等韻字。

（5667）、怖_{普故}（5379）、膊_{膊①莫}（5367）、肨_{匹江}（5060）、泡_{匹交}（5151、5158）、媲_{普詣}（5326）、片_{普見}（5389）、劈_{普擊}（5159）、霹_{普歷}（5388）、桴_{覆于}（5326）、覆_{敷祐}（5386、5387）、覆_{敷祐}（5391）、氾_{孚劍}（5669）、泛_{孚劍}（5669）、覆_{敷福}（5367）、癖_{芳辟}（5159）、帔_{匹皮}（5131）、披_{芳宜}（5380）、披_{敷羈}（5382）、繽_{匹②鄰}（5163）、鶣_{芳面}（5543）、漂_{匹遥}（5380）、飄_{匹遥}（5384）、憋_{芳滅}（5159）。

反切30條，其中音值相同的有剖_{普厚}剖_{普苟}、劈_{普擊}霹_{普歷}、覆_{敷祐}覆_{敷祐}、氾_{孚劍}泛_{孚劍}、帔_{匹皮}披_{芳宜}披_{敷羈}、漂_{匹遥}飄_{匹遥}，小韻20個。

普類：膊1匹2普7。（一、二、四等，10）

芳類：芳3敷2孚1覆1匹3。（三等，10）

芳、敷切重紐、清韻字4次，即披_{芳宜}披_{敷羈}、憋_{芳滅}、癖_{芳辟}、鶣_{芳面}，小韻數20，混切率20%。另，帔_{匹皮}、繽_{匹隣}、漂_{匹遥}飄_{匹遥}是重紐字，肨_{匹江}、泡_{匹交}是二等字，切上字匹是重紐，互切不是混用。

（3）並/奉

婆_{薄波}（5378）、旁_{步光}（5380）、倍_{薄亥}（5379、5383、5391）、倍_{蒲亥}（5389）、坌_{蒲悶}（5161）、珮_{薄背}（5380）、暴_{薄報}（5385）、跋_{蒲末}（5131）、跋_{蒲括}（5367）、跋_{蒲鉢}（5383）、魃_{蒲末}（5388、5389）、仆_{蒲北}（5669）、渤_{蒲骨}（5367）、勃_{蒲没}（5380）、憊_{蒲界}（5313）、憊_{蒲界}（5326）、抱_{步交}（5161）、掊_{薄交}（5163）、皰_{蒲豹}（5367）、雹_{蒲覺}（5367）、拔_{蒲八}（5380、5388）、瓶_{薄經}（5390）、薜_{薄閉}（5326）、肥_{苻非}（5385）、飯_{扶晚}（5378）、吠_{扶廢}（5390）、分_{夫問}（5160）、分_{扶問}（5383、5385、5387、5387、5388、5389、5390）、馥_{房六}（5151）、膍_{婢尸}（5060）、脾_{頻卑}（5378）、辨_{皮③免}（5389）、比_{毗必}（5163）。

反切43條，其中音值相同的有倍_{薄亥}倍_{蒲亥}、渤_{蒲骨}勃_{蒲没}、跋_{蒲末}跋

---

① 被注字與切上字相同，屬特殊反切。

② 原作"止"，是匹的訛字。

③ 原作"虔"，《合集》（5445注575）認爲它是"皮"字之訛。

蒲括跋_{蒲鉢}魃_{蒲末}、藁_{蒲界}僃_{蒲界}、抱_{步交}培_{薄交}、分夫①問分_{扶問}，小韻 25 個。

　　蒲類：薄 6 步 2 蒲 7 蒱 1。（一、二、四等，16）

　　符類：婢 1 房 1 扶 2 夫 1 苻 1 毗 1 頻 1 皮 1。（三等，9）

　　另，毗_{婢尸}、比_{毗必}、脾_{頻卑}、辨_{皮免}是重紐，切上字婢、毗、頻、皮是重紐，互切不是混用。

　　（4）明/微

　　媒_{莫杯}（5383）、鞔_{末般}（5326）、恾_{莫郎}（5163）、茫_{莫郎}（5380）、恾_{莫慌}（5668）、萠_{莫慌}（5668）、矛_{莫侯}（5668）、麼_{摩可}（5326）、貿_{莫候}（5276、5383）、督_{莫候}（5388）、耄_{毛報}（5326）、耄_{莫報}（5379）、瞀_{武亘}（5379、5390）、悶_{莫困}（5380）、霾_{莫皆}（5382）、鬘_{莫班}（5131）、䝓_{莫還}（5157）、鬘_{莫還}（5160）、䖝_{麥庚}（5326）、冥②_{莫經}（5380、5384）、謎_{莫計}（5326）、謎_{迷計}（5326）、暝_{莫定}（5380）、篾_{莫結}（5131、5151、5158）、篾_{薯決}③（5367）、瞢_{莫風}（5158）、抆_{無粉}（5327）、吻_{武粉}（5381、5386）、鶩_{亡付}（5667）、穆_{莫六}（5326）、弥_{滅卑}（5378）、䈿_{亡支}（5668）、麋_{亡悲}（5060）、綿_{滅連}（5387）、弭_{弥氏}（5326）、溍④_{武盡}（5389）、溍_亡⑤_忍（5390）、酒_{靡辯}（5667）、眇_{亡沼}（5389）、寐_{蜜二}（5385）。

　　反切 46 條，其中音值相同的有恾_{莫郎}茫_{莫郎}恾_{莫慌}萠_{莫慌}⑥、鬘_{莫班}䝓_{莫還}鬘_{莫還}、耄_{毛報}耄_{莫報}、貿_{莫候}督_{莫候}、謎_{莫計}謎_{迷計}、抆_{無粉}吻_{武粉}、弥_{滅卑}䈿_{亡支}、溍⑦_{武盡}溍_{亡忍}，小韻 29 個。

---

①　夫，《廣韻》甫（幫）無、防（並）無切；分，《廣韻》府文（幫文合三平）、扶問（並文合三去）切。按照語音趨近或同的原則，"夫" 選並母來比較。
②　冥俗冥正。
③　切下字 "決" 是合口字。
④　《合集》（5442 注 535）認爲 "此字（溍）疑即泯或溍的訛俗字"。
⑤　原作 "曰"，是 "亡" 的訛字。
⑥　郎，開口；慌，合口。被注字是唇音字，唇音不分開合口，這幾條反切音同。
⑦　原作 "溍"，是泯或溍的訛俗字。

莫類：麥1毛1迷1摩1暮1末1莫10武1。（一、二、四等，17）

武類：弥1靡1蜜1滅1莫2亡4無1武1。（三等，12）

武、亡是輕脣，而切重脣5次，即曹_{武亘}、潝_{武盡}潝_{亡忍}、麋_{亡悲}、眇_{亡沼}、篝_{亡支}，小韻數30，混用率16.7%。另，洦_{靡辯}、寐_{蜜二}是重紐，切上字靡、蜜是重紐，互切不是混用；曹_{莫風}、穆_{莫六}是東三字，切上字莫是重脣，互切不是混用。

（5）小結

幫/非、滂/敷混用率高於《廣韻》，明/微的混用率略低於《廣韻》，《廣韻》非、敷、微未獨立，寫卷也應未獨立；並/奉無混用，因而奉已獨立。脣音五母，即幫、滂、並、明、奉。

表5－1　敦煌寫卷脣音反切混用率的比較

切上字輕重脣的混用	幫/非	滂/敷	並/奉	明/微
敦煌寫卷反切的混用率（%）	20	21.1	0	16.7
《廣韻》反切的混用率（%）	19.9	11.1	18.1	21.7

2. 舌音

反切221條，小韻154個。

（1）端/知

塠_{都迴}（5161、5387）、搥_{都回}（5669）、磓_{都回}（5669）、敦_{都昆}（5160）、殫_{都寒}（5390）、兜_{當侯}（5378）、擔_{都談}（5131）、擔_{都藍}（5368）、躭_{都南}（5131）、躭_{都楠}（5367）、嶹_{都晧}（5388）、頦_{多可}（5326）、頦_{多娜}（5368）、埵_{都果}（5367）、棰_{丁果}（5383）、黨_{都朗}（5131）、黨_{德朗}（5380）、敦_{多論}（5205）、旦_{德案}（5389）、鍛_{都乱}（5161）、倒_{都導}（5379）、當_{丁浪}（5389）、蹬_{都鄧}（5162）、咄_{當没}（5379）、呾_{都達}（5161）、怛_{都達}（5367）、怛_{當割}（5382）、鷂_{多簫}（5326）、點_{多忝}（5389）、嚏_{丁計}（5669）、釘_{當定}（5368）、室_{丁戾}（5326）、室_{丁結}（5326）、滴_{都歷}（5384）、撾_{張瓜}（5160）、撾_{陟瓜}

（5387）、吒_{都駕}（5367）、啄_{丁角}（5163）、斲_{丁角}（5557）、胝_{陟尸}（5326）、胝_{猪夷}（5367）、胝_{陟移}（5379）、貯_{丁吕}（5381、5384、5386、5387）、誅_{陟輸}（5387）、潮_{張交}（5162）、貯_{竹吕}（5131）、底_{丁耶}（5326）、誦_{竹鳩}（5669）、侜_{張牛}（5775）、撦_{貞里}（5326）、柱_{誅主}（5326）、哆_{得者}（5563）、中_{丁仲}（5391）、衷_{陟仲}（5162）、著_{中恕}（5162）、著_{張慮}（5386）、綴_{張衛}（5161）、綴_{陟衛}（5390）、吒①_{竹嫁}（5668）、晝_{陟救}（5381、5389）、瘃_{知録}（5669）、瘃_{知録}（5669）、室_{陟栗}（5378）、蛆_{猪列}（5368）、蛆_{知列}（5667）、陟_{竹力}（5382）、縶_{知立}（5667）。

反切 72 條，其中音值相同的有埴_{都迥}搥_{都回}磓_{都回}、魑_{都南}魑_{都楠}、擔_{都談}擔_{都藍}、頧_{多可}頧_{多娜}、埵_{都果}棰_{丁果}、黨_{都朗}黨_{德朗}、呾_{都達}怛_{都達}怛_{當割}、室_{丁戾}室_{丁結}、撾_{張瓜}撾_{陟瓜}、啄_{丁角}斲_{丁角}、胝_{陟尸}胝_{猪夷}、誦_{竹鳩}侜_{張牛}、著_{中恕}著_{張慮}、綴_{張衛}綴_{陟衛}、蛆_{猪列}蛆_{知列}、瘃_{知録}瘃_{知録}，小韻 49 個。

都類：當 4 德 1 丁 3 都 12 多 4。（一、四等，24）

陟類：得 1 丁 4 都 1 張 1 貞 1 知 2 陟 7 中 1 猪 2 誅 1 竹 4。（二、三等，25）

丁、都、得切二、三等 6 次，即啄_{丁角}斲_{丁角}、底_{丁耶}、哆_{得者}、吒_{都駕}、貯_{丁吕}、中_{丁仲}，小韻數 49，混用率 12.2%。

（2）透／徹

推_{他回}（5141）、推_{土迥}（5161）、推_{他迥}（5384）、佻_{他刀}（5775）、扡②_{太何}（5669）、偷_{他侯}（5385）、討_{他浩}（5378、5567）、帑_{湯朗}（5567）、統_{他宋}（5383）、兔_{他故}（5378）、嘆_{他旦}（5668）、唾_{託卧}（5157）、蜕_{他卧}（5386）、透_{他候}（5390）、闥_{他達}（5140）、闥_{通割}（5382）、梯_{湯③奚}（5161）、遞_{他稽}（5557）、涕_{他礼}（5384）、髰_{他帝}

---

① 原作"嗄"，《合集》（5683 注 148）校爲"吒"。
② 原作"杣"，《合集》（5692 注 255）校爲"扡"。
③ 原作"陽"，《合集》（5187 注 261）校作"湯"。

（5131）、剃 他計 （5131）、替 他計 （5383）、鐡 他結 （5387）、剔 他歷 （5378）、膧 丑凶 （5162）、穉 丑知 （5162）、絺 丑脂 （5378）、挎 勑居 （5158）、摭 恥皆 （5543）、𢪎 丑加 （5108）、超 勑遙 （5382）、褚 丑吕 （5745）、跐 丑世 （5326）、蠆 勑芥 （5669）、詫 勑駕 （5368）、畜 丑救 （5381）、畜 丑六 （5381、5385、5387、5388）、趠 勑角 （5775）、撤 丑烈 （5160）、圻 丑格 （5389）。

反切 44 條，其中音值相同的有梯 湯奚 遞 他稽 、推 他回 推 土迴 推 他迴 、鬄 他帝 剃 他計 替 他計 、唾 託臥 蛻 他臥 、闥 他達 闥 通割 ，小韻 33 個。

他類：他 12 太 1 湯 1 通 1 土 1 託 1。（一、四等，17）

丑類：恥 1 勑 5 丑 10。（二、三等，16）

（3）定/澄

疼 徒冬 （5384）、痋 徒冬 （5667）、敠 徒來 （5572）、頹 杜回 （5161）、頹 杜迴 （5379）、豚 徒門 （5567）、屯 徒魂 （5382）、摶 徒端 （5131）、挓 徒娜 （5367）、痰 徒甘 （5326）、斷 途管 （5157、5157）、噉 徒敢 （5381）、洞 徒弄 （5380）、逮 徒戴 （5379）、鈍 徒困 （5387）、誕 徒旦 （5385）、墮 徒臥 （5131）、蕩 徒朗 （5382）、突 徒忽 （5382）、度 徒各 （5381、5382～5383、5390、5390）、跳 徒聊 （5159）、渟 大丁 （5326）、甜 徒兼 （5381）、恬 徒兼 （5391）、矤 徒顯 （5151）、鋌 庭頂 （5327）、湛 徒減 （5384）、睇 啼計 （5326）、殿 田見 （5326）、悼 徒吊 （5205）、絰 陁結 （5367）、敵 亭歷 （5326）、氎 徒協 （5384）、橦 宅江 （5383、5388）、犵 虫皆 （5131）、瞪 直耕 （5668）、重 直容 （5378）、塠 直追 （5387）、搥 直追 （5388）、荼 宅加 （5326①、5386、5390）、疇 直由 （5380）、籌 直由 （5390、5391）、沉 直林 （5379）、恬 徒廉 （5383）、褫 池尔 （5391）、佇 直侣 （5378）、靮 直引 （5775）、值 直吏 （5379）、墜 直類 （5387）、瞪 丈證 （5379）、鴆 直禁 （5387）、徹 直列 （5378、5385）。

———————————

① "荼"（5326）的切上字原作"室"，《合集》（5333 注 15）校作"宅"。

反切 61 條，其中音值相同的有疼_{徒冬}狨_{徒冬}、頹_{杜回}穨_{杜迴}、屯_{徒魂}豚_{徒門}、甜_{徒兼}恬_{徒兼}、搥_{直追}搥_{直追}、疇_{直由}籌_{直由}，小韻 46 個。

徒類：大 1 杜 1 啼 1 田 1 亭 1 庭 1 徒 20 途 1 陁 1。（一、四等，28）

直類：池 1 虫 1 宅 2 徒 2 丈 1 直 11。（二、三等，18）

徒主要切一、四等，而切二、三等 2 次，即湛_{徒減}、恬_{徒廉}[①]，小韻數 46，混用率 4.3%。

（4）泥/孃

帑_{乃胡}（5574）、熊_{年來}（5745）、囊_{奴當}（5158、5386）、囊_{乃當}（5387）、餒_{奴罪}（5388）、㬮_{乃管}（5381）、煖_{奴管}（5383）、餪_{乃管}（5387）、奻_{奴管}（5389）、怒_{奴故}（5368）、耐_{乃代}（5162、5389）、難_{奴幹}（5151）、難_{乃旦}（5380、5382）、奈_{奴箇}（5389）、捺_{奴葛}（5368）、捺_{奴割}（5388）、泥_{奴西}（5382）、泥_{乃奚}（5386）、嬈_{奴鳥}（5159）、尿_{奴吊}（5387）、溺_{奴歷}（5378、5381）、拏_{奴加}（5326）、拏_{奴家}（5368）、憥_{奴板}（5160）、鬧_{奴効}（5384）、鬧_{女教}（5388）、淖_{奴孝}（5669）、粘_{女廉}（5383）、粘_{女占}（5389）、黏_{女占}（5390）、碾_{尼展}（5388）、紐_{女九}（5160、5390）、膩_{女利}（5385～5386）、糅_{女救}（5385）、忸_{女掬}（5368）、匿_{女力}（5161、5385、5390）、鑷_{女輒}（5775）。

反切 44 條，其中音值相同的有囊_{奴當}囊_{乃當}、㬮_{乃管}煖_{奴管}餪_{乃管}奻_{奴管}、難_{奴幹}難_{乃旦}、捺_{奴葛}捺_{奴割}、泥_{奴西}泥_{乃奚}、拏_{奴加}拏_{奴家}、粘_{女廉}粘_{女占}黏_{女占}、鬧_{奴効}鬧_{女教}淖_{奴孝}，小韻 25 個。

奴類：乃 3 年 1 奴 10。（一、四等，14）

女類：尼 1 奴 3 女 7。（二、三等，11）

奴切二、三等 4 次，即忸_{奴掬}、拏_{奴加}拏_{奴家}、憥_{奴板}、鬧_{奴効}淖_{奴孝}，小韻數 25，混用率 16%。

---

① 切下字"廉"是三等。

（5）小結

除透/徹外，一、四等與二、三等的混用率高於《廣韻》，但未達到合併的上綫。唇音八母，即舌頭音端、透、定、泥，舌上音知、徹、澄、孃。

表 5 - 2　敦煌寫卷舌音反切混用率的比較

一、四等與二、三等	端/知	透/徹	定/澄	泥/孃
敦煌寫卷反切的混用率（%）	12.2	0	4.3	16
《廣韻》反切的混用率（%）	7.3	1.9	1.9	8.9

3. 齒音（上）：齒頭音（精組）

反切 159 條，小韻 98 個。

（1）精

鑽借官（5387）、摺子感（5579）、攢借瓨（5161）、鏃作木（5161）、鏃作木（5207）、拶姊末（5563）、撮子括（5380、5387、5389、5390）、燋子堯（5388）、擠子詣（5668）、績則歷（5383）、縱即容（5158）、滋子之（5382）、鷦即遥（5326）、罝子邪（5668）、啾子由（5384）、足即具（5157、5160、5160、5162、5163）、觜即委（5326）、鬻子孕（5570）、侵作禁（5387）、蹙子六（5388）、卒子聿（5276）。

反切 28 條，其中音值相同的有鏃作木鏃作木，小韻 20 個。

作類：借 2 則 1 子 4 姊①1 作 1。（一、四等，9）

子類：即 4 子 6 作 1。（三等，11）

作切三等 1 次，即侵作禁。子、借、姊切一、四等 7 次，即燋子堯、摺子感、擠子詣、撮子括、攢借瓨、鑽借官、拶姊末。一、四等與三等混用 8 次，小韻數 20，混用率 40%。

（2）清

麁倉胡（5382、5391）、滄倉干（5386）、滄倉寒（5390）、瑳倉那

---

①　姊姊異體。

（5384）、粲倉含（5382）、粲七南（5383、5388）、忖倉本（5378、5390）、憯七感（5131、5163）、酢倉故（5381）、措錯故（5390）、措且故（5668）、措七故（5380）、粲千旦（5574）、粲七讚（5667）、爨七亂（5381）、倒七臥（5387）、腠倉候（5379）、撮七栝（5380）、撮七括（5387、5390）、感七歷（5131）、鎗七良（5387、5388）、蹌七羊（5669）、鏘七將（5131）、鏘七羊（5158）、疽七余（5160）、趣七句（5151）、侵七林（5385）、僉七占（5389）、刺此甈（5159）、毳此芮（5162、5385）、塹七贍（5157）、促七玉（5151、5158、5161）、刺七亦（5387）、絹七入（5383）。

反切 43 條，其中音值相同的有滄倉干滄倉寒、粲倉含粲七南、措七故酢倉故措錯故措且故、粲千旦粲七讚、撮七栝撮七括、鎗七良蹌七羊鏘七將鏘七羊，小韻 24 個。

倉類：倉 5 且① 1 七 6 千 1。（一、四等，13）

七類：此 2 七 9。（三等，11）

且、千、七切一、四等 8 次，即措七故措且故、粲千旦粲七讚、撮七栝撮七括、爨七亂、粲七南、倒七臥、憯七感、感七歷，小韻數 24，混用率 33.3%。

（3）從

齇昨含（5326）、殘昨寒（5385）、齊在詣（5159）、劑在計（5383）、截昨結（5388）、墻疾良（5380）、繒疾陵（5140）、潛昨占（5385）、踐疾演（5387）、悴疾醉（5379）、藉慈夜（5381）、嚼在略（5388）、籍秦昔（5388、5389）、捷疾葉（5384）。

反切 15 條，其中音值相同的有齊在詣劑在計，小韻 13 個。

昨類：在 1 昨 3。（一、四等，4）

疾類：慈 1 疾 5 秦 1 在 1 昨 1。（三等，9）

---

① 切上字也可選"七""倉""錯"。

在、昨切三等 2 次，即嚼_{在略}、潛_{昨占}，小韻數 13，混用率 15.4%。

（4）心

册_{先安}（5060）、珊_{蘇乾}（5367）、酸_{素官}（5381、5391）、莎_{蘇禾}（5161）、鎖_{蘇果}（5161）、鑠_{蘇果}（5385）、筭_{蘇管}（5391）、算_{桑管}（5668）、穎_{思朗}（5383）、碎_{蘇對}（5386、5389）、燦_{蘇倒}（5667）、筭_{息乱}（5131）、笐_{息乱}（5131）、喪_{息浪}（5380）、颯_{蘇合}（5326）、窣_{孫骨}（5326）、窣_{蘇骨}（5368）、塞_{桑德}（5380）、颮_{蘇合}（5368）、先_{蘇前}（5378、5383、5383、5386、5390）、洗_{蘇礼}（5379）、洗_{蘇典}（5140）、壻_{相計}（5570）、先_{蘇見}（5385）、霰_{蘇見}（5390）、椚_{先結}（5668）、捹_{先結}（5668）、鬚_{粟俞}（5326）、詢_{息倫}（5379）、詢_{相倫}（5391）、硝_{思焦}（5574）、羞_{四由}（5131）、纖_{息廉}（5140、5380）、悚_{息勇}（5380）、髓_{息委}（5388）、癬_{胥踐}（5367）、㞼_{息淺}（5380）、選_{思兗}（5381、5383）、筍_{息字}（5131）、邃_{雖遂}（5158）、崇_{蘇醉}（5368）、粹_{雖遂}（5388）、選_{息絹}（5381）、鞘_{思誚}（5669）、鞘_{思誚}（5669）、削_{思誚}（5669）、相_{息亮}（5381、5382、5382、5383、5384、5384、5388）、緤_{息列}（5667）、媟_{息列}（5668～5669）、削_{息略}（5207）。

反切 64 條，其中音值相同的有册_{先安}珊_{蘇乾}、鎖_{蘇果}鑠_{蘇果}、筭_{蘇管}算_{桑管}、筭_{息乱}笐_{息乱}、窣_{孫骨}窣_{蘇骨}、颯_{蘇合}颮_{蘇合}、先_{蘇見}霰_{蘇見}、椚_{先結}捹_{先結}、詢_{息倫}詢_{相倫}、癬_{胥踐}㞼_{息淺}、邃_{雖遂}崇_{蘇醉}粹_{雖遂}、鞘_{思誚}鞘_{思誚}削_{思誚}、緤_{息列}媟_{息列}，小韻 35 個。

蘇類：桑 1 思 1 蘇 1 蘇 9 素 1 孫 1 息 2 先 2 相 1。（一、四等，19）

息類：思 3 四 1 蘇① 1 粟 1 息 8 相 1 胥 1。（三等，16）

蘇切三等 1 次，即崇_{蘇醉}。思、息、先、相切一、四等 6 次，即穎_{思朗}、筭_{息乱}笐_{息乱}、喪_{息浪}、册_{先安}、壻_{相計}、先_{蘇前}。一、四等與三等混用 7 次，小韻數 36，混用率 19.4%。

---

① 切上字也可選"雖"。

（5）邪

涎序連（5160）、涎①叙連（5387）、蜒叙連（5391）、蠹似均（5570）、馴似均（5667）、翔似羊（5140）、挧囚儿（5667）、飤辝吏（5161）、彗囚崴（5380）。

反切9條，其中音值相同的有涎序連涎叙連蜒叙連、蠹似均馴似均，小韻6個。

徐類：辝1囚2似2叙②1。（三等，6）

（6）小結

作/子、倉/七的混用率高於“王力脂微分部”的22.9%，應合併。

表 5－3　敦煌寫卷精組反切混用率的比較

切上字一、四等與三等的混用	作/子	倉/七	昨/疾	蘇/息
敦煌寫卷反切的混用率（%）	33.3	37.5	15.4	19.4
《廣韻》反切的混用率（%）	18.2	26.5	16.8	13

4. 齒音（中）：正齒音（莊組）

反切57條，小韻41個。

（1）莊

滓側偅（5158）、滓側里（5160）、俎側呂（5158）、爪側絞（5378、5381、5383）、皺側救（5379、5391）、詛側慮（5386）、債側賣（5382）。

反切10條，其中音值相同的有滓側偅滓側里，小韻6個。

側類：側6。（二、三等，6）

（2）初

窻楚江（5140）、窻楚江（5384）、差楚宜（5380）、蒭瘡俱（5367）、蒭惻愚（5384）、揣初委（5379）、差楚加（5161）、剗初限（5557）、磣初錦（5386）、篡楚患（5159）、篡叉患（5668）、讖楚蔭（5161、5222）、轟

---

① 　原作“淀”，《合集》（5387第6行）校爲“涎”。

② 　切上字也可選“序”。

初角（5705）、刹初鎋（5382）、測楚力（5382）、策①側革（5389）。

反切 17 條，其中音值相同的有窓楚江窓楚江、蒻瘡俱蒻惻愚、篡楚患篡叉患，小韻 13 個。

初類：惻 1 叉 1 初 5 楚 5 瘡 1。（二、三等，13）

（3）崇

鶵仕于（5327）、巢助交（5567）、讒士咸（5326、5387）、藭柴賜（5314）、饌士戀（5379）、齰鋤陌（5163、5276）。

反切 8 條，小韻 6 個。

士類：柴 1 鋤 1 士 2 仕 1 助 1。（二、三等，6）

（4）生

訕所奸（5667）、梢所交（5326）、殺山衫（5383）、眚所景（5380）、灑所馬（5388）、爽疎兩（5389）、駛所史（5326）、數所句（5162）、數色句（5385）、帥所類（5385、5386）、灑所買（5368）、鏟所諫（5775）、嗽所溜（5157）、縮所六（5380、5387）、虱所櫛（5160）、帥所律（5385）、率所律（5389）、澀色立（5326）、澁色立（5381）、澀所立（5391）。

反切 22 條，其中音值相同的有數所句數色句、帥所律率所律、澀色立澁色立澀所立，小韻 16 個。

所類：色 1 山 1 疎 1 所 13。（二、三等，16）

5. 齒音（下）：正齒音（章組）

反切 62 條，小韻 45 個。

（1）章

旃之氈（5379）、諯至緣（5669）、蒸之承（5385）、整之郢（5326、5378）、枳諸氏（5326、5391）、捶章累（5158）、捶之累（5385）、沼之少（5385）、枕之錦（5383）、蔗之夜（5381）、瘴之亮（5380）、囑之欲（5379）、蛭之日（5326）、折旨熱（5378）、炙之石（5388）、攝之涉

---

① 策俗策正。

（5326）、憛_{之涉}（5380、5389）。

反切 20 條，其中音值相同的有攝_{之涉}憛_{之涉}、捶_{章累}捶_{之累}，小韻 15 個。

之類：章 1 之 11 旨 1 至 1 諸 1。（三等，15）

（2）昌

嗤_{赤之}（5163）、推_{尺隹}（5382、5386）、車_{昌耶}（5378～5379）、處_{昌呂}（5388、5389、5389、5389、5390）、杵_{昌与}（5383）、撦_{車者}（5326）、敞_{昌兩}（5326）、熾_{尺志}（5382、5388）、處_{昌慮}（5382、5389）、毳_{尺稅}（5385）、臭_{尺救}（5381）、俶_{昌六}（5379）、叱_{瞋失}（5326）、掣_{尺折}（5384）。

反切 21 條，其中音值相同的有杵_{昌与}處_{昌呂}，小韻 13 個。

昌類：昌 5 車 1 瞋 1 尺 5 赤 1。（三等，13）

初昌混 1 例：毳_{尺稅}。

（3）船

舐_{食𢀖}（5381）、舐_{食紙}（5386）、蝕_{乘力}（5326）。

反切 3 條，其中音值相同的有舐_{食𢀖}舐_{食紙}，小韻 2 個。

食類：乘 1 食 1。（三等，2）

（4）書

舂_{書容}（5383）、呻_{舒神}（5232）、濕_{失人}（5326）、煽_{失延}（5388）、羶_{式連}（5775）、燒_{式遙}（5382）、稅_{舒芮}（5745）、飼_{式亮}（5381）、鑠_{室藥}（5382）。

反切 9 條，其中音值相同的有呻_{舒神}濕_{失人}、煽_{失延}羶_{式連}，小韻 7 個。

式類：失 1 式 2 室 1 書 1 舒 2。（三等，7）

（5）禪

純_{常倫}（5382）、遄_{市緣}（5383）、闍_{視奢}（5157）、酬_{市流}（5388）、竪_{殊主}（5379）、竪_{殊主}（5390）、紹_{市沼}（5157）、壽_{視柳}（5157）、贍_{市焰}（5140）。

反切 9 條，其中音值相同有竪殊主竪殊主，小韻 8 個。

時類：常 1 市 4 視 2 殊 1。（三等，8）

6. 牙音

反切 188 條，小韻 120 個。

（1）見

沽古胡（5140）、瓊公回（5160）、憒古對（5159）、膾古兌（5151、5158）、觀古翫（5151）、過古臥（5390）、搆古候（5131）、遘古候（5378、5382①）、椻古禄（5669）、括古活（5380、5388）、汨古没（5383）、奸古顏（5385）、蝸古華（5060）、綆古杏（5162）、哽古杏（5327）、礦古猛（5326）、鑛古猛（5382）、獷古猛（5557）、罣古賣（5382）、挂古賣（5388）、解古賣（5383）②、串古患（5391）、鑒革懺（5388）、摑古麥（5668）、馘古麥（5668）、扃古螢（5151、5157）、蹇古典（5567）、兼古念（5163）、潔古屑（5383）、羈居宜（5567）、機居希（5384、5385、5385、5388、5390）、幾居希（5388、5390）、譏居希（5389）、均居春（5140）、甄居延（5314）、伽脚佉（5161）、迦居伽（5367）、黔九嚴（5108）、几居履（5380）、机居履（5389）、軌居洧（5163）、軌居水（5385）、枳居尔（5326）、枳居是（5367）、扺居止（5151、5151③、5157、5157）、卷居遠（5383）、卷居轉（5379）、冀几利（5379、5384、5385）、誑九妄（5387）、屈姑掘（5367）、羯居暍（5367）、訐居謁（5389）、秸古黠（5669）、戄俱縛（5362）、戟居逆（5669）、棘紀力（5151、5157、5384）。

反切 72 條，其中音值相同的有綆古杏哽古杏、礦古猛鑛古猛獷古猛、摑古麥馘古麥、搆古候遘古候、罣古賣挂古賣、機居希幾居希譏居希、伽脚佉迦居伽、枳居尔枳居是、軌居洧軌居水、几居履机居履、羯居暍訐居謁，小韻 43 個。

---

① 原作"侯"，是"候"的訛字。

② 罣、挂、解都注古賣反，但解是開口，罣、挂是合口。

③ 原作"只"，《合集》（5151 第 7 行）校作"扺"。

古類：革 1 公 1 古 21。（一、二、四等，23）

居類：姑 1 古 1 几 1 紀 1 脚 1 九 2 居 11 俱 1 君 1。（三等，20）

見章或見溪混 1 例：扺居止①。

姑、古切三等 2 次，即屈姑掘、秸古黠，小韻數 43，混用率 4.7%。

（2）溪

枯苦胡（5379、5386）、刳苦胡（5386、5386）、凱苦昆（5161）、摳恪侯（5390）、墢口亥（5570）、墾康很（5557）、閫苦本（5131、5159、5557、5669、5669）、肯苦等（5383）、慨苦愛（5163）、欨去代（5314）、檜苦會（5158）、襘口外（5205）、塊苦對（5386）、腔苦江（5160）、揩去皆（5368）、咼口蛙（5314）、磽去交（5668）、誇苦瓜（5389）、坑口笙（5157）、坑客庚（5385）、穀苦角（5162）、確去角（5668）、牽苦賢（5384）、罄去頂（5314）、窾苦弔（5157）、竅口弔（5222）、竅苦吊（5378）、医苦協（5161）、缺苦穴（5387）、篋苦協（5161）、錡丘奇（5667）、𩨳去爲（5379、5385）、窺去隨（5384）、墟去餘（5222）、恇丘方（5667）、欽口金（5207）、杞欺己（5326）、頃去穎（5383）、企輕利（5326）、弃詰利（5379）、憩去例（5162、5327）、詰去吉（5379）、朅愆竭（5326）、郤綺戟（5159）、陳綺戟（5379）、怯去劫（5131）。

反切 54 條，其中音值相同的有枯苦胡刳苦胡、慨苦愛欨去代、檜苦會襘口外、咼口蛙誇苦瓜、坑口笙坑客庚、穀苦角確去角、窾苦弔竅口弔竅苦吊、医苦協篋苦協、企輕利弃詰利、郤綺戟陳綺戟，小韻 35 個。

苦類：康 1 恪 1 客 1 口 2 苦 11 去 5。（一、二、四等，21）

去類：口 1 欺 1 綺 1 愆 1 輕②1 丘 2 去 7。（三等，14）

口切三等 1 次，即欽口金。去切一、二、四等 5 次，即罄去頂、欨去代、揩去皆、磽去交、確去角。三等與非三等混用 6 次，小韻數 35，混用

---

① 扺，《廣韻》諸氏切，《集韻》又音遣尔切。
② 切上字也可選“詰”。

率 17.1% 。

（3）群

蚳渠支（5667）、瞿求俱（5368）、翹渠遥（5379、5384）、狂渠王（5381）、擎渠京（5381、5384、5386）、殑其兢（5383）、擒巨今（5327）、詎其吕（5160）、寋劬矩（5326）、倦求卷（5131）、强其兩（5160）、暨其器（5326）、洎其器（5379、5389）、遽渠預（5162）、撟其亮（5361）、趜渠竹（5362）、掘衢物（5159）、揭渠羯（5358）、撅其月（5162、5387）、撅渠月（5368）、嚙巨略（5326）。

反切 26 條，其中音值相同的有撅其月撅渠月、暨其器洎其器，小韻 19 個。

渠類：巨 2 其 5 求 2 劬 1 渠 8 衢 1。（三等，19）

（4）疑

訛五和（5389、5390）、偶五苟（5386）、艾五盖（5160、5381）、撤悟告（5162）、腭五各（5367）、崖五釵（5381）、涯五釵（5381）、頑五還（5382）、婭①五莖（5151、5158）、駃五駭（5158）、瓦五寡（5384）、樂五教（5384、5384、5384、5385、5386、5389、5390、5391）、研五賢（5378）、蜺五奚（5380）、詣五計（5384）、囓五結（5158、5567）、齗魚巾（5367）、凝魚淩（5382）、凝魚陵（5390）、剴義鼻（5160）、毅魚既（5387）、寱魚祭（5389）、孽魚列（5390）、虐魚略（5384）、岌魚及（5131）。

反切 36 條，其中音值相同的有崖五釵涯五釵、凝魚淩凝魚陵，小韻 23 個。

五類：吾 2 五 12 悟 1。（一、二、四等，15）

魚類：義 1 魚 7。（三等，8）

（5）小結

苦/去的混用率較高，但未達到合併的上限。五/魚無混用，界限分

---

① 原作"婭"，《合集》（5151 第 1 行、5173 注 109）校爲"婭"。

明。古/居的混用率略高於《廣韻》，界限較分明。

表 5－4　敦煌寫卷牙音反切的比較

一、二、四等與三等	古/居	苦/去	五/魚
敦煌寫卷反切的混用率（%）	4.7	17.1	0
《廣韻》反切的混用率（%）	1.2	3.2	2.4

7. 喉音

反切 199 條，小韻 136 個。

(1) 影

剜一丸（5162）、漚烏侯（5380、5382）、謳於侯（5775）、菴烏含
（5380）、諳烏含（5391）、蓊烏孔（5367）、鄥烏古（5367）、猥烏賄
（5390）、椀烏管（5378）、歐烏口（5160）、黭烏感（5367）、甕烏貢
（5387）、遏烏割（5382）、噁烏各（5159）、灣烏還（5390）、窊烏瓜
（5060）、䆘烏花（5314）、甖烏耕（5131）、綰烏板（5384）、啞烏雅
（5158）、瘂厄下（5326）、隘烏賣（5384）、黯①於檻（5383）、握烏角
（5379）、壓烏甲（5667）、䃀②於甲（5669）、塈於秸（5367）、胭烏堅
（5367）、瞖燕③計（5326）、翳烏計（5367）、翳於計（5382）、瑩烏定
（5382）、螢烏定（5383）、萎於爲（5161）、伊於脂（5385）、紆憶俱
（5380、5382、5385）、紆憶愚（5381）、冤於袁（5387）、妖於喬（5390）、
嬰於盈（5160）、縈於營（5384）、擁於隴（5380）、宷於豈（5140）、倚於
綺（5389）、偃於蹇（5383）、宛於阮（5382）、夭菸兆（5158）、夭於矯
（5386）、影於景（5379）、魘於琰（5386）、厭於琰（5389、5389）、餧於
僞（5158、5161）、瘀於豫（5667）、印於刃（5383）、苑於院（5380）、怏
於亮（5157）、映於敬（5378、5383）、應於證（5384、5390）、飲於禁

---

① 原作"點"，《合集》（5413 注 225）校作"黯"。
② 原作"碑"，《合集》（5669 第 3 行）校作"䃀"。
③ 原作"豐"，《合集》（5326 第 1 行）校作"燕"。

（5158）、癮於禁（5326）、猒於艷（5381）、饜於焰（5668）、欝迂物（5380）、抑①於棘（5389、5389）、悒英及（5161）、挹伊入（5385）、揖於入（5775）。

反切 75 條，其中音值相同的有漚_{烏侯}謳_{於侯}、菴_{烏含}諳_{烏含}、壓_{烏甲}砑_{於甲}、啞_{烏雅}瘂_{厄下}、窊_{烏瓜}窊_{烏花}、醫_{燕計}翳_{烏計}翳_{於計}、瑩_{烏定}螢_{烏定}、紆_{憶俱}紆_{憶愚}、夭_{菸兆}夭_{於矯}、魘_{於琰}厭_{於琰}、飲_{於禁}癮_{於禁}、猒_{於艷}饜_{於焰}、挹_{伊入}揖_{於入}，小韻 53 個。

烏類：厄 1 燕 1 烏 17 一 1 於 5。（一、二、四等，25）

於類：菸 1 英 1 伊 1 憶 1 迂 1 於 23。（三等，28）

見影混 1 例：砑_{於甲}。

一、於切一、二、四等 6 次，即墅_{於稽}、㸸_{一丸}、謳_{於侯}、黯_{於檻}、翳_{於計}、砑_{於甲}，小韻數 53，混用率 11.3%。

（2）曉

蚶_{火甘}（5326、5326）、好_{呼老}（5385）、耗_{呼到}（5163、5389）、耗_{呼到}（5385）、呵_{呼箇}（5367）、喝_{呼蝎}（5367）、鶡_{許葛}（5563）、豁_{呼栝}（5378）、豁_{呼末}（5384）、壑_{呼各}（5368）、哮_{許交}（5162）、婋_{喜交}（5669）、轟_{呼萌}（5668、5668）、軯_{呼萌}（5668）、嚇_{呼嫁}（5669）、赫_{虎百}（5131）、醯_{許雞}（5390）、墮_{許規}（5378、5383）、鵂_{許尤}（5326）、虺_{許葦}（5387）、朽_{許九}（5379）、呬_{虛利}（5367）、呬_{虛致}（5326）、憙_{虛記}（5314）、欷_{許記}（5742）、歔_{欣既}（5668）、諱_{許費}（5378）、豐_{許覲}（5745）、齅_{許救}（5326、5381、5389）、畜_{許六}（5385）、勗_{許玉}（5389）、戄_{許縛}（5379）、艴_{許力}（5379）、吸_{許及}（5381、5387）。

反切 41 條，其中音值相同的有耗_{呼到}耗_{呼到}、哮_{許交}婋_{喜交}、轟_{呼萌}軯_{呼萌}、喝_{呼蝎}鶡_{許葛}、豁_{呼栝}豁_{呼末}、呬_{虛利}呬_{虛致}、憙_{虛記}欷_{許記}，小韻 27 個。

---

① 抑是"抑"的增筆俗字。

呼類：呼 8 虎 1 許 1 火 1 喜 1。（一、二、四等，12）

許類：許 12 欣 1 虛 2。（三等，15）

許、喜切一、二等 2 次，即鶀許葛、哮許交婡喜交，小韻數 27，混用率 7.4%。

（3）匣／于

弘胡肱（5378）、鵠胡沃（5384、5390）、戇乎貢（5368）、豪胡刀（5380）、換胡段（5379）、活胡括（5390）、活胡活（5390）、瑰懷盔（5205）、闤胡對（5326、5384）、潰胡對（5388）、續胡對（5368）、魂戶昆（5380）、混胡本（5378）、祜胡古（5160）、扈胡古（5668）、孩胡來（5379）、頷胡感（5160）、撼胡感（5579）、銜戶藍（5140）、航胡郎（5327）、潢胡廣（5670）、降戶江（5378）、華戶瓜（5383、5389）、解胡買（5379、5385）、減胡斬（5382）、檻胡斬（5387）、巷胡降（5389）、罜乎卦（5131）、樺胡化（5386）、滑戶八（5381）、狹胡夾（5456）、匣胡甲（5387）、奚胡西（5383）、攜戶珪（5379）、型戶經（5570）、嫌戶兼（5387）、迥戶鼎（5381、5382、5388）、頡胡結（5368）。

匣母字 44 條反切，其中音值相同的有祜胡古扈胡古、頷胡感撼胡感、闤胡對潰胡對續胡對、活胡括活胡活、減胡斬檻胡斬，小韻 32 個。

榬禹煩（5669）、簑禹煩（5669）、寓于甫（5668）、煒于鬼（5131）、偉于鬼（5131）、隕于閔（5163）、殞于愍（5385）、援禹卷（5669）、爲于僞（5378、5380、5383、5383、5383、5384、5385）、雨于遇（5151、5157）、王于放（5158、5161）、熠爲立（5390）、燁于涉（5131）、暐云輒（5163）。

于母字 22 條反切，其中音值相同的有榬禹煩簑禹煩、煒于鬼偉于鬼、隕于閔殞于愍、燁于涉暐云輒，小韻 10 個。

胡類：候 1 乎 2 胡 19 戶 9 懷 1。（一、二、四等，32）

于類：爲 1 于 6 禹 2 云 1。（三等，10）

（4）以

怡與之（5161）、逾羊朱（5140）、鎔欲鍾（5326）、瀛以成（5380）、

攸以周（5382）、唯以水（5163、5385）、蟲①弋者（5667）、琰餘撿
（5367）、易盈義（5389）、拽②余世（5669）、叡以芮（5326）、銳以芮
（5389）、胤与晉（5387）、鬻羊六（5574）、奕盈益（5326）、易羊益
（5389）。

反切 17 條，其中音值相同的有叡以芮銳以芮、奕盈益易羊益，小韻
14 個。

以類：羊 2 以 4 弋 1 盈 2 余 1 餘 1 与 2 欲 1。（三等，14）

（5）小結

匣于、于以無混用，烏於、呼許的混用率低於《廣韻》，因此聲類
之間的界限比《廣韻》清晰。

表 5－5　敦煌寫卷喉音反切混用率的比較

切上字一、四等與三等的混用	烏/於	呼/許	胡/于	于/以
敦煌寫卷反切的混用率（％）	11.3	7.4	0	0
《廣韻》反切的混用率（％）	13.7	11	0	0

8. 半舌音：來

聾盧紅（5382）、籠郎公（5567）、櫨力胡（5668）、轤力胡（5668）、
螺力過（5227）、螺落和（5384）、棱盧登（5159）、攞羅可（5326）、攞勒
可（5382）、蓏郎果（5158、5237）、裸爐火（5314）、㯪力覩（5222）、嬾
郎旱（5131）、懶落旱（5158）、卵落管（5382、5389）、悢力黨（5222）、
癘力帶（5667）、瀨力蓋（5669）、爛落旦（5388）、嫽盧到（5668）、邏盧
箇（5159）、浪郎宕（5381、5389）、蘭力益（5668）、陋盧後（5162）、濫
盧檻③（5387）、漉盧谷（5141）、剌盧葛（5368）、剌郎割（5382）、朅力曷
（5669）、捋盧活（5158）、樂盧各（5157）、嘞盧盍（5326）、翎郎丁

---

① 原作“蟲”，《合集》（5667 第 17 行）校爲“蟲”。

② 原作“𣏓”，《合集》（5692 注 255）校爲“拽”。

③ 檻，《合集》（5433 注 442）校爲“擔”。

（5557）、鍊_{蓮見}（5326）、了_{盧鳥}（5390）、戾_{盧結}（5378）、歷_{閭激}
（5388）、礫_{良擊}（5574）、礫_{力激}（5574）、瘇_{力中}（5156）、慺_{力俱}
（5668）、倫_{力屯}（5388）、癴_{閭權}（5378）、鷚_{力求}（5326）、令_{呂貞}
（5382）、蔆_{力徵}（5326）、陵_{力澄}（5574）、旅_{力舉}（5140）、縷_{力主}
（5379）、離_{力智}（5379、5380、5381、5381、5381、5381、5382、5382、
5382、5383、5383、5383、5385）、累_{贏僞}（5378）、累_{力僞}（5382）、厲
_{力制}（5667）、忕①_{力震}（5383）、欒_{力絹}（5668）、嫽_{力照}（5669）、爒_{力照}
（5669）、悢_{力尚}（5222）、令_{力正}（5158）、掠_{良灼}（5326）、鬣_{力葉}
（5775）。

　　反切76條，其中音值相同的有聾_{盧紅}籠_{郎公}、櫨_{力胡}轤_{力胡}、螺_{力過}
螺_{落和}、蓏_{郎果}裸_{爐火}、攞_{羅可}攞_{勒可}、嬾_{郎旱}懶_{落旱}、癘_{力帶}瀬_{力盖}、浪_{郎宕}
藺_{力益}、剌_{盧葛}剌_{郎割}鬎_{力曷}、歷_{閭激}礫_{良擊}礫_{力激}、蔆_{力徵}陵_{力澄}、累_{贏僞}累_力
_僞、嫽_{力照}爒_{力照}，小韻46個。

　　盧類：郎3勒②1力7蓮1良③1盧9爐1簾1落3。（一、二、四
等，27）

　　力類：贏1力15良1閭1呂1。（三等，19）

　　力、良、閭、蓮切一、四等9次，即悢_{力黨}、櫨_{力覞}、螺_{力過}、歷_{閭激}
礫_{良擊}礫_{力激}、癘_{力帶}瀬_{力盖}、櫨_{力胡}轤_{力胡}、藺_{力益}、鬎_{力曷}、鍊_{蓮見}，小韻
數46，混用率19.6%。

9. 半齒音：日

　　輯_{而容}（5159）、㲲_{而容}（5162）、饒_{而招}（5383）、若_{而遮}（5367）、
攘_{如羊}（5140）、抭_{而勇}（5668）、乳_{如主}（5379）、蠕_{而蠢}（5387）、蠕_{而允}
（5387）、㕙_{而兗}（5386）、擾_{而沼}（5388）、穰_{而昭}（5667）、若_{人者}
（5161）、稔_{任甚}（5326）、染_{而琰}（5384）、餌_{仍吏}（5388）、茹_{而據}

---

① 忕是愒的俗字，愒俗愒正。

② 切上字也可選"羅"。

③ 切上字也可選"閭"或"力"。

（5160）、孺_{如注}（5379）、蚋_{而稅}（5326）、蚋_{而鋭}（5382）、妊_{而鴆}（5314）、蘂_{而雪}（5381、5385）、焫_{而悦}（5667）。

反切 24 條，其中音值相同的有韢_{而容}䑝_{而容}、蠕_{而允}蠕_{而蠢}、蚋_{而稅}蚋_{而鋭}、擾_{而沼}𤛼_{而昭}、蘂_{而雪}焫_{而悦}，小韻 18 個。

而類：而 12 人 1 任 1 仍 1 如 3。（一、三等，18）

10. 小結

小韻 755 個，音節空位較多，但仍可管窺其中的語音系統。通過繫聯切上字，列出聲類字表，分析聲類之間的混切，可得出以下結論。

（1）聲類 49 個、聲母 38 個。聲類 49 個，與曾運乾、陸志韋、周祖謨等的《廣韻》51 聲類相比，區別是精母不分作類、子類，清母不分倉類、七類。聲母 38 個，與《廣韻》35 母相比，多了奉、孃①、于。

（2）由於徵引的緣故，敦煌寫卷的反切音系有存古的一面，如端知組混切 7 例，即啄_{丁角}斲_{丁角}、底_{丁耶}哆_{得者}、吒_{都駕}、貯_{丁吕}、中_{丁仲}、湛_{徒減}、恬_{徒廉}②。

（3）照二照三有合併的跡象，如初昌混 1 例，即毳_{尺稅}。

（4）有間接反映敦煌地區少數民族語音的現象，如見影混 1 例，即砰③_{於甲}，具體分析見後。

（二）韻類

1. 通攝

反切 53 條，小韻 40 個。

（1）東

聾_{盧紅}（5382）、籠_{郎公}（5567）、翁_{烏孔}（5367）、䪪_{莫風}（5158）、癃_{力中}（5156）、洞_{徒弄}（5380）、統_{他宋}（5383）、戆_{乎貢}（5368）、甕_烏

---

① 孃母是否獨立，屬於觀點的不同，並非佛經音寫卷與《廣韻》有實際語音的差別。

② 切下字"廉"是三等。

③ 原作"砰"，《合集》（5669 第 3 行）校作"砰"。

貢（5387）、中丁仲（5391）、衷陟仲（5162）、鍥作木（5161）、鏃作木（5207）、梏古禄（5669）、漉盧谷（5141）、覆敷福（5367）、馥房六（5151）、穆莫六（5326）、忸女掬（5368）、蹙子六（5388）、畜丑六（5381、5385、5387、5388）、俶昌六（5379）、縮所六（5380、5387）、𧿃渠竹（5362）、畜許六（5385）、鷽羊六（5574）。

反切 30 條，其中音值相同的有礱盧紅籠郎公、鍥作木鏃作木，小韻 24 個。

東：紅①1/風 1 中 1。（3）

董：孔 1/（無）。（1）

送：貢 2 弄 1 宋 1/仲 2。（6）

屋：谷 1 木 1 禄 1/福 1 掬 1 竹 1 六 8。（14）

屋沃混 1 例：梏②古禄。

（2）冬

疼徒冬（5384）、痋徒冬（5667）、鵠胡沃（5384、5390）。

反切 4 條，其中音值相同的有疼徒冬痋徒冬，小韻 2 個。

冬：冬 1。（1）

宋：（無）。（0）

沃：沃 1。（1）

（3）鍾

胇丑凶（5162）、重直容（5378）、縱即容（5158）、舂書容（5383）、鎔欲鍾（5326）、鞋而容（5159）、氈而容（5162）、悚息勇（5380）、擁於隴（5380）、拢而勇（5668）、封方用（5151、5158）、促七玉（5151、5158、5161）、瘃知録（5669）、瘃知録（5669）、矚之欲（5379）、勗許玉（5389）。

反切 19 條，其中音值相同的有瘃知録瘃知録、鞋而容氈而容，小韻

---

① 切下字也可選"公"字。

② 梏，《廣韻》古沃（冬入）古岳（江入）切，選古沃切來比較。

14 個。

鍾：容 4 凶 1 鍾 1。(6)

腫：勇 2 隴 1。(3)

用：用 1。(1)

濁：玉 2 欲 1 録 1。(4)

2. 江攝

胮匹江（5060）、橦宅江（5383、5388）、窻楚江（5140）、窓楚江（5384）、腔苦江（5160）、降户江（5378）、巷胡降（5389）、剥補角（5380）、雹蒲覺（5367）、斵丁角（5557）、啄丁角（5163）、趠勑角（5775）、齪初角（5705）、觳苦角（5162）、确去角（5668）、握烏角（5379）。

反切 17 條，其中音值相同的有啄丁角斵丁角、窻楚江窓楚江、觳苦角确去角，小韻 13 個。

江：江 5。(5)

講：（無）。(0)

絳：降 1。(1)

覺：角 6 覺 1。(7)

3. 止攝

反切 133 條，小韻 75 個。

（1）支

帔匹皮（5131）、披芳宜（5380）、披敷羈（5382）、脾頻卑（5378）、弥滅卑（5378）、篝亡支（5668）、胑陟移（5379）、摛丑知（5162）、差楚宜（5380）、羈居宜（5567）、觭丘奇（5667）、蚔渠支（5667）、虧去爲（5379、5385）、窺去隨（5384）、隳許規（5378、5383）、萎於爲（5161）、弭弥氏（5326）、褫池尔（5391）、枳諸氏（5326、5391）、舐食帋（5381）、舐食紙（5386）、枳居尔（5326）、枳居是（5367）、倚於綺（5389）、紫即委（5326）、髓息委（5388）、揣初委（5379）、捶章累（5158）、捶之累

（5385）、剌此豉（5159）、積柴賜（5314）、易盈義（5389）、離力智（5379、5380、5381、5381、5381、5381、5382、5382、5382、5383、5383、5383、5385）、餧於僞（5158、5161）、爲于僞（5378、5380、5383、5383、5383、5384、5385）、累贏僞（5378）、累力僞（5382）。

反切 59 條，其中音值相同的有帔匹皮披芳宜披敷羈、弥滅卑篸亡支、舓食眂舓食紙、枳居尓枳居是、捶章累捶之累、累贏僞累力僞，小韻 30 個。

支：卑 1 皮①1 奇 1 宜 2 移 1 支 2 知 1/規 1 隨 2 爲 1。（13）

紙：是 1 尓 1 綺 1 氏 2 眂②1/累 1 委 3。（10）

寘：豉 1 賜 1 智 1 義 1/僞 3。（7）

（2）脂

肌婢尸（5060）、麋亡悲（5060）、胝陟尸（5326）、胝猪夷（5367）、絺丑脂（5378）、伊於脂（5385）、推尺隹（5382、5386）、槌直追（5387）、搥直追（5388）、薶囚几（5667）、几居履（5380）、机居履（5389）、軌居洧（5163）、軌居水（5385）、唯以水（5163、5385）、寐蜜二（5385）、膩女利（5385～5386）、冀几利（5379、5384、5385）、企輕利（5326）、弃詰利（5379）、暨其器（5326）、泊其器（5379、5389）、劓義鼻（5160）、咽虛利（5367）、咽虛致（5326）、墜直類（5387）、悴疾醉（5379）、帥所類（5385、5386）、邃雖遂（5158）、崇蘸醉（5368）、粹雖遂（5388）。

反切 37 條，其中音值相同的有胝陟尸胝猪夷、槌直追搥直追、几居履机居履、軌居洧軌居水、企輕利弃詰利、暨其器泊其器、咽虛利咽虛致、邃雖遂崇蘸醉粹雖遂，小韻 22 個。

脂：悲 1 尸 1 夷 1 脂 2/隹 1 追 1。（7）

旨：履 1 几 1/洧 1 水 1。（4）

---

① 切下字也可選 "羈" 或 "宜"。
② 切下字也可選 "紙"。

至：鼻1二1利3器1致1/類2遂1醉1。（11）

支脂混1例：企輕利（5326）。

（3）之

滋子之（5382）、嗤赤之（5163）、怡与之（5161）、摯貞里（5326）、滓側俚（5158）、滓側里（5160）、駛所史（5326）、抧居止（5151、5151①、5157、5157）、杞欺己（5326）、值直吏（5379）、笥息字（5131）、飤辭吏（5161）、熾尺志（5382、5388）、憙虛記（5314）、欷許記（5742）、餌仍吏（5388）。

反切20條，其中音值相同的有滓側俚滓側里、憙虛記欷許記，小韻14個。

之：之3。（3）

止：己1里1俚1史1止1。（5）

志：記1吏3志1字1。（6）

支之混1例：抧居止。

之微混1例：欷許記②。

（4）微

機居希（5384、5385、5385、5388、5390）、幾居希（5388、5390）、譏居希（5389）、肥符非（5385）、扆於豈（5140）、匬許葦（5387）、煒于鬼（5131）、偉于鬼（5131）、毅魚既（5387）、歘欣既（5668）、沸府謂（5389）、諱許費（5378）。

反切17條，其中音值相同的有機居希幾居希譏居希、煒于鬼偉于鬼，小韻9個。

微：希1/非1。（2）

尾：豈1/鬼1葦1。（3）

---

① 原作"只"，《合集》（5151第7行）校作"抧"。

② 欷，《廣韻》許既切，與許記反是之微混。

未：既 2 /費 1 謂 1。（4）

微魚混 1 例：歔欣既。

4. 遇攝

反切 82 條，小韻 52 個。

（1）魚

挐勅居（5158）、疽七余（5160）、墟去餘（5222）、貯丁呂（5381、5384、5386、5387）、貯竹呂（5131）、褚丑呂（5745）、佇直侶（5378）、俎側呂（5158）、杵昌与（5383）、處昌呂（5388、5389、5389、5389、5390）、詎其呂（5160）、旅力舉（5140）、著中恕（5162）、著張慮（5386）、詛側慮（5386）、處昌慮（5382、5389）、遽渠預（5162）、瘀於豫（5667）、茹而據（5160）。

反切 27 條，其中音值相同的有杵昌与、處昌呂、著中恕著張慮，小韻 17 個。

魚：居 1 余 1 餘 1。（3）

語：舉 1 呂 5 侶 1 与 1。（8）

御：據 1 慮 2 恕 1 預 1 豫 1。（6）

（2）虞

枎覆于（5326）、誅陟輸（5387）、麰粟俞（5326）、蒭瘡俱（5367）、蒭惻愚（5384）、鶵仕于（5327）、瞿求俱（5368）、逾羊朱（5140）、紆憶俱（5380、5382、5385）、紆憶愚（5381）、憑力俱（5668）、柱誅主（5326）、豎殊主（5379）、豎殊主（5390）、窶劬矩（5326）、寓于甫（5668）、縷力主（5379）、乳如主（5379）、鶩亡付（5667）、足即具（5157、5160、5160、5162、5163）、趣七句（5151）、數所句（5162）、數色句（5385）、雨于遇（5151、5157）、孺如注（5379）。

反切 32 條，其中音值相同的有蒭瘡俱蒭惻愚、紆憶俱紆憶愚、豎殊主豎殊主、數所句數色句，小韻 21 個。

虞：俱 3 輸 1 于 2 俞 1 愚 1 朱 1。（9）

䖑：甫 1 矩 1 主 4。（6）

遇：付 1 句 2 遇 1 注 1 具 1。（6）

（3）模

舖 補胡（5237）、鋪 普胡（5386）、帑 乃胡（5574）、麁 倉胡（5382、5391）、沽 古胡（5140）、枯 苦胡（5379、5386）、刳 苦胡（5386、5386）、櫨 力胡（5668）、轤 力胡（5668）、祜 胡古（5160）、㞬 胡古（5668）、鄔 烏古（5367）、㯨 力覩（5222）、怖 普故（5379）、兔 他故（5378）、怒 奴故（5368）、措 七故（5380）、酢 倉故（5381）、錯 錯故（5390）、措 且故（5668）。

反切 23 條，其中音值相同的有枯 苦胡 刳 苦胡、櫨 力胡 轤 力胡、祜 胡古 㞬 胡古、措 七故 酢 倉故 錯 錯故 措 且故，小韻 14 個。

模：胡 7。（7）

姥：古 2 覩 1。（3）

暮：故 4。（4）

5. 蟹攝

反切 118 條，小韻 77 個。

（1）齊

埤 方奚（5151）、椑 方奚（5157）、箄①方奚（5159）、梯 湯②奚（5161）、遞 他稽（5557）、泥 奴西（5382）、泥 乃奚（5386）、蜺 五奚（5380）、醯 許雞（5390）、奚 胡西（5383）、堅 於稽（5367）、携 户珪（5379）、涕 他礼（5384）、洗 蘇礼（5379）、閟 博計（5378）、嬖 博計（5745）、媲 普詣（5326）、薜 薄閇（5326）、謎 莫計（5326）、謎 迷計（5326）、嚏 丁計（5669）、髢 他帝（5131）、剃 他計（5131）、替 他計（5383）、睇 啼計（5326）、擠 子詣（5668）、齊 在詣（5159）、劑 在計

---

① 原作"捭"，《合集》（5177 注 152）認爲當作"椑"，慧琳《一切經音義》（徐時儀校本 941 上左）作"箄"。

② 原作"陽"，《合集》（5187 注 261）校作"湯"。

（5383）、堦相計（5570）、詣五計（5384）、瞖燕①計（5326）、翳烏計
（5367）、翳於計（5382）。

反切 33 條，其中音值相同的有埀方奚桂方奚箆方奚、梯湯奚遞他稽、泥
奴西泥乃奚、閈博計擘博計、謎莫計謎迷計、髻他帝剃他計替他計、齊在詣劑在
計、瞖燕計翳烏計翳於計，小韻 22 個。

齊：稽 1 雞 1 西 2 奚 3/珪 1。（8）

薺：礼 2/（無）。（2）

霽：閉 1 帝 1 詣 3 計 7/（無）。（12）

（2）祭

蔽必袂（5383、5386）、跇丑世（5326）、憩去例（5162、5327）、竄
魚祭（5389）、拽②余世（5669）、厲力制（5667）、綴張衛（5161）、綴陟衛
（5390）、毳此芮（5162、5385）、彗囚歲（5380）、毳尺稅（5385）、稅舒
芮（5745）、叡以芮（5326）、銳以芮（5389）、蚋而稅（5326）、蚋而銳
（5382）。

反切 19 條，其中音值相同的有綴張衛綴陟衛、叡以芮銳以芮、蚋而稅
蚋而銳，小韻 13 個。

祭：祭 1 例 1 袂 1 世 2 制 1/芮 3 銳 1 稅 1 歲 1 衛 1。（13）

（3）泰

艾五蓋（5160、5381）、癘力帶（5667）、瀨力蓋（5669）、膾古兌
（5151、5158）、檜苦會（5158）、檜口外（5205）。

反切 8 條，其中音值相同的有檜苦會檜口外、癘力帶瀨力蓋，小韻
4 個。

泰：帶③1 蓋 1/兌 1 會④1。（4）

---

① 原作"甝"，《合集》（5326 第 1 行）校作"燕"。
② 原作"枻"，《合集》（5692 注 255）校爲"拽"。
③ 切下字也可選"盖"。
④ 切下字也可選"外"。

（4）佳

崖五釵（5381）、涯五釵（5381）、灑所買（5368）、解胡買（5379、5385）、債側賣（5382）、解古賣（5383）①、隘烏賣（5384）、罣古賣（5382）、挂古賣（5388）、罜乎卦（5131）。

反切 11 條，其中音值相同的有崖五釵涯五釵、罣古賣挂古賣，小韻 8 個。

佳：釵 1/（無）。（1）

蟹：買 2/（無）。（2）

卦：賣 3/卦 1 賣②1。（5）

開合混 1 例：罣古賣挂古賣。

（5）皆

霾莫皆（5382）、捱恥皆（5543）、犲虫皆（5131）、揩去皆（5368）、駭五駭（5158）、橐蒲界（5313）、憊蒲界（5326）、蠆勑芥（5669）。

反切 8 條，其中音值相同的有橐蒲界憊蒲界，小韻 7 個。

皆：皆 4/（無）。（4）

駭：駭 1/（無）。（1）

怪：界 1 芥 1/（無）。（2）

怪夬混 1 例：蠆勑芥（5669）。

（6）夬

反切無。

（7）灰

坏布灰（5151）、坏布回（5158）、媒莫杯（5383）、塠都迴（5161、5387）、搥都回（5669）、磓都回（5669）、推他回（5141）、推土迴（5161）、推他迴（5384）、頹杜回（5161）、頹杜迴（5379）、瓌公回（5160）、瑰懷盃（5205）、餒奴罪（5388）、猥烏賄（5390）、珮薄背

---

① 罣、挂、解都注古賣反，但解是開口，罣、挂是合口。

② 賣，《廣韻》莫懈切，是開口字。"罣，古賣；挂，古賣"中的罣、挂是合口字。

（5380）、碎_{蘇對}（5386、5389）、憒_{古對}（5159）、塊_{苦對}（5386）、閩_{胡對}（5326、5384）、潰_{胡對}（5388）、繢_{胡對}（5368）。

反切 25 條，其中音值相同的有坏_{布灰}坏_{布回}、塠_{都迴}搥_{都回}磓_{都回}、推_{他回}推_{土迴}推_{他迴}、頽_{杜回}頽_{杜迴}、閩_{胡對}潰_{胡對}繢_{胡對}，小韻 14 個。

灰：杯 1 灰 1 回 2 迴 2 盃 1。（7）

賄：罪 1 賄 1。（2）

隊：背 1 對 4。（5）

（8）哈

�徒來（5572）、熊_{年來}（5745）、孩_{胡來}（5379）、倍_{薄亥}（5379、5383、5391）、倍_{蒲亥}（5389）、塏_{口亥}（5570）、逮_{徒戴}（5379）、耐_{乃代}（5162、5389）、慨_{苦愛}（5163）、欬_{去代}（5314）。

反切 13 條，其中音值相同的有倍_{薄亥}倍_{蒲亥}、慨_{苦愛}欬_{去代}，小韻 8 個。

哈：來 3。（3）

海：亥 2。（2）

代：愛 1 戴 1 代 1。（3）

（9）廢

吠_{扶廢}（5390）。

廢：（無）／廢 1。（1）

（10）小結

僅有 1 個夬韻字，就混入怪韻，怪夬應合併。

6. 臻攝

反切 89 條，小韻 59 個。

（1）真

濱_{父人}（5668）、繽_{匹①鄰}（5163）、呻_{舒神}（5232）、濕_{失人}（5326）、

---

① 原作"止"，是匹的訛字。

斷魚巾（5367）、㴉①武盡（5389）、㴉亡②忍（5390）、靷直引（5775）、陻
于閔（5163）、殞于愍（5385）、印於刃（5383）、瞫許觐（5745）、胤与晉
（5387）、忕③力震（5383）、比毗必（5163）、窒陟栗（5378）、蛭之日
（5326）、叱瞋失（5326）、詰去吉（5379）。

反切 19 條，其中音值相同的有呻舒神濕失人、陻于閔殞于愍、㴉武盡㴉
亡忍，小韻 16 個。

真：隣 1 神 1 人 1 巾 1／（無）。（4）

軫：閔④1 盡⑤1 引 1／（無）。（3）

震：刃 1 震 1 晉 1 觐 1／（無）。（4）

質：必 1 日 1 失 1 栗 1 吉 1／（無）。（5）

真欣混 1 例：斷魚巾。

開合混 1 例：殞于愍⑥。

（2）諄

詢息倫（5379）、詢相倫（5391）、蠢似均（5570）、馴似均（5667）、
純常倫（5382）、均居春（5140）、倫力屯（5388）、蠕而允（5387）、蠕而
蠢（5387）、卒子聿（5276）、帥所律（5385）、率所律（5389）。

反切 12 條，其中音值相同的有詢息倫詢相倫、蠢似均馴似均、蠕而允蠕
而蠢、帥所律率所律，小韻 8 個。

諄：春 1 均 1 倫 2 屯 1。（5）

準：允⑦1。（1）

稕：（無）。（0）

---

① 《合集》（5442 注 535）認爲“此字（㴉）疑即泯或㴉的訛俗字”。
② 原作“曰”，是“亡”的訛字。
③ 忕是悷的俗字，悷俗恾正。
④ 切下字也可選“愍”。
⑤ 切下字也可選“忍”。
⑥ 被注字殞是合口字；切下字愍《廣韻》眉殞切，是開口字。
⑦ 切下字也可選“蠢”。

術：聿 1 律 1。（2）

（3）臻

虱所櫛（5160）。

臻：（無）／（無）。（0）

櫛：櫛 1／（無）。（1）

（4）文

扻無粉（5327）、吻武粉（5381、5386）、糞方問（5131）、糞府問（5385）、分夫問（5160）、分扶問（5383、5385、5387、5387、5388、5389、5390）、屈姑掘（5367）、掘衢物（5159）、鬱迂物（5380）。

反切 16 條，其中音值相同的有扻無粉吻武粉、糞方問糞府問、分夫[1]問分扶問，小韻 6 個。

文：（無）。（0）

吻：粉 1。（1）

問：問 2。（2）

物：物 1 掘 1 勿 1。（3）

（5）欣

反切無。

（6）元

冤於袁（5387）、楥禹煩（5669）、簑禹煩（5669）、偃於蹇（5383）、飯扶晚（5378）、卷居遠（5383）、宛於阮（5382）、販方願（5385）、羯居喝（5367）、訐居謁（5389）、揭渠羯（5358）、撅其月（5162、5387）、撅渠月（5368）。

反切 14 條，其中音值相同的有楥禹煩簑禹煩、羯居喝訐居謁、撅其月撅渠月，小韻 10 個。

元：（無）／煩 1 袁 1。（2）

---

[1]　夫，《廣韻》有幫、並二讀，按語音接近的比較原則，選並母讀。

阮：蹇1/晚1阮1遠1。（4）

願：（無）/願1。（1）

月：謁①1羯1/月1。（3）

（7）魂

犇補門（5669）、騞補門（5669）、敦都昆（5160）、屯徒魂（5382）、豚徒門（5567）、凱苦昆（5161）、魂戶昆（5380）、忖倉本（5378、5390）、閫苦本（5131、5159、5557、5669、5669）、混胡本（5378）、坌蒲悶（5161）、悶莫困（5380）、敦多論（5205）、鈍徒困（5387）、渤蒲骨（5367）、勃蒲沒（5380）、咄當沒（5379）、突徒忽（5382）、窣孫骨（5326）、窣蘇骨（5368）、汩古沒（5383）。

反切26條，其中音值相同的有犇補門騞補門、屯徒魂豚徒門、渤蒲骨勃蒲沒、窣孫骨窣蘇骨，小韻17個。

魂：魂1昆3門1。（5）

混：本3。（3）

慁：論1困2悶1。（4）

沒：骨2沒2忽1。（5）

（8）痕

墾康很（5557）。

痕：（無）。（0）

很：恨1。（1）

恨：（無）。（0）

沒：（無）。（0）

（9）小結

僅有一個欣韻字就混入了真韻，真欣合併。因此，臻攝七韻，即真、諄、臻、文、元、魂、痕。

---

① 切下字也可選“喝”。

7. 山攝

反切 173 條，小韻 115 個。

（1）寒

殫都寒（5390）、飡倉干（5386）、飡倉寒（5390）、殘昨寒（5385）、珊蘇乾（5367）、姍先安（5060）、嬾郎旱（5131）、懶落旱（5158）、旦德案（5389）、嘆他旦（5668）、誕徒旦（5385）、難奴幹（5151）、難乃旦（5380、5382）、粲千旦（5574）、粲七讚（5667）、爛落旦（5388）、呾都達（5161）、怛都達（5367）、怛當割（5382）、闥他達（5140）、闥通割（5382）、捺奴葛（5368）、捺奴割（5388）、捋姊末（5563）、喝呼蝎（5367）、褐許葛（5563）、遏烏割（5382）、剌盧葛（5368）、剌郎割（5382）、齃力曷（5669）。

反切 31 條，其中音值相同的有飡倉干飡倉寒、姍先安珊蘇乾、嬾郎旱懶落旱、難奴幹難乃旦、粲千旦粲七讚、呾都達怛都達怛當割、捺奴葛捺奴割、剌盧葛剌郎割齃力曷、闥他達闥通割、喝呼蝎褐許葛，小韻 18 個。

寒：安①1 干 1 寒 2。（4）

旱：旱 1。（1）

翰：幹 1 旦 3 案 1 讚 1。（6）

曷：達 2 割 1 葛 1 曷 1 蝎 1 末②1。（7）

（2）桓

般脯槃（5367）、鞤末般（5326）、摶徒端（5131）、鑽借官（5387）、酸素官（5381、5391）、剜一丸（5162）、斷途管（5157、5157）、㬊乃管（5381）、煖奴管（5383）、餪乃管（5387）、夾奴管（5389）、筭蘇管（5391）、算麤管（5668）、椀烏管（5378）、卵落管（5382、5389）、筭息

---

① 切下字也可選"乾"。

② 捋，《廣韻》姊末切。姊末、姊末切音同。《廣韻校釋》（1132～1133）："依反切，本紐與繷子括切同音，而《磨光韻鏡》、《七音略》入開口曷韻，《集韻》與此同。"從蔡夢麒，此"末"字列開口。

乱（5131）、笇息乱（5131）、觀古亂（5151）、攢借亂（5161）、鍛都乱（5161）、換胡段（5379）、爨七乱（5381）、跋蒲末（5131）、跋蒲括（5367）、跋蒲鉢（5383）、魃蒲末（5388、5389）、撮子括（5380、5387、5389、5390）、撮七栝（5380）、撮七括（5387、5390）、括古活（5380、5388）、豁呼栝（5378）、豁呼末（5384）、活胡括（5390）、活胡活（5390）、捋盧活（5158）。

反切 44 條，其中音值相同的有爛乃管煗奴管餪乃管奻奴管、笇蘇管算桒管、笇息乱笇息乱、跋蒲末跋蒲括跋蒲鉢魃蒲末、撮七栝撮七括、豁呼栝豁呼末、活胡括活胡活，小韻 24 個。

桓：般 1 端 1 官 2 槃 1 丸 1。（6）

緩：管 5。（5）

換：乱 3 亂 2 段 1。（6）

末：鉢 1 活 2 括 1 栝 1 末 2。（7）

（3）删

訕所奸（5667）、奸古顔（5385）、鬘莫班（5131）、瞞莫還（5157）、鬘莫還（5160）、頑五還（5382）、彎烏還（5390）、慗奴板①（5160）、綰烏板（5384）、鏟所諫（5775）、篡楚患（5159）、篡叉患（5668）、串古患（5391）、拔蒲八（5380、5388）、秸古黠（5669）、滑户八（5381）。

反切 17 條，其中音值相同的有鬘莫班瞞莫還鬘莫還、篡楚患篡叉患，小韻 13 個。

删：顔 1 奸 1／班 1 還 2。（5）

潸：板 1／板 1。（2）

諫：諫 1／患 2。（3）

黠：八②1 黠 1／八 1。（3）

---

① 慗是開口。

② 拔，《廣韻》蒲八切，是開口字。依《廣韻》體例，切下字"八"也是開口字。

開合混 2 例：滑_{戶八}①、縮_{烏板}②。

（4）山

剎_{初鎋}（5382）、劃_{初限}（5557）。

山：（無）/（無）。（0）

産：限 1/（無）。（0）

襉：（無）/（無）。（1）

鎋：鎋 1/（無）。（1）

（5）先

先_{蘇前}（5378、5383、5383、5386、5390）、牽_{苦賢}（5384）、研_{五賢}（5378）、胭_{烏堅}（5367）、匾_{③布顯}（5557）、膈_{百典}（5314）、殄_{徒顯}（5151）、蜃_{古典}（5567）、洗_{蘇典}（5140）、片_{普見}（5389）、殿_{田見}（5326）、先_{蘇見}（5385）、霰_{蘇見}（5390）、鍊_{蓮見}（5326）、篾_{莫結}（5131、5151、5158）、窒_{丁戾}（5326）、窒_{丁結}（5326）、鐵_{他結}（5387）、絰_{陁結}（5367）、截_{昨結}（5388）、楔_{先結}（5668）、揳_{先結}（5668）、潔_{古屑}（5383）、齧_{五結}（5158、5567）、頡_{胡結}（5368）、戾_{盧結}（5378）、篾_{莫決}（5367）、缺_{苦穴}（5387）。

反切 35 條，其中音值相同的有膈_{百典}匾_{布顯}、先_{蘇見}霰_{蘇見}、窒_{丁戾}窒_{丁結}、楔_{先結}揳_{先結}，小韻 24 個。

先：堅 1 前 1 賢 2/（無）。（4）

銑：典 3 顯 1/（無）。（4）

霰：見 4/（無）。（4）

屑：戾 1 屑 1 結 8/決 1 穴 1。（12）

開合混 1 例：篾_{莫決}④。

---

① 滑是合口字。切下字八，《廣韻》博拔切，是開口字。
② 縮是合口字。切下字板，《廣韻》布綰切，是開口字。
③ 原作"遍"，《大正藏》作"匾"，轉引自《合集》（5558 注 4）。
④ 篾，《廣韻》莫結切，是開口字，切下字決是合口字。

（6）仙

綿滅連（5387）、涎序連（5160）、涎①叙連（5387）、唌叙連（5391）、㫃之甋（5379）、煽失延（5388）、羶式連（5775）、甄居延（5314）、遣市緣（5383）、諯至緣（5669）、癅閭權（5378）、辨皮②免（5389）、湎靡辯（5667）、碾尼展（5388）、踐疾演（5387）、癬胥踐（5367）、尠息淺（5380）、選思充（5381、5383）、卷居轉（5379）、烥而充（5386）、鸇芳面（5543）、饌士變（5379）、選息絹（5381）、倦求卷（5131）、苑於院（5380）、援禹卷（5669）、變力絹（5668）、鷩不列（5161）、瞥芳滅（5159）、蛆猪列（5368）、蛆知列（5667）、撤丑烈（5160）、徹直列（5378、5385）、折旨熱（5378）、掣尺折（5384）、紲息列（5667）、媟息列（5668～5669）、朅愳竭（5326）、蘖魚列（5390）、褻而雪（5381、5385）、炳而悅（5667）。

反切44條，其中音值相同的有涎序連涎叙連唌叙連、煽失延羶式連、癬胥踐尠息淺、蛆猪列蛆知列、紲息列媟息列、褻而雪炳而悅，小韻34個。

仙：連2延2甋1/權1緣2。（8）

獮：踐③1演1展1免1辯1/充2轉1。（8）

線：變1面1/卷2院1絹2。（7）

薛：竭1列5烈1滅1熱1折1/雪④1。（11）

開合混1例：饌士變⑤。

8. 效攝

反切77條，小韻48個。

（1）蕭

跳徒聊（5159）、鵃多簫（5326）、燋子堯（5388）、嬈奴鳥（5159）、

---

① 原作"淀"，《合集》（5387第6行）校爲"涎"。

② 原作"虔"，《合集》（5445注575）認爲它是"皮"字之訛。

③ 切下字也可選"淺"。

④ 切下字也可選"悅"。

⑤ 饌是合口字；切下字變，《廣韻》彼眷切，是開口字。

了_{盧鳥}（5390）、竅_{苦弔}（5157）、竅_{口弔}（5222）、竅_{苦吊}（5378）、悼_{徒吊}（5205）、尿_{奴吊}（5387）。

反切 10 條，其中音值相同的有竅_{苦弔}竅_{口弔}竅_{苦吊}，小韻 8 個。

蕭：聊 1 堯 1 簫 1。（3）

篠：鳥 2。（2）

嘯：弔 2 吊 1。（3）

蕭宵混 1 例：燋_{子堯}（5388）。

（2）宵

摽_{逋遥}（5163）、摽_{方遥}（5380）、摽_{必遥}（5382）、漂_{匹遥}（5380）、飄_{匹遥}（5384）、超_{勑遥}（5382）、鷣_{即遥}（5326）、硝_{思焦}（5574）、燒_{式遥}（5382）、翹_{渠遥}（5379、5384）、魈_{於喬}（5390）、饒_{而招}（5383）、眇_{亡沼}（5389）、沼_{之少}（5385）、紹_{市沼}（5157）、夭_{菸兆}（5158）、夭_{於矯}（5386）、擾_{而沼}（5388）、㤭_{而昭}（5667）、鞘_{思誚}（5669）、鞘_{思誚}（5669）、削_{思誚}（5669）、燎_{力照}（5669）、爒_{力照}（5669）。

反切 25 條，其中音值相同的有摽_{逋遥}摽_{方遥}摽_{必遥}、漂_{匹遥}飄_{匹遥}、夭_{菸兆}夭_{於矯}、擾_{而沼}㤭_{而昭}①、鞘_{思誚}鞘_{思誚}削_{思誚}、燎_{力照}爒_{力照}，小韻 16 個。

宵：焦 1 喬 1 遥 6 招 1。（9）

小：矯②1 少 1 沼 3。（5）

笑：誚 1 照 1。（2）

（3）肴

泡_{匹交}（5151、5158）、抱_{步交}（5161）、掊_{薄交}（5163）、謿_{張交}（5162）、巢_{助交}（5567）、梢_{所交}（5326）、磽_{去交}（5668）、哮_{許交}（5162）、姣_{喜交}（5669）、爪_{側絞}（5378、5381、5383）、豹_{卜孝}（5131）、

---

① 昭，《廣韻》止遥切，《集韻》又音止少切，有平、上二讀，選上聲來比較。

② 切下字也可選“兆”。

匏蒲豹（5367）、閙奴効（5384）、閙女教（5388）、淖奴孝（5669）、樂五
教（5384、5384、5384、5385、5386、5389、5390、5391）。

反切 26 條，其中音值相同的有抱步交掊薄交、哮許交嫲喜交、閙奴効
閙女教淖奴孝，小韻 12 個。

肴：交 7。（7）

巧：絞 1。（1）

效：豹 1 教 1 孝 1 効 1。（4）

（4）豪

桃他刀（5775）、豪胡刀（5380）、皛都晧（5388）、討他浩（5378、
5567）、燥蘇倒（5667）、好呼老（5385）、暴薄報（5385）、耄毛報
（5326）、耄莫報（5379）、倒都導（5379）、撒悟告（5162）、耗呼到
（5163、5389）、耗呼到（5385）、嫪籚到（5668）。

反切 16 條，其中音值相同的有耄毛報耄莫報、耗呼到耗呼到，小韻
12 個。

豪：刀 2。（2）

晧：倒 1 浩 1 晧 1 老 1。（4）

号：報 2 導 1 到 2 告 1。（6）

9. 果攝

反切 32 條，小韻 22 個。

（1）歌

扡①太何（5669）、瑳倉那（5384）、攞羅可（5326）、麼摩可（5326）、
頗多可（5326）、頗多娜（5368）、扡徒娜（5367）、攞勒可（5382）、奈奴箇
（5389）、呵呼箇（5367）、邏盧箇（5159）。

反切 11 條，其中音值相同的有頗多可頗多娜、攞羅可攞勒可，小韻
9 個。

---

① 原作"杝"，《合集》（5692 注 255）校爲"扡"。

歌：那 1 何 1。（2）

哿：可 3 娜 1。（4）

箇：箇 3。（3）

歌戈混 1 例：麼摩可（5326）。

（2）戈

婆薄波（5378）、莎蘇禾（5161）、訛五和（5389、5390）、螺力過（5227）、螺落和（5384）、伽脚佉（5161）、迦居伽（5367）、跛布火（5567）、埵都果（5367）、椯丁果（5383）、蓏郎果（5158、5237）、鎖蘇果（5161）、鏁蘇果（5385）、裸爐火（5314）、唾託臥（5157）、蜕他臥（5386）、墮徒臥（5131）、剉七臥（5387）、過古臥（5390）。

反切 21 條，其中音值相同的有螺力過螺落和、伽脚佉迦居伽、埵都果椯丁果、鎖蘇果鏁蘇果、蓏郎果裸爐火、唾託臥蜕他臥，小韻 13 個。第一個"/"前是合一，第二個"/"前是開三，第二個"/"後是合三。

戈：禾 1 過①1 波 1 和 1/迦②1/（無）。（5）

果：火 1 果 3/（無）/（無）。（4）

過：臥 4/（無）/（無）。（4）

10. 假攝

侘丑加（5108）、茶宅加（5326③、5386、5390）、拏奴加（5326）、拏奴家（5368）、差楚加（5161）、底丁耶（5326）、罝子邪（5668）、車昌耶（5378～5379）、闍視奢（5157）、若而遮（5367）、搲張瓜（5160）、搲陟瓜（5387）、蝸古華（5060）、咼口蛙（5314）、誇苦瓜（5389）、華户瓜（5383、5389）、窊烏瓜（5060）、窊烏花（5314）、灑所馬（5388）、啞烏

---

① 螺，《廣韻》力戈切，僅平聲讀。過，《廣韻》古臥、古禾切，有平、去二讀，按照語音最近的原則，選平聲來比較。

② 切下字也可選"佉"。

③ "茶"（5326）的切上字原作"室"，《合集》（5333 注 15）校作"宅"。

雅（5158）、瘂_{厄下}（5326）、哆_{得者}（5563）、搽_{車者}（5326）、蠱①_{弋者}（5667）、若_{人者}（5161）、瓦_{五寡}（5384）、吒_{都駕}（5367）、咤②_{竹嫁}（5668）、詫_{勅駕}（5368）、嚇_{呼嫁}（5669）、藉_{慈夜}（5381）、蔗_{之夜}（5381）、樺_{胡化}（5386）。

反切 36 條，其中音值相同的有挐_{奴加}挐_{奴家}、搲_{張瓜}搲_{陟瓜}、咼_{口蛙}誇_{苦瓜}、窊_{烏瓜}窊_{烏花}、啞_{烏雅}瘂_{厄下}，小韻 28 個。第一個"/"前是開二，第二個"/"前是開三，第二個"/"後是合二。

麻：加 3 家 1/邪 1 遮 1 奢 1 耶 2/華 1 蛙 1 瓜 3。（14）

馬：雅③1 馬 1/者 4/寡 1。（7）

禡：駕 2 嫁 2/夜 2/化 1。（7）

11. 宕攝

反切 69 條，小韻 47 個。

（1）陽

鎗_{七良}（5387、5388）、蹌_{七羊}（5669）、鏘_{七將}（5131）、鏘_{七羊}（5158）、牆_{疾良}（5380）、翔_{似羊}（5140）、攘_{如羊}（5140）、恇_{丘方}（5667）、狂_{渠王}（5381）、爽_{疎兩}（5389）、敞_{昌兩}（5326）、强_{其兩}（5160）、瘴_{之亮}（5380）、相_{息亮}（5381、5382、5382、5383、5384、5384、5388）、怏_{於亮}（5157）、搶_{其亮}（5361）、餉_{式亮}（5381）、悢_{力尚}（5222）、誑_{九妄}（5387）、王_{于放}（5158、5161）、嚼_{在略}（5388）、削_{息略}（5207）、鑠_{室藥}（5382）、噱_{巨略}（5326）、虐_{魚略}（5384）、掠_{良灼}（5326）、玃_{俱縛}（5362）、矍_{許縛}（5379）。

反切 36 條，其中音值相同的有鎗_{七良}蹌_{七羊}鏘_{七將}鏘_{七羊}，小韻 25 個。

陽：將 1 良 1 羊 2/王 1 方 1。（6）

---

① 原作"蟲"，《合集》（5667 第 17 行）校爲"蠱"。

② 原作"㗇"，《合集》（5683 注 148）校爲"咤"。

③ 切下字也可選"下"。

養：兩 3/（無）。（3）

漾：亮 5 尚 1/妄 1 放 1。（8）

藥：藥 1 略 4 灼 1/縛 2。（8）

（2）唐

霧_{普郎}（5570）、𢓜_{莫郎}（5163）、茫_{莫郎}（5380）、囊_{奴當}（5158、5386）、囊_{乃當}（5387）、航_{胡郎}（5327）、旁_{步光}（5380）、𢓜_{莫慌}（5668）、萌_{莫慌}（5668）、黨_{都朗}（5131）、帑_{湯朗}（5567）、黨_{德朗}（5380）、蕩_{徒朗}（5382）、穎_{思朗}（5383）、悢_{力黨}（5222）、潢_{胡廣}（5670）、當_{丁浪}（5389）、喪_{息浪}（5380）、浪_{郎宕}（5381、5389）、蕑_{力盍}（5668）、度_{徒各}（5381、5382～5383、5390、5390）、腭_{五各}（5367）、噁_{烏各}（5159）、鰲_{呼各}（5368）、樂_{盧各}（5157）、膊_{膊①莫}（5367）、搏_{補莫}（5140）、博_{補各}（5326）。

反切 33 條，其中音值相同的有囊_{奴當}囊_{乃當}、𢓜_{莫郎}茫_{莫郎}、𢓜_{莫慌}萌_{莫慌}、黨_{都朗}黨_{德朗}、浪_{郎宕}蕑_{力盍}、搏_{補莫}博_{補各}，小韻 22 個。

唐：郎 3 當 1/光 1 慌 1。（6）

蕩：黨 1 朗 4/廣 1。（6）

宕：浪 2 宕②1/（無）。（3）

鐸：各 5/莫 1 各 1。（7）

開合混 1 例：𢓜_{莫慌}③。

12. 梗攝

反切 78 條，小韻 53 個。

（1）庚

䖵_{麥庚}（5326）、坑_{口笙}（5157）、坑_{客庚}（5385）、擎_{渠京}（5381、5384、5386）、綆_{古杏}（5162）、哽_{古杏}（5327）、𪆰_{所景}（5380）、影_{於景}

---

① 被注字與切上字相同，屬特殊反切。

② 切下字也可選"盍"。

③ 𢓜，《廣韻》莫郎切，是開口字；慌，合口字。

（5379）、礦古猛（5326）、鑛古猛（5382）、獷古猛（5557）、映於敬（5378、5383）、坼丑格（5389）、舴鋤陌（5163、5276）、赫虎百（5131）、郄綺戟（5159）、陳綺戟（5379）、戟居逆（5669）。

反切 22 條，其中音值相同的有坑口笙坑客庚、綆古杏哽古杏、礦古猛鑛古猛獷古猛、郄綺戟陳綺戟，小韻 13 個。第一個 "/" 前是開二，第二個 "/" 前是開三，第三個 "/" 前是合二，第三個 "/" 後是合三。

庚：庚 1 笙 1/京 1/（無）/（無）。（3）

梗：杏 1/景 2/猛 1/（無）。（4）

映：（無）/敬 1/（無）/（無）。（1）

陌：百 1 格 1 陌 1/戟 1 逆 1/（無）/（無）。（5）

（2）耕

瞪直耕（5668）、婭①五莖（5151、5158）、甖烏耕（5131）、轟呼萌（5668、5668）、軯呼萌（5668）、迸北諍（5388）、策②側革（5389）、摑古麥（5668）、馘古麥（5668）。

反切 11 條，其中音值相同的有轟呼萌軯呼萌、摑古麥馘古麥，小韻 7 個。

耕：耕 2 莖 1/萌 1。（4）

耿：（無）/（無）。（0）

諍：諍 1/（無）。（1）

麥：革 1/麥 1。（2）

開合混 2 例：摑古麥馘古麥、轟呼萌軯呼萌③。

（3）清

嬰於盈（5160）、瀛以成（5380）、令呂貞（5382）、縈於營（5384）、整之郢（5326、5378）、頃去穎（5383）、併卑政（5389）、令力正（5158）、癖芳辟（5159）、刺七亦（5387）、籍秦昔（5388、5389）、炙之

---

① 原作 "婬"，《合集》（5151 第 1 行、5173 注 109）校爲 "婭"。

② 策俗策正。

③ 麥、萌，《廣韻》是開口字。

石（5388）、奕_{盈益}（5326）、易_{羊益}（5389）。

反切 16 條，其中音值相同的有奕_{盈益}易_{羊益}，小韻 13 個。

清：成 1 貞 1 盈 1/營 1。（4）

静：郢 1/穎 1。（2）

勁：正 1 政 1/（無）。（2）

昔：辟 1 益 1 亦 1 昔 1 石 1/（無）。（5）

（4）青

瓶_{薄經}（5390）、宾①_{莫經}（5380、5384）、淳_{大丁}（5326）、型_{戶經}（5570）、翎_{郎丁}（5557）、屌_{古螢}（5151、5157）、鋌_{庭頂}（5327）、謦_{去頂}（5314）、迥_{戶鼎}（5381、5382、5388）、暝_{莫定}（5380）、釘_{當定}（5368）、瑩_{烏定}（5382）、螢_{烏定}（5383）、劈_{普擊}（5159）、霹_{普歷}（5388）、滴_{都歷}（5384）、剔_{他歷}（5378）、敵_{亭歷}（5326）、溺_{奴歷}（5378、5381）、績_{則歷}（5383）、感_{七歷}（5131）、歷_{閭激}（5388）、礫_{良擊}（5574）、礫_{力激}（5574）。

反切 29 條，其中音值相同的有瑩_{烏定}螢_{烏定}、劈_{普擊}霹_{普歷}、歷_{閭激}礫_{良擊}礫_{力激}，小韻 20 個。

青：丁 2 經 3/螢 1。（6）

迥：鼎 1 頂 2/（無）。（3）

徑：定 3/（無）。（3）

錫：歷 7 激② 1/（無）。（8）

13. 曾攝

反切 33 條，小韻 24 個。

（1）蒸

繒_{疾陵}（5140）、殑_{山矜}（5383）、蒸_{之承}（5385）、殑_{其兢}（5383）、

---

①　宾俗冥正。
②　切下字也可選"擊"。

凝魚淩（5382）、凝魚陵（5390）、蔆力徵（5326）、陵力澄（5574）、鸞子孕（5570）、瞪丈證（5379）、應於證（5384、5390）、陟竹力（5382）、匿女力（5161、5385、5390）、測楚力（5382）、蝕乘力（5326）、棘紀力（5151、5157、5384）、艴許力（5379）、抑①於棘（5389、5389）。

反切 24 條，其中音值相同的有凝魚淩凝魚陵、蔆力徵陵力澄，小韻 16 個。

蒸：承 1 陵 1 淩 1 徵② 1 兢 1 矜 1。（6）

拯：（無）。（0）

證：孕 1 證 2。（3）

職：棘 1 力 6。（7）

（2）登

崩北騰（5389）、棱盧登（5159）、弘胡肱（5378）、肯苦等（5383）、蹬都鄧（5162）、曹武亘（5379、5390）、仆蒲北（5669）、塞崃德（5380）。

反切 9 條，小韻 8 個。

登：登 1 騰 1/肱 1。（3）

等：等 1/（無）。（1）

嶝：鄧 1 亘 1/（無）。（2）

德：北 1 德 1/（無）。（2）

14. 流攝

反切 50 條，小韻 32 個。

（1）尤

詶竹鳩（5669）、俦張牛（5775）、疇直由（5380）、籌直由（5390、5391）、啾子由（5384）、羞四由（5131）、酬市流（5388）、鵂許尤（5326）、攸以周（5382）、鶹力求（5326）、紐女九（5160、5390）、壽

---

① 抑是"抑"的增筆俗字。

② 切下字也可選"澄"。

視柳（5157）、朽許九（5379）、覆敷祐（5386、5387）、覆敷祐（5391）、畫陟救（5381、5389）、畜丑救（5381）、糅女救（5385）、皺側救（5379、5391）、臭尺救（5381）、嗽所溜（5157）、齅許救（5326、5381、5389）。

反切 29 條，其中音值相同的有訓竹鳩倅張牛、疇直由籌直由、覆敷祐覆敷祐，小韻 19 個。

尤：鳩①1 流 1 求 1 尤 1 由 3 周 1。（8）

有：九 1 久 1 柳 1。（3）

宥：溜 1 救 6 祐 1。（8）

（2）侯

矛莫侯（5668）、兜當侯（5378）、偷他侯（5385）、漚烏侯（5380、5382）、摳恪侯（5390）、謳於侯（5775）、剖普厚（5160、5380）、剖普苟（5667）、偶五苟（5386）、歐烏口（5160）、貿莫候（5276、5383）、瞀莫候（5388）、透他候（5390）、腠倉候（5379）、搆古候（5131）、遘古候（5378、5382②）、陋盧後（5162）。

反切 21 條，其中音值相同的有漚烏侯謳於侯、剖普厚剖普苟、貿莫候瞀莫候、搆古候遘古候，小韻 13 個。

侯：侯 5。（5）

厚：口 1 厚 1 苟 1。（3）

候：後 1 候 4。（5）

尤侯混 1 例：矛莫侯③。

（3）幽

反切無。

---

① 切下字也可選“牛”。
② 切下字（5382）原作“侯”，是“候”的訛字。
③ 矛，《廣韻》莫浮切，《集韻》迷浮切，音韻地位是明尤三平。

15. 深攝

沉直林（5379）、侵七林（5385）、欽口金（5207）、擒巨今（5327）、磣初錦（5386）、枕之錦（5383）、稔任甚（5326）、鴆直禁（5387）、侵作禁（5387）、讖楚蔭（5161、5222）、飲於禁（5158）、癊於禁（5326）、妊而鴆（5314）、縶知立（5667）、絹七入（5383）、澀色立（5326）、澁色立（5381）、澀所立（5391）、岌魚及（5131）、吸許及（5381、5387）、悒英及（5161）、挹伊入（5385）、挕於入（5775）、熠爲立（5390）。

反切 26 條，其中音值相同的有飲於禁癊於禁、澀色立澁色立澀所立、挹伊入挕於入，小韻 20 個。

侵：金 1 林 2 今 1。（4）

寢：甚 1 錦 2。（3）

沁：禁 3 蔭 1 鴆 1。（5）

緝：及 3 立 3 入 2。（8）

16. 咸攝

反切 74 條，小韻 50 個。

（1）覃

貪都南（5131）、貪都楠（5367）、參倉含（5382）、參七南（5383、5388）、蠶昨含（5326）、菴烏含（5380）、諳烏含（5391）、摺子感（5579）、憯七感（5131、5163）、頷胡感（5160）、撼胡感（5579）、晻烏感（5367）、颯蘇合（5326）、颬藹合（5368）。

反切 16 條，其中音值相同的有貪都南貪都楠、參倉含參七南、菴烏含諳烏含、頷胡感撼胡感、颯蘇合颬藹合，小韻 9 個。

覃：楠 1 南 1 含 2。（4）

感：感 4。（4）

勘：（無）。（0）

合：合 1。（1）

（2）談

擔都談（5131）、擔都藍（5368）、痰徒甘（5326）、蚶火甘（5326、5326）、銜戶藍（5140）、噉徒敢（5381）、濫盧擔①（5387）、瞰盧盍（5326）。

反切9條，其中音值相同的有擔都談擔都藍，小韻7個。

談：甘2談1藍1。（4）

敢：敢1。（1）

闞：擔1。（1）

盍：盍1。（1）

（3）鹽

恬徒兼（5391）、粘女廉（5383）、粘女占（5389）、黏女占（5390）、僉七占（5389）、潛昨占（5385）、纖息廉（5140、5380）、貶方染（5389）、魘於琰（5386）、厭於琰（5389、5389）、琰餘檢（5367）、染而琰（5384）、壍七贍（5157）、贍市焰（5140）、猒於艷（5381）、饜於焰（5668）、鑷女輒（5775）、捷疾葉（5384）、攝之涉（5326）、慴之涉（5380、5389）、燁于涉（5131）、曄云輒（5163）、鬣力葉（5775）。

反切26條，其中音值相同的有粘女廉粘女占黏女占、魘於琰厭於琰、猒於艷饜於焰、攝之涉慴之涉、燁于涉曄云輒，小韻17個。

鹽：廉2占3。（5）

琰：檢1琰2染1。（4）

豔：艷1贍1焰1。（3）

葉：涉2輒1葉2。（5）

（4）添

甜徒兼（5381）、恬徒兼（5391）、嫌戶兼（5387）、點多忝

（5389）、兼 古念 （5163）、甛 徒協 （5384）、医 苦協 （5161）、箧 苦協

（5161）。

　　反切 8 條，其中音值相同的有甛 徒兼恬 徒兼、医 苦協箧 苦協，小韻 6 個。

　　添：兼 2。（2）

　　忝：忝 1。（1）

　　㮇：念 1。（1）

　　怗：協 2。（2）

　　（5）咸

　　讒 士咸 （5326、5387）、湛 徒減 （5384）、減 胡斬 （5382）、檻 胡斬

（5387）、狹 胡夾 （5456）。

　　反切 6 條，其中音值相同的有減 胡斬檻 胡斬，小韻 4 個。

　　咸：咸 1。（1）

　　豏：減 1 斬 1。（2）

　　陷：（無）。（0）

　　洽：夾 1。（1）

　　咸銜混 1 例：檻 胡斬。

　　（6）銜

　　黯①於檻 （5383）、鑒 革懺 （5388）、匣 胡甲 （5387）、壓 烏甲 （5667）、

砑 ②於甲 （5669）。

　　反切 5 條，其中音值相同的有壓 烏甲砑 於甲，小韻 4 個。

　　銜：（無）。（0）

　　檻：檻 1。（1）

　　鑑：懺 1。（1）

　　狎：甲 2。（2）

---

①　原作 "點"，《合集》（5413 注 225）校作 "黯"。

②　原作 "碑"，《合集》（5669 第 3 行）校作 "砑"。

（7）嚴

黏_{九嚴}（5108）、怯_{去劫}（5131）。

嚴：嚴 1。（1）

儼：（無）。（0）

釅：（無）。（0）

業：劫。（1）

（8）凡

氾_{孚劍}（5669）、泛_{孚劍}（5669）。

凡：（無）。（1）

范：（無）。（0）

梵：劍 1。（1）

乏：（無）。（0）

開合混 1 例：氾_{孚劍}泛_{孚劍}。

17. 小結

通過繫聯切下字，列出韻類字表，分析韻類之間的混切，可得出以下結論。

（1）韻 198 個。與 206 個韻相比，區別是夬怪合併，少了一韻；欣混入真，少了欣、隱、焮、迄四韻；幽韻無反切，少了幽、黝、幼三韻。

（2）韻母 137 個。如果不計算重紐韻，與《廣韻》142 個韻母相比，少了 æi（夬/怪開一）、uæi（夬/怪合一），iən、iət（欣開三①），iəu（幽開三）5 個韻母。

（3）東冬、支脂、支之、之微、脂齊、真先、蕭宵、歌戈、咸銜均有混用，表明重韻已處於合併的過程中。

（4）尤韻的明母字僅 1 個小韻就混入了侯韻，但舌齒音字未與侯

---

① 舉平以賅上去入。

韻混切，據此可推測尤幽韻的明母字早於舌齒音字併入侯韻。

（5）開合混 11 例，即罣古賣（5382）、殞于愍（5385）、滑戶八（5381）、綰烏板（5384）、篋苦決（5367）、饌士變（5379）、麼摩可（5326）、忙莫慌（5668）、摑古麥（5668）、轟呼萌（5668）、氾孚劍（5669），它們的被注字或切下字是唇音，表明唇音不分開合口。

（6）重紐有 61 個小韻，分布在支、脂、祭、真、仙、宵、侵、鹽八韻的喉、牙、唇音字中。其中，重紐三等 27 個小韻，即貶方染（5389）、辨虔免（5389）、卷居轉（5379）、羇居宜（5567）、軌居洧（5163）軌居水（5385）、几居履（5380）机居履（5389）、冀几利（5379、5384、5385）、麋亡悲（5060）、帔匹皮（5131）披芳宜（5380）披敷羈（5382）、擒巨今（5327）、倦求卷（5131）、曁其器（5326）洎其器（5379、5389）、憩去例（5162、5327）、欽口金（5207）、朅愆竭（5326）、齂①去爲（5379、5385）、齮丘奇（5667）、吸許及（5381、5387）、岌魚及（5131）、劓義鼻（5160）、飲於禁（5158）癮於禁（5326）、悒英及（5161）、夭菸兆（5158）夭於矯（5386）、魊②於喬（5390）、餧於僞（5158、5161）、萎於爲（5161）、倚於綺（5389）；重紐四等 32 個小韻，即蔽必袂（5383、5386）、鼈不列（5161）、摽逋遥（5163）摽方遥（5380）摽必遥（5382）、濱父人（5668）、妣婢尸（5060）、比毗必（5163）、脾頻卑（5378）、枳居爾（5326）枳居是（5367）、綿滅連（5387）、湎靡辯（5667）、眇亡沼（5389）、沔（湎）武盡（5389）、弥滅卑（5378）篜亡支（5668）、蜜蜜二（5385）、憋芳滅（5159）、鶮芳面（5543）、漂匹遥（5380）飄匹遥（5384）、繽匹隣（5163）、翹渠遥（5379、5384）、蚔渠支（5567）、弃詰利（5379）、窺去隨（5384）、隳許規（5378、5383）、劌魚祭（5389）、挹伊入（5385）揖於入（5775）、魘於琰（5386）厭於琰（5389、5389）、猒

---

① 齂是"齂"的俗寫。
② 魊、妖異體。

於艷（5381）饜_{於焰}（5668）、印_{於刃}（5383）、伊_{於脂}（5385）、甄_{居延}（5314）、弭_{弥氏}（5326）、矕_{許覯}①（5745）。聲、韻、調相同的 2 組小韻形成對立，即"鬻_{去爲}（5379、5385）和窺_{去隨}（5384）""悒_{英及}（5161）和挹_{伊入}（5385）"。由於徵引的緣故，佛經音寫卷承襲了傳世文獻中的重紐現象。

（7）微魚混 1 例，即歔_{欣既}（5668），反映了唐五代西北方音魚入支微的特點。

（三）調類

1140 條反切中，平聲 347 條，上聲 230 條，去聲 337 條，入聲 226 條。這四個調類是否有合併、分化，或轄域的變化？

1. 平

從切下字的選用來觀察，切下字與被注字的清濁未有意選擇相同，而是呈現隨機性。被注字是濁平，切下字濁平，如衠_{户藍}（5140）；被注字是清平，切下字清平，如泡_{匹交}（5151）；被注字是濁平，而切下字是清平，如摶_{徒端}（5131）；被注字是清平，而切下字是濁平，如蝸_{古華}（5060）。因此，從反切的製作來看，平分陰陽未發生。

2. 上

上聲基本穩定，未發生質變，但出現些微的量變。

（1）墮_{徒臥}（5131）

墮《廣韻》徒果，濁上。徒臥，濁去。

（2）誕_{徒旦}（5385）

誕《廣韻》徒旱，濁上。徒旦，濁去。

全濁去聲注全濁上聲 2 例，這是濁上變去的早期現象。

---

① "矕矕矕"爲一組同音字組，《廣韻》許覯切。李新魁《韻鏡校證》（中華書局，1982，第 191 頁）："矕字《磨光》《七音略》列於三等，與本書不合。"楊軍《七音略校注》（上海辭書出版社，2003，第 156 頁）："按震韻曉紐各韻書皆無重紐對立，故此字三、四等列位頗難定奪。"暫從《韻鏡》列四等。

3. 去

去聲基本穩定，未見明顯增多的情況，却有與上聲互注的現象。

遍布顯（5557）

顯《廣韻》呼典，清上。布顯，清上。遍《廣韻》方見，清去。

清上清去混，"秦人去聲似上"延伸到了河西走廊。

4. 入

未見－p、－t、－k 互注的例子，也未見與平、上、去互注的例子，因而入聲未分化、合併。

二　直音

1275 條直音，其中重複、音值相同的 641 條，小韻 633 個。

（一）聲類

1. 唇音

直音 206 條，小韻 111 個。

（1）幫/非

直音 41 條，小韻 27 個。

博類：晡①逋（5160）、苞包（5161）、饕②飽（5668）、閉閈（5158、5162）、爆豹（5159）、輩背（5379）、迫百（5158、5379）、簿博（5159）構博（5775）膊博（5776）、鉢盋（5162）芨鉢（5669）、駮樂③（5634）。（一、二、四等，10）

方類：肪方（5160）、邠斌（5161、5163）、裨卑（5163、5385）、膚夫（5379）、飍搜④（5657）驫標（5667）、屏餅（5158）、炳丙（5162）秉丙（5391）、蜚非（5317）、反返（5388）、鍑富（5159）、賦付（5162）、擯鬢

---

① 原作"脯"，《合集》（5160 第 12 行）校作"晡"。
② 《合集》（5684 注 154）認爲饕是"餐"的訛變字。
③ 樂，《滙考》（1303）校作"礫"。
④ 《滙考》（1314）認爲搜是"標"之訛。

（5381）、誹沸（5389）、庀比（5657）、髴弗（5159、5206、5231）、複福

（5387、5657）鍑福（5634）輻福（5705）、璧辟（5657）。（三等，17）①

（2）滂/敷

直音 20 條，小韻 16 個。

普類：抛泡（5387）、叵頗（5206）、溥普（5667）、泮判（5161、

5381）、矾朴（5574）。（一、二、四等，5）

芳類：紛芬（5163、5385）、孚敷（5162）敷敷（5380）、蜂烽

（5205）鋒峯（5384）、飜幡（5386）、酆豐②（5657）、拊撫（5159）、髣

紡（5159）、癖辟（5367）、覆③副（5388）、蝮福（5635）、剟被（5238）。

（三等，11）④

非敷混 1 例：蝮福。

（3）並/奉

直音 56 條，小韻 30 個。

蒲類：蟠盤（5206）盤槃（5382）磬盤（5657）、屏瓶（5380）、榜

彭（5668）、竝並（5158）、蒲蒲（5158）、埤牌（5151）椑陛（5161）埤

牌（5151）、薄⑤部（5388）、畔伴（5381）、背珮（5382、5382）、唄敗

（5385）、撲雹（5159⑥、5387）雹撲（5388）、葡匐（5162）、燔勃

（5380）悖餑⑦（5462）悖孛（5276）、泊薄（5383）、舶白（5706）。

（一、二、四等，15）

符類：髟扶（5049）髟苻（5151、5157）符扶（5389～5390）、剟皮

（5159）疲皮（5380）、評平（5238）、焚汾（5381）汾墳（5657）、燔煩

_____

① 邠、婢、颷、颲、屏、炳、秉、擯、庀、璧是重唇字。
② 豐是"豐"的訛字。
③ 覆是"覆"的訛字。
④ 癖、剟是重唇字。
⑤ 薄是"簿"的訛字。
⑥ 被注字原作"摸"，《合集》（5159第10行）校作"撲"。
⑦ 原作"悷，鉏"，是"悖，餑"的形增字。

(5667)、帆①氾（5667）、範范（5158）範犯（5237）軓笵（5385）、阜負（5161）負婦（5380）、畚飯（5162）、辯辨（5380）、輔父（5388）、餅飯（5151、5157、5237）、贔偺（5667）奰偺（5667）、馥服（5157）澓服（5161、5384）馥畐（5205）復服（5385、5390）菔伏（5587）、闢躃（5238）。（三等，15）②

（4）明/微

直音89條，小韻38個。

莫類：磨摩（5388）、虻盲（5161）蛖盲（5389）、髦毛（5206、5634）毷毛（5160、5657）、玫枚（5151、5157）梅枚（5237）梅媒（5381）、茫忙（5462）邙忙（5657）、拇母（5158）某母（5389）、昴卯（5161、5207、5634③）昴鞡（5238）、眄麪（5160、5384、5387）、貌皃（5161、5238、5276）、妹④昧（5237）、耄冒（5577）、沐木（5634）、脉麦（5378、5390）、沫末（5158）、歿没（5163、5390）、膜莫（5159、5208、5723）漠莫（5239）幕莫（5590）瞙莫（5634）、蔑滅（5205）、霾埋（5382）。（一、二、四等，18）

武類：蚉文（5160、5161）蟁聞（5161）玟文（5205）蚊文（5382、5389）、猫苗（5131）、望亡（5158）芒亡（5162）、牟矛（5151、5157）鉾牟（5162、5205）、誣無（5387、5586）、謐蜜（5389）、猕弥（5131）、魍网（5163、5705）魍網（5388）冈網（5390、5390）網綱（5390）、廡武（5380）、挽晚（5380）、慜敏（5379）閔愍（5668）、魅媚（5151、5157、5159⑤、5637）、蔓万（5158）蔓萬（5276）蔓曼（5635）、㝱夢（5163）瞢夢（5205）、抆問（5163）、霧務（5380）婺務（5657）、未味

① 帆、帆異體。

② 刜、疲、評、辯、贔、奰、辟是重唇字。

③ 《合集》（5634）直音字原作“乱”，《滙考》（1303）校作“卯”。

④ 原作“姝”，《合集》（5243注38）校作“妹”。

⑤ 《合集》（5159）的被注字是“魆”，魆是“魅”的異體字。

（5385、5391）、繆 謬（5667）、目 穆（5380、5381、5383、5387、5387）、搣滅（5668）。（三等，20）①

2. 舌音

直音 190 條，小韻 102 個。

（1）端/知

直音 41 條，小韻 26 個。

都類：塠堆（5276）、襌 丹（5387）殫 丹（5390）、璫當（5158）、堤 氐（5159）伍 氐（5161）耏伍（5237）、巓顛（5668）、鵰彫（5157）刁凋（5163）雕彫（5237）、釘 丁（5162）、擣島（5383）舃擣（5388）、聲埵（5163、5317）埵垛（5276）②、抖斗（5669）、短短（5157、5158）、拓舸（5159）坻 底（5239）拓 底（5206）、凍棟（5387、5388）、妒 妒（5159）、受到（5745）、蹬登（5161）、的滴（5160）。（一、四等，17）

陟類：謿嘲（5667）、咤吒（5157）、劗卓（5159）啅啄（5237）、衷中（5657）、株誅（5151、5157）、帳涱（5380）、竺竹（5160）築竹（5380）、喆悊（5160）、輟綴（5462）。（二、三等，9）

（2）透/徹

直音 27 條，小韻 19 個。

他類：潬灘（5382）、鍮偷（5634）、梯梯（5314）、盪湯（5590）、聽廳（5158）、吐土（5151）、逿退（5161）、炭歎（5386）、涕替（5157、5163）湀剃（5157）湀涕（5162）湀嚏（5206）剃涕（5705）、汰太（5667）、噠達（5669）、橐託（5590）籜託（5657）、漯濕（5161）、榻塔（5160）。（一、四等，14）

丑類：抽惆（5382）抽瘳（5385）瘳抽（5668）、杻丑（5386）、讕詒（5231）、悵暢（5157）、蓄畜（5705）。（二、三等，5）

---

① 猫、牟、鉒、謐、狝、慜、闵、魅、瘳、曹、繆、目、搣是重唇字。

② 《龍龕手鏡》（314）載：聲睡異體，丁果切。埵，《廣韻》丁果切。垛，《集韻》都果切。

（3）定/澄

直音 111 條，小韻 50 個。

徒類：箈同（5206）洞同（5389）僮同（5590）憧同（5657）橦童（5668）、徒塗（5380）徒㿔（5389）屠途（5385）塗圖（5386）、豚屯（5159、5231）、彈檀（5159）彈壇（5384）、摶團（5161、5378、5383）揣團（5462、5668）、洮桃①（5667）陶桃（5159、5162、5205、5206）濤桃（5388）陶逃（5388）濤淘（5657）、罿陁（5151、5158）駝馳（5162）、投頭（5387）、塘唐（5159）塘堂（5237）糖唐（5386）、葶亭（5237）亭庭（5379）、薵騰（5158）滕騰（5657）、壇曇（5163、5231）曇覃（5382）、蹄啼（5141）醍提（5158、5381）、梯提（5159、5237）綈提（5163）提題（5378）、恬甜（5158②、5669）、闐敗（5140）填田（5157、5384）、調條（5381）韶迢（5657）、怠待（5380）、稻道（5205）、惰墮（5667）、啖噉（5386）、逮大（5157）逮袋（5383）玳代（5657、5657）、碟隊（5668）、悼道（5161、5163）、竇豆（5380）逗豆（5635）、薵鄧（5205）、逴弟（5382）逴悌（5389）、電殿（5388）佃殿（5570）澱殿（5572）、髑獨（5160）瀆讀（5162）牘讀（5389～5390）、蠹毒（5231）、奪脱（5380、5384）、憜鐸（5162）、趺胅（5160、5160）趺昳（5238）、敵迪（5161）敵笛（5237）滌笛（5384、5386）、疊牒（5380）蹀牒（5669）。（一、四等，35）

直類：澄棖（5158、5159）、橦幢（5388）、濯濁（5237）、墀遲（5161）坻遲（5161、5163）、椎搥（5157、5157③、5158）、儲除（5159）、陳塵（5390）、潮朝（5379）、綢紬（5667）躊疇（5667）、肇趙（5389）、緻至（5206）、治值（5159）、懟墜（5159）、治持（5158）、怢

---

①　洮桃，《集韻》徒刀切。

②　《合集》（5158）的直音字作"甛"，甛是"甜"的異體。

③　被注字原作"推"（5157），直音字原作"搥"（5157），《合集》（5167 注 34）分別校作"椎""搥"。

袄（5462）裒袄（5462）。（二、三等，15）

章澄混 1 例：緻至。

（4）泥/孃

直音 11 條，小韻 7 個。

奴類：膿農（5388）、秊年（5163）、蛊古（5158）蠱古（5388）、燸暖（5162）暵暖（5237）燸襦（5634）、腦①憹（5162）、堏濘（5158）、捏涅（5380、5386）。（一、四等，7）

女類：（無）。（二、三等，0）

3. 齒音（上）：齒頭音（精組）

直音 147 條，小韻 77 個。

（1）精

直音 33 條，小韻 16 個。

作類：栽哉（5160）、憎曾（5159）憎增（5382）、総惚②（5162）、滜早（5157）蚤早（5160、5161、5231）棘③早（5238）澡早（5385）、唉市（5157）师迊（5388）唉迊④（5724）、霽濟（5379、5462）、呫節（5667）。（一、四等，7）

子類：縱蹤（5151、5157）、焦椒（5378）、呰紫（5157、5276）訾紫（5367）呰訾（5157）、梓子（5657、5657）、撛剪（5158）翦剪（5657）、駿俊（5131、5157、5205）、將醬（5159）、睫接（5162）、跡積（5380）。（三等，9）

（2）清

直音 16 條，小韻 15 個。

倉類：綵采（5157）、造操（5159）、阡千（5705）、鵲青（5049）、

---

① 被注字原作"膔"，《合集》（5195 注 344）認爲它是"腦"字的俗體。
② 総的異體總、惚，《廣韻》作孔切。
③ 滜是"澡"的俗寫，棘是"棘（棗）"的俗寫。
④ 唉市师迊，《集韻》作荅切。

輔祷（5570）、傡戚①（5667）。（一、四等，6）

七類：疽蛆（5159）、鶖秋（5049）、皴逡（5160）、銓詮（5657）、浸侵（5237）、趣取（5157、5634）、毳毸②（5657）、刺磧（5159）、葺緝（5657）。（三等，9）

（3）從

直音 24 條，小韻 12 個。

昨類：裁③才（5205、5238、5590）裁纔（5159）纔才（5140）、曹槽（5383）、蹲存（5162）、層曾（5163）、皐罪（5570）、鑿昨（5382、5635、5657、5667、5668）、巉巀（5657）。（一、四等，7）

疾類：憔樵（5151、5158）、晴情（5381）、咀沮（5439）、請净（5159）窄净（5161、5207、5238）、鷲就（5157）。（三等，5）

（4）心

直音 46 條，小韻 24 個。

蘇類：紫莎（5160）梭莎（5657）、燥嫂（5151、5157④）、瑣鎖（5158）璅鏁⑤（5205）、藪叟（5382）、訴⑥素（5567）、遬速（5669）、犀西（5131、5668）嘶西（5159）樓西（5206、5237）、惺星（5158、5159）猩惺（5160）、先霰（5380、5380、5381、5382）、折錫（5380）。（一、四等，10）

息類：廝斯（5162）、荽綏（5162）綏雖（5387、5391）、恂旬（5657）、鮮仙（5158）、痟消（5238）銷消（5381）霄消（5382）宵消（5382）、箱相（5162）、駟四（5205、5634）泗血⑦（5163）、

---

① 《合集》（5675 注 55）認爲傡爲儗字的俗寫。

② 《合集》（5657 注 1）認爲毸爲脆的換旁俗字。

③ 《合集》（5205、5238）的裁是“裁”的訛字。

④ 燥是“燥”的俗寫。直音字原作“婭”（5157），是“嫂”的俗寫。

⑤ 璅、鏁，《合集》（5210 注 24）認爲它們分別是“瑣、鎖”的俗字。

⑥ 訴是“訴”的俗寫。

⑦ 血是“四”的訛字。

訊信（5388、5705）、陵峻（5745）、綫線（5162）、夙宿（5635）、泄薛（5367、5385）渫薛（5390）、臘昔（5570）、瘜息（5160）。（三等，14）

（5）邪

直音 28 條，小韻 10 個。

徐類：循巡（5156、5378、5381、5382、5383、5383、5383、5384、5384、5385、5385、5388）蠢巡（5745）、旋璿（5384）璿旋（5657）、邪斜（5389）、泅囚（5667）、兕似（5163、5668、5669）、緒叙（5385、5389）、像象（5205）象像（5390）、燧遂（5160、5381）、嗣寺（5237）、襲習（5542）。（三等，10）

4. 齒音（中）：正齒音（莊組）

直音 33 條，小韻 16 個。

（1）莊

直音 7 條，小韻 4 個。

側類：莊壯（5158）裝莊（5379）、抓爪（5158、5160）、迮窄（5158）、嘖責（5159）憤責（5208）。（二、三等，4）

（2）初

直音 7 條，小韻 4 個。

初類：悤窻（5163、5276）悤窻①（5657）、差叉（5380）、察刹②（5705）、策冊（5151、5158③）。（二、三等，4）

（3）崇

直音 4 條，小韻 3 個。

士類：攙讒（5238）、饌撰（5237、5634）、寨砦（5657）。（二、三等，3）

---

① 悤悤異體，窻窻窸異體。
② 刹俗刹正。
③ 《合集》（5158）的被注字作筞，它是"策"的俗字。

（4）生

直音 15 條，小韻 5 個。

所類：訕_刪（5775）、砂_沙（5587）、稍_朔（5151、5157、5205、5388）數_稍（5158）稍_數（5162）槊_朔（5163、5238）、穡_色（5367）、忽_澀（5151、5158、5163）歮_澀（5237）①。（二、三等，5）

5. 齒音（下）：正齒音（章組）

直音 94 條，小韻 57 個。

（1）章

直音 36 條，小韻 22 個。

之類：終_終（5163）、祇_支（5384、5389）枝_支（5390）𩨒_支（5462）、芝_之（5238）、塼_專（5162）、麞_章（5160）廧_憧（5462）彰_障（5493）、蒸_饎（5237）、洲_州（5380）、鍼_針（5151、5157、5669）、瞻_占（5131）、腫_種（5151、5158）、枳_只（5237）、炷_主（5160）、昣_賑（5775）、赭_者（5587）、澍_鑄（5368）炷_注（5385）鑄_注（5387、5388）、賑_振（5126）振_震（5389）、瘴_障（5387）、屬_燭（5378）矚_屬（5378、5462）、拙_𡿪（5163）、斫_灼（5381）、炙_隻（5160）、織_職（5389）。（三等，22）

（2）昌

直音 13 條，小韻 7 個。

昌類：炊_吹（5381、5668）、穿_川（5131、5380）、倡_昌（5157、5163、5237）、杵_處（5383、5386）、玔_釧（5163）、稱_秤（5163）、𩌇_觸（5205、5205）。（三等，7）

（3）船

直音 7 條，小韻 4 個。

---

① 被注字原作"忽"（5151），《合集》（5155 注 40）校作"忽"；被注字原作"忽"（5163），也當校作"忽"。忽澀澀異體。

食類：楯盾（5151）、乘剩（5159）剩乘（5388）、秫述（5162、5775）、蝕食（5161、5390）。（三等，4）

（4）書

直音 22 條，小韻 14 個。

式類：哃詩（5384）、舒書（5378）、呻申（5162）呻身（5590）、昇升（5380）、屎矢（5387）、睒閃（5151、5157）、貰世（5745）、説税（5163）蜕税（5386）、眴舜（5160）瞬舜（5379）、煽扇（5745）、狩守（5159）、倏叔（5382、5384）、螫釋（5151、5158）適釋（5381）、飾識（5389、5634①）。（三等，14）

（5）禪

直音 16 條，小韻 10 個。

時類：銖殊（5381）、晨辰（5157）、膊腨（5160）篿圌（5668）、盛成（5157、5158、5387）、酬讎（5378、5388）、諟是（5775）、恃市（5161、5386、5389）、噬逝（5385）、售受（5161）、埴植（5667）。（三等，10）

6. 牙音

直音 263 條，小韻 107 個。

（1）見

直音 130 條，小韻 56 個。

古類：辜孤（5161）、階皆（5590）、胲該（5160）姟該（5238）、鵙昆（5049）、肝干（5378）乾干（5382、5386、5386、5391）、貫官（5158、5162）冠官（5368）、膏高（5206、5237）、嘉加（5379、5390）枷加（5385）、桄光（5669）軦光（5669）、過戈（5158）、塙鈎（5151、5157）溝勾（5162）鈎溝（5705）、苷甘（5162）、葇奸（5162）葇菅（5162）、艱間（5385）、雞交（5049）教交（5158、5158）膠交（5277）

---

① 被注字原作"餝"（5634），《合集》（5640 注 42）認爲餝是飾的俗字。

膠交（5386、5389）、秔粳（5368）、蠲涓（5151、5158）、梟驍（5386）、瞽古（5162）殺古（5237）蠱古（5367）鼓古（5382、5387、5705）瞽朋①（5634）、輨管（5667）、裹果（5205、5382、5462）、絞攪（5387）、賈假（5161、5162）假賈（5384、5388）、綆便②（5634）、顧故（5384）、勾蓋（5151）匄蓋（5667）丐蓋（5668）、觀貫（5158、5379）冠灌（5159、5368）灌觀（5162）罐觀（5162）鸛貫（5668）、誥告（5745）、罣卦（5163）挂卦（5542）、芥介（5140）疥戒（5367）芥戒（5380）屆界（5657）疥界（5705）、酵教（5162）挍教（5163）恔教（5238）挍教（5379、5390）窖校（5668）、賈價（5160）稼嫁（5367）、繼汁③（5384）髻計（5386）、閣各（5378）、合閣（5386）、捔角（5205、5237、5239、5462）桷角（5381、5634）、輨革（5157）鬲隔（5161）槅鬲（5237）膈鬲（5238）、夾甲（5380）、鉀甲④（5163）、潔結（5387）、駃決（5126、5161）玦決（5380）、激擊（5384）。（一、二、四等，42）

居類：躬弓（5237）、箕基（5162）、鷗居（5049）、駒俱（5239）、筋斤（5157）籭斤（5378）釿斤（5745）、荊京（5151、5157）、紀己（5379）己紀（5385、5385、5387、5387、5388、5389）、警景（5163）、溉既（5162）暨既（5734）、鋸據（5387）踞據（5389）、鞠菊（5388）、蛞吉（5205）、钁攫（5159）钁钁（5379）、級急（5163）。（三等，14）

（2）溪

直音35條，小韻22個。

苦類：刨枯（5386）、魁恢（5151、5158）、刊看（5657）、髖寬

（5160）、軻珂（5158）、鸑^①科（5634）、穅康（5160）慷康（5657）、闚困（5205、5231、5237）、槁考（5386）、咳鎧^②（5238）、頑抗（5669）、塽廓（5237）、刻剋（5385）、榮啓（5657）。（一、二、四等，14）

去類：墟袪（5157）墟虛（5205、5237、5667）、區駈（5389）嶇區（5667）、鏘槍（5237）、坵丘（5157、5205）、弃棄（5131）棄弃（5382）、呿去（5159、5237、5367）、詘屈（5668）腒屈（5776）、郄隙（5159）。（三等，8）。

（3）群

直音31條，小韻13個。

渠類：衹岐（5378）衹祁（5384）岐衹（5390）、耆祈（5379）、騏其（5159）碁其（5159）麒其（5238）期其（5778）、祈其^③（5390）、畿幾（5657）、鵤衢（5205）劬衢（5383）鴝句（5776）、捷乾（5151、5157、5160）、捲拳（5205、5367）拳攈（5379）權拳（5385）、仇求（5131、5667）、技伎（5158）、拒巨（5205）巨拒（5382）拒炬（5382、5387、5387）巨炬（5387）、舊臼（5162）、殟崛（5162）。（三等，13）

（4）疑

直音67條，小韻16個。

五類：峨蛾（5363）、誤悟（5379、5385）悞悟（5385）、礙导（5163）閡导^④（5237）、犴干^⑤（5162）、机兀（5151、5157、5160、5237）凯兀（5634）、嗤厓（5276）、倪霓（5158）、巍堯（5657）、偶藕（5158）藕禺（5160）耦藕（5238）。（一、二、四等，9）

魚類：囂銀（5158、5237）、黿元（5151、5158）元原（5379、

---

① 鸑，《合集》（5641 注 55）"疑爲窠的俗訛字"。
② 咳，《經典釋文》苦愛切。鎧，《廣韻》苦蓋切。音同。
③ 祈，《廣韻》渠希切。其，《廣韻》渠之切。之微混。
④ 导是尋的俗寫。
⑤ 犴，《廣韻》五旰切。干，《集韻》魚旰切。音同。

5379、5380、5380、5380、5380、5380、5380、5380 ～ 5381、5381、5381、5381、5382、5383、5383、5383、5383、5384、5384、5385、5386、5387、5388、5389、5389、5389、5390、5390、5390、5390、5390、5390、5390、5390 ～ 5391、5391、5391）源元（5380）蠡元（5745）、圄語（5151、5158、5161）、窺藝（5389）、瑀玉（5049）、刖月（5668）、瘧虐（5158）。（三等，7）

7. 喉音

直音 231 條，小韻 114 個。

（1）影

直音 44 條，小韻 23 個。

烏類：惡汙（5157、5159、5160）烏鳴（5384）洿汙（5667）、展限（5237）、懊襖（5159）、靉愛（5276、5635）、歐嘔（5668）、按案（5383、5388、5389）、頞遏（5162、5705）、嚶嚶（5634）罷櫻①（5162）、偓亞（5669）、戹厄（5151、5158）、押鴨（5388）、咽燕（5160）、窈杳（5161）。（一、二、四等，13）

於類：萎委（5493）、衣依（5160）、茵因（5140、5276、5667）哩因（5237）姻因（5239）烟湮（5276）裡曰（5657）、怨宛（5158）怨冤（5161）、邀胥（5382）、蔫殃（5162）怏央（5206）怏殃（5237）蔫央（5586）、膺鷹（5387）、縕宛（5276）縕婉（5668）、弇掩（5657）、柳憶（5205）。（三等，10）

（2）曉

直音 34 條，小韻 21 個。

呼類：婚昏（5239）、托蒿（5160、5162）、賄悔（5667）、醢海（5667）、响吼（5669）、耗好（5160）耗好（5238）好耗（5389）、螫郝

---

① 被注字原作"児"，是"罷"的俗寫；直音字原作"攖"，是"櫻"的俗寫。

（5151、5158、5205、5237）朧 郝（5160）鏨 郝①（5388）、霍 霍
（5162）、華 花（5151）、瘯 忽（5160）。（一、二、四等，10）

許類：胷 凶（5590）、攜 麾（5368）、悕 希（5151、5157）、揮 暉
（5379、5382）、嘘 虚（5159、5205）歔 虚（5161）、鞾 靴（5542）、饗 享
（5386）、鵂 休（5776）、薫 訓（5162）、齅 嗅（5160）、歇 蠍（5163）蠍 歇
（5368）。（三等，11）

（3）匣

直音64條，小韻31個。

胡類：虹 紅（5380）、湖 胡（5158、5238）壺 胡（5159、5238）狐 胡
（5379）醐 胡（5381）、瑰 回（5151、5237）瑰 迴（5157）洄 回（5161）蛔
迴（5389）、渾 魂（5382）、完 桓（5207）、號 豪（5157）嗥 豪（5162）噑 號
（5276）、喉 喉（5160）鍭 侯（5160）、簧 黄（5159）遑 黄（5378）惶 黄
（5378）惶 皇（5380）璜 黄（5657）、怙 户（5049、5161、5386）祜 户
（5163）扈 户（5667）、混 渾（5163、5382）、晧 昊（5162）、瓠 户②
（5390）、瓠 護（5382、5383、5386、5388、5390）、闤 迴（5384）、涸 鶴
（5151、5158）、絃 賢（5385）、眩 玄（5668）、炫 縣（5158）、骸 諧（5157、
5381）、寰 還（5049）闤 還（5384）、崤 爻（5657）、行 衡（5386）衡 行
（5388）、瑕 覆③（5162）蝦 遐（5386）、鹹 咸（5381）、銜 咸（5634）、解 蟹
（5390、5390、5390）、厦 下（5657）、踝 踝（5705）、罣 畫（5384）、效 効
（5158）挍 効（5387）、狹 洽（5380）。（一、二、四等，31）

（4）于

直音19條，小韻11個。

于類：芸 云（5159）、垣 園（5385）垣 袁（5390、5745）、尤 疣
（5159）、瑋 葦（5160）瑋 葦（5206）、羽 雨（5387）宇 雨（5389）禹 雨

---

① 鏨郝，《集韻》黑各切。朧鏨，《廣韻》呵各切。音同。

② 瓠俗互正。互、户濁上濁去混。

③ 覆，《合集》（5190注291）校改爲"霞"。

（5657）、友_有（5388）、胃_謂（5160）胃_謂（5378）、暈_運（5380）、媛_院（5391）、囿_右（5542）、鉞_曰（5151）鉞_越（5157）鉞_戉（5237）。（三等，11）

（5）以

直音 70 條，小韻 28 個。

以類：肜_融（5570）、傭_容（5724）鎔_容（5381）、諛_臾（5157）逾_臾（5381、5382）逾_臾（5382、5389）、痍_夷（5160、5238）、綖_延（5276）莚_延（5635）、捐_緣（5383）、搖_遙（5378、5382、5391）搖_姚（5586）、䤵^①_耶（5163）、洋_羊（5388、5635）楊_羊（5590）、攸_由（5379）游_由（5388）、婬_淫（5389）、簷_鹽（5380）、涌_勇（5379）、已_以（5380、5383、5385、5387、5387、5388、5388、5389、5389、5389、5389、5389、5390）、愈_庾（5158）、允_尹（5380）、衍_演（5630）、莠_誘（5159）牖_誘（5163、5390）牖_酉（5378）誘_酉（5390）、預_念（5381）、艷_焰（5163）炎_燄（5386）、昱_育（5379）、鵒_谷（5205）鵒_欲（5231）浴_欲（5385）、泆_逸（5162、5667）溢_逸（5389）逸_溢（5389）、閱_悦（5163）、籥_藥（5635）、掖_亦（5378）易_亦（5382）液_亦（5384、5387、5462）腋_亦（5542）懌_亦（5667）射_亦（5667）、疫_役（5386）、堞_緤（5049）。（三等，28）

8. 半舌音：來

直音 93 條，小韻 40 個。

盧類：鑪_盧（5131、5386）蘆_盧（5237、5384）櫨_盧（5657、5775）、欄_蘭（5151）瀾_蘭（5390）、欒_鸞（5657）、嫪_勞（5745）、蚤_螺（5160、5657）邏_囉（5634）、髏_婁（5160）、狼_郎（5386）、棱_楞（5159）、鹵_魯（5151、5157）櫓_魯（5157）、攬_覽（5384）、鷺_路

---

① 《合集》（5196 注 355）："䤵，此字字書不載，疑爲邪字隸變之訛。"以"邪"來比較，邪耶《廣韻》以遮切。

（5049）、陋漏（5140）、漉禄（5388）、酪落（5381）樂落（5388）、膢臘
（5162）臘蠟（5638）、謬遼（5157）撩遼（5161）、囹零（5151）囹令
（5158、5161、5205）齡靈（5379）聆靈（5382）零靈（5384、5386）、
悷隸（5160）戾麗（5388）、鍊練（5131、5160①、5388）、礫歷（5151、
5157、5384）瀝歷（5159）靂歷（5388）礰歷（5387）。（一、二、四
等，20）

力類：羅離（5367）、髦狸（5158、5668）、麟隣（5238、5390）、聯
連（5657）、陵凌（5380）凌陵（5382）陵綾（5386）凌綾（5389）悷陵
（5668）、淪倫（5381）、榴流（5238）旒流（5667）、淋林（5159）痳臨
（5367）、奩廉（5162）、裏里（5389）、侶呂（5159、5388）旅呂
（5379）、魎兩（5163、5388、5705）、撿②敛（5160）、勵例（5158）例
勵（5380）癘例（5386）厲例（5388）、悷繭（5379）、勠六（5570）勠
六（5158、5237）戮六（5161）陸六（5380）、慄栗（5237、5276、
5635③）、繂律（5669）、烈列（5163）裂列（5183、5388、5388）冽列
（5187）、掠略（5158）。（三等，20）

9. 半齒音：日

直音18條，小韻9個。

而類：蟯饒（5389）、任壬（5151、5157、5158、5160）絍壬
（5160）、軟愞（5590）、繞遶（5158、5381）擾遶（5379、5390）、壤穰
（5160）、珥耳去聲（5380）、蚋芮（5205）芮蚋（5657）、認刃（5379、
5389）、蓐辱（5140）。（一、三等，9）

10. 小結

小韻633個，音節空位較多，但仍可管窺它的音系。通過繫聯切上
字，分析聲類之間的混切，可得出以下結論。

---

① 被注字原作漱（5160），《合集》（5184注228）認爲"漱同鍊"。

② 原作"檢"，是"撿"的訛字。撿敛《廣韻》良冉切。

③ 《合集》（5635）被注字原作"慄"，《滙考》（1307）校作"慄"。

（1）聲類50個，與《廣韻》51聲類相比，女類無直音，缺少了一類。

（2）章澄混1例，即緻至；非敷混1例，即蝮福。

（二）韻類

1. 通攝

直音75條，小韻39個。

（1）東

直音54條，小韻27個。

東：箹同（5206）洞同（5389）僮同（5590）憧同（5657）橦童（5668）、虹紅（5380）/鄷豐①（5657）、衷中（5657）、終終（5163）、躬弓（5237）、膿農（5388）、肜融（5570）。（8）

董：緫惣（5162）/（無）。（1）

送：凍棟（5387、5388）/瀓夢（5163）曹夢（5205）。（2）

屋：沐木（5634）、髑獨（5160）瀆讀（5162）牘讀（5389～5390）、邃速（5669）、漉祿（5388）/複福（5387、5657）鍑福（5634）輻福（5705）、蝮②福（5635）、覆③副（5388）、馥服（5157）澓服（5161、5384）馥富（5205）復服（5385、5390）菔伏（5587）、目穆（5380、5381、5383、5387、5387）、竺竹（5160）築竹（5380）、蓄畜（5705）、夙宿（5635）、倏叔（5382、5384）、鞠菊（5388）、昱育（5379）、鬲六（5570）勒六（5158、5237）戮六（5161）陸六（5380）。（16）

（2）冬

冬：（無）。（0）

宋：（無）。（0）

沃：纛毒（5231）。（1）

---

① 豐是"豐"的訛字。

② 蝮，《廣韻》芳福切。福，《廣韻》方六切。非敷混。

③ 覆是覆的訛字。

（3）鍾

直音 20 條，小韻 11 個。

鍾：蜂烽（5205）鋒峯（5384）、縱蹤（5151、5157）、胷凶（5590）、傭容（5724）鎔容（5381）。（4）

腫：腫種（5151、5158）、涌勇（5379）。（2）

用：（無）。（0）

濁：瑂玉（5049）、属燭（5378）矚屬（5378、5462）、皋觸（5205、5205）、鵒谷（5205）鵒欲（5231）浴欲（5385）、蓐辱（5140）。（5）

2. 江攝

直音 26 條，小韻 9 個。

江：膿窗（5163、5276）悤窗（5657）、橦幢（5388）。（2）

講：（無）。（0）

絳：（無）。（0）

覺：駁樂①（5634）、斫朴②（5574）、撲雹（5159③、5387）雹撲（5388）、斲卓（5159）啄啄（5237）、濯濁（5237）、稍朔（5151、5157、5205、5388）數稍（5158）稍數（5162）槊朔（5163、5238）、捅角（5205、5237、5239、5462）桷角（5381、5634）。（7）

3. 止攝

直音 114 條，小韻 55 個。

（1）支

直音 26 條，小韻 15 個。

支：裨卑（5163、5385）、劙皮（5159）疲皮（5380）、獼弥（5131）、廝斯（5162）、祇支（5384、5389）枝支（5390）躱支（5462）、祇歧（5378）祇祁（5384）歧祇（5390）、罹離（5367）/炊吹

---

① 樂《滙考》（1303）校作「滕」。

② 朴斫，《集韻》匹角切。

③ 被注字原作「摸」，《合集》（5159 第 10 行）校作「撲」。

（5381、5668）、攝_麼（5368）、萎_委（5493）。（10）

紙：呰_紫（5157、5276）訾_紫（5367）呰_訾（5157）、枳_只（5237）、諟_是（5775）、技_伎（5158）／（無）。（4）

寘：劇_被（5238）／（無）。（1）

支脂混 1 例：祇_祁。

（2）脂

直音 32 條，小韻 15 個。

脂：墀_遲（5161）坻_遲（5161、5163）、耆_祈（5379）、痍_夷（5160、5238）／椎_捶（5157、5157①、5158）、荽_綏（5162）綏_雖（5387、5391）。（5）

旨：屎_矢（5387）、兕_似（5163、5668、5669）／（無）。（2）

至：庇_比（5657）、贔_備（5667）奰_備（5667）、魅_媚（5151、5157、5159②、5637）、駟_四（5205、5634）泗_{血③}（5163）、緻_至（5206）、弃_棄（5131）棄_弃（5382）／懟_墜（5159）、燧_遂（5160、5381）。（8）

脂之混 1 例：兕_似。

（3）之

直音 39 條，小韻 14 個。

之：治_持（5158）、咡_詩（5384）、芝_之（5238）、箕_基（5162）、騏_其（5159）碁_其（5159）麒_其（5238）期_其（5778）、犛_狸（5158、5668）。（6）

止：梓_子（5657、5657）、恃_市（5161、5386、5389）、紀_己（5379）己_紀（5385、5385、5387、5387、5388、5389）、已_以（5380、5383、5385、5387、5387、5388、5388、5389、5389、5389、5389、

---

① 被注字原作"推"（5157），直音字原作"搥"（5157），《合集》（5167 注 34）分別校作"椎""捶"。

② 《合集》（5159）的被注字是魑，魑是魅的異體字。

③ 血是"四"的訛字。

5390）、裹_里（5389）。（5）

志：治_值（5159）、嗣_寺（5237）、珥_{耳去聲}（5380）。（3）

（4）微

直音 17 條，小韻 11 個。

微：祈_其（5390）、畿_幾（5657）、悕_希（5151、5157）、衣_依（5160）/揮_暉（5379、5382）。（5）

尾：（無）/蜚_非（5317）、瑋_葦（5160）瑋_葦（5206）。（2）

未：溉_既（5162）暨_既（5734）/誹_沸（5389）、未_味（5385、5391）、胃_謂（5160）胃_謂（5378）。（4）

之微混 1 例：祈_其。

4. 遇攝

直音 132 條，小韻 57 個。

（1）魚

直音 34 條，小韻 15 個。

魚：儲_除（5159）、疽_蛆（5159）、舒_書（5378）、鶋_居（5049）、墟_祛（5157）墟_虛（5205、5237、5667）、噓_虛（5159、5205）歔_虛（5161）。（6）

語：咀_沮（5439）、緒_叙（5385、5389）、杵_處（5383、5386）、拒_巨（5205）巨_拒（5382）拒_炬（5382、5387、5387）巨_炬（5387）、圉_語（5151、5158、5161）、侶_呂（5159、5388）旅_呂（5379）。（6）

御：鋸_據（5387）踞_據（5389）、呿_去（5159、5237、5367）、預_念（5381）。（3）

（2）虞

直音 40 條，小韻 20 個。

虞：膚_夫（5379）、孚_敷（5162）敷_妝（5380）、鳧_扶（5049）鳧_符（5151、5157）符_扶（5389～5390）、誣_無（5387、5586）、株_誅（5151、5157）、銖_殊（5381）、駒_俱（5239）、區_驅（5389）嶇_區（5667）、鴝_衢

（5205）劬衢（5383）鴝句（5776）、諛臾（5157）逾臾（5381、5382）逾臾（5382、5389）。（10）

麌：拊撫（5159）、輔父（5388）、廡武（5380）、炷主（5160）、羽雨（5387）宇雨（5389）禹雨（5657）、愈庾（5158）。（6）

遇：賦付（5162）、霧務（5380）嫟務（5657）、趣取（5157、5634）、澍鑄（5368）炷注（5385）鑄注（5387、5388）。（4）

（3）模

直音 58 條，小韻 22 個。

模：晡①逋（5160）、蒱蒲（5158）、徒塗（5380）徒峹（5389）屠途（5385）塗圖（5386）、辜孤（5161）、刳枯（5386）、湖胡（5158、5238）壺胡（5159、5238）狐胡（5379）醐胡（5381）、惡汙（5157、5159、5160）烏嗚（5384）洿汙（5667）、鑪盧（5131、5386）蘆盧（5237、5384）櫨盧（5657、5775）。（8）

姥：溥普（5667）、簿②部（5388）、吐土（5151）、瞽古（5162）羖古（5237）蠱古（5367）鼓古（5382、5387、5705）瞽朋③（5634）、蛊古（5158）蠱古（5388）、怙戶（5049、5161、5386）祜戶（5163）扈戶（5667）、鹵魯（5151、5157）櫓魯（5157）。（7）

暮：姤妬（5159）、訴④素（5567）、顧故（5384）、誤悟（5379、5385）悮悟（5385）、互戶⑤（5390）、互護（5382、5383、5386、5388、5390）、鷺路（5049）。（7）

5. 蟹攝

直音 118 條，小韻 58 個。

---

① 原作"脯"，《合集》（5160 第 12 行）校作"晡"。
② 原作"薄"，是"簿"的訛字。
③ 朋是"股"的訛字。
④ 訴是"訴"的俗寫。
⑤ 互俗互正。互、戶濁上濁去混。

（1）齊

直音 41 條，小韻 15 個。

齊：堤氏（5159）伍氏（5161）羝伍（5237）、睇梯（5314）、蹄啼（5141）醍提（5158、5381）稊提（5159、5237）綈提（5163）提題（5378）、犀西（5131、5668）嘶西（5159）樓西（5206、5237）、倪霓（5158）/（無）。（5）

薺：埿髀（5151）㮦陛（5161）埿髀（5151）、抵舐（5159）抵底（5206、5239）、榮啟（5657）/（無）。（3）

霽：閉閟（5158、5162）、涕替（5157、5163）洟剃（5157）洟涕（5162）洟嚏（5206）剃涕（5705）、逮弟（5382）逮悌（5389）、垔濘（5158）、霽濟（5379、5462）、繼汁①（5384）髻計（5386）、恢隸（5160）戾麗（5388）/（無）。（7）

（2）祭

直音 12 條，小韻 7 個。

祭：貰世（5745）、噬逝（5385）、竄藝（5389）、勵例（5158）例勵（5380）癘例（5386）厲例（5388）/毳饒②（5657）、說稅（5163）蛻稅（5386）、蚋芮（5205）芮蚋（5657）。（7）

（3）泰

直音 4 條，小韻 2 個。

泰：汏太（5667）、匄蓋（5151）匃蓋（5667）丐蓋（5668）/（無）。（2）

（4）佳

直音 8 條，小韻 5 個。

佳：差叉（5380）、崖厓（5276）/（無）。（2）

---

① 汁是"計"的訛字。
② 《合集》（5657 注 1）認爲饒爲脆的換旁俗字。

蟹：解蟹（5390、5390、5390）／（無）。（1）

卦：（無）／罜卦（5163）挂卦（5542）、罜畫（5384）。（2）

（5）皆

直音9條，小韻4個。

皆：霾埋（5382）、階皆（5590）、骸諧（5157、5381）／（無）。（3）

駭：（無）／（無）。（0）

怪：芥介（5140）疥戒（5367）芥戒（5380）届界（5657）芥界（5705）／（無）。（1）

（6）夬

直音2條。

夬：唄敗（5385）、寨砦（5657）／（無）。（2）

（7）灰

直音22條，小韻13個。

灰：玫枚（5151、5157）梅枚（5237）梅媒（5381）、塠堆（5276）、魁恢（5151、5158）、瑰回（5151、5237）瑰迴（5157）洄回（5161）蛔迴（5389）、庱隈（5237）。（5）

賄：皋罪（5570）、賄悔（5667）。（2）

隊：輩背（5379）、背珮（5382、5382）、妹①眛（5237）、遐退（5161）、磧隊（5668）、闓迴（5384）。（6）

（8）咍

直音20條，小韻10個。

咍：栽哉（5160）、栽②才（5205、5238、5590）裁纔（5159）纔才（5140）、胲該（5160）姟該（5238）。（3）

海：怠待（5380）、綵采（5157）、醢海（5667）。（3）

---

① 原作"妺"，《合集》（5243 注 38）校作"妹"。

② 《合集》（5205、5238）的栽是"裁"的訛字。

代：逮代（5157）逮袋（5383）珁代（5657、5657）、咳鎧（5238）、礙㝵（5163）閡㝵①（5237）、靉愛（5276、5635）。（4）

（9）廢

直音無。

6. 臻攝

直音 175 條，小韻 66 個。

（1）真

直音 39 條，小韻 19 個。

真：邠斌（5161、5163）、陳塵（5390）、呻申（5162）呻身（5590）、晨辰（5157）、圁銀（5158、5237）、茵因（5140、5276、5667）喠因（5237）姻因（5239）烟湮（5276）禋曰（5657）、麟隣（5238、5390）／（無）。（7）

軫：懇敏（5379）閔愍（5668）、昀賑（5775）／（無）。（2）

震：擯鬢（5381）、訊信（5388、5705）、賑振（5126）振震（5389）、恡藺（5379）、認刃（5379、5389）／（無）。（5）

質：謐蜜（5389）、怢袟（5462）袠袟（5462）、蛣吉（5205）、泆逸（5162、5667）溢逸（5389）逸溢（5389）、慄栗（5237、5276、5635②）／（無）。（5）

（2）諄

直音 27 條，小韻 11 個。

諄：皴遵（5160）、恂旬（5657）、循巡（5156、5378、5381、5382、5383、5383、5383、5384、5384、5385、5385、5388）蠢巡（5745）、淪倫（5381）。（4）

準：楯盾（5151）、允尹（5380）。（2）

---

① 㝵是導的俗寫。

② 《合集》（5635）的被注字作慓，《滙考》（1307）校作"慄"。

稕：駿俊（5131、5157、5205）、陵峻（5745）、眴舜（5160）瞬舜（5379）。（3）

術：秫述（5162、5775）、縡律（5669）。（2）

（3）臻

直音無。

（4）文

直音 20 條，小韻 10 個。

文：紛芬（5163、5385）、焚汾（5381）汾墳（5657）、畜文（5160、5161）聋聞（5161）玟文（5205）蚊文（5382、5389）、芸云（5159）。（4）

吻：（無）。（0）

問：扝問（5163）、薰訓（5162）、暈運（5380）。（3）

物：髴弗（5159、5206、5231）、詘屈（5668）膃屈（5776）、殟崛（5162）。（3）

（5）欣

直音 3 條，小韻 1 個。

欣：筋斤（5157）籐斤（5378）釿斤（5745）。（1）

隱：（無）。（0）

焮：（無）。（0）

迄：（無）。（0）

（6）元

直音 64 條，小韻 14 個。

元：（無）/齛幡（5386）、燔煩（5667）、黿元（5151、5158）元原（5379、5379、5380、5380、5380、5380、5380、5380、5380～5381、5381、5381、5381、5382、5383、5383、5383、5383、5384、5384、5385、5386、5387、5388、5389、5389、5389、5390、5390、5390、5390、5390、5390、5390、5390～5391、5391、5391）源元（5380）蠡元（5745）、垣園

（5385）垣_袁（5390、5745）、怨_宛（5158）怨_冤①（5161）。（5）

阮：（無）/反_返（5388）、畚_飯（5162）、挽_晚（5380）、綩_宛（5276）綩_婉（5668）。（4）

願：（無）/餰_飯（5151、5157、5237）、蔓_万（5158）蔓_萬（5276）蔓_曼（5635）。（2）

月：歇_蠍（5163）蠍_歇（5368）/刖_月（5668）、鉞_曰（5151）鉞_越（5157）鉞_戉（5237）。（3）

（7）魂

直音 22 條，小韻 11 個。

魂：豚_屯（5159、5231）、蹲_存（5162）、鵾_昆（5049）、婚_昏（5239）、渾_魂（5382）。（5）

混：混_渾（5163、5382）。（1）

恩：閫_困（5205、5231、5237）。（1）

没：焞_勃（5380）悖_餑②（5462）悖_孛（5276）、歿_没（5163、5390）、杌_兀（5151、5157、5160、5237）扤_兀（5634）、窟_忽（5160）。（4）

（8）痕

直音無。

7. 山攝

直音 145 條，小韻 79 個。

（1）寒

直音 21 條，小韻 11 個。

寒：襌_丹（5387）彈_丹（5390）、潭_灘（5382）、彈_檀（5159）彈_壇（5384）、肝_干（5378）乾_干（5382、5386、5386、5391）、刊_看（5657）、欄_蘭（5151）瀾_蘭（5390）。（6）

---

① 怨宛冤，《廣韻》於袁切。

② 原作“悖，鋤”，是“悖，餑”的形增字。

旱：（無）。（0）

翰：炭歎（5386）、犴干①（5162）、按案（5383、5388、5389）。（3）

曷：噠達（5669）、頞遏（5162、5705）。（2）

（2）桓

直音 35 條，小韻 15 個。

桓：蟠盤（5206）盤槃（5382）礐盤（5657）、搏團（5161、5378、5383）揣團（5462、5668）、貫官（5158、5162）冠官（5368）、髖寬（5160）、完桓（5207）、欒鸞（5657）。（6）

緩：捾短（5157、5158）、燜暖（5162）暅暖（5237）燜褖（5634）、𩏾管（5667）。（3）

換：畔伴（5381）、泮判（5161、5381）、觀貫（5158、5379）冠灌（5159、5368）灌觀（5162）罐觀（5162）鸛貫（5668）。（3）

末：鉢盞（5162）茇鉢（5669）、沫末（5158）、奪脫（5380、5384）。（3）

（3）刪

直音 8 條，小韻 5 個。

刪：訕刪（5775）、莻姦（5162）莻菅（5162）/ 寰還（5049）闌還（5384）。（3）

潸：（無）/ 饌撰（5237、5634）。（1）

諫：（無）/（無）。（0）

黠：察剎②（5705）/（無）。（1）

刪山混 1 例：察剎。

（4）山

山：艱間（5385）/（無）。（1）

---

① 犴，《廣韻》五旰切。干，《集韻》魚旰切。音同。

② 剎、刹異體。

産：（無）／（無）。（0）

襉：（無）／（無）。（0）

鎋：（無）／（無）。（0）

（5）先

直音 38 條，小韻 21 個。

先：闐 畋（5140）填 田（5157、5384）、巔 顛（5668）、季 年（5163）、阡 千（5705）、絃 賢（5385）、咽 燕（5160）/蠲 涓（5151、5158）、眩 玄（5668）。（8）

銑：（無）／（無）。（0）

霰：旬 麵（5160、5384、5387）、電 殿（5388）甸 殿（5570）澱 殿（5572）、輇 睛（5570）、先 霰（5380、5380、5381、5382）、鍊 練（5131、5160①、5388）/衒 縣（5158）。（6）

屑：蔑 滅（5205）、跌 趺（5160、5160）跌 趺（5238）、捏 涅（5380、5386）、呫 節（5667）、巀 截（5657）、潔 結（5387）/駃 決（5126、5161）玦 決（5380）。（7）

（6）仙

直音 42 條，小韻 26 個。

仙：鮮 仙（5158）、捷 乾（5151、5157、5160）、綖 延（5276）莚 延（5635）、聯 連（5657）/銓 詮（5657）、旋 璿（5384）璿 旋（5657）、塼 專（5162）、穿 川（5131、5380）、膊 腨（5160）篿 圖（5668）、捲 拳（5205、5367）拳 攉（5379）權 拳（5385）、捐 緣（5383）。（11）

獮：辯 辨（5380）、撧 剪（5158）翦 剪（5657）、衍 演（5630）/軟 輭（5590）。（4）

線：綫 線（5162）、煽 扇（5745）/玔 釧（5163）、媛 院（5391）。（4）

___

① 被注字原作"潊"（5160），《合集》（5184 注 228）認爲"潊同鍊"。

薛：搣_滅（5668）、泄_薛（5367、5385）渫_薛（5390）、喆_恝（5160）、烈_列（5163）裂_列（5183、5388、5388）冽_列（5187）/輟_綴（5462）、拙_知（5163）、閱_悅（5163）。（7）

8. 效攝

直音 107 條，小韻 51 個。

（1）蕭

直音 10 條，小韻 6 個。

蕭：鵰_彫（5157）刁_凋（5163）雕_彫（5237）、調_條（5381）韶_迢（5657）、梟_驍（5386）、嶢_堯（5657）、憀_遼（5157）撩_遼（5161）。（5）

篠：窈_杳（5161）。（1）

嘯：（無）。（0）

（2）宵

直音 22 條，小韻 11 個。

宵：飆搜^①（5657）驫_標（5667）、猫_苗（5131）、潮_朝^②（5379）、焦_椒（5378）、憔_樵（5151、5158）、痟_消（5238）銷_消（5381）霄_消（5382）宵_消（5382）、邀_霄（5382）、搖_遙（5378、5382、5391）搖_姚（5586）、蟯_饒（5389）。（9）

小：肇_趙（5389）、繞_遶（5158、5381）擾_遶（5379、5390）。（2）

笑：（無）。（0）

（3）肴

直音 30 條，小韻 13 個。

肴：苞_包（5161）、抛_泡（5387）、潮_嘲^③（5667）、鵁_交（5049）教_交（5158、5158）膠_交（5277）膠_交（5386、5389）、崤_爻（5657）。（5）

---

① 《滙考》（1314）認爲搜是"摽"之訛。

② 潮朝，《廣韻》直遙切。

③ 潮嘲，《集韻》陟交切。

巧：饕①飽（5668）、昂卯（5161、5207、5634②）昂聊（5238）、抓爪（5158、5160）、絞攬（5387）。（4）

效：爆豹（5159）、貌兒（5161、5238、5276）、酵教（5162）拮教（5163）悑教（5238）挍教（5379、5390）窖校（5668）、效効（5158）挍効（5387）。（4）

（4）豪

直音 45 條，小韻 21 個。

豪：髦毛（5206、5634）髦毛（5160、5657）、洮桃③（5667）陶桃（5159、5162、5205、5206）濤桃（5388）陶逃（5388）濤淘（5657）、曹槽（5383）、膏高（5206、5237）、號豪（5157）吗豪（5162）嘷號（5276）、托蒿（5160、5162）、嫪勞（5745）。（7）

晧：擣島（5383）皛擣（5388）、稻道（5205）、腦④惱（5162）、淊早（5157）蚤早（5160、5161、5231）棘⑤早（5238）澡早（5385）、燥嫂⑥（5151、5157）、槁考（5386）、晧昊（5162）、懊襖（5159）。（8）

号：受到（5745）、悼道（5161、5163）、耄冒（5577）、造操（5159）、誥告（5745）、耗好（5160）耗好（5238）好耗（5389）。（6）

9. 果攝

直音 24 條，小韻 14 個。

（1）歌

直音 5 條，小韻 3 個。

---

① 饕，《合集》（5684 注 154）認爲饕是"饗"的訛變字。
② 直音字原作"乱"（5634），《滙考》（1303）校作"卯"。
③ 洮桃，《集韻》徒刀切。
④ 被注字原作"膔"，《合集》（5195 注 344）認爲它是"腦"字的俗體。
⑤ 淊是"澡"的俗寫，棘是"棘（棗）"的俗寫。
⑥ 燥是"燥"的俗寫。直音字原作"嫂"（5157），是"嫂"的俗寫。

歌：鼉陁（5151、5158）駝馳（5162）、軻珂（5158）、峨蛾（5363）。（3）

哿：（無）。（0）

箇：（無）。（0）

（2）戈

直音 19 條，小韻 11 個。第一個"/"前是合一，第二個"/"前是開三，第二個"/"後是合三。

戈：磨摩（5388）、過戈（5158）、欙①科（5634）、紫莎（5160）梭莎（5657）、蚤螺（5160、5657）邏囉（5634）/（無）/韡靴（5542）。（6）

果：叵頗（5206）、墊埵（5163、5317）埵垛②（5276）、惰墮（5667）、瑣鎖（5158）璅鏁③（5205）、裹果（5205、5382、5462）/（無）/（無）。（5）

過：（無）。（0）

10. 假攝

直音 20 條，小韻 13 個。第一個"/"前是開二，第二個"/"前是開三，第二個"/"後是合二。

麻：砂沙（5587）、嘉加（5379、5390）枷加（5385）、瑕覆④（5162）蝦遐（5386）/邪斜（5389）、㸚⑤耶（5163）/華花（5151）。（6）

馬：賈假（5161、5162）假賈（5384、5388）、廈下（5657）/赭者（5587）/踝陳（5705）。（4）

禡：咤吒（5157）、賈價（5160）稼嫁（5367）、偓亞（5669）/

① 欙，《合集》（5641 注 55）"疑爲欙的俗訛字"。

② 《龍龕手鏡》（314）載：墊埵異體，丁果切。埵，《廣韻》丁果切。垛，《集韻》都果切。

③ 璅、鏁，《合集》（5210 注 24）認爲它們分別是"瑣、鎖"的俗字。

④ 覆，《合集》（5190 注 291）校改爲"霞"。

⑤ 《合集》（5196 注 355）："㸚，此字字書不載，疑爲邪字隸變之訛。"邪耶，《廣韻》以遮切。

（無）／（無）。（3）

11. 宕攝

直音 93 條，小韻 45 個。

（1）陽

直音 44 條，小韻 24 個。

陽：莊壯（5158）裝莊（5379）、箱相（5162）、麞章（5160）麞憧（5462）彰障（5493）、倡昌（5157、5163、5237）、鏘槍（5237）、鴦殃（5162）怏央（5206）怏殃（5237）鴦央（5586）、洋羊（5388、5635）楊羊（5590）／肪方（5160）、望亡（5158）芒亡（5162）。（9）

養：像象（5205）象像（5390）、饗享（5386）、魍兩（5163、5388、5705）、壤穰（5160）／髣紡（5159）、魍网（5163、5705）魍網（5388）罔網（5390、5390）綱網（5390）。（6）

漾：帳漲（5380）、悵暢（5157）、將醬（5159）、瘴障（5387）／（無）。（4）

藥：斫灼（5381）、籥藥（5635）／鑊獲（5159）矍鑊（5379）、瘧虐（5158）、掠略（5158）。（5）

（2）唐

直音 49 條，小韻 21 個。

唐：茫忙（5462）邙忙（5657）、璫當（5158）、盪湯（5590）、塘唐（5159）塘堂（5237）糖唐（5386）、穅康（5160）慷康（5657）、狼郎（5386）／桄光（5669）軏光（5669）、簧黃（5159）遑黃（5378）惶黃（5378）惶皇（5380）璜黃（5657）。（8）

蕩：（無）。（0）

宕：頏抗（5669）／（無）。（1）

鐸：膜莫（5159、5208、5723）漠莫（5239）幕莫（5590）膜莫（5634）、囊託（5590）籜託（5657）、愕鐸（5162）、鑿昨（5382、5635、5657、5667、5668）、閣各（5378）、螯郝（5151、5158、5205、5237）

膔郝（5160）窫郝①（5388）、酪落（5381）樂落（5388）/簿博（5159）

槫博（5775）腫博②（5776）、泊薄（5383）、塸廓（5237）、藿霍

（5162）、涸鵒（5151、5158）。（12）

12. 梗攝

直音 94 條，小韻 48 個。

（1）庚

直音 20 條，小韻 14 個。第一個"/"前是開二，第二個"/"前

是開三，第三個"/"前是合二，第三個"/"後是合三。

庚：榜彭（5668）、蟲盲（5161）蝐盲（5389）、澄根（5158、

5159）、秔粳（5368）、行衡（5386）衡行（5388）/評平（5238）、荊京

（5151、5157）/（無）/（無）。（7）

梗：綆便③（5634）/炳丙（5162）秉丙（5391）、警景（5163）/

（無）/（無）。（3）

映：（無）/（無）/（無）/（無）。（0）

陌：迫百（5158、5379）、舶白（5706）、迮窄（5158）/郅載

（5159）/（無）/（無）。（4）

（2）耕

直音 14 條，小韻 6 個。

耕：嚶鸎（5634）罌櫻④（5162）/（無）。（1）

耿：（無）/（無）。（0）

諍：（無）/（無）。（0）

---

① 螯郝，《集韻》黑各切。膔窫，《廣韻》呵各切。音同。

② 簿，《合集》（5159 第 18 行）校爲"簿"。簿博，《廣韻》補各切，幫；腫博，

《集韻》伯各切，滂。

③ 《合集》（5646 注 97）認爲"《滙考》謂'便'當作'挭'，近是，但也不能

排除爲'梗'或'埂'字之誤"。

④ 被注字原作"罃"，是"罌"的俗寫；直音字原作"攖"，是"櫻"的俗寫。

麥：脉_麥（5378、5390）、嘖_賾（5159）憤_賾（5208）、策_冊（5151、5158①）、輅_革（5157）鬲_隔（5161）槅_鬲（5237）膈_鬲（5238）、扼_厄（5151、5158）／（無）。（5）

（3）清

直音 28 條，小韻 14 個。

清：盛_成（5157、5158、5387）、睛_情（5381）／（無）。（2）

靜：屛_餠（5158）／（無）。（1）

勁：請_淨（5159）穽_淨（5161、5207、5238）／（無）。（1）

昔：璧_辟（5657）、癖_辟②（5367）、闢_躄（5238）、跡_積（5380）、刺_磧（5159）、臘_昔（5570）、炙_隻（5160）、螫_釋（5151、5158）適_釋（5381）、掖_亦（5378）易_亦（5382）液_亦（5384、5387、5462）腋_亦（5542）懌_亦（5667）射_亦（5667）／疫_役（5386）。（10）

（4）青

直音 32 條，小韻 14 個。

青：屛_瓶（5380）、釘_丁（5162）、聽_廳（5158）、葶_亭（5237）亭_庭（5379）、鵑_青（5049）、惺_星（5158、5159）瘈_惺（5160）、囹_零（5151）囹_令（5158、5161、5205）齡_靈（5379）聆_靈（5382）零_靈（5384、5386）／（無）。（7）

迥：竝_並（5158）／（無）。（1）

徑：（無）。（0）

錫：的_滴（5160）、敵_迪（5161）敵_笛（5237）滌_笛（5384、5386）、俶③_戚（5667）、折_錫（5380）、激_擊（5384）、礫_歷（5151、5157、5384）瀝_歷（5159）靂_歷（5388）礰_歷（5387）／（無）。（6）

---

① 被注字原作"筞"（5158），是"策"的俗字。
② 璧辟，《廣韻》必益切，幫；癖辟，《廣韻》芳辟切，滂。
③ 俶是"俶"的俗寫。

13. 曾攝

直音 30 條，小韻 21 個。

（1）蒸

直音 20 條，小韻 13 個。

蒸：蒸饎（5237）、昇升（5380）、膺鷹（5387）、陵凌（5380）陵綾（5386）凌綾（5389）悷陵（5668）。（4）

拯：（無）。（0）

證：稱秤（5163、5163）、乘剩（5159）剩乘（5388）。（2）

職：瘜息（5160）、稶色（5367）、織䙩（5389）、餝識（5389、5634①）、埴植（5667）、蝕食（5161、5390）、柳憶（5205）。（7）

（2）登

直音 10 條，小韻 8 個。

登：蹬登（5161）、薱騰（5158）滕騰（5657）、憎曾（5159）憎增（5382）、層曾（5163）、棱楞（5159）／（無）。（5）

等：（無）／（無）。（0）

嶝：薱鄧（5205）／（無）。（1）

德：葍匐（5162）、刻剋（5385）／（無）。（2）

14. 流攝

直音 62 條，小韻 38 個。

（1）尤

直音 40 條，小韻 24 個。

尤：牟矛（5151、5157）鉾牟（5162、5205）、抽惆（5382）抽瘳（5385）瘳抽（5668）、綢紬（5667）疇疇（5667）、鶖秋（5049）、泅囚（5667）、洲州（5380）、酬讎（5378、5388）、圻丘（5157、5205）、仇求（5131、5667）、鵂休（5776）、尤疣（5159）、攸由（5379）游由

---

① 被注字原作 "餝"（5634），《合集》（5640 注 42）認爲餝是飾的俗字。

（5388）、榴流（5238）旒流（5667）。（13）

有：阜負（5161）負婦（5380）、杻丑（5386）、友有（5388）、莠誘（5159）牖誘（5163、5390）牖酉（5378）誘酉（5390）。（4）

宥：鍑富（5159）、鷲就（5157）、狩守（5159）、售受（5161）、旧臼（5162）、齅嗅（5160）、圃右（5542）。（7）

（2）侯

直音 21 條，小韻 13 個。

侯：鍮偷（5634）、投頭（5387）、堘鈎（5151、5157）溝勾（5162）鉤溝（5705）、喉喉（5160）鍭侯（5160）、歐嘔（5668）、髏婁（5160）。（6）

厚：抖斗（5669）、拇母（5158）某母（5389）、藪叟（5382）、偶藕（5158）藕禺（5160）耦藕（5238）、吼吼（5669）。（5）

候：竇豆（5380）逗豆（5635）、陋漏（5140）。（2）

（3）幽

幽：（無）。（0）

黝：（無）。（0）

幼：繆謬（5667）。（1）

15. 深攝

直音 19 條，小韻 9 個。

侵：鍼針（5151、5157、5669）、婬淫（5389）、淋林（5159）痳臨（5367）、浸侵（5237）、任壬（5151、5157、5158、5160）紝壬（5160）。（5）

寑：（無）。（0）

沁：（無）。（0）

緝：襲習（5542）、葺緝（5657）、溹溼（5151、5158、5163）啙溼①

_____

① 被注字原作“忽”（5151），《合集》（5155 注 40）校作“溹”；被注字“忽”（5163）也應校作“溹”。溹、溼、溼異體。

（5237）、級急（5163）。（4）

16. 咸攝

直音 41 條，小韻 30 個。

（1）覃

直音 8 條，小韻 4 個。

覃：壜曇（5163、5231）曇覃（5382）。（1）

感：（無）。（0）

勘：（無）。（0）

合：漯溼（5161）、噆帀（5157）帀迊（5388）噆迊①（5724）、合閤（5386）。（3）

（2）談

直音 6 條，小韻 5 個。

談：甘甘（5162）。（1）

敢：唺噉（5386）、攬覽（5384）。（2）

闞：（無）。（0）

盍：榼塔（5160）、腸胐（5162）臘蠟（5638）。（2）

（3）鹽

直音 12 條，小韻 10 個。

鹽：瞻占（5131）、籤鹽（5380）、奩廉（5162）。（3）

琰：讇諂（5231）、睒閃（5151、5157）、弇掩（5657）、撿②斂（5160）。（4）

豔：艷焰（5163）炎燄（5386）。（1）

葉：睫接（5162）、堞媟（5049）。（2）

---

① 噆帀帀迊，《集韻》作苔切。

② 原作"檢"，是"撿"的訛字。撿斂，《廣韻》良冉切。

（4）添

直音 4 條，小韻 2 個。

添：恬甜（5158①、5669）。（1）

忝：（無）。（0）

㮇：（無）。（0）

怗：疊牒（5380）蹀牒（5669）。（1）

（5）咸

直音 4 條，小韻 4 個。

咸：攙讒（5238）、鹹咸（5381）。（2）

豏：（無）。（0）

陷：（無）。（0）

洽：夾甲（5380）、狹洽（5380）。（2）

銜咸混 1 例：夾甲。

（6）銜

直音 3 條，小韻 3 個。

銜：銜咸（5634）。（1）

檻：（無）。（0）

鑑：（無）。（0）

狎：鉀甲（5163）、押鴨（5388）。（2）

銜咸混 1 例：銜咸。

（7）嚴

直音無。

（8）凡

直音 4 條，小韻 2 個。

① 《合集》（5158）的直音字原作"䑝"，䑝、甜異體。

凡：帆①氾（5667）。（1）

范：範范（5158）範犯（5237）軏笵（5385）。（1）

梵：（無）。（0）

乏：（無）。（0）

17. 小結

通過列出韻類字表，分析韻類之間的混切，可得出以下結論。

（1）198 個韻。與 206 個韻相比，廢、臻、痕、嚴韻無直音，按照四聲相承的原則，少了"廢，臻、櫛，痕、很、恨，嚴、業"八個韻類。

（2）支微、脂之、之微、刪山、銜咸有混用的情況，表明重韻已在合併的進程中。

（三）調類

1275 條直音中，平聲 563 條，上聲 222 條，去聲 228 條，入聲 262 條。這四個調類是否有合併、分化，或轄域的變化？

1. 平

未見濁音清化及平分陰陽的伴隨行爲。

2. 上

有清去注清上、濁上濁去混的現象。

（1）閫困（5205、5231、5237）。

閫《廣韻》苦本，清上；困《廣韻》苦悶，清去。

（2）乎②户（5390）

互《廣韻》胡誤，濁去；户《廣韻》侯古，濁上。

3. 去

清上注清去 1 例，如下：

---

① 帆是"帆"的俗寫。
② 乎，《合集》（5390 第 13 行）校作"互"。

（1）趣_取（5157、5634）

趣《廣韻》七句，清去；取《廣韻》七庾，清上。

4. 入

未見不同塞尾以及入聲與平上去聲互注的現象。

第二節　與傳世文獻音值不同

與傳世文獻音值不同的音注 804 條，除訛誤注音外，它們有的反映時音，有的反映方音，有的反映古音，有的間接反映民族語音，有的反映文化語音等，具有很高的研究價值。

一　時音

衆經音寫卷、與傳世文獻音值相同的佛經音寫卷均有反映唐五代時音的材料，但語音的主體是讀書音系，反映時音的現象少且零散。與之不同的是，與傳世文獻音值不同的音注中，反映時音的現象多且集中。

（一）聲母

1. 非敷奉已混

輕脣音何時產生？代表説法有：齊梁之後，"凡今人所謂輕脣者，漢魏以前讀重脣，知輕脣之非古矣。……輕脣之名，大約出于齊梁以後，而陸法言《切韻》固之，相承至今"①；隋末唐初，"齒脣音是從雙脣音演化出來的（大約在紀元後六百年）"②；"脣齒音的産生還遠在

---

① （清）錢大昕：《潛研堂文集》卷十五《答問十二》，第 18～19 頁，嘉慶十一年刊本。

② 〔瑞典〕高本漢著，趙元任、羅常培、李方桂合譯《中國音韻學研究》，商務印書館，2003，第 37 頁。

第九世紀（或更早）"①；《守温韻學殘卷》（伯 2012）"夫類隔切字有數般，須細辯輕重，方能明之，引例於後……如方美切鄙，芳逼切堛，苻巾切貧，武悲切眉，此是切輕韻重隔；如疋（匹）間切忿……此是切重韻輕隔"②，周祖謨認爲守温時唇音已有輕重之分③；《集韻·韻例》"凡字之翻切，舊以武代某，以亡代茫，謂之類隔，今皆用本字"，邵榮芬認爲"這是《集韻》輕重唇已經徹底分化的確鑿不移的證據"④；"唇音分化的時期不能晚於十二世紀"⑤。佛經音寫卷處在輕唇音分化的關鍵時期，是觀察音變的重要時間窗口。

（1）非敷混 5 例

鋒風（5162）：鋒《廣韻》敷容；風《廣韻》方戎，非。

峯風（5590）：峯《廣韻》敷容；風《廣韻》方戎。

髣方（5206、5231）：髣《廣韻》妃兩，敷；方《集韻》甫兩，非。

髣放（5634）：髣《廣韻》妃兩；放《廣韻》分网，非。

廢肺（5705）：廢《廣韻》方肺；肺《王三》芳廢，敷。

（2）非奉混 3 例

俯阜（5723）：俯《廣韻》方矩；阜《廣韻》房久，奉。

阜富（5048、5206）：阜《廣韻》房久；富《廣韻》方副。

馥腹（5587）：馥《廣韻》房六；腹《廣韻》方六。

（3）敷奉混 3 例

蝮畐（5205）：蝮《廣韻》芳福；畐《廣韻》房六。

蜂縫（5493）：蜂《廣韻》敷容；縫《廣韻》符容，奉。

扮芬（5151、5157）：扮《廣韻》符分；芬《廣韻》撫文，敷。

---

① 王力：《漢語史稿》，中華書局，1980，第 115 頁。
② 周祖謨編《唐五代韻書集存》，中華書局，1983，第 805 頁。
③ 周祖謨：《問學集》，中華書局，1966，第 505 頁。
④ 邵榮芬：《集韻音系簡論》，商務印書館，2011，第 50 頁。
⑤ 王力：《漢語史稿》，中華書局，1980，第 115 頁。

　　從上舉的材料看，晚唐五代時期，輕唇音已分化，且非敷已混，奉由於濁音清化也與非敷相混。《守温韻學殘卷》的描寫更符合實際一些，《集韻》（1037 年）的反映稍微滯後一些，"唇音分化的時期不能晚於十二世紀"的觀點有些保守。

2. 知莊章已混

　　晚唐至元初，知莊章組字的合併有兩種走向。一是莊章組合併爲照組，與知組分立，如伯 2012《守温韻學殘卷》①《宋人三十六字母》。一是知莊章合併，如伯 2578《開蒙要訓》（天成四年，929）②、《皇極經世書聲音圖》③、《禮部韻略》④、《盧宗邁切韻法》⑤、《蒙古字韻》⑥。後一種走向在敦煌寫卷中出現，被羅常培列爲唐五代的西北方音，從邵雍的音圖、盧宗邁的切韻法看，它是通語的語音變化，反映的是時音現象。

　　（1）莊章組混

　　①莊章混 1 例

　　櫛真瑟（5668）：真⑦，章；櫛《廣韻》阻瑟，莊。

---

① 斯 512《歸三十字母例》的正齒音衹有"照穿禪審"一組，表明莊、章已合流。

② 羅常培《唐五代西北方音》："在前面所引的四種藏音跟開蒙要訓的注音里，舌上音知、徹同正齒音照、穿都混而不分。"見羅常培《唐五代西北方音》，商務印書館，2012，第 183 頁。在《開蒙要訓》的注音中，知組、照（莊章）組互注的 11 例，見《唐五代西北方音》，第 118 頁。

③ 宋代邵雍《皇極經世書聲音唱和圖》第十二音圖，將知組字列在照組字後。周祖謨《宋代汴洛語音考》："考本組與照穿牀相次，而不與端透定相次，其讀音或已與照母相混。"見《問學集》，中華書局，1966，第 595 頁。

④ 李子君：《〈增修互注禮部韻略〉研究》，社會科學文獻出版社，2012，第 407～408 頁。

⑤ 盧宗邁是北宋後期江西大庾人。《盧宗邁切韻法》有知照合一、徹穿合一圖。見《魯國堯自選集·盧宗邁切韻法述評》，大象出版社，1994，第 90 頁。

⑥ 《蒙古字韻》的"知徹澄"三個字母所注釋的八思巴字，跟"照穿床"三個字母所注釋的八思巴字完全相同，甯忌浮認爲舊字母"知徹澄""照穿床"合一（見《漢語韻書史·金元卷》，上海人民出版社，2016，第 91 頁）。

⑦ 真，《廣韻》側鄰切，側是莊母，但《廣韻校釋》（191）校爲"職"，是章母。

②初昌混 3 例

蒭①吹 (5237)：蒭《集韻》窓俞，初；吹《廣韻》昌垂。

闡剗 (5162)：闡《廣韻》昌善，剗《廣韻》初限。

虵②初 (5208)：虵《廣韻》赤之，昌；初《廣韻》楚居，初。

③生書混 4 例

渗③審 (5205)：渗《廣韻》所禁，生；審《廣韻》式任，書。

疏水 (5590)：疏《廣韻》所去；水《廣韻》式軌。

試史 (5237、5542)：試《廣韻》式吏；史《廣韻》踈士，生。

弑④灑 (5668)：弑《廣韻》式吏；灑《廣韻》所寄。

（2）知莊組混

①知莊混 4 例

啄捉 (5208)：啄《廣韻》竹角，知；捉《廣韻》側角，莊。

罩爪 (5668)：罩《集韻》陟教，知；爪《集韻》阻教；莊。

讁責 (5668)：讁《廣韻》陟革；責《廣韻》側革。

貗⑤捉 (5670)：貗《廣韻》竹角；捉《廣韻》側角。

②徹初混 2 例

坼策 (5667)：坼《廣韻》丑格，徹；策《廣韻》楚革，初。

踔筞 (5669)：踔《廣韻》敕角，徹；筞的異體策，初。

③澄崇混 3 例

䧈助 (5049)：䧈《集韻》直利，澄；助《廣韻》牀據，崇。

跱助 (5667)：跱《廣韻》直里；助，崇。

齟住 (5630)：齟《廣韻》牀呂；住《廣韻》持遇，澄。

---

① 原作"芻"，是"蒭"的俗寫。
② 虵是"虵"字的俗寫。
③ 渗是"渗"的俗寫。
④ 《合集》(5686 注 185) 認爲"弑爲弑字俗體"。
⑤ 《合集》(5701 注 360) 認爲"貗爲貗字俗寫"。

（3）知章組混

①知章混 10 例

貯至（5206、5634）：貯《集韻》展吕，知；至《廣韻》脂利，章。

斲①斫（5590）：斲《廣韻》竹角，知；斫《廣韻》之若，章。

駐主（5634、5635）：駐《廣韻》中句，知；主《集韻》朱戍，章。

駐珠（5657）：駐《廣韻》中句；珠《廣韻》章俱。

挃只（5667）：挃《廣韻》陟栗，知；只《廣韻》章移、諸氏，章。

喆折（5667）：喆《廣韻》陟列；折《廣韻》旨熱，章。

追朱（5705）：追《廣韻》陟佳；朱《廣韻》章俱。

徵之仍（5388）：之，章；徵《廣韻》陟陵。

冢衆（5586）：冢《廣韻》知隴；衆《廣韻》之仲。

祝竹（5587）：祝《廣韻》之六；竹《廣韻》張六，知。

②徹昌混 4 例

撦推（5205）：撦《廣韻》丑居，徹；推《廣韻》叉②佳，昌。

暢唱（5635）：暢《廣韻》丑亮；唱《廣韻》尺亮，昌。

螭鴟（5657）：螭《廣韻》丑知；鴟《廣韻》處脂，昌。

蚩③癡（5634～5635）：蚩《廣韻》赤之，昌；癡《廣韻》丑之。

③澄禪混 1 例

闍茶加（5157）：闍《廣韻》視遮，禪；茶《廣韻》宅加，澄。

④澄章混 1 例

濁音清化導致澄章混。竚④至（5668）：竚《廣韻》直吕，澄；至《廣韻》脂利，章。

從上舉的材料看，知莊章組已合併，它與伯 2578《開蒙要訓》

---

① 斲，《合集》（5590 第 17 行）校爲"斲"。
② 叉，《廣韻校釋》（84）校爲"尺"。尺，昌母。
③ 蚩，《合集》（5635 第 1 行）校爲"蚩"。
④ 原作"竚"，《合集》（5684 注 162）認爲"竚爲竚的俗字"。

（929 年）反映的語音現象一致，可能《盧宗邁切韻法》等更符合實際
語音變化。

3. 從邪、船禪不分

南人從邪、船禪不分。《顏氏家訓·音辭篇》："南人以錢從為涎邪，
以石禪為射船，以賤從為羨邪，以是禪為舓船。"《經典釋文》："聚，俗裕
反"（117 下左）、"繩，市陵反"（51 上右）①。後南音北漸，北人也不
分。從邪不分如玄應《一切經音義》的"晴，徐盈反"②。船禪不分如
慧琳《一切經音義》的"舩（船），時緣反"③，斯 512《歸三十字母
例》④、《集韻》的"順，殊閏切；熟，神六切"。今普通話中，邪母字
一般讀擦音，而讀塞擦音的有"詞祠辭囚泅燼"等；船母字一般讀塞
擦音，而讀擦音的有"舓示諡甚乘嵊剩射麝贖實舌食蝕蛇抒脣順术述
秫沭"等；禪母字一般讀擦音，而讀塞擦音的有"辰宸臣成城誠戌盛
承丞諶忱單蟬禪澶嬋蟾儔酬殖植垂陲蜍"等。因此，通語也存在從邪、
船禪不分的現象，從邪、船禪不分已從局部的地方音進入全民的通語
中，具有普遍意義，就將這一現象納入時音來考察。

（1）從邪混 1 例

燼疾刃⑤（5162）：疾，從；燼《廣韻》徐刃，邪。

（2）船禪混 3 例

射石（5387）：射《廣韻》食亦，船；石《廣韻》常隻，禪。

淳脣（5277）：淳《廣韻》常倫；脣《廣韻》食倫。

晨神（5745）：晨《廣韻》植鄰，禪；神《廣韻》食鄰。

---

① 孫玉文《〈經典釋文〉成書年代新考》（《中國語文》1998 年第 4 期）從行政
　建制、引書、避諱判斷其"寫定於王世充僭位期間"。
② 徐時儀校注《一切經音義（三種校本合刊）》，上海古籍出版社，2008，第 177
　頁下欄左。
③ 徐時儀校注《一切經音義（三種校本合刊）》，第 1613 頁下欄右。
④ 斯 512"審穿禪照是正齒音"中，正齒音有禪無船，應是船禪不分的表現。
⑤ 原作"丑"，《合集》（5193 注 325）校作"刃"。

從邪混較少，船禪混較多。《切韻》分從邪、船禪大概是陸法言根據顏、蕭的意見"決定"的①。顏之推，祖籍琅邪臨沂，生於金陵，24歲（西元554年）被俘至北方，歷仕北齊、北周和隋；蕭該，祖籍南蘭陵（今常州西北），在金陵長大。如玄應音義離《切韻》的時代近，這麼短的時間就南音北漸，可能性不大。可能的原因在於當時北方方言的調查點太少，未徹底普查，顏、蕭的"決定"有失偏頗。

4. 于以影疑母已混

六朝隋唐初的語音資料均表明匣于不分。原本《玉篇》胡類、于類的切上字可以繫聯②，王融《雙聲詩》和庾信《問疾封中錄》將"匣、于"作雙聲③，《經典釋文》（234下右）的"滑，于八反"、李善注《文選》的"痏，胡軌切"④均是匣于混切。于、以合併爲喻，如守溫三十字母、宋人三十六字母。守溫字母、宋人三十六字母喻影存在對立，喻與影的合併一般認爲是從宋代開始的，如《集韻》的"䰟，羽軌切；侑，於罪反；腇，倚亥切；藹，阿葛切"。《集韻》《中原音韻》的聲母有疑母，它變零聲母肇端於何時？因此，揭示敦煌寫卷中于以影疑的演變意義重大。

（1）于以混5例

疣由（5205）：疣《廣韻》羽求，于；由《廣韻》以周。

讗爲（5048）：讗《玉篇》以佳⑤；爲《廣韻》薳支，于。

莠又（5237）：莠《廣韻》與久，以；又《廣韻》于救。

---

① 《切韻序》："因論南北是非，古今通塞，欲更捃選精切，除消疏緩。蕭、顏多所決定。魏著作謂法言曰：'向來論難，疑處悉盡，何不隨口記之！我輩數人，定則定矣。'法言即燭下握筆，略記綱紀。"

② 周祖謨：《萬象名義中之原本玉篇音系》，《問學集》，中華書局，1983，第295~296頁。

③ 陳新雄：《古音研究》，臺北：五南圖書出版公司，1999，第582~583頁。

④ （梁）蕭統編，（唐）李善注《文選》，中華書局，2008，第43頁上欄左。

⑤ （梁）顧野王著《大廣益會玉篇》，中華書局，2004，第43頁下欄左。

諭雨（5237）：諭《廣韻》羊戍，以；雨《廣韻》王遇，于。

鳶員（5657）：鳶《廣韻》與專；員《廣韻》王權。

（2）于影混 4 例

彗因歲（5160）：因，影；彗《廣韻》于歲。

蜎員（5317）：蜎《廣韻》於緣，影；員《廣韻》王權。

駇倚（5634）：駇《集韻》羽已，于；倚《廣韻》於綺。

吁威（5657）：吁《集韻》雲俱，于；威《廣韻》於非。

（3）以影混 3 例

陰尤（5158）：陰《廣韻》於金；尤《廣韻》餘針，以。

掖益（5238）：掖《廣韻》羊益，以；益《廣韻》伊昔，影。

杳鷂（5657）：杳《廣韻》烏皎，影；鷂《廣韻》弋照，以。

（4）疑于混 1 例

磑雨對（5388）：雨，于；磑《廣韻》五對，疑。

由以上材料可知，于以影母合併，表明于以影已變成零聲母；疑于混，表明疑母字已開始變爲零聲母，敦煌寫卷是疑母字變零聲母的肇端。

5. 濁音清化及平送仄不送

（1）濁音清化的範圍擴大

唐人筆記有清濁聲母相混的記載，如《匡謬正俗》卷七的"反非音扶奉萬反"①，《資暇集》卷中的"音鋪滂，爲蒲並"②，《酉陽雜俎》的"有市人小説呼'扁並鵲'作'褊幫鵲'"③。宋代的濁音已清化，如邵雍《聲音倡和圖》以全濁的仄聲字配不送氣清音，平聲字配送氣清音，周祖謨認爲"全濁之仄聲已讀同全清，全濁之平聲已讀同次清"④；

---

① （唐）顏師古：《匡謬正俗》，《景印文淵閣四庫全書》第 221 冊，臺灣商務印書館，1986，第 502 頁。

② （唐）李匡文：《資暇集》，中華書局，2012，第 187 頁。

③ （唐）段成式：《酉陽雜俎》，中華書局，1981，第 240 頁。

④ 周祖謨：《宋代汴洛語音考》，《問學集》，中华书局，1966，第 591 頁。

王力據《詩集傳》《楚辭集注》的反切，認爲朱熹的濁音已全部清化①。但從宋人三十六字母、司馬光《切韻指掌圖》、《韻鏡》、鄭樵《七音略》來看，全濁音整體還在。敦煌寫卷是觀察五代濁音清化的重要資料，意義重大。

①脣音

A "幫/並" 和 "非/奉" 4 例

爆抱（5205、5208、5276）：爆《廣韻》北教，幫；抱《廣韻》薄浩，並。

儐貧（5635）：儐《廣韻》必鄰，幫；貧《廣韻》符巾，並。

彎被（5668）：彎《廣韻》兵媚，幫；被《廣韻》平義，並。

俯阜（5723）：俯《廣韻》方矩，非；阜《廣韻》房久，奉。

B 敷/奉 2 例

蝮畐（5205）：蝮《廣韻》芳福，敷；畐《廣韻》房六。

蜂縫（5493）：蜂《廣韻》敷容；縫《廣韻》符容，奉。

C "並/幫滂" 和 "奉/非敷" 7 例

豩芬（5151、5157）：豩《廣韻》符分；芬《廣韻》撫文，敷。

阜富（5048、5206）：阜《廣韻》房久，奉；富《廣韻》方副，非。

弊閉（5205）：弊《集韻》蒲結，並；閉的異體閉《集韻》必結，幫。

佩貝（5238）：佩《廣韻》蒲昧；貝《廣韻》博蓋，幫。

馥腹（5587）：馥《廣韻》房六；腹《廣韻》方六。

獘丿（5669）：獘《廣韻》毗祭，並②；丿《廣韻》普蔑，幫。

圮屁（5724）：圮《廣韻》符鄙，並；屁《廣韻》匹寐，滂。

①　王力：《朱熹反切考》，見《龍蟲並雕齋文集》第 3 册，中華書局，1982，第 333～337 頁。

②　《六度集經》卷二："又有毒蟲魍魎獘鬼、雷電霹靂風雨雲霧，其甚可畏。"（T03/0152/0008c2）"獘鬼"中的"獘"義"死"。"獘"《廣韻》毗祭，義"死"。

上述的清濁互注 13 例中，塞音 7 例 （"爆儐彎弊佩斃圮"），擦音 6 例。

②舌音

A 端/定 2 例

瑭唐 （5206、5238）：瑭 《廣韻》 都郎，端；唐 《廣韻》 徒郎，定。

黮丁感 （5667）：丁，端；黮 《廣韻》 徒感。

B 徹/澄 1 例

綻坼澗 （5388）：坼，徹；綻 《廣韻》 丈莧，澄。

C 定/透 1 例

箭痛 （5669）：箭 《經典釋文》 音動，定東上①；痛 《廣韻》 他貢，透。

上述的清濁互注 4 例中，塞音 3 例，塞擦音 1 例②。

③齒頭音

A 精/從 2 例

矬則戈 （5160）：則，精；矬 《廣韻》 昨禾，從。

瘠精昔 （5327）：瘠 《廣韻》 秦昔，從。

B 從/精 3 例

漬子 （5161）：漬 《廣韻》 疾智，從；子 《集韻》 將吏，精。

蹲尊 （5276）：蹲 《廣韻》 徂尊，從；尊 《廣韻》 祖昆，精。

宰昨亥 （5389）：昨，從；宰 《廣韻》 作亥，精。

---

① "箭"字在佛典中出自 "木箭" "漆箭" "針箭" 等，如 《大般涅槃經》 卷 8 "從地流出，集木箭中" （T12/0375/0649b14），《六度集經》 卷 8 "明王！象如漆箭" （T03/0152/0050c17），《薩婆多毘尼毘婆沙》 卷 3 "藏針箭等戒" （T23/1440/0520b10）。陸德明 《周禮音義上·春官宗伯·小師》 云："漆箭，音動" ［ （唐） 陸德明撰，黃焯斷句，《經典釋文》，中華書局，1983，第 122 頁］，因此 "箭" 字取定東上來比較。

② 從前面可知，知照已混，因而知組已由塞音變成塞擦音。

④正齒音

A 崇/初 1 例

齟乂（5724）：齟《集韻》鋤加，崇；乂《廣韻》初牙。

B 書/禪 1 例

授水秀（5384）：水，書；授《廣韻》承咒，禪。

⑤牙音

A 見/群 1 例

岐居移（5542）：居，見；岐《廣韻》巨支，群。

B 溪/群 1 例

捲去員（5159）：去，溪；捲《廣韻》巨員。

C 群/見 1 例

懅己（5634）：懅《集韻》其據，群；己《廣韻》居理。

上述的清濁互注 3 例均是塞音。

⑥喉音

曉/匣 1 例

荒黃（5705）：荒《廣韻》呼光，曉；黃《廣韻》胡光，匣。

總之，清濁互注 28 例，其中塞音 13 例，塞擦音 7 例，擦音 8 例，遍布所有的全濁聲母，濁音清化的範圍進一步擴大。從數量分布來看，塞音最多，擦音略比塞擦音多。"濁音清化遵循濁擦音＞濁塞擦音＞濁塞音的順序"①，寫卷擦音清化的數量並非最多，看來早期濁音清化的規律性不強，未有明確的指向性。

（2）平送仄不送

①全濁平與次清平 2 例

捲去員（5159）：捲《廣韻》巨員，濁平；去員，清平。

_____

① 夏俐萍：《全濁聲母清化的順序》，《中國語言學報》第十七期，商務印書館，2016，第 148～163 頁。

齷叉（5724）：齷《廣韻》鉏加，濁平；叉《廣韻》初牙，清平。

②全濁仄與全清仄 11 例

阜富（5048、5206）：阜《廣韻》房久，濁上；富《廣韻》方副，清去。

漬子（5161）：漬《廣韻》疾智，濁去；子《廣韻》即里，清上。

弊閉（5205）：弊《集韻》蒲結，濁入；閉的異體閉《集韻》必結，清入。

爆抱（5205、5208、5276）：爆《廣韻》北教，清去；抱《廣韻》薄浩，濁上。

佩貝（5238）：佩《廣韻》蒲昧，濁去；貝《廣韻》博蓋，清去。

瘠精昔（5327）：瘠《廣韻》秦昔，濁入；精昔，清入。

宰昨亥（5389）：宰《廣韻》作亥，清上；昨亥，濁上。

懅己（5634）：懅《集韻》其據，濁去；己《廣韻》居理，清上。

黕丁感（5667）：黕《廣韻》徒感，濁上；丁感，清上。

鬙被（5668）：鬙《廣韻》兵媚，清去；被《廣韻》平義，濁去。

俯阜（5723）：俯《廣韻》方矩，清上；阜《廣韻》房久，濁上。

上述互注反映全濁的塞音、塞擦音按照平送仄不送的規則清化。喬全生認爲“這種類型的分化和形成當在北宋邵雍《皇極經世書聲音圖》時期”①，比它稍早的敦煌寫卷已出現端倪。

6. 見精相有腭化的趨勢

《開蒙要訓》有曉注心 1 例，即“鍠喧”②。敦煌俗文學的別字異文有“既即”“浹洽”“浹甲”“休修”“齊奇”見精代用 5 例③。敦煌詩歌的別字異文有“幸信”“將姜”“濟季”“盡近”“幸辛”見精代

---

①　喬全生：《晉方言語音史研究》，中華書局，2008，第 111 頁。

②　羅常培：《唐五代西北方音》，商務印書館，2012，第 121 頁。

③　邵榮芬：《敦煌俗文學中的別字異文和唐五代西北方音》，《中國語文》1963 年第 3 期。

用 5 例①，敦煌願文的別字異文有"九酒""及集"等見精的代用②。佛經音寫卷的見精組互注 4 例，如下。

（1）鶵窡（5049）：鶵《集韻》千余，清魚平；窡《廣韻》苦弔，溪蕭去③。

（2）鶵麴（5049）：鶵《集韻》千余，清魚平；麴《廣韻》驅匊，溪屋三入。

（3）溪七奚（5163）：溪《廣韻》苦奚，溪齊開平；七奚，清齊開平。

（4）脆跪（5667）：脆《廣韻》此芮，清祭合；跪《廣韻》去委，溪支合上④。

比上述例子時間晚的是元代的例子。《經史正音切韻指南·序》："其雞稱齎……乃方言不可憑者，則不得已而姑從其俗。"⑤ 雞，見齊開平；齎，精齊開平。見精已合流。

羅常培認爲見、精組在晚唐五代已有腭化的趨勢。"這種現象在《開蒙要訓》的注音裏已然有以從注澄、以照注從、以徹注清、以清注穿、以審注心、以邪注禪及以曉注心諸例，可見從那時候起它們已然露了顎化的痕跡了……其中祇在《大乘中宗見解》裏有一個穿母的'稱'字寫作 k'yin，這一定因爲 k'y 的讀音同 c'〔tɕ'〕相近然後纔相混。從這個僅有的暗示，我們便可以推想在《大乘中宗見解》的時代，見組

---

① 丁治民、趙金文：《敦煌詩中的別字異文研究——論五代西北方音的精見二系合流》，《溫州大學學報（社會科學版）》2009 年第 3 期，第 55~59 頁。

② 原舉 3 例，其中"須及"涉及的語音問題較多。李海玲：《敦煌願文別字異文材料所反映的語音問題》，浙江大學碩士學位論文，2013，第 33 頁。

③ 這個例子還反映了魚蕭混用，平去不分，這些是唐五代西北方音的特點，見後。

④ 這個例子還反映了支祭混用，上去混用，其中支祭混是時音的特點，上去混是西北方音的特點。

⑤ （元）劉鑑：《經史正音切韻指南》，（清）永瑢等編《四庫全書》第 238 冊，上海古籍出版社，2003，第 854~855 頁。

聲母的三、四等也開始有腭化的趨勢了"①。羅氏的觀點未得到後來學者的支持，邵榮芬認爲"這些例子大部分顯然是不可靠的"，"我們當然不能憑一兩個例子就斷言當時見系字已經腭化"②。由於各種不同的材料所指相同，例證越來越多。甯忌浮認爲"舌根音的舌面化，早在宋金元間就發生了，雖然不是後來舌面化的舌根音的全部，但至少中古開口二等韻的見溪曉匣、四等韻的見溪曉匣以及部分三等開口韻的牙喉音，確已舌面化"③，如果舌根音的腭化可在宋代發生，齒頭音的腭化可在元代發生，尖團不分出現在五代就不足爲奇。

一項條件音變，在漢語中演變的時間很長。如全濁聲母從晚唐開始清化，到《中原音韻》時北方官話已完成清化，但吳語 95 點湘語 3 點湘南桂北土話 3 點閩語 1 點至今仍全部讀濁音④。精見混，尖團不分，精見組細音在晚唐五代開始腭化，到《韻略易通》的"江 = 將，槍 = 腔"，"已不分尖團了"⑤，《圓音正考》（乾隆八年，1743）時北方官話完成腭化⑥，音變延續千年，在類型上是可能的。因此，羅氏的觀點值得尊重。

（二）韻母

1. 重韻相混

佛經音寫卷普遍存在上去混、平去混等，如果不考慮調類，重韻有

---

① 羅常培：《唐五代西北方音》，商務印書館，2012，第 188~189 頁。
② 邵榮芬：《敦煌俗文學中的別字異文和唐五代西北方音》，《中國語文》1963 年第 3 期。
③ 甯忌浮：《古今韻會舉要及相關韻書》，中華書局，1997，第 27 頁。
④ 夏俐萍：《漢語方言全濁聲母演變研究》，中國社會科學出版社，2020，第 28 頁。
⑤ 甯忌浮：《漢語語音史研究》（明代卷），中華書局，2009，第 94 頁。
⑥ 精組的合口細音字如"資諮姿嘴紫此刺次翠脆斯廝私雖死歲四隨隋遂"在普通話中未腭化，原因是合口介音或主元音對腭化有阻礙作用。濁音清化在官話中持續時間較短，但在方言中變化較慢；精組字的腭化在官話中持續時間略長，但在方言中（除粵語、閩語外）變化較快。

164 例相混，數量巨大，占全部音注（804 條）的 20.4%。

（1）東—冬混（6 例）

疼_同（5159）：疼《廣韻》徒冬；同《廣韻》徒紅，東—平。

綜_惣（5163、5634）：綜《廣韻》子宋，冬去；惣的異體揔《集韻》作弄，東—去。

沃_屋（5657）：沃《廣韻》烏酷，冬入；屋《廣韻》烏谷，東一入。

酷_哭（5667）：酷《廣韻》苦沃，冬入；哭《廣韻》空谷。

揍_宗（5667、5668）：揍《廣韻》祖叢，東—平；宗《廣韻》作冬。

緫_宗（5668）：總《廣韻》作孔，東—上。

（2）東三鍾混（9 例）

鳳_奉（5049）：鳳《廣韻》馮貢，東三去；奉《集韻》房用，鍾去。

蜂_豐①（5151）：蜂《廣韻》敷容，鍾平；豐《廣韻》敷空，東三平。

鋒_風（5162）：鋒《廣韻》敷容；風《廣韻》方戎，東三平。

蹤_中（5237）：蹤《廣韻》即容；中《廣韻》陟弓，東三平。

備_{容充}（5276）：充，東三平；備《廣韻》餘封，鍾平。

冢_衆（5586）：冢《廣韻》知隴，鍾上；衆《廣韻》之仲，東三去。

峯_風（5590）：峯《廣韻》敷容。

蜀_熟（5590）：蜀《廣韻》市玉，鍾入；熟《廣韻》殊六，東三入。

屬_熟（5667）：屬《廣韻》市玉。

（3）支脂之微祭廢混（63 例）

①支脂混 18 例

讉_爲（5048）：讉《玉篇》以佳②，脂合平；爲《廣韻》薳支，支合平。

羈①飢（5158）：羈《廣韻》居宜，支開平；飢《廣韻》居夷，脂開平。

夷移（5160）：夷《廣韻》以脂；移《廣韻》弋支，支開平。

欐梨（5207）：欐《廣韻》呂支；梨《廣韻》力脂。

劓義（5231、5238）：劓《廣韻》魚器，脂開去；義《廣韻》宜寄，支開去。

齹師（5237）：齹《廣韻》息移，支開平；師《廣韻》疏夷，脂開平。

紙至（5238）：紙《廣韻》諸氏，支開上；至《廣韻》脂利，脂開去。

圮被（5306）：圮《廣韻》符鄙，脂開上；被《廣韻》皮彼，支開上。

弭亡比（5367～5368）：比，脂開上；弭《廣韻》綿婢，支開上。

蓰息利（5570）：利，脂開去；蓰《集韻》想氏，支開上。

雌咨（5590）：雌《廣韻》此移；咨《廣韻》即夷。

淚累（5634）：淚《廣韻》力遂，脂合去；累《廣韻》良偽，支合去。

壐死（5657）：壐《廣韻》斯氏；死《廣韻》息姊，脂開上。

螭鴟（5657）：螭《廣韻》丑知，支開平；鴟《廣韻》處脂。

漬至（5657）：漬《廣韻》疾智，支開去。

彞移（5657）：彞《廣韻》以脂。

徙②四（5667）：徙《廣韻》斯氏，支開上；四《廣韻》息利，脂開去。

轡被（5668）：轡《廣韻》兵媚，脂開去；被《廣韻》平義，支

---

① 原作“轙”，《合集》（5170 注 66）：“轙璅，《麗藏》本作經文作‘羈鎖’；玄應《音義》出‘羈鎖’條，云‘今作轙，同，居奇反’。”

② 原作“徒”，《合集》（5679 注 102）校作“徙”。

開去。

②支之混 16 例

筵使（5158）：筵《廣韻》所綺，支開上；使《廣韻》疎士，之上。

漬子（5161）：漬《廣韻》疾智，支開去；子《廣韻》將吏，之去。

呰_茲耳（5222）：耳，之上；呰《廣韻》將此，支開上。

厮思（5237）：厮《廣韻》息移，支開平；思《廣韻》息茲，之平。

褫^①值（5306）：褫《廣韻》池爾，支開上；值《廣韻》直吏，之去。

枳姜里（5326）：里，之上；枳《廣韻》居帋，支開上。

穛^②癡（5238）：穛《廣韻》丑知，支開平；癡《廣韻》丑之。

躺之（5378）：躺《廣韻》章移；之《廣韻》止而，之平。

卮之（5385）：卮《廣韻》章移。

枝之（5390）：枝《廣韻》章移。

觭^③欺（5590）：觭《廣韻》去奇，支開平；欺《廣韻》去其，之平。

駭倚（5634）：駭《集韻》羽已，之上；倚《廣韻》於綺，支開上。

弑^④灑（5668）：弑《廣韻》式吏；灑《廣韻》所寄，支開去。

螭癡（5669）：螭《廣韻》丑知；癡《廣韻》丑之。

---

① 原作“貐”，《合集》（5306 注 2）認爲“貐，貏字俗寫”，“但字書未見貏字，經文中應係褫字俗訛”。

② 《合集》（5254 注 156）：“穛，穛的俗字。”

③ 《龍龕手鏡》（122）：“觭，去奇反，正作敧，不正也。”

④ 原作“弒”，《合集》（5688 注 186）認爲它是“弑”字的俗體。

飤是（5670）：飤《廣韻》祥吏；是《廣韻》承紙，支開上。

褫①峙（5724）：褫《廣韻》池爾，支開上；峙《廣韻》直里，之上。

③脂之混 9 例

厠初利（5157）：利，脂開去；厠《廣韻》初吏，之去。

瓷慈（5162）：瓷《廣韻》疾資，脂開平；慈《廣韻》疾之。

釐②梨（5205、5238）：釐《廣韻》里之；梨《廣韻》力脂。

稚值（5237）：稚《廣韻》直利；值《廣韻》直吏。

喜許几（5314）：几，脂開上；喜《廣韻》虛里，之上。

滋資（5386）：滋《廣韻》子之；資《廣韻》即夷，脂開平。

趾至（5462）：趾《廣韻》諸市，之上；至《廣韻》脂利。

袛③之（5494）：袛《集韻》蒸夷；之《廣韻》止而。

孜咨（5667）：孜《廣韻》子之；咨《廣韻》即夷。

④支微混 8 例

尉委（5163）：尉《廣韻》於胃，微合去；委《集韻》於僞，支合去。

圍爲（5205）：圍《廣韻》雨非，微合平；爲《廣韻》薳支，支合平。

韋爲（5276）：韋《廣韻》雨非。

窺歸（5276）：窺《廣韻》去隨，支合平；歸《廣韻》舉韋，微合平。

爲于貴（5382）：貴，微合去；爲《廣韻》于僞。

詭鬼（5667）：詭《廣韻》過委，支合上；鬼《廣韻》居偉；微合上。

---

① 原作"貔"，《合集》（5730 注 57）認爲"貔，乃貕字俗寫，貕又爲褫字俗寫"。

② 釐、釐異體。

③ 《合集》（5513 注 154）認爲"袛爲袛字俗寫"。

崎_奇（5667）：崎《廣韻》渠希，微開平；奇《廣韻》渠羈，支開平。

毅_義（5667）：毅《廣韻》魚既，微開去；義《廣韻》宜寄，支開去。

⑤脂微混 2 例

晷_鬼（5462）：晷《廣韻》居洧，脂合上；鬼《廣韻》居偉，微合上。

悲①_俻（5667）：悲《廣韻》扶涕，微合去；俻《廣韻》平祕，脂開去。

⑥之微混 5 例

嘻_希（5151、5157）：嘻《廣韻》許其，之平；希《廣韻》香衣，微開平。

熙_希（5151）：熙《廣韻》許其。

衣_意（5160）：衣《廣韻》於既，微開去；意《廣韻》於記，之去。

溉_己（5162）：溉《廣韻》居豙，微開去；己《廣韻》居理。

己_幾（5163）：己《廣韻》居理，之上；幾《廣韻》居狶，微開上。

⑦支祭混 4 例

楇_{爲爲}（5238）：爲，支合去；楇《廣韻》于歲，祭合。

智_{貞勵}（5326）：勵，祭開；智《廣韻》知義，支開去。

霏_歲（5586）：霏《廣韻》息委，支合上；歲《廣韻》相銳，祭合。

脆_跪（5667）：脆《廣韻》此芮，祭合；跪《廣韻》去委。

⑧微廢混 1 例

虺_{許穢}（5159）：穢，廢合；虺《廣韻》許偉，微合上。

---

① 悲、俻異體。

（4）魚虞混① （7 例）

渚主（5126）：渚《廣韻》章与，魚上；主《廣韻》之庾，虞上。

甊䦰（5232）：甀《廣韻》力朱，虞平；䦰《廣韻》力居，魚平。

縷吕（5586）：縷《廣韻》力主，虞上；吕《廣韻》力舉，魚上。

沮住（5590）：沮《廣韻》慈吕，魚上；住《廣韻》持遇，虞去。

咀住（5590）：咀《廣韻》慈吕。

齟住（5630）：齟《廣韻》牀吕，魚上。

躇之敤②（5667）：敤，虞平；躇《廣韻》直魚，魚平。

（5）泰隊代（海）混 （14 例）

①泰隊混 7 例

讀會（5048）：讀《廣韻》胡對，灰去；會《廣韻》黃外，泰合。

憒會（5048）：憒《集韻》胡對；會《廣韻》古外。

㾛烏繪（5158）：繪，泰合；㾛《龍龕手鏡》（300）烏對，灰去。

檜憒（5237）：檜《集韻》苦會，泰合；憒《廣韻》古對。

佩貝（5238）：佩《廣韻》蒲昧，灰去；貝《廣韻》博蓋，泰開。

最子内（5378）：内，灰去；最《廣韻》祖外。

潰會（5462、5668）：潰《廣韻》胡對；會《廣韻》黃外。

②泰代（海）混 7 例

匄改（5158）：匄《廣韻》古太，泰開；改《廣韻》古亥，咍上。

逮大（5205、5388）：逮《集韻》待戴，咍去；大《廣韻》徒蓋，泰開。

---

① 魚虞韻《广韻》讀音有差别，一是開口，一是合口；《中原音韻》已混同爲 * iu，都作合口。《顏氏家訓·音辭篇》："北人以庶作戌，以如作儒。" 表明南北朝後期，北方的魚虞已混，都變成合口，與《中原音韻》相同，因而晚唐五代的魚、虞可算作重韻。

② 原作 "数"，《合集》（5678 注 90）認爲它是 "敤" 的改易聲旁的俗字。

艾①尋（5238）：艾《廣韻》五蓋；尋《廣韻》五溉，咍去。

齂大（5276）：齂《廣韻》徒耐，咍去。

態太（5630、5635、5657）：態《廣韻》他代，咍去；太《廣韻》他蓋。

奈乃（5657）：奈《廣韻》奴帶，泰開；乃《集韻》乃代。

蔡菜（5669）：蔡《廣韻》倉大，泰開；菜《廣韻》倉代。

（6）佳皆混（7例）

稗槀（5205）：稗《廣韻》傍卦，佳開去；槀《集韻》步拜，皆開去

恠②古賣（5383）：賣，佳開去；怪《廣韻》古壞，皆開去。

械解（5386）：械《廣韻》胡介，皆開去；解《廣韻》胡懈，佳開去。

崖五皆（5391）：崖《廣韻》五佳。

獬界（5657）：獬《集韻》舉蟹，佳開上；界《廣韻》古拜。

礙崖（5667）：礙《廣韻》五介；崖《廣韻》五佳。

擺拜（5669）：擺《集韻》部買，佳開上；拜《廣韻》博怪，皆開去。

（7）卦夬、怪夬混（3例）

稗敗（5237）：稗《廣韻》傍卦，佳開去；敗《廣韻》薄邁，夬開。

快古怪③（5384）：快《廣韻》苦夬。

憊④敗（5667）：憊《廣韻》蒲拜，皆開去。

（8）佳麻二混（2例）

解下（5157）：解《廣韻》胡懈，佳開去；下《廣韻》胡駕，麻

---

① 《合集》（5248注101）認爲"艾，艾字的俗寫"。

② 《合集》（5414注235）認爲"恠爲怪字隸變之異"。

③ 原作"㤬"，是"恠"的俗寫，恠、怪異體。

④ 原作"憊"，《合集》（5678注100）認爲它是"憊"的俗寫。

開去。

絓誇（5668）：絓《廣韻》苦緺，佳合平；誇《廣韻》苦瓜，麻合平。

（9）真諄文欣元混（8例）

①真諄混2例

橘_{居蜜}（5162）：蜜，真開入；橘《廣韻》居聿，諄入①。

殞②_{于尹}（5379）：尹，諄上；殞《廣韻》于敏，真合上。

②真欣混2例

慇曰③（5586）：慇《廣韻》於斤，欣平；因《廣韻》於真，真開平。

覲近（5705）：覲《廣韻》渠遴，真開去；近《廣韻》巨靳，欣去。

③諄文混3例

耘尹（5237）：耘《廣韻》王分，文合平；尹《集韻》于倫，諄平。

鈞君（5462）：鈞《廣韻》居勻，諄平；君《廣韻》舉云，文合平。

橘厥（5634）：橘《廣韻》居聿，諄入；厥《廣韻》九勿，文合入。

④文元混1例

勸_{駈問}（5326）：問，文合去；勸《廣韻》去願，元合去。

（10）刪山混（10例）

鴈眼（5049）：鴈《廣韻》五晏，刪開去；眼《廣韻》五限，山開上。

---

① 切下字蜜是唇音字，唇音不分開合口，因而居蜜反與居聿切可當做開合相同。

② 原作"殯"，《合集》（5396注47）校作"殞"。

③ 曰、因異體。

間諫（5151、5157）：間《廣韻》古莧，山開去；澗《廣韻》古晏，刪開去。

黠轄（5158）：黠《廣韻》胡八，刪開入；轄《廣韻》胡瞎，山開入。

刪山（5161）：刪《廣韻》所姦，刪開平；山《廣韻》所間，山開平。

昕_{豬黠}（5367、5667）：昕《廣韻》陟鎋，山開入。

辨攀之去聲（5379）：辨《廣韻》蒲莧；攀《廣韻》普班，刪開平。

綻圻澗（5388）：澗，刪開去；綻《廣韻》丈莧，山開去。

盼①襻（5667）：盼《廣韻》匹莧；襻《廣韻》普患，刪開去。

姦間（5705）：姦《廣韻》古顏，刪開平；間《廣韻》古閑，山開平。

（11）元仙混（4例）

鶡員（5049）：鶡《廣韻》雨元，元合平；員《廣韻》王權，仙合平。

轅員（5157）：轅《廣韻》雨元。

券卷（5276）：券《廣韻》去願，元合去；卷《廣韻》居倦，仙合去。

遠于眷（5386、5387）：眷，仙合去；遠《廣韻》于願，元合去。

（12）庚二耕混（12例）

坑口莖（5151）：莖，耕平；坑《廣韻》客庚，庚二平。

迮責（5160、5586）：迮《廣韻》側伯，庚二入；責《廣韻》側革，耕入。

娙五更（5161）：更，庚二平；娙《廣韻》五莖，耕平。

齚鋤覈（5163）：覈，耕入；齚《廣韻》鋤陌，庚二入。

---

① 盼是“盼”的俗寫。

革格（5205）：革《廣韻》古核，耕入；格《廣韻》古伯，庚二入。

萌盲（5237、5634）：萌《廣韻》莫耕；盲《廣韻》武庚，庚二平。

秔耕①（5237）：秔《廣韻》古行，庚二平；耕《廣韻》古莖。

耿更（5657）：耿《廣韻》古幸，耕上；更《廣韻》古孟，庚二去。

甍盲（5657）：甍《廣韻》莫耕；盲《廣韻》武庚。

坼策（5667）：坼《廣韻》丑格，庚二入；策《廣韻》楚革。

薜百（5668）：薜《廣韻》博厄，耕入；百《廣韻》博陌。

陌麥（5705）：陌《廣韻》莫白，庚二入；麥《廣韻》莫獲，耕入。

（13）庚三清蒸混（7例）

①庚三清混1例

騁即敬（5162）：敬，庚三去；騁《廣韻》丑郢，清上。

②庚三蒸混1例

劇極（5668）：劇《廣韻》奇逆，庚三入；極《廣韻》渠力，蒸入。

③清蒸混5例

跡即（5205）：跡《廣韻》資昔，清入；即《廣韻》子力，蒸入。

餝②昔（5206）：餝《廣韻》賞職。

狋亦（5237）：狋《廣韻》與職，蒸入；亦《廣韻》羊益，清開入。

擲直（5387、5635）：擲《廣韻》直炙，清開入；直《廣韻》除力。

抑③益（5657）：抑《廣韻》於力；益《廣韻》伊昔。

---

① 《合集》（5245注67）認爲"秔、粳皆秔的異體俗字"。耕《合集》（5245注67）校爲"耕"。

② 《合集》（5212注52）："餝作飾的俗字。"

③ 抑是"抑"的俗寫。

（14）尤幽混（1 例）

虬求（5669）：虬《廣韻》渠幽，幽平；求《廣韻》巨鳩，尤平。

（15）覃談混（8 例）

哳子塔（5160）：塔，談入；哳《集韻》作荅，覃入。

榙吐合（5206）：合，覃入；榙《集韻》託盍，談入。

灆南（5206）：灆《集韻》盧甘；南《廣韻》那含。

蚶火含（5326）：蚶《廣韻》呼談；含，覃平。

藍落含（5382）、藍盧含（5386）：藍《廣韻》魯甘，談平。

闔閤（5657）：闔《廣韻》胡臘，談入；閤《廣韻》古沓，覃入。

嵐藍（5657、5668）：嵐《廣韻》盧含；藍《廣韻》魯甘。

曇談（5705）：曇《廣韻》徒含；談《廣韻》徒甘。

（16）咸銜混（3 例）

陜押（5161）：陜《集韻》轄夾，咸入；押《廣韻》烏甲，銜入。

騙①士甲（5542～5543）：騙《廣韻》士洽，咸入。

緘監（5657）：緘《廣韻》古咸，監《廣韻》古銜。

由上可知，通攝的東一與冬、東三與鍾混併，止攝的支脂之微混併；遇攝的魚虞混併，蟹攝的佳皆、怪夬、泰開代、泰合隊混併，臻攝的真諄、諄文混併，山攝的刪山混併，梗攝的庚二耕、庚三清蒸混併，流攝的尤幽混併，咸攝的覃談、咸銜混併。總之，晚唐五代的韻類已大幅減少。

2. 四等韻的合流

四等韻與洪音關係密切，例如《切韻》的反切上字一、二、四等爲一類，三等爲一類。四等韻讀洪音在今南方漢語中廣泛存在，如廣東連州豐陽土話除蕭韻外，其他的四等韻有今讀洪音的現象②；湘西鄉話

---

① 原作“唊”。《合集》（5549 注 62）：“《大正藏》校記謂‘騙鹹’宋《資福藏》、元《普寧藏》、明《嘉興藏》等本作‘唊噏’。”

② 莊初升：《連州市豐陽土話的音韻特點》，《語文研究》2001 年第 3 期，第 51～55 頁。

有"純四等韻讀洪音"的現象①。類似的情況在侗台、苗瑶語中大量存在，如"雞"布依語讀 kai；"底"畬語讀 tai。晚唐五代時期，四等韻混入三等，變成細音。

（1）齊與支脂之祭的合流

①支齊混 2 例

嘶斯（5159）：嘶《廣韻》先稽，齊開平；斯《廣韻》息移，支開平。

蜱方奚（5159）：奚，齊開平；蜱《集韻》賓彌，支開平。

②脂齊混 3 例

底丁利（5326）：利，脂開去；底《廣韻》都禮，齊開上。

底豬死（5368）：死，脂開上。

胜比（5705）：胜《龍龕手鏡》（410）毗米，齊開上；比《廣韻》毗至，脂開去。

③之齊混 1 例

底丁里（5326）：里，之上；底《廣韻》都禮，齊開上。

④齊祭混 7 例

詣藝（5151）：詣《廣韻》五計，齊開去；藝《廣韻》魚祭，祭開。

蔽閉（5157、5586）：蔽《廣韻》必袂，祭開；閉《廣韻》博計，齊開去。

礪麗（5163）：礪《廣韻》力制，祭開；麗《廣韻》郎計。

蠣礼（5205）：蠣《廣韻》力制；礼《廣韻》盧啓，齊開上。

帝貞勵（5326）：勵，祭開；帝《廣韻》都計，齊開去。

例力剃（5379）：剃，齊開去；例《廣韻》力制，祭開。

劂②計（5587）：劂《廣韻》居例；計《廣韻》古詣，齊開去。

從以上齊與支脂之祭混用的數量來看，齊主要是混入祭，其次纔是

---

① 楊蔚：《湘西鄉話音韻研究》，暨南大學博士學位論文，2004，第 56～58 頁。

② 《合集》（5600 注 83）認爲"劂又爲劇的簡俗字"。

混入支脂之。

（2）先與真元仙的合流

①真先混 1 例

津_{子憐}（5384）：憐，先開平；津《廣韻》將鄰，真開平。

②元先混 5 例

淵_惌①（5237）：淵《廣韻》烏玄，先合平；惌《廣韻》於袁，元合平。

絢獻（5657）：絢《廣韻》許縣，先合去；獻《廣韻》許建，元開去。

譎厥（5667）：譎《廣韻》古穴，先合入；厥《廣韻》居月，元合入。

繭建（5668）：繭《廣韻》古典，先開上；建《集韻》紀偃，元開上。

軒袄（5276）：軒《廣韻》虛言，元開平；袄《廣韻》呼煙，先開平。

③仙先混 21 例

篾滅（5237）：篾《廣韻》莫結，先開入；滅《廣韻》亡列，仙開入。

愐麵（5158）：愐《廣韻》彌兗，仙開上；麵《廣韻》莫甸，先開去。

澈_{持結}（5160）：澈《廣韻》直列，仙開入。

牽遣（5162）：牽《廣韻》苦堅，先開平；遣《廣韻》去演，仙開上。

跣鮮（5162）：跣《廣韻》蘇典，先開上；鮮《廣韻》息淺，仙開上。

---

① 惌是"怨"的形增俗字。

薦①箭（5206）：薦《廣韻》作甸；箭《廣韻》子賤，仙開去。

遷千（5237）：遷《廣韻》七然，仙開平；千《廣韻》蒼先。

哲茆②（5238）：哲《廣韻》陟列；茆《廣韻》子結。

齧蘖③（5238、5306、5667）：齧《廣韻》五結；蘖《廣韻》魚列。

褰牽（5276）：褰《廣韻》去乾，仙開平；牽《廣韻》苦堅。

褰牽（5277）：褰《廣韻》去乾。

甄烟④（5277）：甄《廣韻》居延，仙開平；烟《廣韻》烏前，先開平。

屑四⑤列（5389）：屑《廣韻》先結，先開入。

先線（5389）：先《廣韻》蘇佃，先開去；線《廣韻》私箭，仙開去。

先息箭（5389）：先《廣韻》蘇佃；箭，仙開去。

蠲卷（5360）：蠲《廣韻》古玄，先合平；卷《廣韻》居轉、居倦，仙合上、去。

愆牽（5635）：愆⑥《廣韻》去乾，仙開平。

甄堅（5635）：甄《廣韻》居延；堅《廣韻》古賢，先開平。

崒蘖⑦（5657）：崒《廣韻》五結；蘖《廣韻》魚列。

綖前（5668）：綖《集韻》相然；前《廣韻》昨先。

跣線（5668）：跣《廣韻》蘇典。

先與真元仙混用 27 例，從混用的數量看，先主要混入仙，其次是元，少部分混入真。

---

① 原作"鷹"，《合集》（5214 注 67）認爲"鷹，當作薦或韉"，選"薦"來比較。
② 茆是"節"的俗寫。
③ 蘖、蘖異體。
④ 原作"烟"，是"烟"的俗寫。
⑤ 原作"日"，《滙考》（1158）認爲"日"字誤。日是"四"的訛字。
⑥ 原作"愆"，《合集》（5651 注 135）認爲"愆爲愆的俗字"。
⑦ 崒、蘖，《合集》（5657 第 4 行）分別校爲"崒、蘖"。

（3）蕭與宵的合流

矯叫①（5048）：矯《廣韻》居夭，宵上；叫《廣韻》古弔，蕭去。

竅要（5634）：竅《廣韻》苦弔，蕭去；要《廣韻》於笑，宵去。

杳鷕（5657）：杳《廣韻》烏皎，蕭上；鷕《廣韻》弋照，宵去。

（4）青與庚三清蒸的合流

①青庚三混 3 例

隙喫（5205、5634）：隙《萬象名義》② 丘戟，庚三入；喫《廣韻》苦擊，青入。

洴③平（5668）：洴《廣韻》薄經，青平；平《廣韻》符兵，庚三平。

謦④慶（5723）：謦《集韻》詰定，青去；慶《廣韻》丘敬，庚三去。

②青清混 7 例

醒⑤性（5158、5159、5163）：醒《廣韻》蘇挺，青開上；性《廣韻》息正，清開去。

柝⑥昔（5159、5238、5389）：析《廣韻》先擊，青開入；昔《廣韻》思積，清開入。

刺戚（5162）：刺《廣韻》七迹，清開入；戚《廣韻》倉歷，青開入。

錫昔（5163）：錫，青開入；昔，清開入。

---

① 原作“叫”，《合集》（5048 第 9 行）校爲“叫”。
② 〔日〕釋空海編《篆隸萬象名義》，中華書局，1995，第 226 頁上欄。隙，大徐本《說文解字》作“隙”。隙、隙異體。
③ 原作“莊”，《合集》（5684 注 165）認爲它是“洴”的訛省。
④ 《合集》（5724 注 2）：“謦，謦的俗字。”謦，《集韻》棄挺、詰定切。慶，《廣韻》丘敬切。選詰定、丘敬切來比較。
⑤ 原作“悝”，《合集》（5170 注 67）：“悝，北 6295 號經本有‘而我未得悝悟之心’句，應即此字所出，斯 829、2415 號等經本作‘醒’，玄應《音義》出‘醒悟’條。”以“醒”來比較。
⑥ 柝是“析”的俗寫。

薦星歷（5570）：歷，青開入；薦《廣韻》思積。

襞壁（5668）：襞《廣韻》必益，清開入；壁《廣韻》北激，青開入。

慼赤（5705）：慼《廣韻》倉歷；赤《廣韻》昌石，清開入。

③青蒸混 2 例

瀝力（5206）：瀝《廣韻》郎擊，青入；力《廣韻》林直，蒸入。

麊力（5237）：麊《廣韻》郎擊。

青與庚三清蒸相混共 11 例，從數量分布看，青主要混入清，其次是蒸和庚三。

（5）添與鹽嚴的合流

①鹽添混 7 例

箧苦箂（5131）：箂，鹽入；箧《廣韻》苦協，添入。

頬①計葉（5162）：葉，鹽入；頬《廣韻》古協。

點丁焰（5362）：焰，鹽去；點《集韻》都念，添去。

忝他染（5380）：染，鹽上；忝《廣韻》他玷，添上。

謙欠（5365）：謙《廣韻》苦兼，添平；欠《廣韻》去劍，嚴去。

炎以念（5382）：念，添去；炎《集韻》以瞻，鹽去。

惔以念（5384）：惔《集韻》以瞻。

②添嚴混 1 例

箧怯（5237）：怯《廣韻》去劫，嚴入。

添與鹽嚴相混 8 例，從數量分布看，添主要混入鹽，其次是嚴。

總之，晚唐五代的四等韻正在消失，逐漸混入三等韻中，以接近的鄰韻爲多，中古時期的開合四等已開始向開齊合撮邁進。

3. 二等韻的細音化

二等韻獨立成部可追溯至齊梁時期。"可以很清楚地看到，齊梁以

---

① 原作"瀕"，《合集》（5162 第 8 行）校爲"頬"。

下韻部的分類跟劉宋時期有很多不同，其中最顯著的是二等韻大部分獨立成爲一部。如江韻、山韻、删韻、皆韻、佳韻、麻韻、肴韻、覺韻、點韻等都是。"① 《切韻》的二等與一、四等同屬洪音，但從晚唐五代始，二等韻逐漸細音化。

（1）江混入陽

《切韻》時期，江在通攝，與東冬近，與陽遠。此後，江韻逐漸"擺脱"通攝的控制，與宕攝靠攏，通過量變的積累，至《中原音韻》時期，完成江陽韻的質變。晚唐五代時期，它處在詞彙擴展的量變階段。

斲②斫（5590）：斲《廣韻》竹角，江入；斫《廣韻》之若，陽入。

（2）肴混入宵

《廣韻》規定肴獨用，表明肴與蕭、宵、豪整體有別。佛經音寫卷中，肴的唇音字與豪合併，如爆抱（5205、5208、5276）③；肴的牙音字混入宵韻，開啓了腭化的進程。

絞矯（5635）：絞《廣韻》古巧，肴上；矯《廣韻》居夭，宵上。

《集韻》二等韻開口牙喉音的反切上字幾乎是普通三等字和重紐三等字，張渭毅據此肯定《集韻》絕大多數二等韻開口的牙喉音字有介音 j。④ "舌根音的舌面化，早在宋金元間就發生了，雖然不是後來舌面化的舌根音的全部，但至少中古開口二等韻的見溪曉匣、四等韻見溪曉匣以及部分三等開口韻的牙喉音，確已舌面化。"⑤ 佛經音寫卷見組的肴混入宵是二等韻舌面化的先驅。材料較少，但它可證明二等韻的牙喉

---

① 周祖謨：《齊梁陳隋時期詩文研究》，見《漢魏晉南北朝韻部演變研究》，中華書局，2007，第 350 頁。

② 斲，《合集》（5590 第 17 行）校作"斲"。

③ 爆，《廣韻》北教切，肴去；抱，《廣韻》薄浩切，豪上。

④ 張渭毅：《集韻研究概説》，見《中古音論》，河南大學出版社，2006，第 18～22 頁。

⑤ 甯忌浮：《古今韻會舉要及相關的韻書》，中華書局，1997，第 27 頁。

音字已處在細音化的進程中。

4. 重紐已無差别

《切韻》、玄應音義、《集韻》[1] 均存在重紐的對立。一般認爲重紐是古音殘留[2]，而反映時音的材料與之不同，重紐不對立。

（1）頍[3]隗（5158）：規《集韻》均窺，群支合平 A；隗《集韻》俱爲，群支合平 B[4]。

（2）翹橋（5207）：翹《廣韻》渠遥，群宵平 A；橋《廣韻》巨嬌，群宵平 B。

（3）裨碑（5462）：裨《集韻》賓彌，幫支開平 A；碑《集韻》班糜，幫支開平 B。

（4）鄙比（5586）：鄙《廣韻》方美，幫脂開上 B；比《廣韻》卑履，幫脂開上 A。

（5）鼈别（5587）：鼈《廣韻》并列，幫仙開入 A；别《廣韻》方别，幫仙開入 B。

（6）鑣摽（5657）：鑣《集韻》悲嬌，幫宵平 B；摽《集韻》卑遥，幫宵平 A。

從上述重三、重四互注來看，晚唐五代的重紐已混，《集韻》重紐的對立由編纂者承襲舊音造成，實際的語音已無差别。

5. 東三的明母字變一等

《切韻》《集韻》東三和東一的明母字不混，但《經典釋文》有明母的被注字是東三，切下字是東一的現象，如“夢，亡弄反（40 上左）；

① 邵榮芬：《集韻音系簡論》，商務印書館，2011，第 13～19 頁。

② 參竺家寧《重紐作古音殘留説》，《聲韻論叢》第六輯，臺北：學生書局，1997，第 285～302 頁；余迺永《中古重紐之上古來源及其語素性質》，《聲韻論叢》第六輯，第 107～174 頁。

③ 《合集》（5171 注 78）認爲“頍，應爲規的俗字”。

④ “B”指《韻鏡》列三等，“A”指《韻鏡》列四等。

夢，莫空反（97 上左）；瞢，亡貢反（130 上左）"，邵榮芬認爲東三和尤的明母字在輕脣化之前已失去前腭介音，變入一等①，與東三和尤變一等是同時的語音現象②。佛經音寫卷也有這類語音現象，如下。

（1）朦夢（5206）：朦《廣韻》莫紅，明東一平；夢《廣韻》莫中，明東三平。

（2）目木（5383）：目《廣韻》莫六，明東三入；木《廣韻》莫卜，明東一入。

沈建民認爲《經典釋文》中東三和尤的明母字與一等混由又音造成③。介音 i 或 j 的丢失是東三和尤韻明母字變入一等的條件，表明它與又音無關。《集韻》未能反映東三和尤的明母字變一等，但這種音變至少起源於《經典釋文》，歷唐五代，到《中原音韻》將"蒙瞢"和"目木"作同音字組纔算徹底完成。

6. 尤韻的莊組字變一等

《切韻》《集韻》的莊組三等字未選用一等字作切下字。佛經音寫卷中，莊組三等字變一等集中在流攝上。

（1）瘦所候（5140）：所候，生侯去；瘦《廣韻》所祐，生尤去。

（2）鄒賾候（5667）：賾候，莊侯去；鄒《廣韻》側鳩，莊尤平。

上述材料表明莊組字的 i 介音已脫落，聲母已變成捲舌音。佛經音寫卷未見章組字由細變洪的例子，這表明章組字的 i 介音未脫落。從慧琳、可洪的梵漢對音來看，莊組字是捲舌音，章組字爲舌面音④。反切和梵漢對音可互證，莊組字的 i 介音早於章組先脫落。

7. –m 混入 –n

胡曾（湖南邵陽人，約 840 ~ ?）《戲妻族語音不正》（《全唐詩》

① 邵榮芬：《切韻尤韻東三等脣音聲母字的演變》，見《邵榮芬語言學論文集》，商務印書館，2009，第 107 ~ 119 頁。

② 邵榮芬：《集韻音系簡論》，商務印書館，2011，第 115 頁。

③ 沈建民：《〈經典釋文〉音切研究》，中華書局，2007，第 63 ~ 66 頁。

④ 黃仁瑄：《唐五代佛典音義研究》，中華書局，2011，第 294、314 頁。

卷 870）："呼十却爲石，喚針將作眞。忽然雲雨至，總道是天因。"
"針"，章侵，收 − m 尾；"眞"，章眞，收 − n 尾。"陰"，影侵，收 − m
尾；"因"，影眞開，收 − n 尾。劉攽《中山詩話》"荆楚以南爲難"。
南，泥覃平，收 − m 尾；難，泥寒平，收 − n 尾。《中原音韻》的唇音字
中，"品、帆、凡、範、泛、范、犯"由 − m 變 − n。王力認爲 " − m 的
全部消失，不能晚於 16 世紀，因爲 17 世紀初葉（1626）的《西儒耳目
資》裏已經不再有 − m 尾的韻了"①。今勾稽佛經音寫卷的材料，來補
正晚唐五代閉口韻消失的情況。

（1）稟②儐（5205）：稟《廣韻》筆錦，侵 B 上；儐《廣韻》必
刃，眞 A 去。

（2）儐稟（5237）、殯稟（5237）：儐、殯《廣韻》必刃。

"稟儐殯"是侵韻的唇音字。蔣冀騁認爲 − m > − n 的順序是 "唇
音 > 齒音、舌音 > 舌頭、舌根"③。按照這個順序，敦煌寫卷和《中原
音韻》處在音變鏈的開端，唐詩處在中間，《中山詩話》處在完成階
段。以此來看，南方（胡曾的妻族、荆楚方言）語音發展速度快於
北方。

（三）聲調

1. 平分陰陽

濁音清化導致聲母的清濁對立消失，清高濁低的羨餘特徵凸顯出
來，取代聲母的清濁成爲新的區別特徵。佛經音寫卷中，全濁平有變爲
送氣清音的現象。

捲去員（5159）：捲《廣韻》巨員，全濁平；去員，次清平。"捲"
與"員"均是濁平。

濁平字的反切選濁平的切下字，可能已平分陰陽。僅此一例，孤例

---

① 王力：《漢語史稿》，中華書局，1980，第 135 頁。
② 稟，《合集》（5205 第 17 行）校爲"稟"。
③ 蔣冀騁：《阿漢對音與元代漢語語音》，中華書局，1980，第 169 ~ 173 頁。

不立。

2. 濁上變去

濁上變去有兩種形態，一是濁上與濁去互注，一是濁上與清去互注，這兩種形態佛經音寫卷均有。

（1）濁上與濁去 33 例

附父（5157）：附《廣韻》符遇，濁去；父《廣韻》扶雨，濁上。

伎騎（5157）：伎《廣韻》渠綺，濁上；騎《廣韻》奇寄，濁去。

殄[①]殿（5157）：殄《廣韻》徒典，濁上；殿《廣韻》堂練，濁去。

沮[②]慈預（5158）：慈預，濁去；沮《廣韻》慈呂，濁上。

誂徒弔（5160）：徒弔，濁去；誂《廣韻》徒了，濁上。

佷[③]很（5161、5388）：很《廣韻》胡墾，濁上；佷《廣韻》胡艮，濁去。

靖净（5162、5667）：靖《廣韻》疾郢，濁上；净《廣韻》疾政，濁去。

粗柞（5162）：粗《廣韻》徂古，濁上；柞《廣韻》昨誤，濁去。

豉是（5205、5238）：豉《廣韻》是義，濁去；是《廣韻》承紙，濁上。

曝抱（5205）：曝《廣韻》薄報，濁去；抱《廣韻》薄浩，濁上。

悷号（5208）：悷《集韻》下老，濁上；号《廣韻》胡到，濁去。

桂毗謎（5222）：毗謎[④]，濁去；桂《廣韻》傍禮，濁上。

祀寺（5237）：祀《廣韻》詳里，濁上；寺《廣韻》祥吏，濁去。

柎户（5238）：柎《集韻》符遇，濁去；户《廣韻》侯古，濁上。

---

① 殄是"殄"的俗寫。
② 原作"俎"，《合集》（5172 注 89）："俎壞……《麗藏》本作沮壞，玄應《音義》出沮壞條。"以"沮"來比較。
③ 佷、很異體。
④ 謎，《廣韻》莫計切，去聲。

褫[1]值（5306）：褫《廣韻》池爾，濁上；值《廣韻》直吏，濁去。

咎舊（5378、5386）：咎《廣韻》其九，濁上；舊《廣韻》巨救，濁去。

暴抱（5381）：暴《廣韻》薄報，濁去。

辯弁（5383）：辯《廣韻》符蹇，濁上；弁《廣韻》皮變，濁去。

侍市（5386）：侍《廣韻》時吏，濁去；市《廣韻》時止，濁上。

調徒了（5387）：徒了，濁上；調《廣韻》徒弔，濁去。

償時掌（5388）：時掌，濁上；償《廣韻》時亮，濁去。

行胡猛（5388）：胡猛，濁上；行《廣韻》下更，濁去。

沮住（5590）：沮《廣韻》慈吕，濁上；住《廣韻》持遇，濁去。

咀住（5590）：咀《廣韻》慈吕，濁上。

齟住（5630）：齟《廣韻》牀吕，濁上。

緩換（5634）：緩《廣韻》胡管，濁上；換《廣韻》胡玩，濁去。

晧号（5634）：晧《廣韻》胡老，濁上；号《廣韻》胡到，濁去。

跱助（5667）：跱《廣韻》直里，濁上；助《廣韻》牀據，濁去。

瓠戶（5669）：瓠《廣韻》胡誤，濁去。

飤是（5670）：飤《廣韻》祥吏，濁去。

脄比（5705）：脄《龍龕手鏡》（410）毗米，濁上；比《廣韻》毗至，濁去。

峙筋（5724）：峙《廣韻》直里，濁上；筋《廣韻》遲倨，濁去。

饍善（5733）：饍《廣韻》時戰，濁去；善《廣韻》常演，濁上。

（2）濁上清去 8 例

阜富（5048、5206）：阜《廣韻》房久，濁上；富《廣韻》方副，清去。

---

[1] 原作"貏"，《合集》（5306 注 2）認爲"貏，貏字俗寫"，"但字書未見貏字，經文中應係褫字俗訛"。

咀至（5276）：咀《廣韻》慈呂，濁上；至《廣韻》脂利，清去。

咀側鋸（5367）：側鋸，清去。

眠①至（5657）：眠《廣韻》承矢，濁上。

豸積（5657）：豸《廣韻》池爾，濁上；積《廣韻》子智，清去。

竚②至（5668）：竚《廣韻》直呂，濁上。

擺拜（5669）：擺《集韻》部買，濁上；拜《廣韻》博怪，清去。

圮屁（5724）：圮《廣韻》符鄙，濁上；屁《廣韻》匹寐，清去。

從數量看，濁上濁去混（33 例）多於濁上清去混（8 例）。前者是主要的形態，爲“濁上變去”的早期現象；而後者是“濁上變去”完成的標誌。因此，從形態看，寫卷的濁上變去處在量變到質變的累積過程中，未徹底完成。

3. 入聲的消變

入聲的消變經歷兩個階段，先 -p、-t、-k 互注，塞尾弱化；再與平、上、去互注，派入三聲，塞尾消失。塞尾弱化、消失的材料佛經音寫卷均有。

（1）塞尾弱化（3 例）

齰鋤錯（5163）：錯，-t尾；齰《廣韻》鋤陌，-k尾。

苾蒲翼（5367）：翼，-k尾；苾《廣韻》毗必，-t尾。

欝郁（5590）：欝《廣韻》紆物，-t尾；郁《廣韻》於六，-k尾。

（2）入派三聲（12 例）

①濁入與濁去 4 例

鵠号（5205）：鵠《廣韻》胡沃，濁入；号《廣韻》胡到，濁去。

鵠或造（5239）：或造，濁去；鵠《廣韻》胡沃，濁入。

齭截（5306）：齭《廣韻》在詣，濁去；截《廣韻》昨結，濁入。

---

① 原作“眂”，是“眠”的俗寫。
② 原作“竓”，《合集》（5684 注 162）認爲它是“竚”的俗字。

臾佾（5667）：臾《集韻》符勿，濁入；佾《廣韻》平祕，濁去。

②濁入與濁平 1 例

趜求（5159）：趜《廣韻》渠竹，濁入；求《廣韻》巨鳩，濁平。

③清入與清平或上 2 例

鴟麴（5049）：鴟《集韻》千余，清平；麴《廣韻》驅匊，清入。

捭只（5667）：捭《廣韻》陟栗，清入；只《廣韻》章移、諸氏，清平、上。

④清入與濁上 1 例

複胡部（5237）：胡部，濁上；複《廣韻》方六，清入。

⑤清入與清去、濁去 3 例

覆赴（5151、5158、5159）：覆《廣韻》芳福，清入；赴《廣韻》芳遇，清去。

失試（5161、5162）：失《廣韻》式質，清入；試《廣韻》式吏，清去。

斃丿（5669）：斃《廣韻》毗祭，濁去；丿《廣韻》普蔑，清入。

⑥次濁入與次濁去 1 例

戾列（5161）：戾《廣韻》郎計，次濁去；列《廣韻》良薛，次濁入。

從兩個階段並存的狀態看，"入派三聲"未完成。《中原音韻》入派三聲的規則：全濁聲母派陽平，次濁聲母派去聲，清聲母派上聲。佛經音寫卷的入派三聲與《中原音韻》不完全相同，有自己的特色。

二　方音

（一）聲母

1. 非組的喉化

西北地區十二世紀末有曉組與非組混用的現象，如《番漢合時掌中珠》的同一西夏文既注漢語的輕唇音（非、敷、奉），也注喉音（曉、匣）①。比這更早的是天城梵書《金剛經》寫卷的對音，"中古漢語非奉兩紐的對音均讀爲 hv，這同現代漢語有密切關係，今山西文水方音讀非敷奉紐字爲［x］"②。佛經音寫卷也有"非、奉"與匣互注的材料，如下。

（1）柎户（5238）：柎《集韻》符遇，奉虞去；户《廣韻》侯古，匣模上。

（2）鍑胡部（5237）：胡部，匣模上；鍑《廣韻》方六，非屋三入。

唇齒音的喉化和喉音的唇化是兩種常見的方言現象，原因在於 h（包括 x）和 f 是"鈍"（grave）音，在頻譜圖上，能量主要集中在低頻區。非組字的喉化與 u 有關。發 u 時，雙唇隆起，聲腔拉長，導致聲道共振頻率降低，能量集中在低頻區。由於聲、韻母都有"鈍"的聲學特徵，聽感較接近，u 前的 h（包括 x）和 f 相混是較爲普遍的方言現象。f 的發音收緊點在唇，u 的收緊點在軟腭和唇，在 f 和 u 的協同發音（coarticulation）中，如果唇聲源的響度被降低，軟腭或喉收緊點的響度被擴大，易被感知爲喉音或軟腭音，從而發生 f > h/_u 的音變。

《番漢合時掌中珠》、梵書《金剛經》和佛經音寫卷反映的語音現象相同，即唐五代至十二世紀末，河西地區的非組字有喉化現象。

2. 泥來不分

泥和來不分是較普遍的語言現象，官話如南京一律是 l，重慶一律是 n，蘭州 n、l 兩可③；方言如湘語的長沙話、雙峰話 n 和 l 是同一音位的自由變體④，贛語的南昌話在開合二呼前統讀 l，在齊撮二呼前

① 龔煌城：《十二世紀末漢語的西北方音（聲母部分）》，見《西夏語言文字研究論集》，民族出版社，2005，第 509～511 頁。
② 張清常：《唐五代西北方言一項參考材料——天城梵書金剛經殘卷》，《内蒙古大學學報》1963 年第 2 期，第 129～143 頁。
③ 袁家驊等編《漢語方言概要》，語文出版社，2006，第 29 頁。
④ 袁家驊等編《漢語方言概要》，第 103、111 頁。

讀 n̩^① 等。這一現象並非憑空而出，而是前有所承。郝敬（1558～1639）《五聲譜》記載的明末湖北京山方言 "泥來不分，不論洪細完全混同"^②。比這更早的是唐五代，佛經音寫卷有泥來互注的現象。

（1）灆_南（5206）：灆《集韻》盧甘，來；南《廣韻》那含，泥。

（2）嫩^③_論（5590）：嫩《廣韻》奴困，泥；論《廣韻》盧困。

敦煌俗文學的別字異文有泥來代用 6 例^④；敦煌蒙書注音有 "歷注溺、農注饢" 2 例，羅常培據此將泥、來母均擬讀作 l^⑤。今甘肅漢語方言泥來不分有民樂，洪混細分有玉門、定西、天水等地，"個別韻母前混" 的有沙洲、肅州、酒泉等地^⑥。邵榮芬據今敦煌一帶的方言泥來不混，認爲這種現象在唐五代不普遍，是沒有把握的結論^⑦。但佛經音義、蒙書注音、俗文學的別字三種材料指向相同，足可以證明唐五代西北敦煌一帶的方音泥來不分。n、l 均是響音，阻塞部位都在舌尖的中部，如果 n 鼻化度不高，就會成爲 l 的音位變體。應有比唐五代更早的例子，惜古人尊奉雅言，排斥方言，記載方言的材料較少，導致例證的缺乏。

3. 精與知莊章組的混用

從守溫字母、宋人三十六字母看，精與知照組對立，表明晚唐五代北宋的通語中，精與知照組界限分明。而在敦煌寫卷中，精與知照組發生混用，例子多，分布的範圍廣。

---

① 袁家驊等編《漢語方言概要》，第 128 頁。

② 甯忌浮：《漢語韻書史（明代卷）》，上海人民出版社，2009，第 297 頁。

③ 《合集》（5629 注 378）："嫩同嫩。"

④ 邵榮芬：《敦煌俗文學中的別字異文和唐五代西北方音》，《中國語文》1963 年第 3 期。

⑤ 羅常培：《唐五代西北方音》，商務印書館，2012，第 115～117 頁。

⑥ 李藍：《敦煌方言與唐五代西北方音》，《方言》2014 年第 4 期，第 305～320 頁。

⑦ 邵榮芬：《敦煌俗文學中的別字異文和唐五代西北方音》，《中國語文》1963 年第 3 期。

（1）精知組互注 14 例

捷除獵（5207）：除，澄；捷《廣韻》疾葉，從。

詠進（5237）：診《廣韻》直刃，澄；進《廣韻》即刃，精。

蹱中（5237）：蹱《廣韻》即容；中《廣韻》陟弓，知。

涱①將（5237）：涱《廣韻》陟良；將《廣韻》即良。

椽全（5238）：椽《廣韻》直攣；全《廣韻》疾緣。

嚼除爵（5368）：嚼《廣韻》在爵，從。

沮住（5590）：沮《廣韻》慈呂，從；住《廣韻》持遇，澄。

咀住（5590）：咀《廣韻》慈呂。

豸積（5657）：豸《廣韻》池爾，澄；積《廣韻》子智，精。

獎長（5657）：獎《廣韻》即兩；長《廣韻》知丈。

琛寢（5657）：琛《廣韻》丑林，徹；寢《廣韻》七稔，清。

彘净（5667）：彘《廣韻》直例；净《廣韻》疾政。

陟即（5668）：陟《廣韻》竹力，知；即《廣韻》子力。

鷺沉（5669）：鷺《廣韻》昨淫，從；沉《廣韻》直深。

（2）精莊組互注 4 例

甗師（5237）：甗《廣韻》息移，心；師《廣韻》疏夷，生。

咀側鋸（5367）：側，莊；咀《廣韻》慈呂，從。

咀俎（5634）：咀《廣韻》子與，精；俎《廣韻》側呂。

幘②即（5667）：幘《廣韻》側革；即《廣韻》子力。

（3）精章組互注 21 例

鸐③足（5049）：鸐《廣韻》之欲，章；足《廣韻》即玉，精。

螫昔（5126）：螫《廣韻》施隻，書；昔《廣韻》思積，心。

祝取育（5160）：取，清；祝《集韻》昌六。

---

① 《合集》（5244 注 50）：“涱同漲。”

② 原作“憤”，《合集》（5770 注 2）認爲“憤疑爲幘字俗寫”。

③ 鸐、鸐異體。

餝①昔（5206）：飾《廣韻》賞職，書。

皴春（5206）：皴《廣韻》七倫，清；春《廣韻》昌脣。

倐夙（5208）：倐《集韻》式竹，書；夙《廣韻》息逐，心。

讎囚（5237）：讎《廣韻》市流，禪；囚《廣韻》似由，邪。

輸須（5238）：輸《集韻》式朱；須《廣韻》相俞，心。

叔宿（5238）：叔《廣韻》式竹；宿《廣韻》息逐。

税歲（5276）：税《三蒼》舒芮，書；歲《廣韻》相鋭。

觜主（5587）：觜《廣韻》即委；主《廣韻》之庾。

眴迅（5587）：眴《廣韻》舒閏；迅《廣韻》私閏，心。

缶②井（5590）：正《廣韻》之盛；井《廣韻》子郢，精。

蛆吹（5590）：蛆《廣韻》七余；吹《廣韻》昌垂。

澍遂（5635）：澍《廣韻》常句，禪；遂《廣韻》徐醉，邪。

組至（5657）：組《廣韻》則古，精；至《廣韻》脂利，章。

漬至（5657）：漬《廣韻》疾智，從。

準俊（5657）：準《廣韻》之尹；俊《廣韻》子峻。

覰處（5669）：覰《廣韻》七慮；處《廣韻》昌據。

飤是（5670）：飤《廣韻》祥吏，邪；是《廣韻》承紙，禪。

慼赤（5705）：慼《廣韻》倉歷，清；赤《廣韻》昌石。

上述混用達 39 例，均發生在三等字中。其中精章組混用最多，普遍性的程度更高。精是三等，知莊章也是三等，中古都有介音 i。中古時期，精的音值是 ts，如《千字文》精組字的對音"將 tsyo 精 tsye 兹 tsi̥ 子 tsi̥ 紫 tsi 糟 tsa'o 遵 tsun 翦 tsyạn 增 tsen 宗 tson 接 tseb 節 tser 爵 tsyag 稷 tsi̥g 足 tsug 再 ts'a'i 績 ci̥g"③；在敦煌藏漢對音的 18 種材料

① 《合集》（5212 注 52）："餝作飾的俗字。"

② 《合集》（5627 注 361）："缶，正的武后新字。"

③ 羅常培：《唐五代西北方音》，商務印書館，2012，第 46 頁。

中，知莊章組聲母大都用舌面塞擦音 [tɕ] [tɕʰ] [dʑ] [ɕ] [ʑ] 來對音①。從語音演變的方向看，精與知莊章混反映的是 ts > tɕ_i，而非相反。

　　ts > tɕ_i 是典型的齶化音變現象，梵漢對音也有。龜茲對譯 kucina，《梵語雜名》作歸茲②。茲，精紐字，對譯音節 ci。不空（705 – 774 年），北印度人，在長安譯經 40 年，其譯音材料見《大正藏》第一四、一八、一九、二〇、二一卷。劉廣和認爲他的梵漢對音材料可以考察李白、杜甫、白居易時代的長安音。不空用精組、章組對梵文 c（[tɕ]）組音，如 cchinda 中的 cchin 對譯瞋章、親清③。"同一個梵文音節，精章組字搶着對音，是重出，不是互補。"④

　　4. 全濁聲母讀全清、次清

　　一般認爲，敦煌寫卷的全濁音有兩種清化形態，一是讀送氣，如天城梵書《金剛經》殘卷的對音⑤、《大乘中宗見解》的譯音⑥；一是讀不送氣，如《開蒙要訓》的注音⑦。這兩種清化形態在佛經音寫卷中均有反映，甚至在同一寫卷中均有出現，如伯 2271 的 "躇之數" "箭痛" "斃丿"。

---

① 周季文，謝後芳：《敦煌吐蕃漢藏對音字彙》，中央民族大學出版社，2006。《字彙》是按照對音的漢字音序來編寫，古知莊章組字的對音是舌面音，散見全書的各處。

② 儲泰松：《唐五代關中方音研究》，安徽大學出版社，2005，第 83 頁。

③ 劉廣和《唐代八世紀長安音的韻系和聲調》，《河北大學學報》1991 年第 3 期。也有精組洪音對 c，如 candra 中的 can 對譯戰（章）、贊（精）；cukke 中的 cuk 對譯祝（章）、鏃（精）。

④ 劉廣和：《唐代八世紀長安音聲組》，《語文研究》1984 年第 3 期。

⑤ 全濁聲母定澄從群的對音與次清聲母滂透徹清溪相同，見張清常《唐五代西北方言一項參考材料》，《内蒙古大學學報》1963 年第 2 期，第 129 ~ 143 頁。

⑥ 羅常培認爲："祇有《大乘中宗見解》很顯著地把大部分全濁寫作次清。"見羅常培《唐五代西北方音》，商務印書館，2012，第 181 頁。

⑦ 《開蒙要訓》的注音中，有全濁聲母不論平仄與全清聲母互注的現象，具體例子見《唐五代西北方音》，第 111 ~ 132 頁。

（1）全清與全濁的平聲互注 6 例

儐貧（5635）：儐《廣韻》必鄰，幫真開 A 平；貧《廣韻》符巾，並真開 B 平。

璫唐（5206、5238）：璫《廣韻》都郎，端唐開平；唐《廣韻》徒郎，定唐開平。

矬則戈（5160）：則戈，精戈合一平；矬《廣韻》昨禾，從戈合一平。

蹲尊（5276）：蹲《廣韻》徂尊，從魂平；尊《廣韻》祖昆，精魂平。

岐居移（5542）：居移，見支開平；岐《廣韻》巨支，群支 A 開平。

躇之袾①（5667）：之袾，章虞平；躇《廣韻》直魚，澄魚平。

（2）次清與全濁的仄聲互注 4 例

綻坼潤（5388）：坼潤，徹刪開去；綻《廣韻》丈莧，澄山開去。

斃丿（5669）：斃《廣韻》毗祭，並祭開三；丿《廣韻》普蔑，滂先開四入。

箽痛（5669）：箽《經典釋文》音動，定東一上；痛《廣韻》他貢，透東一去。

圮屁（5724）：圮《廣韻》符鄙，並脂開上；屁《廣韻》匹寐，滂脂開去。

上述清濁互注反映的是全濁音變送氣、不送氣清音的現象，送氣與不送氣的分化不以聲調等爲變化的條件，濁音清化的類型與今閩語②、徽語一致。佛經音義的清化類型其實在寫卷中很普遍。劉燕文認爲"《開蒙要訓》的注音和《字寶》的注音一樣，無論是平聲還是仄聲，濁聲母都與全清、次清相通"③。羅常培《大乘中宗見解》的對音字表

① 原作"数"，《合集》（5678 注 90）認爲它是"袾"的改易聲旁的俗字。
② 莊初升：《中古全濁聲母閩方言今讀研究述評》，《語文研究》2004 年第 3 期，第 56～214 頁。
③ 劉燕文：《從敦煌寫本〈字寶〉的注音看晚唐五代西北方音》，《出土文獻研究續集》，文物出版社，1989，第 240 頁。

中，濁輔音清化對的均是次清①。今以 ch. 80《大乘中宗見解》的藏漢對音②來核查，發現清化輔音基本送氣，羅氏所言不誣，但有少數不送氣，如 "鼻並脂 A 去" 對藏文 ༘ pji（160/15③）、"持澄之平" 對藏文 ༘ tig（167/63）。在 ch. 120《金剛經》的梵漢對音中，張清常認爲 "中古漢語全濁聲母並定澄從群的對音與次清聲母滂透清溪相同"，但覆核原文，濁音對次清的有 "菩 pʰū 白 pʰehi：/pʰipʰi：比④ pʰī 大 tʰiyi/tʰayi 但 tʰaṃni 地 tʰïyi 定 tʰye 提 tʰi 其 kʰī 衹 kʰī"，對全清的有 "在 tsyei 净 tsyai 從 tsyūṃni"⑤。今西北漢語濁音清化的類型與敦煌寫卷基本不同，而南方漢語有與敦煌寫卷相同的類型。大概西北是官話區，官話推平了古老的西北方音的特點，變成蘭銀、中原官話區；而南方漢語受官話的影響相對較小，就保存了早期漢語的一些共同特點。由於現代西北漢語基本未有這種清化類型，後世的學者易將傾向性當作絕對性，這種 "絕對性" 被衆多的研究者引用，成爲一種普遍接受的 "結論"。

由 "平仄均不送氣、平仄均送氣" 的清化類型可推測敦煌寫卷的濁音是濁氣聲。濁氣聲在發高調時聲帶較緊，易保持常態不漏氣；發低調時聲帶較松，易關閉不嚴而漏氣。抄經人的方言並非均如 "漢音"⑥ 的平聲是低調、上去是高調，因而濁音清化後就出現送氣不送氣的不規

① 羅常培：《唐五代西北方音》，商務印書館，2012，第 41 ~ 48 頁。
② 周季文、謝後芳：《敦煌吐蕃漢藏對音字彙》，中央民族大學出版社，2006，第 158 ~ 177 頁。
③ 指《字彙》的第 160 頁第 15 句。後仿此，不出注。
④ "比"《廣韻》有五個讀音，張氏（1963）認爲 "這份殘卷對音讀 '比' 爲並紐"。
⑤ 張清常：《唐五代西北方言一項參考材料——天城梵書金剛經殘卷》，《内蒙古大學學報》1963 年第 2 期，第 129 ~ 143 頁。
⑥ 表信公記録八世紀 "漢音" 的調值："平聲直低"（低調），"上聲直昂"（高調），"上中重音與去不分"（去聲是比上聲略低的高調）（《大正藏》84 卷 414 中欄）。

則現象：有時低調占優勢，送氣就會比不送氣多；有時高調占優勢，不送氣就比送氣多。

5. 心混入清

中晚唐時期，“晉絳人呼‘梭’爲‘莝’（原注：七戈反）”。① 《廣韻》：梭，蘇禾切。七，清母。蘇，心母。清心互注，佛經音寫卷也有這樣的材料。

（1）膝七（5389）：膝《廣韻》息七，心；七《廣韻》親吉，清。

也有擴展情況。一是由於濁音清化，就有從心的互注。

（2）悴恤（5207）：悴《集韻》昨律，從；恤《廣韻》辛聿，心。

（3）綫前（5668）：綫《集韻》相然，心；前《廣韻》昨先，從。

一是由於送氣與不送氣混，就有精心的互注。

（4）燥早（5635）：燥《廣韻》蘇老，心；早《廣韻》子晧，精。

清心互注，究竟是清讀擦音，還是心讀塞擦音？喬全生從現代方言證明是心混入清，而非相反。“李肇所處時代爲 9 世紀，實際讀音當爲 [清平 ts'uo]。千餘年後今汾河片依然讀‘梭’爲塞擦音 [清平 ts'uo]，不讀擦音 [清平 suo]。”②

6. 鼻音聲母的塞化

今秦晉方言的并州片、呂梁片、五臺片米脂、志延片安塞等幾十個方言點的鼻音聲母均帶有同部位的塞音成分③，甘肅方言的隴西有舌根鼻音塞化的現象④。至於原因，喬全生認爲“唐五代宋西北方音普遍存在的這些讀音其西部已爲蘭銀官話所覆蓋，但在東部的晉方言中却大面積保存下來了”⑤。鼻音塞化有脣鼻音塞化脣塞音、舌尖中鼻音塞化舌

---

① （唐）李肇：《唐國史補》，上海古籍出版社，1979，第 59 頁。
② 喬全生：《晉方言語音史研究》，中華書局，2008，第 96 頁。
③ 喬全生：《晉方言語音史研究》，第 56 頁。
④ 李藍：《敦煌方言與唐五代西北方音》，第 305～320 頁。
⑤ 喬全生：《晉方言語音史研究》，第 57 頁。

尖中塞音、舌根鼻音塞化舌根塞音的三種類型，佛經音寫卷中，鼻音聲
母的塞化有後兩種類型，材料不多。

（1）舌根鼻音的塞化

《開蒙要訓》有"琴吟"的疑群互注 1 例①；《千字文》等漢藏對
音的疑母字爲'g②。佛經音寫卷的疑與見互注如下。

鹹魚匣③（5543）：魚匣，疑銜入；鹹《廣韻》古洽，見咸入。

賜遇（5669）：賜《廣韻》詭僞，見支合去；遇《廣韻》牛具，疑
虞去。

結合漢藏對音、現代西北方言看，疑見互注反映的是疑母讀舌根塞
音，而非相反。

（2）舌尖中鼻音的塞化

《開蒙要訓》有"拈佔"的端泥互注 1 例、"鮎沾"的透泥互注 1
例，敦煌《千字文》等四種漢藏對音的泥母爲'd④，佛經音寫卷有定泥
互注 1 例，如下。

寘奴丁（5222）：奴丁，泥青開平；寘《廣韻》徒年，定先開平。

結合漢藏對音、現代西北方言看，定泥互注反映的是泥母讀舌尖塞
音，而非相反。鼻音響度 4，濁塞音響度 2，清塞音響度 1⑤，ŋ > g > k，
m > d，響度變低，氣流阻塞的程度增高⑥。鼻音塞化是一種輔音性質增
強的現象，比較特殊。與之伴隨的語音現象還有咸銜混、支微入魚、前

①　羅常培：《唐五代西北方音》，第 126 頁。
②　羅常培：《唐五代西北方音》，第 48～49 頁。
③　被注字原作"嗹"。《合集》（5549 注 62）："《大正藏》校記謂'鱺鹹'宋
　　《資福藏》、元《普寧藏》、明《嘉興藏》等本作'唻嗹'。"切下字原作
　　"連"，《合集》（5549 注 62）校作"匣"。
④　羅常培：《唐五代西北方音》，第 115 和 43 頁。
⑤　王洪君：《漢語非綫性音系學》，北京大學出版社，1999，第 114 頁。
⑥　江荻：《漢藏語言演化的歷史音變模型——歷史語言學的理論方法探索》，社會
　　科學文獻出版社，2007，第 300 頁。

後鼻尾混。

（二）韻母

1. 支微入魚與魚入支微

（1）支微入魚

漢語方言學界通常將止攝合口三等韻讀如遇攝合口三等韻的現象稱爲"支微入魚"，閩語、湘語、吳語、徽語、江淮官話、西南官話、贛語以及山西、陝西、甘肅等地的不少方言中都存在這種現象①。敦煌《開蒙要訓》有"盂爲、驗爲、髓須、偏遇"支虞互注 4 例，"櫃具、薐須、雛朱"脂虞互注 3 例，"黿鬼"微虞互注 1 例②；俗文學中的別字異文有"雛須"脂虞代用 1 例③。佛經音寫卷的例子更多。

①支虞互注 8 例

蒭④吹（5237）：蒭《集韻》窓俞，虞平；吹《廣韻》昌垂，支合平。

逾爲（5238）：逾《廣韻》羊朱，虞平；爲《廣韻》薳支，支合平。

樞吹（5462、5657）：樞《廣韻》昌朱。

觜主（5587）：觜《廣韻》即委，支合上；主《廣韻》之庾，虞上。

縷累（5634）：縷《廣韻》力主，虞上；累《廣韻》力委。

窺軀（5635）：窺《廣韻》去隨，支合平；軀《廣韻》豈俱，虞平。

---

①　吳語的這一現象早就引起人們的注意。清《嘉定縣志》："歸、龜呼作居，暑、鬼呼作舉。"張光宇《吳閩方言關係試論》（《中國語文》1993 年第 3 期）、顧黔《通泰方言韻母研究》（《中國語文》1997 年第 3 期）提及吳語、閩語、徽語、老湘語和江淮官話有"支微入魚"的現象。侯精一、楊平《山西方言的文白異讀》（《中國語文》1993 年第 1 期）、王軍虎《晉陝甘方言的"支微入魚"現象和唐五代西北方音》（《中國語文》2004 年第 3 期）報告了山西、陝西、甘肅方言也有此現象。

②　羅常培：《唐五代西北方音》，商務印書館，2012，第 144～145 頁。

③　邵榮芬：《敦煌俗文學中的別字異文和唐五代西北方音》，《中國語文》1963 年第 3 期。

④　原作"芻"，是"蒭"的俗寫。

贖遇（5669）：贖《廣韻》詭僞，支合去；遇《廣韻》牛具，虞去。

蘃乳（5670、5734）：蘃《集韻》乳捶，支合上；乳《廣韻》而主。

②支魚互注 1 例

蛆吹（5590）：蛆《廣韻》七余，魚平；吹《廣韻》昌垂，支合平。

③脂虞混 8 例

綏須①（5208、5635）：綏《廣韻》息遺，脂合平；須《廣韻》相俞，虞平。

鸜葵（5231）：鸜《廣韻》其俱，虞平；葵《廣韻》渠追，脂合平。

葵劬（5232）：葵《廣韻》渠追；劬《廣韻》其俱。

懟住（5238、5630②）：懟《廣韻》直類，脂合去；住《廣韻》持遇，虞去。

匱具（5635）：匱《廣韻》求位，脂合去；具《廣韻》其遇。

澍遂（5635）：澍《廣韻》常句，虞去；遂《廣韻》徐醉，脂合去。

逵衢（5667）：逵《廣韻》渠追；衢《廣韻》其俱。

追朱（5705）：追《廣韻》陟隹，脂合平；朱《廣韻》章俱。

④脂魚互注 2 例

摴摧（5205）：摴《廣韻》丑居，魚平；摧《廣韻》叉③隹，脂合平。

疏水（5590）：疏《廣韻》所去，魚去；水《廣韻》式軌，脂合上。

---

① 原作"湏"，《合集》（5219 注 123、5648 注 115）認爲它在唐代前後多作"須"的俗字。
② 住，《合集》（5631 注 10）校作"隹"，誤。
③ 叉，《廣韻校釋》（84 頁）校作"尺"。尺，昌母。

⑤微虞互注 1 例

吁_威（5657）：吁《集韻》雲俱；威《廣韻》於非，微合平。

從漢藏對音看，止攝合口字大部分對 u，如《千字文》的吹 cʻu、累 lu（支韻）；《大乘中宗見解》的軌 gu、水 çu（脂韻）、歸 ku（微韻），《金剛經》的圍 ’u（微韻）；小部分對 wi、we 和 uʼi，如《千字文》的誰 çwi、翠 tsʻwe、隨 suʼi、威·uʼi、煒 ’we、畏·uʼi①。其中，變成 u 的就與魚虞混同。"支微入魚"的音變公式爲 uei > ui > u，這是一種省音的現象。今敦煌方言未發現有"支微入魚"的現象，原因在於敦煌是交通要衝，人口流動大，受通語的影響已變成中原官話（黨河以東）、蘭銀官話（黨河以西）②。今甘肅的慶陽、平涼、天水等，陝西的佳縣、延川、大荔、閻良、西安、武功等，山西的孝義、清徐、平遥、臨縣、汾西、臨汾、萬榮、洪洞等，其白讀中均有支微入魚的現象③。在"支微入魚"上，古今西北方言形成了對應關係。

（2）魚入支微

與"支微入魚"相反的是，中古的魚虞韻讀同止攝開口韻的現象，仿前面的術語，稱爲"魚入支微"。今甘肅肅州、安西、玉門、張掖、武威、蘭州、天水等的女、去白讀韻母 i④；西南官話武天片的"蛆"白讀 tɕʰi，江淮官話黃孝片的"絮"白讀 çi⑤，贛語永修、修水、新干、蓮花的"梳"sʅ⑥，客家話長汀的"徐"tsʻi⑦，湘語長沙的"驢"白

---

① 羅常培：《唐五代西北方音》，商務印書館，2012，第 67～69 頁。

② 張盛裕：《敦煌音系記略》，《方言》1985 年第 2 期，第 134～139 頁。

③ 王軍虎：《晉陝甘方言的"支微入魚"現象和唐五代西北方音》，《中國語文》2004 年第 3 期，第 267～271 頁。

④ 李藍：《敦煌方言與唐五代西北方音》，第 317 頁。

⑤ 武天片、黃孝片的材料見李華斌《漢川方言語音研究》，語文出版社，2017，第 171、40 頁。

⑥ 孫宜志：《江西贛方言語音研究》，語文出版社，2007，第 182 頁。

⑦ 謝留文：《客家方言語音研究》，中國社會科學出版社，2003，第 56 頁。

讀 li，粵語陽江的"書"ʃi，吳語溫州的"舒"sʅ①，都存在這一現象。
它出現的時間很早，晚唐五代的佛經音寫卷大量存有。

①支魚互注 4 例

綺去（5206）：綺《廣韻》墟彼，支開上；去《集韻》口舉，
魚上。

羈居（5237）：羈《集韻》居宜，支開平；居《廣韻》九魚，
魚平。

羲虛（5462）：羲《廣韻》許羈，支開平；虛《廣韻》朽居，
魚平。

恕施（5667）：恕《廣韻》商署，魚去；施《廣韻》施智，支開去。

②脂魚互注 4 例

稚除（5205）：稚《廣韻》直利，脂開去；除《廣韻》遲倨，
魚去。

貯至（5206、5634）：貯《集韻》展呂，魚上；至《廣韻》脂利。

机去（5237）：机《廣韻》居履，脂開上；去《集韻》苟許，魚上。

咀至（5276）：咀《廣韻》慈呂；至《廣韻》脂利。

③之魚互注 13 例

俎值（5205）：俎《集韻》莊助，魚去；值《廣韻》直吏，之去。

蚩②初（5208）：蚩《廣韻》赤之；初《廣韻》楚居，魚平。

懅其（5237、5238）：懅《廣韻》強魚；其《廣韻》渠之。

擬語（5238）：擬《廣韻》魚紀，之上；語《廣韻》魚巨，魚上。

豫已（5276）：豫《廣韻》羊洳，魚去；已《集韻》羊吏。

虜記（5462）：虜《廣韻》居御，魚去；記《廣韻》居吏。

忌巨（5586）：忌《集韻》巨已，之上；巨《廣韻》其呂。

---

①　湘語、粵語、吳語的材料見王福堂修訂《漢語方音字滙》，語文出版社，2003，
　　第 131、121 頁。
②　蚩是"蚩"字的俗寫。

懥己（5634）：懥《集韻》其據，魚去；己《廣韻》居理，之上。

儲之（5634）：儲《廣韻》直魚；之《廣韻》止而，之平。

跱助（5667）：跱《廣韻》直里，之上；助《廣韻》牀據。

慮里（5705）：慮《廣韻》良倨，魚去；里《廣韻》良士，之上。

凞①虛（5705）：熙《廣韻》許其，之平；虛《廣韻》朽居。

峙筯（5724）：峙《廣韻》直里；筯《廣韻》遲倨。

④微魚互注 1 例

腊②虛（5590）：睎、晞《廣韻》香衣，微開平；虛《廣韻》朽居。

⑤脂模互注 2 例

盧梨（5657）：盧《廣韻》落胡，模平；梨《廣韻》力脂，脂開平。

組至（5657）：組《廣韻》則古，模上；至《廣韻》脂利，脂開去。

⑥齊虞互注 1 例

窺遇（5237）：窺《集韻》研計，齊開去；遇《廣韻》牛具，虞去。

從漢藏對音看，魚韻字在《阿彌陀經》《金剛經》裏大部分變 i，如《阿彌陀經》的諸 ci、於·u 或·i，《金剛經》的諸 ci、於·i，《千字文》《大乘中宗見解》《阿彌陀經》《金剛經》支脂之微開口的韻母對 i③。變成 i 的魚韻與支脂之微的開口韻混同。由於魚虞混，支脂之微齊混，就存在齊虞混等擴展形式。音注和對音可互證晚唐五代有“魚入支微”的現象，它在今漢語官話和方言中都有分布，原因可能與人口遷移、語言接觸、多點起源等有關。

2. 庚三清青混入齊祭

敦煌漢藏對音《千字文》庚清青與齊的韻母相同，如烹 pʻe、笙

---

① 《合集》（5709 注 11）認爲“凞，熙的增旁俗字”。

② 《合集》（5629 注 376）認爲“疑腊爲睎或晞的訛俗字”。

③ 羅常培：《唐五代西北方音》，商務印書館，2012，第 67～69 頁。

çe、兵 pe、京 ke、英・e、情 dze、纓・e、銘 me、庭 de、寧 ne、西 sye、雞 kye、啓 k'ye、稽 k'ye①；注音本《開蒙要訓》有庚齊互注 3 例，庚祭互注 1 例，清齊互注 2 例，青齊互注 4 例、脂庚互注 2 例②；俗文學的異文別字有耕皆代用 1 例，敬霽代用 1 例，清齊代用 1 例，青齊代用 3 例③。佛經音寫卷有庚三清青與齊祭互注 24 例，材料更多。

（1）齊庚三互注 5 例

鷖映（5049）：鷖《集韻》壹計，齊開去；映《廣韻》於敬，庚三去。

翳影（5126）：翳《廣韻》於計；影《廣韻》於丙，庚三上。

倪迎（5237）：倪《廣韻》五稽，齊開平；迎《廣韻》語京，庚三平。

繫敬（5239）：繫《廣韻》古詣，齊開去；敬《廣韻》居慶，庚三去。

殪影（5667）：殪《廣韻》於計。

（2）齊清混 4 例

溪輕（5208）：溪《廣韻》苦奚，齊平；輕《廣韻》去盈，清平。

齹净（5276）：齹《廣韻》在詣；净《廣韻》疾政，清去。

嚌净（5590）：嚌《廣韻》在詣。

荔領（5668）：荔《廣韻》郎計；領《廣韻》良郢，清上。

（3）齊青互注 8 例

鋆惠（5048）：鋆《廣韻》烏定，青合④去；惠《廣韻》胡桂，齊

---

① 《唐五代西北方音》，第 64 頁。
② 《唐五代西北方音》，第 137～138 頁。
③ 邵榮芬：《敦煌俗文學中的別字異文和唐五代西北方音》，《中國語文》1963 年第 3 期。
④ 《廣韻校釋》（993）："（鋆）切語下字作開口字，本韻另無合口字，故借用開口字'定'作切語下字，《韻鏡》、《七音略》等韻圖列合口位置。"

合去。

氐①丁 (5206)：氐《廣韻》都奚；丁《廣韻》當經，青平。

椑並 (5237)：椑《廣韻》傍禮，齊上；並《廣韻》蒲迥，青上。

悷令 (5238)：悷《廣韻》郎計；令《集韻》郎定，青去。

黎令 (5590)：黎《廣韻》郎奚；令《廣韻》郎丁，青平。

鼷刑 (5630)：鼷《廣韻》胡雞，齊平；刑《廣韻》户經，青平。

謦啓 (5669)：謦《廣韻》去挺，青上；啓《廣韻》康禮。

奚形 (5705)：奚《廣韻》胡雞；形《廣韻》户經。

(4) 祭庚三互注 1 例

憩慶 (5239)：憩《廣韻》去例，祭開；慶《廣韻》丘敬，庚三去。

(5) 祭清互注 6 例

蔽併 (5126)：蔽《廣韻》必袂，祭開；併《廣韻》畀政，清開去。

噬②晟 (5238)：噬《廣韻》時制，祭開；晟《廣韻》承正，清開去。

裔盈 (5657)：裔《廣韻》餘制；盈《廣韻》以成，清平。

礪令 (5657)：礪《廣韻》力制；令《廣韻》力政。

卋③聖 (5657)：世《廣韻》舒制；聖《廣韻》式正。

毳净 (5667)：毳《廣韻》直例，祭開；净《廣韻》疾政。

宋人也有這樣的記載，"秦人訛青字，則謂青爲萋，謂經爲稽。"④今甘肅臨夏⑤、晉語并州片的梗攝細音字丢失鼻韻尾讀 i 或 ʅ；汾河片讀 e 或 ie。喬全生認爲"晉方言的這種現象保留的正是唐五代西北的某

---

① 原作"瓴"，《合集》(5206 第 2 行) 校爲"氐"。
② 原作"嗒"，《合集》(5249 注 101)："嗒，就字形而言，此字當是噬的俗寫。"
③ 《龍龕手鑒》(537)："卋音世。"卋是小篆隸定字，世是楷體。
④ (宋) 陸游：《老學庵筆記》，中華書局，1979，第 77～78 頁。
⑤ 李藍：《敦煌方言與唐五代西北方音》，第 311、316 頁。

支方言"，"晉南汾河片與晉中并州片方言是一致的，後來晉南話演變快於晉中話，'青齊'變得不同韻了"①。

3. 遇攝混入流攝

隋代的詩文未見尤侯韻的唇音字與虞模同韻的例子②；唐初，尤侯韻的唇音字與虞模互押③；中唐以後，白居易等中原詩人的通押漸多④。但操吳語、燕趙方音⑤的詩人却不通押，以楚語區詩人孟浩然的詩韻爲例，他的尤侯不與虞模合韻。玄應音義有尤侯韻與虞模韻互注的材料，慧琳更是直接標注它是秦音。

【枹鼓】上音附牟反，亦音芳無反。並秦音⑥。《左氏傳》：枹而鼓之。顧野王云：擊鼓椎也。《説文》音桴，擊鼓柄也。從木包

---

① 喬全生：《晉方言語音史研究》，中華書局，2008，第 198 ~ 208 頁。

② 李榮《隋韻譜》無遇攝和流攝同韻的例子，見《音韻存稿》，商務印書館，1982，第 138 ~ 143 頁和 160 ~ 163 頁。

③ 鮑明煒《初唐詩文韻系》（中國音韻學研究會編《音韻學研究》第二輯，中華書局，1986，第 97 頁）："（遇攝）與其它韻攝通押有以下幾個字：流攝厚韻'母、畝、茂'，宥韻'廄'……'母、畝、茂、廄'等都是唇牙音字，可能是這類字在聽感上與虞模接近，或'母、畝、茂'等字的主元音已變同虞模。"鮑明煒從聽感和主元音來解釋，但從地域看，通押的詩人均是北方人。

④ 白居易《琵琶行》協"住部妒數污度故婦去"，婦是尤上的字，尤與虞模互押。據儲泰松《唐五代關中文人的用韻特徵》（《安徽師範大學學報》2002 年第 3 期，第 355 頁），魚模部與尤侯部相押，"隋代無其例，初唐 7 例，中唐詩韻 44 例，晚唐 17 例，五代 5 例，多爲尤侯部唇音字押入魚模部，非唇音字押入魚模或魚模部押入尤侯部都比較少見"。

⑤ 據丁治民《唐遼宋金北京地區韻部演變研究》（黃山書社，2006，第 55 ~ 57、83 ~ 84 頁）的研究，尤侯韻的唇音字與虞模同韻，在唐五代北京地區的詩文很少見到；遼文的押韻中，北京地區尤侯韻的唇音字如"畝茂婦浮"等衹與尤侯韻相協，"可以説，自唐至遼，北京地區的韻文所反映出來的流攝唇音字沒有參與與虞模相押這一語音變化"。丁氏的"北京地區"在唐五代包括河北道、河東道的中北部（第 9 頁），與"燕趙地區"大致相同。

⑥ "桴"的首音"附牟反"慧琳認爲是"秦音"。切下字"牟"，《廣韻》莫浮切，明尤三平。

聲。《譯經圖記》中從孚從手作捊，非也。枹字吳音伏不反。不音
福浮反。在尤字韻中與浮同韻。訓釋總同，音旨殊別，任隨鄉音，
今且不取。(慧琳《一切經音義》卷八四)①

枹《切韻》縛謀②，奉尤三平。吳音"伏不"，奉尤三平③。吳音
與《切韻》同。秦音"芳無"，敷虞三平。秦音尤虞混，吳音不混。

佛經音寫卷中，遇攝與流攝互注，也以唇音字爲主，旁及喉音字。

(1) 俯阜 (5273)：俯《廣韻》方矩，非虞上；阜《廣韻》房久，
奉尤上。

(2) 狖黄 (5306)：狖《廣韻》余救，以尤去；黄《廣韻》羊朱，
以虞平。

(3) 晡富 (5590)：晡《廣韻》博孤，幫模平；富《廣韻》方副，
幫尤去。

(4) 賦富 (5668)：賦《廣韻》方遇，幫虞去。

究竟是誰混入誰？今陝西渭南、三原、韓城的"賭努"字分別讀
tou、tou、təu 和 nou、nou、nəu；晉語多數方言點遇攝模韻的泥精組字、
魚虞的莊組字與流攝同韻，讀 ou、əu 韻母④。從今秦晉方言看，應是
遇攝混入了流攝。遇攝的 u 爲何變 ou、əu？可用高元音的前顯裂化來
解釋，前顯高裂化是高元音繼續高化、出位的結果⑤。

4. 效攝混入遇攝

《資暇集》卷中"俗譚"條："保爲補，褒爲逋，暴爲步，觸類甚

---

① 徐時儀校注《一切經音義 (三種校本合刊)》，上海古籍出版社，2008，第
　 1983 頁上左～下右。

② 徐朝東點校《切韻彙校》，中華書局，2021，第 277 頁。

③ 不，《廣韻》甫鳩、方久等切，取"甫鳩切"來比較。

④ 喬全生：《晉方言語音史研究》，中華書局，2008，第 154 頁。

⑤ 朱曉農：《漢語元音的高頂出位》，《中國語文》2004 年第 5 期，第 445～446 頁。

多。_{不可悉數。}"① 錢大昕認爲"今人讀堡爲補，唐時蓋已然"②。效攝與遇攝互注佛經音寫卷中也有反映。

鶳竅（5049）：鶳《集韻》千余，清魚平；竅《廣韻》苦弔，溪蕭去。

"毛"在晉語汾河片運城、垣曲等 18 個方言點的白讀爲 mu，它是更早時期西北某隻方音的孑遺③。效攝的 au、ieu 爲何變遇攝 u、iu？它與韻腹的丟失有關，這是一種特殊的省音現象。

5. 東冬混入登

敦煌俗文學的東冬鍾與登同韻。釋定惠《俗流悉曇章》第八首（北鳥 64）："無爲法性妙開通，愚迷衆生隔壁聾，容龍洪春，普勸同燃智燈。"④ 韻脚字爲通_東聾_東春_鍾燈_登，均是舌齒音的字。佛經音寫卷也有反映。

（1）疼_騰（5635）：疼《廣韻》徒冬，定冬平；騰《廣韻》徒登，定登開平。

東冬讀入登韻，合口介音丟失，即 uŋ > uəŋ > əŋ。舌齒音字失去圓唇化的特徵非常普遍，吳語如"今溫州方言讀'儂'亦爲'能'，蘇州市郊及吳江、昆山一些鄉村東（冬）韻讀如登韻：東 = 登，懂 = 等，凍 = 凳，同 = 騰，農 = 能，棕 = 增，從 = 層，聾 = 楞，韻母都是 əŋ"⑤。

（2）蓬_朋（5590）：蓬《廣韻》薄紅，並東一平；朋《廣韻》步崩，並登開平。

東冬的唇音字混入登更是常見，今普通話的"蓬、朋"讀音也相同。除了舌齒、唇音字外，佛經音寫卷也擴大到牙喉音。

---

① （唐）李匡文：《資暇集》，中華書局，2012，第 189 頁。
② （清）錢大昕：《十駕齋養新錄》卷五，商務印書館，1935，第 117 頁。
③ 喬全生：《晉方言語音史研究》，中華書局，2008，第 177～178 頁。
④ 任半塘編《敦煌歌辭總編》，上海古籍出版社，2006，第 934 頁。
⑤ 徐時儀校注《一切經音義（三種校本合刊）·緒論》，第 95 頁。

（3）鴻弘（5049）：鴻《廣韻》户公，匣東一平；弘《廣韻》胡肱，匣登合一平。

　　一般來説，牙喉音字因其聲母發音部位靠後而較能保持圓唇勢，舌齒音字因其聲母發音部位靠前易失去圓唇勢，唇音字因發音部位更前已失去圓唇勢。展唇化的進程是"唇音 > 舌齒音 > 舌面音 > 牙喉音"。因此，東冬韻與"登韻開口"互注反映的是東冬的合口介音丟失。

6. 先韻字混入青韻

　　敦煌俗文學的別字異文有舌根和舌尖鼻尾的代用，即"勝身""陵璘""臣承""鄰陵""孕胤""生真""隱影"7 例①。敦煌變文有"親頂身辛停生""應認近問""身僧昏燈門"等舌根和舌尖鼻尾押韻的例子②。佛經音寫卷也有反映。

　　實奴丁（5222）：奴丁，泥青開平；實《廣韻》徒年，定先開平。

　　究竟是舌根尾混入舌尖尾，或相反？敦煌曲子詞《獻忠心》："齊拍手，奏仙音。"仙原作"香"。孫其芳認爲"今河西武威地區，張掖部分地區，凡是韻母爲 an 和字 ian 的，均讀爲韻母 ang 和 iang"③。據李藍《敦煌沙洲方言音系》，舌尖鼻尾部分消失，部分成鼻化韻，部分成舌根鼻尾④。從現代方言的鼻尾演變看，先韻字混入青韻是第一階段，弱化爲鼻化韻是第二階段，消失是第三階段。漢語 ŋ 作韻尾的鼻能量均值是 88.81%，n 作韻尾的鼻能量均值是 80.51%⑤，n 變 ŋ，是鼻能量

---

① 邵榮芬：《敦煌俗文學中的別字異文和唐五代西北方音》，《中國語文》1963 年第 3 期。
② 周大璞：《敦煌變文用韻考》，《武漢大學學報（哲學社會科學版）》1979 年第 5 期，第 37 頁。
③ 孫其芳：《敦煌詞中的方音釋例》，《甘肅社會科學》1982 年第 3 期，第 89~90 頁。
④ 李藍：《敦煌方言與唐五代西北方音》，第 308~309 頁。
⑤ 王志潔：《英漢音節鼻韻尾的不同性質》，《現代外語》1997 年第 4 期，第 21~31 頁。

增强的表現。

（三）聲調

1. 清平濁平不分

"漢語方言地圖集資料庫"的 930 個方言調查點中，"平不分陰陽"有 29 個，分布在官話、晉語、吳語和湘南土語中，其中的區別是官話、晉語的濁音已清化，而吳語、土話的濁音未清化。官話：甘肅定西内官營、臨夏土橋、秦安西川、武威高壩、永登清水、河北石家莊橋西、唐海唐海、江西瑞昌澁城、寧夏隆德沙塘、青海樂都碾伯、同仁隆務、新疆阿克蘇、和田、吐魯番、伊寧、焉耆。晉語：河北平山溫塘、宣化賈家營、贊皇黄北坪、張北郝家營、内蒙古呼和浩特、太僕寺頭支箭、山西平遥寧固、太原、右玉元堡子、陝西靖邊張家畔、志丹雙河。吳語：安徽銅陵朱村。土話：湖南永州嵐角山①。由上可看出，"平不分陰陽"主要集中在西北，涵蓋了蘭銀官話河西片、中原官話南疆片和晉語張呼片、并州片以及五台片、志延片等。西北地區的這種方言現象並非僅今有，歷史上就存在。乾隆三十八年（1773）鏒印的《新刊校正方言應用雜字》記載山西介休一帶方言有清濁平互注的現象，其中濁平注清平的有"廳亭、央羊、方房、花華、因寅、初除、宣旋、敲喬"，清平注濁平的有"房方、防方、前千、渠區、蟠潘"。明人也有這樣的記述，如《字學元元》卷八："秦晉讀清平如濁平。"② 比明朝更早的是晚唐五代，佛經音寫卷有清平、濁平互注的現象。

（1）陰尢（5158）：陰《廣韻》於金，清平；尢《廣韻》餘針，濁平。

（2）馚芬（5151、5157）：馚《廣韻》符分，濁平；芬《廣韻》撫

---

① 王莉寧：《漢語方言中的"平分陰陽"及其地理分布》，《語文研究》2012 年第 1 期，第 48 頁。

② （明）袁子讓：《字學元元》，《續修四庫全書》第 255 册，上海古籍出版社，2002，第 306 頁下欄左。

文，清平。

（3）矬_{則戈}（5160）：則戈，清平；矬《廣韻》昨禾，濁平。

（4）瑭_唐（5206、5238）：瑭《廣韻》都郎，清平；唐《廣韻》徒郎，濁平。

（5）蹲_尊（5276）：蹲《廣韻》徂尊，濁平；尊《廣韻》祖昆，清平。

（6）蜎_員（5371）：蜎《廣韻》於緣，清平；員《廣韻》王權，濁平。

（7）蜂_縫（5493）：蜂《廣韻》敷容，清平；縫《廣韻》符容，濁平。

（8）岐_{居移}（5542）：居移，清平；岐《廣韻》巨支，濁平。

（9）儐_貧（5635）：儐《廣韻》必鄰，清平；貧《廣韻》符巾，濁平。

（10）藸_{之麩}①（5667）：之麩，清平；藸《廣韻》直魚，濁平。

（11）諄_巡（5667）：諄《廣韻》章倫，清平；巡《廣韻》詳遵，濁平。

（12）荒_黃（5705）：荒《廣韻》呼光，清平；黃《廣韻》胡光，濁平。

上述清濁平混反映的是濁音已開始清化，但平聲僅一個調類，陰陽調的音位不對立。由敦煌寫卷和漢語方言可推測平聲的演進階段。首先，"聲母清濁不同產生的調高區別祇是聲母清與濁的副產品，祇能屈居其次，在音位價值上僅具有'羨餘'性質"②，平聲僅一個調類，如《四聲譜》《切韻》。接着，平聲的演進出現不同的方向，一是聲母的清濁對立開始消失，但平聲仍一個調類，未出現陰陽調，如敦煌寫卷、十

---

① 原作"数"，《合集》（5678 注 90）認爲它是"麩"的改易聲旁的俗字。

② 李建校：《晉語并州片平聲不分陰陽的羨餘性質》，《語言科學》2021 年第 1 期，第 28～37 頁。

七世紀秦晉方言；一是聲母的清濁仍對立，平聲字因清濁聲母的影響而産生了不同的調值，羨餘特徵凸顯出來，濁音已成調，如吴方言。最後，濁音消失，陰、陽平不同調，如北京話。

一種語音演變持續的時間越長，遇到競争演變的可能就越大。敦煌寫卷的聲母清濁的音位不對立，陰陽調的音位也不對立，區别性特徵消失，音類合併，以至漢語的區分度變小；吴語在清濁音位對立的基礎上，再衍生出清濁平的調值不同，出現了兩個區别性特徵，發生羨餘。北京話由清濁音位不對立到陰陽調的音位對立，始終保持一個區别性特徵，在競争性演變中勝出，成爲主流的演變方式。與北京話相比，佛經音寫卷、吴語平聲的演變都有“缺陷”，是非主流的聲調模式。

2. 平上不分

敦煌《開蒙要訓》的平上互注 22 例，其中清平清上“寑侵”“紡方”“磦標”“縹標”“粉分”“髓須”“姑古”“酤古”“鋪補”“柯可”“毾等”“呰子”“襟錦”“癡侈”14 例，清平濁上“鱒遵”“踝誇”“雋専”“薺精”4 例，濁平清上“跛婆”“氍鬼”2 例，濁平濁去“庌衙”“欐吕”2 例①。佛經音寫卷也有反映。

（1）清平與清上 11 例

髓息垂（5131）：息垂，心支合平；髓《廣韻》息委，心支合上。

牽遣（5162）：牽《廣韻》苦堅，溪先開平；遣《廣韻》去演，溪仙開上。

兼古慊（5163）：古慊，見添上；兼《廣韻》古甜，見添平。

苟勾（5208）：苟《廣韻》古厚，見侯上；勾《廣韻》古侯，見侯平。

詃涓（5385）：詃《廣韻》姑泫，見先合上；涓《廣韻》古玄，見先合平。

---

① 羅常培：《唐五代西北方音》，商務印書館，2012，第 167 頁。

辜①古（5590）：辜《廣韻》古胡，見模平；古《廣韻》公户，見模上。

琛寢（5657）：琛《廣韻》丑林，徹侵平；寢《廣韻》七稔，清侵上。

劗痊（5668）：劗《集韻》子兖，精仙合上；痊《廣韻》此緣，清仙合平。

總宗（5668）：總的異體總《廣韻》作孔，精東一上；宗《廣韻》作冬，精冬平。

揀藪（5669）：揀《集韻》先侯，心侯平；藪《集韻》蘇后，心侯上。

影英（5778）：影《廣韻》於丙，影庚開三上；英《廣韻》於驚，影庚開三平。

（2）濁平與清上 2 例

企其（5590）：企《廣韻》丘弭，溪之上；其《廣韻》渠之，群之平。

杞其（5657）：杞《廣韻》墟里，溪之上。

（3）濁平與濁上 10 例

瘻縷（5160、5161）：瘻《廣韻》力朱，來虞平；縷《廣韻》力主，來虞上。

圄吾（5205）：圄《廣韻》魚巨，疑魚上；吾《集韻》牛居，疑魚平。

櫓盧（5206）：櫓《廣韻》郎古，來模上；盧《廣韻》落胡，來模平。

楯脣（5276）：楯《廣韻》食尹，船諄上；脣《廣韻》食倫，船諄平。

---

① 原作"辜"，是"辜"的俗寫。

牖由（5276）：牖《廣韻》與久，以尤上；由《廣韻》以周，以尤平。

狸理（5306）：狸《廣韻》里之，來之平；理《廣韻》良士，來之上。

捶垂（5635）：捶《集韻》是棰，禪支合上；垂《廣韻》是爲，禪支合平。

韶紹（5667）：韶《廣韻》市昭，禪宵平；紹《廣韻》市沼，禪宵上。

刕領（5669）：刕《廣韻》力脂，來脂開平；領《廣韻》良郢，來清開上。

驪礼（5724）：驪《廣韻》郎奚，來齊開平；礼《廣韻》盧啓，來齊開上。

上述 23 例中，清平清上、濁平濁上的互注最多，是平上混的主要類型。從李藍《甘肅方言聲調的歸併類型圖》① 看，今陰平和上聲混的有武威、西峰等地，陽平與上聲混的有肅州、安西、玉門、酒泉、張掖等地。今甘肅方言有平上混的兩種情況，是後起的回頭音變現象，與唐五代河西方言的關係不大，原因在語言接觸。河西片屬蘭銀官話，“蘭銀官話的調類簡化在變化迅速這一點上表現得很突出，比如老派和新派的調類變異、調類的減少，一般在同一個家庭的兩代人之間就會完成，也就是大約 30 年甚至 10 年的時間”。② 唐五代和現代的河西地區都是民族雜居地，語言接觸導致聲調數變少，如平上混，這是古今河西方言的共同特徵。

3. 平去不分

敦煌《開蒙要訓》的平去互注 9 例，其中清平清去 “癰邕”“釛

---

① 李藍：《敦煌方言與唐五代西北方音》，第 313 頁。

② 張燕來：《蘭銀官話語音研究》，北京語言大學出版社，2014，第 134 頁。

衫""鞋登""贛江""轆箭"5 例，濁平濁去"療遼""愚遇""犁令"
"桐寺"4 例①。佛經音寫卷也有這種現象。

（1）清平清去 11 例

鴣竅（5049）：鴣《集韻》七余，清虞平；竅《廣韻》苦弔，溪
蕭去。

幹竿（5159）：幹《廣韻》古案，見寒去；竿《廣韻》古寒，見
寒平。

靳^{居欣}（5160、5161）：居欣，見欣平；靳《廣韻》居焮，見欣去。

安按（5163）：安《廣韻》烏寒，影寒平；按《廣韻》烏旰，影
寒去。

綜宗（5206、5208）：綜《廣韻》子宋，精冬去；宗《廣韻》作
冬，精冬平。

恂峻（5206）：恂《廣韻》相倫，心諄平；峻《集韻》私閏，心
諄去。

耗^{呼高}（5206）：呼高，曉豪平；耗《廣韻》呼到，曉豪去。

晡富（5590）：晡《廣韻》博孤，幫模平；富《廣韻》方副，幫
尤去。

謙欠（5635）：謙《廣韻》苦兼，溪添平；欠《廣韻》去劍，溪
嚴去。

駐珠（5657）：駐《廣韻》中句，知虞去；珠《廣韻》章俱，章
虞平。

鄒^{責候}（5667）：責候，莊侯去；鄒《廣韻》側鳩，莊尤平。

（2）清平濁去 1 例

墜佳（5705）：墜《廣韻》直類，澄脂合去；佳《廣韻》職追，章
脂合平。

---

①　羅常培：《唐五代西北方音》，商務印書館，2012，第 169～170 頁。

（3）濁平濁去 13 例

稊弟（5205）：稊《廣韻》杜奚，定齊開平；弟《廣韻》特計，定齊開去。

祠寺（5237）：祠《廣韻》似茲，邪之平；寺《廣韻》祥吏，邪之去。

狖萸①（5306）：狖《廣韻》余救，以尤去；萸《廣韻》羊朱，以虞平。

剩食陵（5388）：食陵，船蒸平；剩《廣韻》實證，船蒸去。

鈍㡿②（5493）：鈍《廣韻》徒困，定魂去；㡿《集韻》徒渾，定魂平。

誼宜（5587）：誼《廣韻》宜寄，疑支開去；宜《廣韻》魚羈，疑支開平。

黿玩（5590）：黿《廣韻》五丸，疑桓平；玩《廣韻》五換，疑桓去。

媚眉（5634）：媚《廣韻》明祕，明脂開去；眉《廣韻》武悲，明脂開平。

衒懸（5635）：衒《廣韻》黃練，匣先合去；懸《廣韻》胡涓，匣先合平。

裔盈（5657）：裔《廣韻》餘制，以祭開；盈《廣韻》以成，以清開平。

隤隊（5667、5668）：隤《廣韻》杜回，定灰平；隊《廣韻》徒對，定灰去。

譺崖（5667）：譺《廣韻》五介，疑皆開去；崖《廣韻》五佳，疑佳開平。

---

① 原作"萸"，《合集》（5307 注 3）認爲"萸不成字，蓋爲萸字之訛"。

② 原作"飥"，是"㡿"的俗寫。

眴閏（5668）：眴《廣韻》如勻，日諄平；閏《廣韻》如順，日諄去。

上述 25 例中，清平清去、濁平濁去的互注最多，是平去混的主要類型。今陝甘晉蜀方言的平去基本不混，與唐五代西北方音未形成對應關係。《切韻·序》："梁益則平聲似去。"益州主要在四川；梁州治所在陝西漢中，主要轄區在秦嶺以南，子午河、任河以西。這是梁益方言擴展到河西走廊所形成的地理語音走廊。至於這一特點爲何千年以後在蘭銀官話、蜀語裏消失，與戰爭、人口遷移、强勢方言等的影響有關，如張獻忠屠蜀，湖廣填四川，蜀變成西南官話區；河西已被中原、蘭銀官話覆蓋。

4. 上去不分

敦煌《開蒙要訓》的上去互注 25 例，其中清上清去"朳把""究九""愧鬼""肺匪""鑄主""鐘管""概己""柄餅""翅鼠""豹飽""怖普""腿退""忖寸""繭見""補布""頸敬""指至""疹鎮""腫衆""斧付""搗到"21 例，次濁上次濁去"詠永""寐美""領令"3 例，清上濁去"蹬等"1 例①。佛經音寫卷的上去混 119 例，數量遠超《開蒙要訓》，更具普遍性。

（1）清上清去 56 例

矯叫②（5048）：矯《廣韻》居夭，見宵上；叫《廣韻》古弔，見蕭去。

翳影（5126）：翳《廣韻》於計，影齊開去；影《廣韻》於丙，影庚開三上。

斧付（5151、5157）：斧《廣韻》方矩，非虞上；付《廣韻》方遇，非虞去。

---

① 羅常培：《唐五代西北方音》，商務印書館，2012，第 168～169 頁。

② 原作"叫"，《合集》（5048 第 9 行）校爲"叫"。

蠒見（5158、5205）：蠒《廣韻》古典，見先開上；見《廣韻》古電，見先開去。

勾改（5158）：勾《廣韻》古太，見泰開；改《廣韻》古亥，見咍上。

指至（5158）：指《廣韻》職雉，章脂開上；至《廣韻》脂利，章脂開去。

搆①茍（5158）：搆《廣韻》古候，見侯去；茍《廣韻》古厚，見侯上。

返販（5158）：返《廣韻》府遠，非元合上；販《廣韻》方願，非元合去。

虫許穢（5159）：許穢，曉廢合；虫《廣韻》許偉，曉微合上。

橙等（5159）：橙《廣韻》都鄧，端登開去；等《廣韻》多肯，端登開上。

鄙祕（5161）：鄙《廣韻》方美，幫脂開上；祕《廣韻》兵媚，幫脂開去。

究居久（5161）：居久，見尤上；究《廣韻》居祐，見尤去。

溉己（5162）：溉《廣韻》居豙，見微開去；己《廣韻》居理，見之上。

擣到（5162）：擣《廣韻》都晧，端豪上；到《廣韻》都導，端豪去。

攪教（5162）：攪《廣韻》古巧，見肴上；教《廣韻》古孝，見肴去。

騁即敬（5162）：即敬，精庚開三去；騁《廣韻》丑郢，徹清開上。

蔗者（5162）：蔗《廣韻》之夜，章麻開三去；者《廣韻》章也，章麻開三上。

① 原作"捴"，是"搆"的俗寫。

槁①告（5162）：槁《廣韻》古老，見豪上；告《廣韻》古到，見豪去。

腕椀（5163）：腕《廣韻》烏貫，影桓去；椀《廣韻》烏管，影桓上。

笑②小（5163）：笑《廣韻》私妙，心宵去；小《廣韻》私兆，心宵上。

嗽嗽口（5163）：嗽口，心侯上；嗽《廣韻》蘇奏，心侯去。

櫬楚忍（5163）：楚忍，初真開上；櫬《廣韻》初覲，初臻去。

滲③審（5205）：滲《廣韻》所禁，生侵去；審《廣韻》式任，書侵上。

稟④儐（5205）：稟《廣韻》筆錦，幫侵 B 上；儐《廣韻》必刃，幫真 A 去。

貯至（5206、5634）：貯《集韻》展呂，知魚上。

翁瓮（5237）：翁《廣韻》烏孔，影東一上；瓮《廣韻》烏貢，影東一去。

儐稟（5237）：殯《廣韻》必刃，幫真開 A 去。

殯稟（5237）：殯《廣韻》必刃，幫真開 A 去。

試史（5237、5542）：試《廣韻》式吏，書之去；史《廣韻》疎士，生之上。

霸⑤把（5237）：霸《廣韻》必駕，幫麻開二去；把《廣韻》博下，幫麻開二上。

紙至（5238）：紙《廣韻》諸氏，章支開上。

---

① 原作"蒿"，《合集》（5195 注 347）認爲"蒿同槁"。
② 原作"𥬇"，𥬇、笑異體。
③ 原作"淾"，是"滲"的俗寫。
④ 稟，《合集》（5205 第 17 行）校爲"稟"。
⑤ 原作"覇"，《合集》（5242 注 42）認爲"覇，霸的俗字"。

臰醜（5276）：臰《集韻》尺救，昌尤去；醜《廣韻》昌九，昌尤上。

羂古縣（5326）：古縣，見先合去；羂《廣韻》姑泫，見先合上。

底丁利（5326）：底《廣韻》都禮，端齊開上；丁利，端脂開去。

羂姑縣（5367）：姑縣，見先合去。

事側史（5388）：側史，莊之上；事《廣韻》側吏，莊之去。

趾至（5462）：趾《廣韻》諸市，章之上。

屎屍（5493）：屎《廣韻》式視，書脂開上；屍《廣韻》矢利，書脂開去。

莀息利（5570）：息利，心脂開去；莀《集韻》想氏，心支開上。

齅朽（5586）：齅《廣韻》許救，曉尤去；朽《廣韻》許久，曉尤上。

�歲（5586）：�《廣韻》息委，心支合上；歲《廣韻》相銳，心祭合。

冢衆（5586）：冢《廣韻》知隴，知鍾上；衆《廣韻》之仲，章東三去。

傴驅①（5586）：傴《廣韻》於武，影虞上；驅《廣韻》區遇，溪虞去。

正②井（5590）：正《廣韻》之盛，章清開去；井《廣韻》子郢，精清開上。

疏水（5590）：疏《廣韻》所去，生魚去；水《廣韻》式軌，書脂合上。

耿更（5657）：耿《廣韻》古幸，見耕開上；更《廣韻》古孟，見庚開二去。

---

① 《合集》（5597 注 57）："直音字駈爲驅的俗字。"
② 《合集》（5627 注 361）："正，正的武后新字。"

組至（5657）：組《廣韻》則古，精模上。

準俊（5657）：準《廣韻》之尹，章諄上；俊《廣韻》子峻，精
諄去。

獬界（5657）：獬《集韻》舉蟹，見佳開上；界《廣韻》古拜，見
皆開去。

殪影（5667）：殪《廣韻》於計，影齊開去。

脆跪（5667）：脆《廣韻》此芮，清祭合；跪《廣韻》去委，溪支
合上。

徙①四（5667）：徙《廣韻》斯氏，心支開上；四《廣韻》息利，
心脂開去。

嶋②到（5668）：島《廣韻》都晧，端豪上；到《廣韻》都導，端
豪去。

跣線（5668）：跣《廣韻》蘇典，心先開上，線《廣韻》私箭，心
仙開去。

蠹覩（5669）：蠹《廣韻》當故，端模去；覩《廣韻》當古，端
模上。

廄九（5669）：廄《廣韻》居祐，見尤去；九《廣韻》舉有，見
尤上。

整③政（5705）：整《廣韻》之郢，章清開上；政《廣韻》之盛，
章清開去。

（2）清上濁去2例

燧水（5590）：燧《廣韻》徐醉，邪脂合去；水《廣韻》式軌，書
脂合上。

懅己（5634）：懅《集韻》其據，群魚去；己《廣韻》居理，見之上。

---

① 原作“徒”，《合集》（5679注102）校作“徙”。

② 嶋、島異體。

③ 原作“愸”，《合集》（5709注12）認爲“愸，整的訛俗字”。

（3）濁上清去 8 例（見上）

（4）全濁上全濁去 33 例（見上）

（5）次濁上次濁去 20 例

鴈眼（5049）：鴈《廣韻》五晏，疑删開去；眼《廣韻》五限，疑山開上。

怋麪（5158）：怋《廣韻》彌兖，明仙開上；麪《廣韻》莫甸，明先開去。

怋面（5160、5276）：面《廣韻》彌箭，明仙開去。

挽蔓（5162）：挽《廣韻》無遠，微元合上；蔓《廣韻》無販，微元合去。

鹵①路（5162）：鹵《廣韻》郎古，來模上；路《廣韻》洛故，來模去。

蠣礼（5205）：蠣《廣韻》力制，來祭開；礼《廣韻》盧啓，來齊開上。

蟻義（5205）：蟻《廣韻》魚倚，疑支開上；義《廣韻》宜寄，疑支開去。

窹②五（5206）：窹《廣韻》五故，疑模去；五《廣韻》疑古，疑模上。

礪礼（5208）：礪《廣韻》力制。

櫓路（5237）：櫓《廣韻》郎古，來模上。

睕③万（5237）：晚《廣韻》無遠，微元合上；万《廣韻》無販，微元合去。

莠又（5237）：莠《廣韻》與久，以尤上；又《廣韻》于救，于

---

① 原作"壣"，《合集》（5195 注 346）認爲"壣即鹵的後起增旁俗字"。

② 《康熙字典》（867）："窹，《海篇》音悟，竈名也。"《廣韻》（348）："窹，《廣雅》云，竈名。"窹、窹異體。

③ 睕，《合集》（5237 第 2 行）校爲"晚"。

尤去。

寐①美（5237）：寐《廣韻》彌二，明脂開去；美《廣韻》無鄙，明脂開上。

誤五（5237）：誤《廣韻》五故，疑模去。

蠰讓（5238）：蠰《廣韻》如兩，日陽開上；讓《廣韻》人樣，日陽開去。

謬②牟九（5277）：牟九，明尤上；謬《集韻》眉救，明尤去。

勵礼（5586）：勵《廣韻》力制，來祭開。

闖爲（5667）：闖《廣韻》韋委，于支合上；爲《廣韻》于僞，于支合去。

荔領（5668）：荔《廣韻》郎計，來齊開去；領《廣韻》良郢，來清開上。

慮里（5705）：慮《廣韻》良倨，來魚去；里《廣韻》良士，來之上。

從數量上看，清上清去、全濁上全濁去、次濁上次濁去混的最多，是上去混的主要類型。顧齊之《慧琳音義・序》："秦人去聲似上。"如果秦指陝西地區，從上述材料看，它已擴大到河西走廊。

三　古音

（一）日母字讀鼻音

中古的日母是半齒音，泥母是鼻音，不混；但佛經音寫卷中，有泥日混的現象。

溺如歷（5382）：如歷，日青入；溺《廣韻》奴歷，泥青入。

"如"作"溺"的切上字，泥日不分，這是比中古漢語更老的語音層反映。

---

① 《合集》（5241 注 34）認爲"寐，寐的俗字"。
② 謬是"謬"的俗寫。

（二）匣母字讀舌根塞音

中古的匣母是擦音，但在佛經音寫卷中，它有與同部位的塞音互注的現象。

1. 見匣 3 例

莖斤（5159）：莖《廣韻》户耕，匣耕開平；斤《廣韻》舉欣，見欣平。

覲佷（5237）：覲《廣韻》古閑，見山開平；佷《龍龕手鏡》（第29 頁）胡墾，匣痕上。

闛閤（5657）：闛《廣韻》胡臘，匣談入；閤《廣韻》古沓，見覃入。

2. 溪匣 4 例

杭曠（5238）：杭《廣韻》胡郎，匣唐開平；曠《廣韻》苦謗，溪唐合去。

溘合（5542）：溘《廣韻》口荅，溪覃入；合《廣韻》侯閤，匣覃入。

豢勸（5668）：豢《廣韻》胡慣，匣删合去；勸《廣韻》去願，溪元合去。

掐洽（5670）：掐《廣韻》苦洽，溪咸入；洽《廣韻》侯夾，匣咸入。

從歷史音變的順序看，見匣、溪匣互注，表明匣母字讀舌根塞音，而非相反。"若干年來，人們從方言中陸續發現一些匣母字讀 k 類聲母的例子，認爲它們顯示了匣母有 g 來源的綫索。由於這類例子不止一個兩個，又分布於閩語和吳語兩大方言區，出於偶然歧讀的可能性比較小，把它們看作古音的遺跡是有一定道理的。"[①] 與吳閩方言一樣，佛經音寫卷的匣母字讀 k 類聲母，是上古音的孑遺。從阻塞的强度來排

[①]　邵榮芬：《匣母字上古一分爲二試析》，《語言研究》1991 年第 1 期，第 118 ~ 125 頁。

列，塞音 > 塞擦音 > 擦音 > 鼻音 > 邊音 > 滑音/通音（j、w）。匣母上古讀塞音，中古讀擦音，這是一種輔音特徵衰減的弛化音變現象。

（三）舌上舌頭不分

中古時期，舌頭音切一、四等韻，舌上音切二、三等韻，音位互補。佛經音寫卷中，舌上、舌頭互切，合二爲一。

1. 端知互注 2 例

帝貞勵（5326）：貞勵，知祭開；帝《廣韻》都計，端齊開去。

底猪死（5368）：猪死，知脂開上；底《廣韻》都禮，端齊開上。

2. 定澄互注 1 例

荼亭耶（5326）：亭耶，定麻開三平；荼《廣韻》宅加，澄麻開二平。

前二例以知注端，後一例以澄注定，表明舌上舌頭不分，這是中古以前的語音現象，可證"古無舌上音"。

（四）匣于不分

匣切一、二、四等，于切三等，音位互補。佛經音寫卷中，匣于互注 2 例，混而爲一。

1. 丸園（5388）：丸《廣韻》胡官，匣桓平；園《廣韻》雨元，于元合平。

2. 完員（5635）：完《廣韻》胡官；員《廣韻》王權，于仙合平。

這兩例均是以于注匣。喻三歸匣，《切韻》、守溫三十字母、宋人三十六字母的于已從匣中分離出，因而它是中古以前的語音現象。

四　少數民族語音

吐蕃入主敦煌時期，胡姓人口的比例上升，粟特是人口最多的少數民族。歸義軍時期，敦煌地區的胡姓有以粟特人爲主的康、安、史、石、米等姓，回鶻人爲主的翟、李等姓，鄯善人的鄯姓，焉耆人的龍姓等。唐五代時期，敦煌地區的胡姓人口占 1/3 左右。漢語與民族語音相接觸，就會濡染民族語音的特點，佛經音寫卷就有反映。

（一）送氣與不送氣聲母的大範圍混併

佛經音寫卷中，送氣與不送氣互注 19 例，分布在唇、舌、齒、牙音中。受樣本的限制，唇、舌、齒、牙音字多寡不一。

1. 唇音 4 例

縹表（5048）：縹《廣韻》敷沼，滂宵上；表《廣韻》陂嬌，幫宵上。

綽雀（5048）：綽《廣韻》昌約，昌陽開入；雀《廣韻》即略，精陽開入。

坏布灰（5151）、坏布回（5158）：坏《王三》（448）芳杯，滂灰平；布灰、布回，幫灰平。

炮方敖（5162）：方敖，幫豪去①；炮《廣韻》匹兒，滂肴去。

2. 舌音 2 例

闥多達（5157）：多達，端寒入；闥《廣韻》他達，透寒入。

靼②撻（5160）：靼《廣韻》當割，端寒入；撻《廣韻》他達。

3. 齒音 7 例

壍漸（5237）：壍《廣韻》七艷，清鹽去；漸《集韻》子艷，精鹽去。

雌咨（5590）：雌《廣韻》此移，清支開平；咨《廣韻》即夷，精脂開平。

藻草（5657）：藻《廣韻》子晧，精豪上；草《廣韻》采老，清豪上。

訾此（5668）：訾《廣韻》將此，精支開上；此《廣韻》雌氏，清支開上。

砌済③（5724）：砌《廣韻》七計，清齊開去；済《廣韻》子計，

---

① 敖，《集韻》牛刀、魚到切，按照音義接近的原則，選“魚到切”來比較。

② 原作“靼”，《合集》（5180 注 184）認爲它是“靼”的俗訛字。

③ 済是“濟”的俗寫。

精齊開去。

擖_叉（5306）：擖《集韻》側加，莊麻開二平；叉《廣韻》初牙，初麻開二平。

毳_綴（5723）：毳《廣韻》楚稅，初祭合；綴《廣韻》陟衛，知祭合。

4. 牙音 6 例

奎_{古携}（5161）：古携，見齊合平；奎《廣韻》苦圭，溪齊合平。

檜_憒（5237）：檜《集韻》苦會，溪泰合去；憒《廣韻》古對，見灰去。

券_卷（5276）：券《廣韻》去願，溪元合去；卷《廣韻》居倦，見仙合去。

窺_歸（5276）：窺《廣韻》去隨，溪支合平；歸《廣韻》舉韋，見微合平。

綮_緊（5462）：綮《廣韻》康禮，溪齊開上；緊《廣韻》居忍，見真開上。

慨_槩（5657）：慨《廣韻》苦蓋，溪咍去；槩《廣韻》古代，見咍去。

上述互注基本涉及所有的清塞音和塞擦音聲母，混併的範圍大。漢語的任何一個方言都有送氣與不送氣聲母的混併現象，但大範圍的混併不正常。一般來説，送氣作爲區別性特徵是後起的。唐五代的吐火羅語（焉耆語、龜兹語）、粟特語、梵語等的輔音無送氣與否之別，受母語負遷移的影響，這些民族在漢語學習中，全清、次清的輔音混併在所難免。因此，語言接觸是造成送氣與不送氣合併的原因之一。

（二）聲調的大範圍混併

一般來説，聲調是後起的語音現象。印歐語、阿爾泰語至今没有聲調；古代藏語也没有聲調，現代藏語的衛藏方言和康方言已發展出聲調，安多方言還未形成聲調①。從地理語言學看，北方漢語的聲調數量少於南方。今漢語方言的二聲調、三聲調出現在西北的甘肅、新疆等地，原因在於與漢語接觸的阿爾泰語均無聲調；而南方漢語聲調較多，原因在於與漢語接觸的侗台語、苗瑶語的聲調豐富。

由上可知，唐五代時期的西北漢語方言有清平濁平同調、平上不分、平去不分、上去不分等現象，因此它可能是平入的二聲調，或平_部分、"上包括部分平去包括部分平"、入三聲調。從今河西走廊漢語的聲調類型看，後者的可能性高一些。它聲調的數量比中原、南方漢語的四聲八調少，與今漢語方言的分布情況類似。由此可推測：在聲調類型上，古今漢語的方言地理特徵基本相同。

（三）影母字的塞化

學界一般遵從高本漢將影母擬爲喉塞音，如李榮《切韻音系》。從語音學的角度看，喉塞音是一種發聲態（phonatian），與起發音作用（articulation）的普通塞音不同，與其説它是喉塞音，還不如説是零聲母。日本漢音、吳音、朝鮮漢字音、漢越語都用零聲母來對譯漢語的影母，敦煌《千字文》等四種漢藏對音的影母字均對零聲母②，因此中古時期影母爲零聲母，未有 k、q 類的讀音。

影母字在藏緬羌語、阿爾泰語的關係詞中有讀小舌、舌根塞音的現象。"烏_影"爾龔語 qa，藏文 ka。匈奴王后"閼_影支"是 qati 的譯音。樓蘭文書中的 khema，《漢書》譯作"扜彌"，顏師古給"扜"注作"烏"。③佛經音寫卷有影與見、溪互注的材料，與此類似。

（1）漚沟（5276）：漚《廣韻》烏侯，影侯平；溝（沟）《廣韻》古侯，見侯平。

---

① 徐世梁：《藏語和漢語聲調演變過程的對比》，《南開語言學刊》2019 年第 1 期，第 33 頁。

② 羅常培：《唐五代西北方音》，商務印書館，2012，第 50 頁。

③ 上述例子見潘悟雲《喉音考》，《民族語文》1997 年第 5 期，第 10 ~ 24 頁。

（2）甄烟①（5277）：甄《廣韻》居延，見仙開平；烟《廣韻》烏前，影先開平。

（3）尪光（5543）：尪《廣韻》烏光，影唐合平；光《廣韻》古黃，見唐合平。

（4）竅要（5634）：竅《廣韻》苦弔，溪蕭去；要《廣韻》於笑，影宵去。

（5）傴驅②（5586）：傴《廣韻》於武，影虞上；驅《廣韻》區遇，溪虞去。

（6）砑③於甲（5669）：於甲，影銜入；砑《廣韻》古狎，見銜入。

從漢語關係詞在爾龔語、藏語的讀音和匈奴語等的對音看，上述材料反映的是影母字讀塞音，而非相反。《合集》（5278、5283）將它稱爲西北方音，但它非方音，原因是漢語方言中很少有零聲母塞化的現象，這是語言接觸引起的。

五　文化語音

一般來說，語音不受文化的制約，有相對的獨立性，但在一定的情況下，文化能對語音發生影響，使一些字形成特定的讀音。這些讀音對正常的規範的語音系統造成衝擊，帶來負面的影響，因而釐析出語音系統中的文化語音，是一項很有價值的工作。

（一）偏旁的類推音

類推是一種重要的由已知到未知的思維方法，但未知和已知並非相同，如果不加節制地應用，就會出現認知的訛誤。形聲字與它聲符的讀音並非全同，有些僅音近，有些甚至讀音差別很大。在認字認半邊的文化心理的影響下，就會出現相當數量的類推音。佛經音寫卷也有類推

---

① 原作“烟”，是“烟”的俗寫。

② 《合集》（5597注57）：“直音字駈爲驅的俗字。”

③ 原作“砰”，《合集》（5669第3行）校作“砑”。

音，今舉一例，揭櫫如下：

籀溜（5668）：籀《廣韻》直祐，澄尤去；溜《廣韻》力救，來尤去。

籀的聲符是"搟"，搟的聲符是"留"；溜的聲符是"留"。這兩字的諧聲層級不同，中古時期的讀音有差別。諧聲一般反映的是上古音，諧聲的層級不同，語音層次一般不同。時間愈後的諧聲類推音，愈可能出現讀音的差異。

（二）梵語音譯詞的特殊注音

梵語、漢語是不同文化類型的語言，差異較大。漢語是以聲音的高低等爲區別性特徵的單音節語言，梵語是以聲音的輕重、元音的長短等爲區別性特徵的多音節語言。梵語音節的輕重、元音的長短等，對音者用雙行小字夾注來說明它的發音特徵。

怛喇阿特縛僧伽咄略上聲鉢羅弗補没帝（俄弗 367《一切經音義》，4881）

"略"不存在"上聲"的讀音，之所以這樣標注，是因爲有特殊的作用。玄奘的密咒對譯中，上聲字對譯梵語的短元音、去聲字對譯梵語的長元音[1]。玄應是玄奘譯經的重要助手[2]，他的密咒注音也承襲了玄奘的對音特點。

總之，偏旁的類推音、梵語音譯詞的特殊注音等均是一種文化語音現象，不要以之來分析古音、時音、方音等。如"籀溜"互注，就認

---

[1] 施向東：《玄奘譯著中的梵漢對音和唐初中原方音》，《語言研究》1983 年第 1 期，第 27～48 頁。

[2] 尉遲治平：《玄應音義性質辨正》，《國學學刊》2016 年第 3 期，第 121～134 頁。

爲漢語有 trj 或 tl 的複輔音；"略注上聲"，就以爲入聲派入上聲，哪怕當時的入聲已開始消變。

本章小結

與傳世文獻音值相同的音注中，反切 1140 條，分布在 755 個小韻中。在聲母方面，有端知混、初昌混、見影混、濁音清化的現象。在韻母方面，東冬、支脂、支之、之微、脂齊、真欣、真先、蕭宵、歌戈、咸銜等均有混用；尤韻的唇音字由細變洪，混入了侯韻；存在"重紐"；有"支微入魚"的方音現象。在聲調方面，平分陰陽、入派三聲未發生，濁上變去處在詞彙擴散的階段，有上去混的方音現象。

與傳世文獻音值相同的音注中，直音 1275 條，分布在 633 個小韻中。在聲母方面，存在非敷混等現象；在韻母方面，支微、脂之、之微、刪山、銜咸均有混用；在聲調方面，平分陰陽、入派三聲未發生，有上去混的方音現象。

與傳世文獻音值不同的注音 804 條，除訛誤注音外，它們有反映時音、方音、古音、民族語音、文化語音等現象，具有很高的研究價值。

結　語

本書通過全面描述敦煌佛經寫卷語音的狀況，分析其注音形式、功能等，在前人整理的基礎上對敦煌佛經寫卷音注作了續校勘，並考證了音注的來源。在考證的基礎上，本書將敦煌佛經音注分爲三類，並一一對其語音進行分析。最後，從文獻學、語言學角度來總結敦煌佛經音的研究價值，並指出研究中存在的問題。

一　文獻學價值

敦煌佛經音有 115 個寫卷，分衆經音、單經音和其他經音三類，注音 5413 條。衆經音 1815 條，抄寫時間在八至十一世紀前後，一切經音的抄寫時間大體上早於藏經音；單經音 2859 條，在抄寫年代可考的單經音中，唐代較少，五代及以後占絕大多數；其他經音 739 條，分布在佛經音義、難字音義、難字和難字音上，在抄寫年代可考的其他經音中，所有的寫卷都出自五代及以後。

佛經寫卷的注音以直音和反切爲主，拋棄了讀若、讀如、譬況等，承襲了六朝的如字，採用了新出現的四聲、紐四聲等，注音方法比字書、韻書豐富。佛經寫卷的訓釋對象有時不固定，擴大到形近、意義相關的字詞，過度的引申擴展，以致出現二字不嫌同條的"新"音注體例。它採用字體大小和術語"反、切、音、名"等形式來標記注音，其中用"音"來提示讀音的形式較複雜，擴展形式有"又音、本音、借音、相承音、古音、梵音"。功能有注音、正形、辨義等，對於正形、辨義的訓詁音，須加以辨識，不宜直接作語音分析。

《滙考》《合集》等全面校勘過，但佛經音寫卷仍遺留了不少音注訛誤。音注訛誤的類型有形誤、將形符當聲符、倒乙等，其中形近是致誤的主要原因。

寫卷上的佛經音有迻録、徵引和自作三種來源，其中徵引和自作糅合在一起。在 5413 條音中，迻録 1815 條，徵引、自作 3598 條。在"迻録"的注音中，迻録玄應音義 1317 條，迻録可洪音義 498 條。佛經音寫卷採用的底本與今中華藏本玄應音義和麗藏本可洪音義總體上相同，但存在版本異文，其中玄應音義的版本異文比率高於可洪音義，可推測出佛經音義寫卷製作的年代整體上更接近可洪音義。玄應音義距離敦煌寫卷的時代遠，版本就多，文字歧異就多。在"徵引、自作"的注音中，有效 3359 條，其中與傳世文獻音注用字相同 1583 條，占 47.1%；與傳世文獻的音注用字不同但音值相同 972 條，占 28.9%；與傳世文獻的音值不同 804 條，占 23.9%。總的來看，與傳世文獻音值相同的注音數量最多，表明抄經生遵守述而不作的傳統，佛經音的主體仍沿襲漢唐以來的讀書音系。

二　語言學價值

玄應音義寫卷的反切音系有 44 個聲類 38 個聲母；明、精、清、從、心、影、來母的切上字三等與非三等的混用率均高於 22.9%，有喻三歸匣、照二歸精、從邪混、于影混的現象。有 196 個韻 135 個韻母；東冬、脂之、支齊、脂齊、佳皆、删山、先仙、蕭宵、肴豪、魚麻三、庚二耕二、覃談、鹽添、咸銜、鹽嚴均有混用，初唐時期韻部已走向合併的進程；尤韻的唇音字已混入侯韻，但齒、舌上音字未與侯韻合併；有開合混、存在重紐等現象。平分陰陽、濁上變去、入派三聲未發生，有上去、平去混的方音現象。

可洪音義寫卷的輕唇音已獨立，船禪已混，非敷、于以、莊章組未合併；支之、庚二耕二、咸銜有混切，存在重紐；平分陰陽未發生，有"濁上變去"的早期現象，入派三聲處在詞彙擴散的階段。

與傳世文獻音值相同的音注中，反切 1140 條，分布在 755 個小韻中，有 49 個聲類 38 個聲母，198 個韻 137 個韻母，聲調四個。與傳世文獻音值相同的音注中，直音 1275 條，分布在 633 個小韻中，有 50 個聲類 198 個韻；聲調四個。

與傳世文獻音值不同的音注 804 條，有反映時音、方音、古音、民族語音、文化語音等現象。

時音：聲母方面，非敷已混，知莊章已混，從邪、船禪不分，于以變零聲母，疑在細音前已開始變零聲母，濁音清化的範圍擴大，見精組的聲母有腭化的趨勢；韻母方面，重韻大規模地合併，四等韻混入三等韻，二等韻已出現細音化的現象，重紐已無差別，東三的明母字變一等，尤韻的莊組字變一等，莊組字的 i 介音早於章組先脫落，m 尾與 n 尾已開始合併；聲調方面，發生了平分陰陽、濁上變去，其中平分陰陽的例子較少，濁上變去的例子較多，有塞尾弱化和入派三聲的現象。

方音：聲母方面，非組字有喉化的現象，泥來不分，精與知莊章大規模混併，全濁聲母有讀全清、次清的情況，心混入清，鼻音聲母有塞化的現象；韻母方面，有"支微入魚"和"魚入支微"兩種現象，庚三清青混入齊祭，遇攝混入流攝，效攝混入遇攝，東冬舌齒音字混入登，先韻字混入青韻；聲調方面，清平濁平同調，平上、平去、上去不分。

古音：日母字讀鼻音、匣母字讀舌根塞音、舌頭舌上不分、匣于不分等。

民族語音：送氣與不送氣聲母的大範圍混併，聲調的大範圍混併，影母字有塞化的現象。

文化語音：偏旁的類推音、梵語音譯詞的特殊注音。要謹慎對待這兩種文化語音的現象，不要以之來分析古音、時音、方音等。

三　存在的問題

反映時音的注音，一部分歸入與傳世文獻音值相同類，因爲現有的唐五代及前後的文獻已收録；一部分又歸入與傳世文獻音值不同類，因爲現有的唐五代及前後的文獻未收録。造成這種悖逆的原因是唐五代的語音材料亡佚很多，稽考不完全，但即使這樣，它也僅涉及上百條音注，從整體看，影響不大，結論基本可靠。

參考文獻

（漢）班固撰，（唐）顏師古注《漢書》，中華書局，1964。

北京大學圖書館編《北京大學藏敦煌文獻》，上海古籍出版社，1995。

〔日〕遍照金剛：《文鏡秘府論》，人民文學出版社，1975。

〔日〕池田溫：《中國古代寫本識語集錄》，東京大學東洋文化研究所，1990。

〔日〕池田溫著、龔澤銑譯《中國古代籍帳研究》，中華書局，2007。

陳新雄：《古音研究》，臺北：五南圖書出版有限公司，1999。

儲泰松：《唐五代關中方音研究》，安徽大學出版社，2005。

《第二屆敦煌學國際研討會論文集》，臺灣漢學研究中心，1991。

（宋）丁度等編《宋刻集韻》，中華書局，2005。

丁福寶編《佛學大辭典》，上海書店出版社，1991。

丁治民：《唐遼宋金北京地區韻部演變研究》，黃山書社，2006。

丁治民：《濁上變去見於北宋考》，《中國語文》2005年第2期。

丁治民、趙金文：《敦煌詩中的別字異文研究——論五代西北方音的精見二系合流》，《溫州大學學報》（社會科學版）2009年第3期。

段亞廣：《中原官話音韻研究》，中國社會科學出版社，2012。

《俄藏敦煌文獻》，上海古籍出版社，1992～2001。

《法藏敦煌西域文獻》，上海古籍出版社，1995～2002。

〔英〕F. W. 托馬斯著，劉忠、楊銘譯《敦煌西域古藏文社會歷史文獻》，民族出版社，2003。

方廣錩輯校《敦煌佛教經録輯校》，江蘇古籍出版社，1997。

方廣錩：《敦煌已入藏佛教文獻簡目》，《敦煌研究》2006 年第 3 期。

伏俊璉：《文學與儀式的關係》，《中國文化研究》2010 年冬之卷

《甘肅藏敦煌文獻》，甘肅人民出版社，1999。

〔瑞典〕高本漢著，趙元任、羅常培、李方桂合譯《中國音韻學研究》，
　　商務印書館，2003。

〔日〕高楠順次郎等編《大正新修大藏經》，臺北：新文豐出版公司，
　　1983。

〔日〕高田時雄著，鍾翀等譯《敦煌·民族·語言》，中華書局，2005。

龔煌城：《十二世紀末漢語的西北方音（聲母部分）》，《西夏語言文字
　　論集》，民族出版社，2005。

（西夏）骨勒茂才著，黄振華、聶鴻音、史金波整理《番漢合時掌中
　　珠》，寧夏人民出版社，1989。

顧黔：《通泰方言韻母研究》，《中國語文》1997 年第 3 期。

郭錫良：《漢字古音手册》，商務印書館，2010。

韓小荆：《可洪音義研究》，巴蜀書社，2009。

寧可、郝春文輯校《敦煌社邑文書輯校》，江蘇古籍出版社，1997。

侯精一、溫端政主編《山西方言調查研究報告》，山西高校聯合出版
　　社，1993。

侯精一、楊平：《山西方言的文白異讀》，《中國語文》1993 年第 1 期。

黄淬伯：《慧琳一切經音義反切考》，中華書局，2010。

黄淬伯：《唐代關中方言音系》，中華書局，2010。

（元）黄公紹、熊忠著，甯忌浮整理《古今韻會舉要》，中華書局，2000。

黄仁瑄校注《大唐衆經音義校注》，中華書局，2018。

黄仁瑄：《唐五代佛典音義研究》，中華書局，2011。

黄笑山：《〈切韻〉和中唐五代音位系統》，臺北：文津出版社，1995。

黄永武主編《敦煌寶藏》，臺北：新文豐出版公司，1981～1986。

季羨林主編《敦煌學大辭典》，上海辭書出版社，1998。

金瀅坤：《吐蕃統治敦煌的户籍制度初探》，《中國經濟史研究》2003
　　年第 1 期。

李方桂：《上古音研究》，商務印書館，2003。

李福言：《敦煌大般涅槃經音伯 2172 音注考》，《漢字文化》2015 年第
　　4 期。

李海玲：《敦煌願文别字異文材料所反映的語音問題》，浙江大學碩士
　　學位論文，2013。

李建强：《敦煌對音初探》，中國社會科學出版社，2017。

李藍：《敦煌方言與唐五代西北方音》，《方言》2014 年第 4 期。

李榮：《漢字演變的幾個趨勢》，《中國語文》1980 年第 1 期。

李榮：《切韻音系》，科學出版社，1956。

李榮：《音韻存稿》，商務印書館，1982。

李如龍、辛世彪：《晉南、關中的全濁送氣與唐宋西北方音》，《中國語
　　文》1999 年第 3 期。

李無未主編《漢語音韻學通論》，高等教育出版社，2005。

李新魁：《漢語等韻學》，中華書局，1983。

李新魁校證《韻鏡校證》，中華書局，1982。

李新魁：《中古音》，商務印書館，2000。

李子君：《〈增修互注禮部韻略〉研究》，社會科學文獻出版社，2012。

林世田、楊學勇、劉波：《敦煌佛典的流通與改造》，甘肅教育出版社，
　　2013。

（元）劉鑒：《經史正音切韻指南》，（清）永瑢等編《四庫全書》第
　　238 册，上海古籍出版社，2003。

冷玉龍等編《中華字海》，中華書局、中國友誼出版公司，1994。

劉綸鑫：《濁上變去見於南宋考》，《中國語文》1997 年第 1 期。

（唐）陸德明撰，黄焯斷句《經典釋文》，中華書局，1983。

《魯國堯自選集》，大象出版社，1994。

陸慶夫、魏郭輝：《唐代官方佛經抄寫制度述論》，《敦煌研究》2009
　　年第 3 期。

羅常培：《唐五代西北方音》，商務印書館，2012。

羅常培、周祖謨：《漢魏晉南北朝韻部演變研究》，中華書局，2007。

馬德强：《重韻研究》，復旦大學博士學位論文，2008。

（蘇）孟列夫主編《俄藏敦煌漢文寫卷叙錄》，上海古籍出版社，1997。

聶鴻音：《慧琳譯音研究》，《中央民族大學學報》1985 年第 1 期。

甯忌浮：《古今韻會舉要及相關韻書》，中華書局，1997。

甯忌浮：《漢語韻書史（明代卷)》，上海人民出版社，2009。

甯忌浮：《洪武正韻研究》，上海辭書出版社，2003。

潘悟雲：《喉音考》，《民族語文》1997 年第 5 期。

錢伯泉：《"敦煌"和"莫高窟"音義考析》，《敦煌研究》1994 年第
　　1 期。

錢伯泉：《敦煌遺書 S.2838〈維摩詰經〉的題記研究》，《敦煌研究》
　　2007 年第 1 期。

喬全生：《晉方言語音史研究》，中華書局，2008。

〔日〕慶谷壽信：《敦煌出土の音韻資料（下)——〈首楞嚴經音〉の
　　反切三類考》，東京都立大學中國文學科《人文學報》98 號，1974
　　年 3 月

裘錫圭主編《文字學概要》，商務印書館，2004。

任繼愈主編《國家圖書館藏敦煌遺書》，北京圖書館出版社，2005～2012。

榮新江：《敦煌學十八講》，北京大學出版社，2001。

榮新江：《歸義軍史研究》，上海古籍出版社，1996。

《上海博物館藏敦煌吐魯番文獻》，上海古籍出版社，1993。

《上海圖書館藏敦煌吐魯番文獻》，上海古籍出版社，1999。

《邵榮芬語言學論文集》，商務印書館，2009。

邵榮芬：《集韻音系簡論》，商務印書館，2011。

邵榮芬：《切韻研究》，中華書局，2008。

邵榮芬：《匣母字上古一分爲二試析》，《語言研究》1991 年第 1 期。

沈建民：《〈經典釋文〉音切研究》，中華書局，2007。

《沈兼士學術論文集》，中華書局，1986。

沈鍾衛集校《蒙古字韻集校》，商務印書館，2015。

釋大參：《敦煌異鄉人寫經題記中的“鄉愁與宗教救度”》，《敦煌學》
　　第二十七集，2008。

〔日〕釋空海編《篆隸萬象名義》，中華書局，1995。

施萍婷、邰惠莉編《敦煌遺書總目索引新編》，中華書局，2000。

（遼）釋行均編《龍龕手鏡》，中華書局，1985。

施向東：《玄奘譯著中的梵漢對音和唐初中原方音》，《語言研究》1983
　　年第 1 期。

〔日〕石塚晴通：《玄應〈一切經音義〉的西域寫本》，《敦煌研究》
　　1992 年第 2 期。

石塚晴通、池田証寿：「レニングラード本一切経音義——Φ 二三〇を
　　中心として」，『訓点語と訓点資料』第 86 輯，1991 年 3 月。

〔日〕石塚晴通著，唐煒譯《從紙質看敦煌文獻的特徵》，《敦煌研究》
　　2014 年第 3 期。

（宋）司馬光等編《類篇》，中華書局，1984。

（宋）司馬光：《宋本切韻指掌圖》，中華書局，1986。

（漢）司馬遷撰，（宋）裴駰集解，（唐）司馬貞索隱，（唐）張守節正
　　義《史記》，中華書局，1959。

《宋本廣韻》，中國書店，1982。

孫其芳：《敦煌詞中的方音釋例》，《甘肅社會科學》1982 年第 3 期。

孫宜志：《江西贛方言語音研究》，語文出版社，2007。

孫玉文：《中古尤韻舌根音有重紐試證》，臺灣《清華學報》24 卷 1 期，

1994。

譚翠：《磧砂藏隨函音義研究》，中國社會科學出版社，2013。

唐作藩：《音韻學教程》，北京大學出版社，2002。

〔日〕藤枝晃著、徐慶全等譯、榮新江校《敦煌寫本概述》，《敦煌研究》1996 年第 2 期。

《天津市藝術博物館藏敦煌文獻》，上海古籍出版社，1996。

〔日〕土肥義和著，李永寧譯《歸義軍時期的敦煌（一）》，《敦煌研究》1986 年第 4 期。

萬獻初編《音韻學要略》，武漢大學出版社，2008。

王福堂修訂《漢語方言字滙》，語文出版社，2003。

王軍虎：《晉陝甘方言的"支微入魚"現象和唐五代西北方音》，《中國語文》2004 年第 3 期。

王力：《漢語史稿》，中華書局，1980。

王莉寧：《漢語方言聲調分化研究》，語文出版社，2016。

王元軍：《唐代寫經生及其書法》，《中國書畫》2005 年第 8 期。

王志潔：《英漢音節鼻韻尾的不同性質》，《現代外語》1997 年第 4 期。

魏郭輝：《敦煌寫本佛經題記研究——以唐宋寫經爲中心》，蘭州大學博士學位論文，2009。

（唐）魏徵等《隋書》，中華書局，1973。

夏俐萍：《漢語方言全濁聲母演變研究》，中國社會科學出版社，2020。

夏俐萍：《全濁聲母清化的順序》，《中國語言學報》第十七期，商務印書館，2016。

（梁）蕭統編，（唐）李善注《文選》，中華書局影印（胡刻本），2008。

謝留文：《客家方言語音研究》，中國社會科學出版社，2003。

徐朝東點校《切韻彙校》，中華書局，2021。

許端容：《可洪新集藏經音義隨函録音系研究》，臺灣文化大學中國文學研究所博士學位論文，1989。

徐時儀:《俄藏敦煌寫卷放光般若經音義考斠》,《古籍整理研究學刊》
　　2008 年第 3 期。

徐時儀:《敦煌佛經音義寫卷述要》,《敦煌研究》1997 年第 2 期。

徐時儀:《敦煌寫本玄應音義考補》,《敦煌研究》2005 年第 1 期。

徐時儀:《玄應和慧琳一切經音義研究》,上海世紀出版集團、上海人
　　民出版社,2009。

徐時儀校注《一切經音義(三種校本合刊)》,上海古籍出版社,2008。

(漢) 許慎著,(宋) 徐鉉校定《説文解字》,中華書局,1963。

嚴盛英:《近百年來維摩詰經研究綜述》,《哈爾濱工業大學學報》2016
　　年第 3 期。

楊富學:《少數民族對古代敦煌文化的貢獻》,《敦煌學輯刊》2005 年
　　第 2 期。

楊劍橋:《關於"平分陰陽"起始時代的質疑》,《中國語文》1993 年
　　第 1 期。

楊劍橋編《現代漢語音韻學》,復旦大學出版社,1996。

楊耐思:《北方話"濁上變去"來源試探》,《學術月刊》1958 年第
　　2 期。

楊耐思:《中原音韻音系》,中國社會科學出版社,1981。

楊樹達:《積微居小學述林》,中華書局,1983。

楊蔚:《湘西鄉話音韻研究》,暨南大學博士學位論文,2004。

《英藏敦煌文獻》,四川人民出版社,1990～1995。

尉遲治平:《對音還原法發凡》,《南陽師範學院學報》2002 年第 1 期。

尉遲治平:《玄應音義性質辨正》,《國學學刊》2016 年第 3 期。

袁家驊等編《漢語方言概要》,語文出版社,2006。

張光宇:《吳閩方言關係試論》,《中國語文》1993 年第 3 期。

張金泉:《敦煌本字寶》,《敦煌研究》1993 年第 2 期。

張金泉:《敦煌寫卷佛經音義述要》,《敦煌研究》1997 年第 2 期。

張金泉、許建平:《敦煌音義滙考》,杭州大學出版社,1996。

張清常:《唐五代西北方言一項參考材料——天城梵書金剛經殘卷》,
《内蒙古大學學報》1963 年第 2 期。

張渭毅:《中古音論》,河南大學出版社,2006。

張延清:《吐蕃時期的抄經紙張探析》,《中國藏學》2012 年第 3 期。

張延清、謝爾薩:《敦煌藏文寫經生結構分析》,《絲綢之路民族古文字
與文化學術討論會文集》(上冊),三秦出版社,2007。

張穎:《敦煌佛經音義研究》,蘭州大學博士學位論文,2013。

張涌泉:《敦煌佛經殘卷綴合研究》,《浙江大學學報》2016 年第 3 期。

張涌泉主編《敦煌經部文獻合集》(第十、十一冊),中華書局,2008。

張涌泉:《漢語俗字叢考》,中華書局,2000。

張涌泉:《敦煌文獻的寫本特徵》,《敦煌學輯刊》2010 年第 1 期。

張涌泉、丁小明:《敦煌文獻定名研究》,《中華文史論叢》2011 年第
2 期。

張涌泉、李玲玲:《敦煌本金光明最勝王經音研究》,《敦煌研究》2006
年第 6 期。

(清)張玉書等編《康熙字典》,中州古籍出版社,2006。

趙青山:《吐蕃統治敦煌時期的寫經制度》,《西藏研究》2009 年第
3 期。

《浙藏敦煌文獻》,浙江教育出版社,2000。

鄭炳林:《晚唐五代敦煌地區人口變化研究》,《江西社會科學》2004
年第 12 期。

鄭炳林:《晚唐五代河西地區的居民結構研究》,《蘭州大學學報》2006
年第 2 期。

鄭賢章:《漢文佛典疑難俗字彙釋與研究》,巴蜀書社,2016。

鄭張尚芳:《上古音系》,上海教育出版社,2003。

中國敦煌吐魯番學會語言文學分會編纂《敦煌語言文學研究》,北京大

學出版社，1988。

《中國國家圖書館藏敦煌遺書》，江蘇古籍出版社，1999～2001。

中國書店編《唐人書〈金光明最勝王經〉三種》，中國書店，2009。

《中國書店藏敦煌文獻》，中國書店，2007。

中華大藏經編輯局編《中華大藏經》（漢文部分）第五六、五七、五
　　八、五九、六〇冊，中華書局，1993。

中華民國聲韻學會等編《聲韻論叢》第六輯，臺灣學生書局，1997。

周大璞：《敦煌變文用韻考》，《武漢大學學報（哲學社會科學版）》1979
　　年第 5 期。

周法高：《廣韻重紐的研究》，《歷史語言研究所集刊》第 13 本，1945。

周季文、謝后芳：《敦煌吐蕃漢藏對音字彙》，中央民族大學出版
　　社，2006。

周勛初輯《唐鈔文選集注彙存》，上海古籍出版社，2000。

周祖謨：《關於唐代方言中四聲讀法的一些資料》，《語言學論叢》第二
　　輯，商務印書館，1958。

周祖謨：《問學集》，中華書局，1966。

周祖謨：《唐五代的北方方音》，《語言學論叢》第十五輯，商務印書
　　館，1988。

周祖謨編《唐五代韻書集存》，中華書局，1983。

朱鳳玉：《敦煌寫本碎金研究》，臺北：文津出版社，1997。

朱雷：《敦煌藏經洞所出兩種麴氏高昌人寫經題記跋》，《魏晉南北朝隋
　　唐史資料》1988 年第 9、10 期。

朱曉農：《音韻研究》，商務印書館，2006。

莊初升：《連州市豐陽土話的音韻特點》，《語文研究》2001 年第 3 期。

宗福邦、陳世鐃、于亭主編《古音匯纂》，商務印書館，2019。

圖書在版編目（CIP）數據

敦煌佛經寫卷語音研究 / 李華斌著 . --北京：社
會科學文獻出版社，2024.11. --（貴州師範大學社會科
學文庫）. --ISBN 978-7-5228-4260-8

Ⅰ. B942.1；H131.6

中國國家版本館 CIP 數據核字第 2024GU8522 號

貴州師範大學社會科學文庫
敦煌佛經寫卷語音研究

著　　者 / 李華斌

出 版 人 / 冀祥德
責任編輯 / 李建廷　王霄蛟
責任印製 / 王京美

出　　版 / 社會科學文獻出版社 · 人文分社（010）59367215
　　　　　　地址：北京市北三環中路甲 29 號院華龍大厦　郵編：100029
　　　　　　網址：www.ssap.com.cn
發　　行 / 社會科學文獻出版社（010）59367028
印　　裝 / 三河市龍林印務有限公司

規　　格 / 開　本：787mm × 1092mm　1/16
　　　　　　印　張：33.5　字　數：464 千字
版　　次 / 2024 年 11 月第 1 版　2024 年 11 月第 1 次印刷
書　　號 / ISBN 978-7-5228-4260-8
定　　價 / 168.00 圓